Tratamiento informático de la información

Rosa María Marfil Montañez

Revisión técnica
Ángel María Ayensa Esparza

MADRID · BOGOTÁ · BUENOS AIRES · CARACAS · GUATEMALA · MÉXICO
NUEVA YORK · PANAMÁ · SAN JUAN · SANTIAGO · SÃO PAULO · AUCKLAND
HAMBURGO · LONDRES · MILÁN · MONTREAL · NUEVA DELHI · PARÍS
SAN FRANCISCO · SIDNEY · SINGAPUR · ST. LOUIS · TOKIO · TORONTO

Tratamiento informático de la información • Ciclo Formativo Grado Medio

Nota: Este libro se atiene al artículo 32 del derecho de cita de la Ley de Propiedad Intelectual de 1996 (RDLeg 1/1996, de 12 de abril).

Todas las actividades propuestas en este libro de texto deben realizarse en un cuaderno aparte. Los espacios incluidos en las actividades son meramente indicativos y su finalidad, didáctica.

McGraw-Hill/Interamericana de España, S. L.

Edificio Valrealty, 1.ª planta

Basauri, 17

28023 Aravaca (Madrid)

ISBN: 978-84-486-1424-9

Depósito legal: M-9800-2018

Autores de material complementario: Rosa María Marfil Montañez, Diana Calahorra Ruiz, David Martínez Peña

Equipo editorial: Ariadna Allés, Laura Domínguez

Ilustraciones: Guillermo Esteban

Fotografías: McGraw-Hill, 123RF

Diseño de cubierta: Javier Aguilera

Diseño interior: Marta Girabal

Composición: produccioneditorial.com

Impresión: Centro Gráfico Ganboa

0612345789 - 2625242322

IMPRESO EN ESPAÑA- PRINTED IN SPAIN

Certificado PEFC

Este producto procede de bosques gestionados de forma sostenible y fuentes controladas

PEFC/14-38-00095

www.pefc.es

Presentación

Esta obra está dirigida a los estudiantes que van a cursar el módulo formativo *Tratamiento informático de la información*, incorporado en el título LOE de Técnico en Gestión Administrativa, de la familia profesional Administración y Gestión. Su objetivo es, por una parte, proporcionar la capacitación necesaria para adquirir las competencias profesionales correspondientes y, por otra, sembrar la base para aquellos alumnos y usuarios que deseen ampliar conocimientos de ofimática.

Este manual se divide en doce unidades eminentemente prácticas:

- **Unidad 1.** Aprendizaje de la operatoria de teclados.
- **Unidad 2.** Se centra en el estudio de conceptos básicos de informática y operaciones con el sistema operativo Windows 10.
- **Unidad 3.** Internet y la seguridad del equipo informático.
- **Unidades 4 a 10 y 12.** Constituyen el grueso del libro, y se desarrollan usando las aplicaciones de Microsoft Office 2016.
- **Unidad 11.** Desarrolla aplicaciones de tratamiento de imágenes y vídeos.

Desarrollo de los contenidos

CASO PRÁCTICO
Te enseña los procesos, que aparecen resueltos paso a paso e incluyen la solución final.

ACTIVIDAD GUIADA
Te hace practicar durante la explicación de los programas.

DOCUMENTOS
Descárgalos en: www.mheducation.es

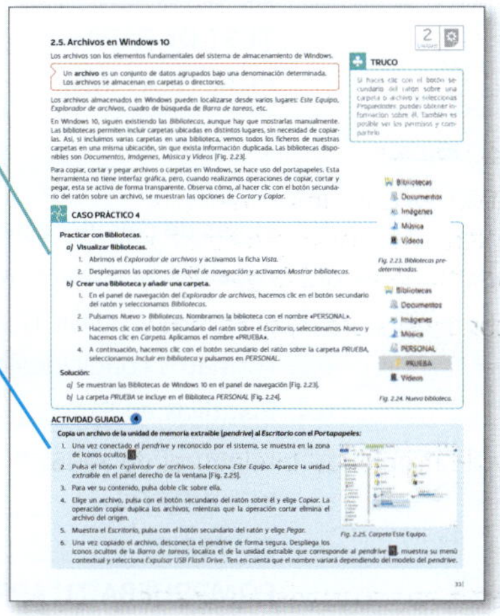

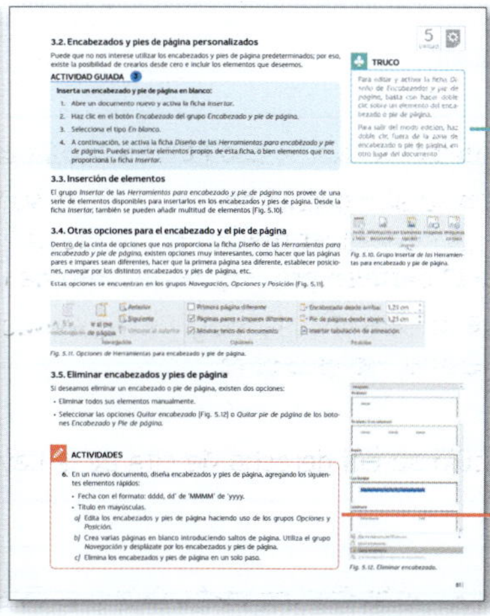

CUADROS DE APOYO
Te ayudan a comprender los aspectos más importantes.

ACTIVIDADES
Para repasar y poner en práctica tus habilidades.

Cierre de la unidad

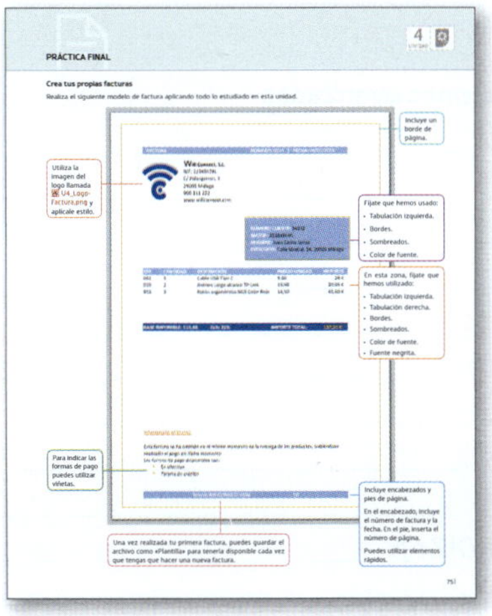

KEYWORDS
Actividades para practicar el vocabulario profesional en inglés.

SÍNTESIS
Esquema visual de los contenidos más significativos.

COMPRUEBA TU APRENDIZAJE
Actividades finales agrupadas según las competencias que vas a adquirir.

TEST DE REPASO
El test te ayudará a detectar cualquier laguna de conocimientos.

PRÁCTICA FINAL
Ejercita de forma integrada las competencias adquiridas.

Agradecimientos

Quiero agradecer su labor a Ariadna Allés y a Laura Domínguez, como editoras del proyecto; a Ángel María Ayensa, por sus revisiones técnicas y, en especial, a la editorial por haber confiado en mí como autora.

También deseo agradecer la confianza depositada en esta obra a los profesores que la elijan y a todos los lectores.
Por último, me gustaría dedicar este libro a mi madre Paqui Montañez, una gran mujer que ha hecho posible este proyecto.

La autora

Índice

1

UNIDAD

Operatoria de teclados

En la mayoría de las empresas, el uso continuo del ordenador es un hecho. Administrativos, informáticos, dependientes, comerciales, teleoperadores, policías, médicos... y cualquier autónomo dedican una parte importante de su tiempo a trabajar con el teclado del ordenador, elaborando todo tipo de documentos, desde informes a cartas, facturas, etc.

Escribir rápido y correctamente tiene muchas ventajas; por ello, es fundamental aprender la teoría de la escritura al tacto y realizar ejercicios prácticos para obtener soltura a la hora de escribir.

EN ESTA UNIDAD ESTUDIARÁS

1. Los principios básicos de la escritura al tacto.
2. El teclado.
3. La postura corporal ante el teclado.
4. El desarrollo de la destreza mecanográfica.

Y SERÁS CAPAZ DE

Procesar textos alfanuméricos en un teclado extendido aplicando las técnicas mecanográficas.

1. Principios básicos de la escritura al tacto

Esta unidad está dedicada al desarrollo del método de mecanografía al tacto, que consiste en pulsar las letras y los demás caracteres del teclado sin necesidad de mirarlo, lo que se logra mediante un conocimiento exacto de las posiciones que ocupan.

Para conseguir escribir con corrección, soltura y velocidad, es necesario que, desde el comienzo del aprendizaje, se realicen los ejercicios observando los siguientes **principios básicos:**

- Adoptar una postura adecuada.
- Colocar los dedos correctamente sobre el teclado.
- No mirar al teclado.
- Repetir los ejercicios cuantas veces se indique.
- Pasar al ejercicio siguiente solo si se ha realizado el actual correctamente.

Como se puede observar, de las reglas anteriores se desprende que es necesario tener buenas dosis de paciencia, constancia, concentración y voluntad, además de pulcritud.

CEO

Encontrarás todos los documentos mencionados en el libro y destacados con el icono en la web **www.mheducation.es**

Busca en la web tu libro a través del ISBN y pincha sobre la pestaña *Recursos*.

1.1. Consejos para un buen aprendizaje

Para conseguir un buen aprendizaje, ten en cuenta los siguientes consejos:

- **Constancia.** Es muy importante realizar una escritura constante, es decir, dedicar un tiempo diario a la realización de ejercicios.
- **Concentración.** Pulsar una tecla pensando *a priori* de qué tecla se trata y el dedo que debe pulsarla estimula mucho el aprendizaje; en poco tiempo, los dedos habrán asimilado el camino que deben seguir hasta las teclas que les corresponden y, después, el proceso será automático.
- **Paciencia.** Hay que repetir los ejercicios cuantas veces sea necesario, aunque nos parezca monótono.
- **Voluntad.** Debemos conseguir realizar los ejercicios sin mirar al teclado.
- **Pulcritud.** De nada sirve escribir un texto rápidamente si está lleno de errores, ya que el tiempo ganado con la velocidad hay que perderlo después corrigiendo dichos errores. Es recomendable que durante el proceso de aprendizaje no se utilice la tecla de borrado y se procure cometer el menor número posible de errores.

A. Corrección de errores

Una parte primordial en la elaboración de documentos es la corrección de errores. Actualmente, la mayoría de los programas de edición de textos ya integran un módulo para la corrección de errores ortográficos y gramaticales. Aprenderemos el procedimiento para corregir errores gramaticales y ortográficos en la unidad dedicada al procesador de textos.

B. Rectificar malos hábitos

Conseguir un buen aprendizaje no es fácil, pues con frecuencia se adquieren malos hábitos durante el aprendizaje de la mecanografía al tacto, como por ejemplo no pulsar la tecla correcta o no utilizar adecuadamente los dedos de la mano. Para corregir estos hábitos existen ejercicios especiales como los que figuran en el archivo U1_Corrección de malos hábitos.docx. Básicamente, consisten en la repetición de palabras que contienen combinaciones de teclas que son más difíciles de pulsar que otras.

1.2. Composición de un terminal informático

Antiguamente, en las oficinas se creaban los documentos con una máquina de escribir, pero, con el paso de los años y la evolución, lo más común es el uso de un terminal informático, que se compone generalmente de los elementos que se aprecian en la Figura 1.1.

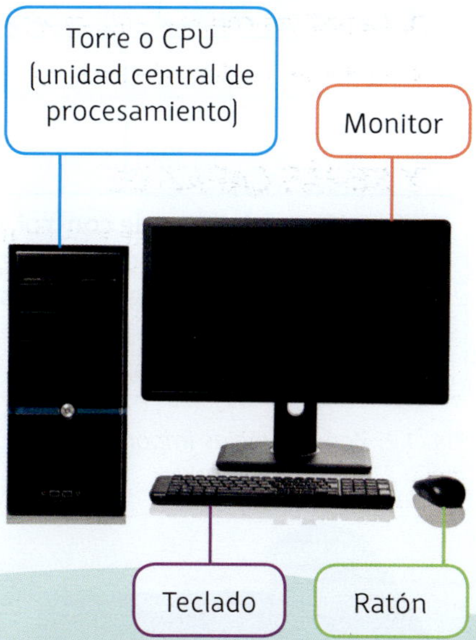

Fig. 1.1. Elementos de un terminal informático.

CLAVES Y CONSEJOS

El teclado **QWERTY** es el más común y recibe este nombre porque corresponde a las primeras seis letras de la fila superior de teclas.

2. Teclado

Un **teclado** es un periférico de entrada compuesto por teclas cuya función consiste en enviar información a la CPU para que esta la procese. Los teclados se conectan a la torre por cable o de forma inalámbrica y los hay de diversos tipos.

Actualmente, el teclado más utilizado en el mundo laboral es el extendido, que, además de los caracteres alfanuméricos, incluye muchas otras teclas con funciones muy diversas.

Un teclado extendido se divide en cuatro zonas principales de teclas: alfanuméricas y de control, de funciones, numéricas y de movimientos del cursor. Cuenta, además, con señales luminosas. En la Figura 1.2 se muestra la posición de todas las zonas importantes de un teclado extendido para Microsoft Windows.

En la página siguiente se explica la función y uso de las teclas más importantes del teclado (marcadas con números en la Fig. 1.2).

Teclas de funciones. Situadas generalmente en la parte superior del área de escritura. Cada una realiza una o varias funciones. Ejemplos: F1 abre la ayuda del programa abierto y F3 abre la opción de búsqueda del programa actual.

Señales luminosas. Informan sobre si algunas funciones están o no bloqueadas.

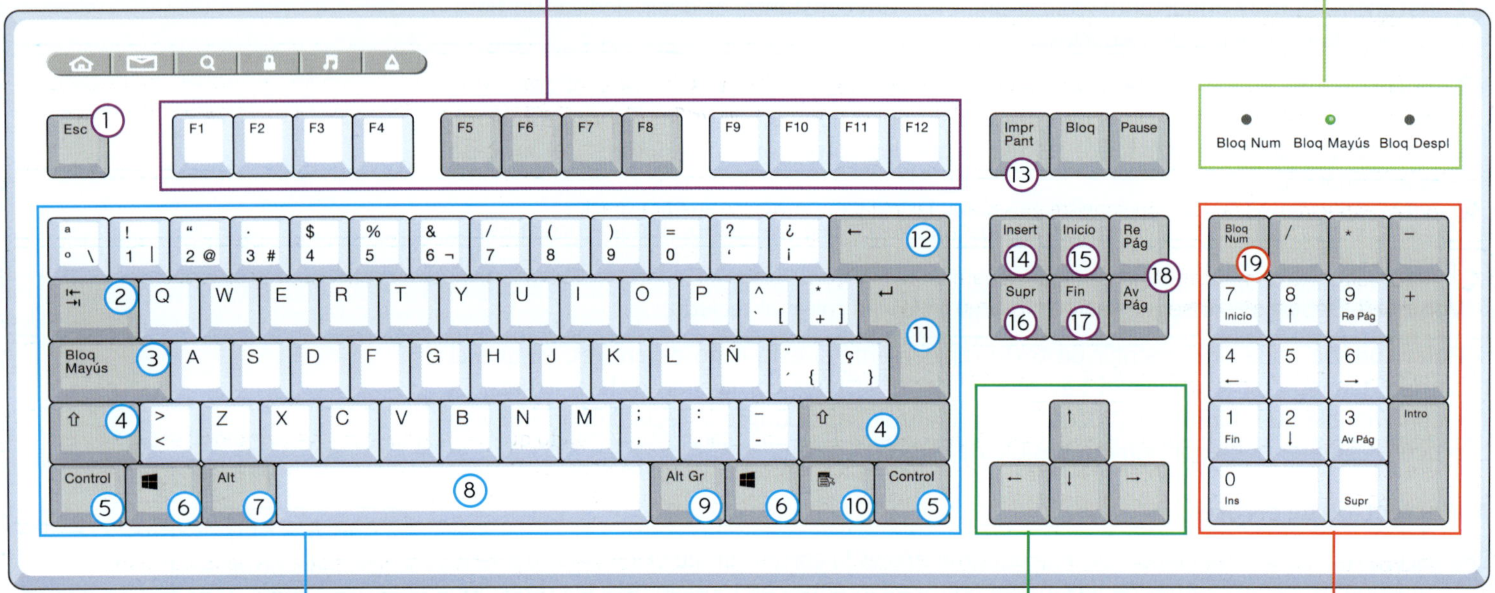

Teclas alfanuméricas y de control. Ocupan la mayor parte del teclado. Contienen todas las letras, los números y las teclas especiales utilizadas en la escritura. Una de las teclas más importantes de este grupo es ***Intro*** o ***Enter***.

Teclas de movimiento del cursor. Se distinguen por estar señaladas con flechas. Sirven para desplazar el cursor en las cuatro direcciones principales.

Teclas numéricas. Pueden realizar funciones distintas dependiendo de que la tecla ***Bloq Num*** se encuentre activada o desactivada.

Fig. 1.2. Zonas y teclas importantes de un teclado.

Fig. 1.3. Teclado flexible.

Otros teclados que conviene citar son:

- **Multimedia.** Incluyen botones en la zona superior, con opciones orientadas a Internet, búsquedas, reproducción de archivos multimedia, etc.
- **Inalámbricos.** Teclados sin cable con tecnología Wireless o Bluetooth que funcionan mediante baterías o pilas.
- **Flexibles.** Son capaces de doblarse y su estructura está recubierta de plástico, siendo resistentes al agua.

1 ***Esc*** (escape). Se utiliza para cancelar la propuesta que hace el ordenador y salir así de la pantalla en la que se está.

2 ***Tab*** (tabulación). Se utiliza normalmente en los editores de texto. Su función consiste en agregar espacios de una sola vez en el texto. Otra función es saltar de un componente a otro, cuando nos encontramos en un formulario.

3 ***Bloq Mayús.*** Actúa en combinación con una de las señales luminosas de la parte superior derecha del teclado, encendiéndola o apagándola cada vez que la pulsamos. Si la señal está apagada, las teclas alfabéticas generan letras minúsculas en modo normal y mayúsculas si se pulsan simultáneamente con la tecla específica de mayúsculas; así, si la señal está encendida, se produce el efecto contrario.

4 ***Mayús*** (mayúsculas). Existen dos, una a cada lado de la zona de teclas alfanuméricas y de control. Modifican la acción de las teclas alfanuméricas cuando se teclean al mismo tiempo. En el caso de las letras, pulsando esta tecla se puede escribir en mayúsculas o minúsculas (dependiendo de si están bloqueadas o no las mayúsculas). En el caso de los números y signos de puntuación, si se presiona esta tecla aparecen los signos dibujados en la parte superior de cada tecla. También modifican la acción de las teclas de función. Por ejemplo, si en Windows se pulsa la combinación de teclas **[Mayús + F10]**, se muestra el menú contextual del objeto seleccionado.

5 ***Control*** o ***Ctrl.*** Existen dos teclas, una a cada lado de la zona de teclas alfanuméricas y de control. Permiten obtener caracteres adicionales cuando se pulsan simultáneamente con ciertas teclas alfanuméricas. También producen acciones especiales en combinación con las teclas de función. Estos son algunos ejemplos de combinaciones de teclas que funcionan cuando se trabaja sobre Windows:

- **[Ctrl + Esc]:** abre el menú *Inicio.*
- **[Ctrl + P]:** imprime la página actual o el marco activo.
- **[Ctrl + E]:** selecciona todo el contenido de la ventana actual.

6 ***Windows.*** Equivale al botón *Inicio* de Windows.

7 ***Alt*** (alternativa). Modifica el funcionamiento de las teclas alfanuméricas y de función, permitiendo obtener caracteres y acciones alternativas diferentes de las que se consiguen con las restantes teclas modificadoras ***(Mayúsc*** y ***Ctrl).*** Por ejemplo, si se pulsa la combinación de teclas **[Alt + F4]**, se cierra la ventana activa.

8 ***Barra espaciadora.*** Su función consiste en separar las palabras entre sí o añadir espacios.

9 ***Alt Gr*** (alternativa gráfica). Modifica el funcionamiento de algunas teclas alfanuméricas, permitiendo obtener los caracteres especiales marcados en la parte inferior derecha de algunas teclas.

10 **Menú contextual.** Equivale a pulsar el botón derecho del ratón.

11 ***Intro*** o ***Enter.*** Permite las siguientes acciones: introducir datos en una aplicación, indicando que se ha terminado de escribirlos; activar una de las opciones de un menú, después de seleccionarla; poner en marcha la ejecución de un programa, si está seleccionado el icono correspondiente; pasar de una línea del escrito a la siguiente, etc. En general, se utiliza para trasladar el control del usuario al ordenador.

12 ***Retroceso.*** Borra el carácter situado a la izquierda del punto de inserción, que retrocede a la posición ocupada por el carácter borrado.

13 ***Impr Pant*** (imprimir pantalla). En Windows, realiza una captura de pantalla.

14 ***Insert*** (inserción). Modifica el modo de funcionamiento del teclado, que se puede alternar entre la inserción y la sobreescritura de caracteres. Algunos procesadores de textos y aplicaciones comienzan en el modo de inserción y otros en el de sobreescritura.

15 ***Inicio.*** Mueve el punto de inserción a la primera posición de una línea, campo o página. En muchos procesadores de texto, su combinación con la tecla ***Ctrl*** lleva el punto de inserción al principio del documento.

16 ***Supr*** (suprimir). Borra el carácter situado a la derecha del punto de inserción, sin modificar la posición de este.

17 ***Fin.*** Mueve el punto de inserción a la última posición de una línea, campo o página. En muchos procesadores de texto, su combinación con la tecla ***Ctrl*** lleva el punto de inserción al final del documento.

18 ***Re Pág*** (retroceder página) y ***Av Pág*** (avanzar página). Cuando el documento o texto que estamos procesando tiene varias páginas, las teclas ***Re Pág*** y ***Av Pág*** permiten moverse por ellas, retrocediendo o avanzando, respectivamente.

19 ***Bloq Num*** es una tecla cuya misión es bloquear o desbloquear las funciones de las teclas numéricas situadas en la zona derecha del teclado expandido.

3. Postura corporal ante el teclado

Fig. 1.4. Postura incorrecta ante el teclado.

Fig. 1.5. Postura correcta ante el teclado.

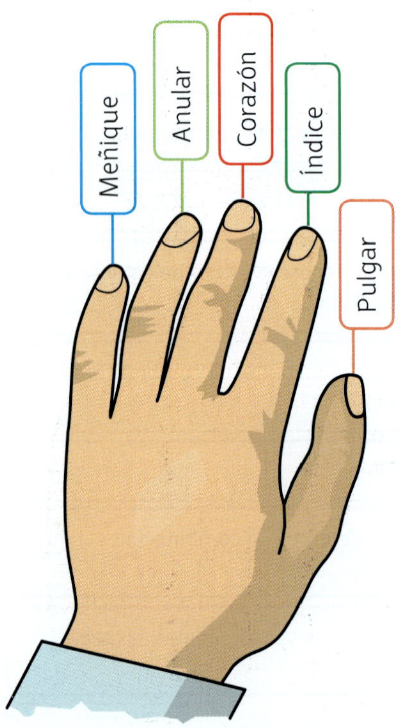

Fig. 1.6. Nombre de los dedos de la mano.

Para aprender mecanografía al tacto es necesario pasar muchas horas delante del teclado; por ello, es muy importante la postura que se adopte, tanto para evitar la fatiga como para escribir correctamente. Hay que tener en cuenta las siguientes recomendaciones:

- La espalda debe permanecer recta.
- Los brazos deben estar casi pegados al cuerpo y los codos formarán un ángulo recto con él. Para ello, se debe vigilar la altura de la mesa y de la silla. Si estas alturas no van en consonancia, la escritura no será relajada y eso repercutirá en la salud y en el trabajo.
- Las manos y, sobre todo, los dedos deben estar relajados; se recomienda mantenerlos ligeramente doblados y dejarlos descansar sobre el teclado. No teclear con fuerza.
- La cabeza debe estar alta para evitar lesiones en el cuello, y la vista, dirigida al texto que se está escribiendo y no al teclado; hay que recordar que el método seguido es la escritura al tacto; por tanto, no se debe mirar al teclado.
- Los ojos deben estar a una distancia de 40 a 70 cm del monitor, atril o documento correspondiente. Es aconsejable que el ángulo visual esté comprendido entre 10 y 25º respecto a la horizontal y con inclinación hacia abajo para retener durante más tiempo la humedad natural de los ojos.

3.1. Ergonomía

El Real Decreto 488/1997 de 14 de abril establece las disposiciones mínimas de seguridad y salud relativas al trabajo con equipos que incluyan pantallas de visualización (puestos de trabajo informatizados u ofimáticos).

Los elementos de estos puestos de trabajo (pantalla, teclado, mesa o superficie de trabajo, asiento de trabajo, *software* y demás accesorios) y las condiciones mínimas que deben cumplir están especificados en el Anexo de este Real Decreto.

Por ejemplo, respecto al **teclado**, se establece lo siguiente:

- El teclado deberá ser inclinable e independiente de la pantalla para permitir que el trabajador adopte una postura cómoda que no provoque cansancio en los brazos o las manos.
- Tendrá que haber espacio suficiente delante del teclado para que el usuario pueda apoyar los brazos y las manos.
- La superficie del teclado deberá ser mate para evitar los reflejos.
- La disposición del teclado y las características de las teclas deberán tender a facilitar su utilización.
- Los símbolos de las teclas deberán resaltar suficientemente y ser legibles desde la posición normal de trabajo.

Respecto al **asiento**, se dispone:

- El asiento de trabajo deberá ser estable, proporcionar al usuario libertad de movimiento y una postura confortable.
- La altura deberá ser regulable.
- El respaldo deberá ser reclinable y su altura ajustable.
- Se pondrá un reposapiés a disposición de quienes lo deseen.

El marco normativo se refiere no solamente a los equipos, sino también al entorno y a la interconexión ordenador/persona, con el objetivo de que el uso del equipo no sea una fuente de riesgo para los trabajadores.

3.2. Descanso

En jornadas laborales largas en las que se trabaja frente a un equipo informático, es conveniente hacer descansos de unos cinco minutos por cada hora de trabajo para relajar la mente y la vista. En estos descansos, se debería dar un pequeño paseo, estirar el cuello, la espalda y las piernas y no emplear este tiempo en utilizar el *smartphone* u otros dispositivos.

3.3. Posición de las manos sobre el teclado

La posición de las manos sobre el teclado depende de la colocación de los meñiques sobre las teclas guía o de referencia.

Las teclas ***F*** y ***J*** son las teclas de referencia. Sobre ellas se colocan los dedos **índices** y, a partir de ellas, se sitúa el resto de los dedos.

Hay que procurar no levantar los dedos de su posición, si no es absolutamente necesario; de esta manera, será más fácil no mirar al teclado.

Los dedos **pulgares** tienen como objetivo pulsar la barra espaciadora para separar las palabras. Lo correcto es pulsarla con el dedo pulgar de la mano contraria a la que acaba de utilizarse.

Los dedos **índices** abarcan el doble de teclas que los dedos corazón y anular.

En la Figura 1.7 se muestra el reparto del teclado alfanumérico entre las dos manos.

TRUCO

Las teclas ***F*** y ***J*** tienen una pequeña protuberancia para situar los dedos índices en la posición correcta sin mirar el teclado.

En el caso del teclado numérico, la protuberancia se encuentra en la tecla del número ***5***.

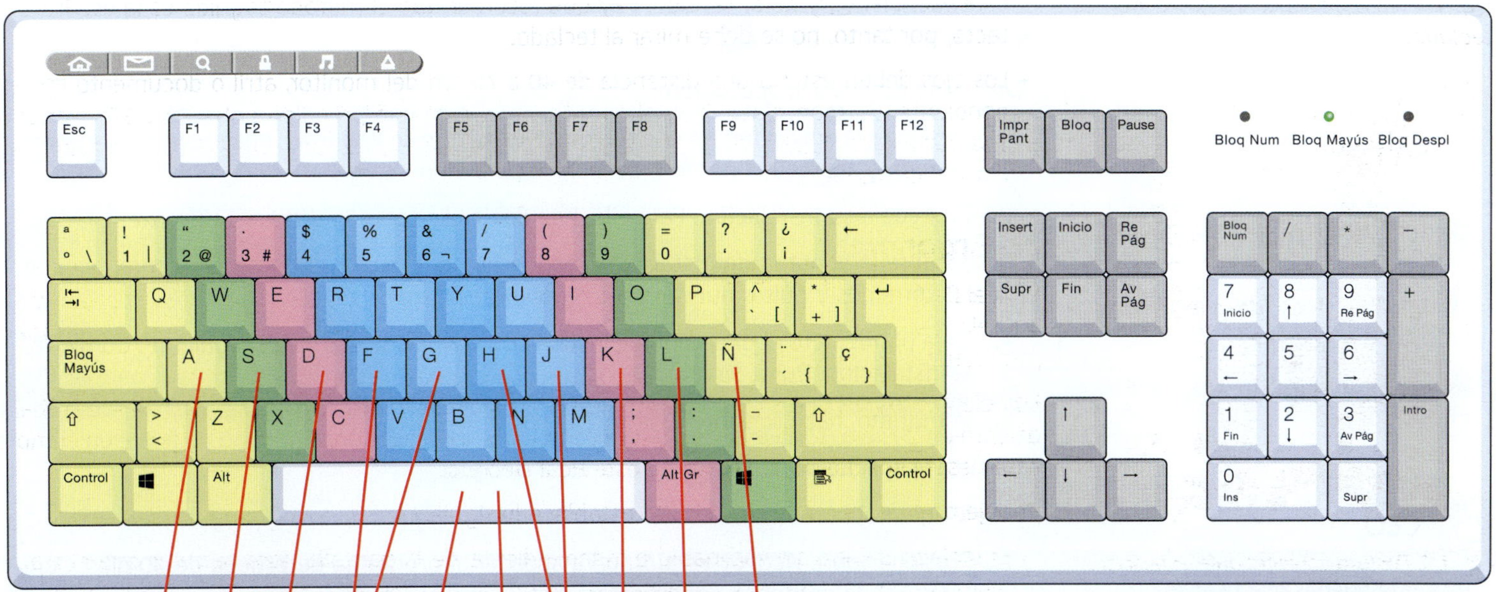

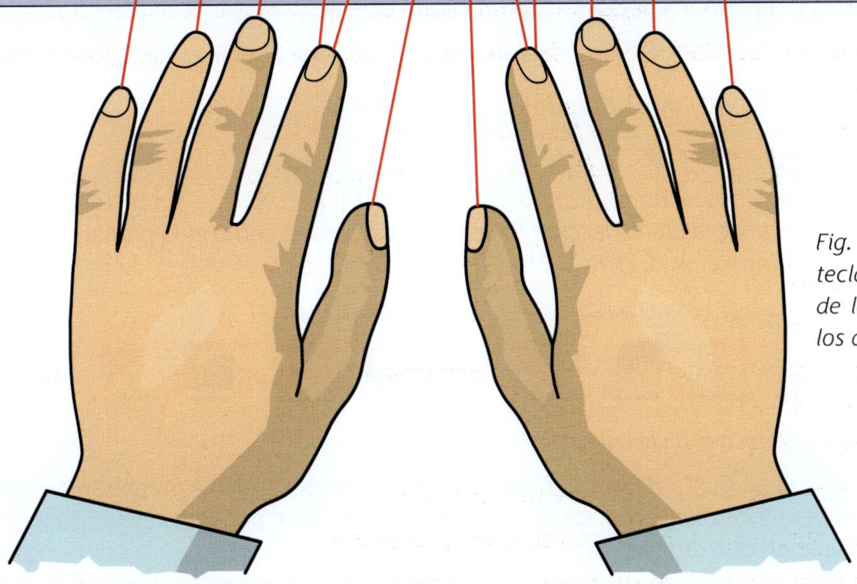

Fig. 1.7. Distribución del teclado entre los dedos de la mano izquierda y los de la mano derecha.

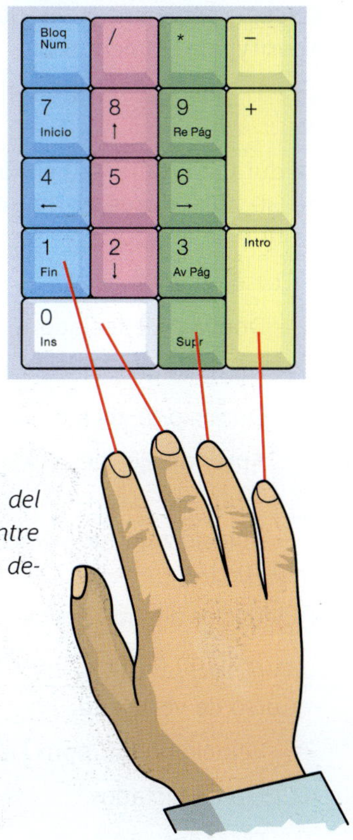

Fig. 1.8. Distribución del teclado numérico entre los dedos de la mano derecha.

ACTIVIDADES

1. Enumera los principios básicos de la mecanografía al tacto.
2. Investiga sobre el Real Decreto 488/1997 e indica las condiciones mínimas que deben cumplirse con respecto a la pantalla y la iluminación.
3. ¿Cómo se activan las teclas numéricas?

4. Desarrollo de la destreza mecanográfica

Cualquier usuario que comience el aprendizaje de la escritura al tacto, en primer lugar, debe realizar unos cuantos ejercicios básicos y repetitivos, cuya función es muy importante para que los dedos vayan aprendiendo, poco a poco, el lugar que ocupa cada tecla.

En el margen, puedes encontrar una lista de ejercicios con los que puedes practicar y realizarlos en algún editor de textos, como el Bloc de notas o Microsoft Word. Estos ejercicios deben realizarse sin prisas y observando los principios básicos que ya conoces.

4.1. Aplicación NovoTyping Student 8.0

Existen muchos programas especializados para aprender a escribir correctamente con el teclado y tener soltura. Vamos a conocer un programa de mecanografía asistida por ordenador, de los muchos que hay en el mercado: NovoTyping Student 8.0.

ACTIVIDAD GUIADA 1

Descarga e instala la aplicación:

1. Descarga la aplicación en el directorio *Descargas* de Windows, observando el margen, en el que aparece el nombre del achivo para su descarga.
2. Procede a su instalación. Para ello, haz doble clic sobre el archivo *setup.exe.*
3. Se abre la ventana de instalación, donde hay que pulsar el botón *Siguiente,* aceptar los términos y pulsar nuevamente *Siguiente.*
4. Deja por defecto el directorio de instalación y presiona dos veces *Siguiente*. Comienza la instalación. Pulsa *Sí.*
5. Por último, haz clic sobre *Cerrar.*

Ejecuta la aplicación:

1. Dirígete al botón de Windows *Inicio > novoTyping 8.0 > novoTyping Student 8.0.*
2. Presiona sobre *Activar versión* para acceder al programa de prueba de 30 días. Contesta *Sí* a la pregunta. Finalmente, pulsa *Aceptar.*
3. Observa que se muestra una ventana para introducir los datos de un alumno.
4. Introduce tu nombre y pulsa *Guardar alumno* y *Salir.*

Accede al curso de aprendizaje:

1. Presiona sobre el botón *Aprendizaje* del menú (Fig. 1.9). Este botón muestra el siguiente ejercicio de la última lección realizada. En este caso, como es la primera vez, se muestra el primer ejercicio: *EJERCICIO N. 01: Hilera normal.*

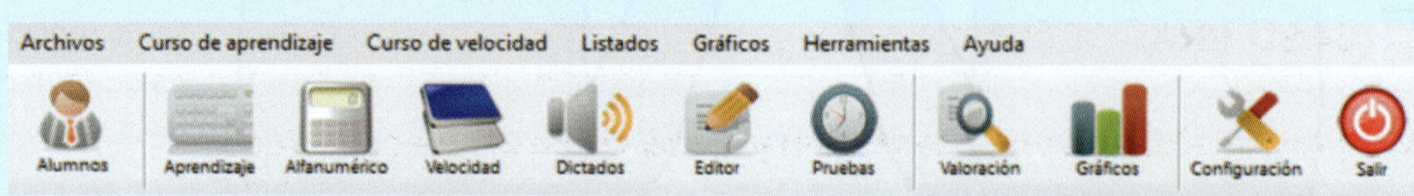

Fig. 1.9. Menú principal de la aplicación.

2. A través del menú *Curso de aprendizaje > Curso de aprendizaje* se muestran en una nueva ventana todos los ejercicios disponibles, entre los que podemos elegir el ejercicio de la lección que deseemos.

ACTIVIDADES

4. ¿Cuál es la diferencia entre PPM Brutas y PPM Netas? Puedes buscar esta información a través del menú *Ayuda > Manual de usuario* de Novotyping Student 8.0.

5. Accede a la configuración de NovoTyping Student 8.0 y observa todas las opciones configurables de *Entorno, Apariencia* y *Sistema.*

CEO

Listado de ejercicios para practicar:

- U1_Ejercicios de iniciación.docx.
- U1_Escritura de palabras.docx.
- U1_Escritura de frases.docx.
- U1_Utilización de mayúsculas.docx.
- U1_El acento y la diéresis.docx.
- U1_Otros signos de puntuación.docx.
- U1_Escritura de números.docx.
- U1_Prácticas de velocidad I.docx.
- U1_Prácticas de velocidad II.docx.
- U1_Prácticas de textos en inglés.docx.

CEO

Para que puedas practicar, te ofrecemos la versión de evaluación de **NovoTyping Student 8.0:**

- U1_novotyping_student80_mcgrawhill.zip

La duración de esta versión es de 30 días, desde el momento en que se instala, e incluye:

- Curso de aprendizaje.
  - Dominio de teclado 1.
  - Dominio de teclado 2.
  - Dominio de teclado 3.
  - Aprendizaje de velocidad 60 (1/2).
  - Aprendizaje de velocidad 70 (1/2).
- Ejercicios alfanuméricos.
  - Teclado numérico nivel 1.
- Curso de velocidad.
  - Velocidad 150 ppm (1/3).
- Curso de dictados.
  - Dictados 150 ppm.

CASO PRÁCTICO 1

Realizar el primer ejercicio de la primera lección.

1. Hacemos clic en el botón *Aprendizaje*. Se abre la ventana *Curso de aprendizaje* (Fig. 1.10).
2. Pulsamos sobre el botón Iniciar. Si se abre un cuadro de diálogo, pulsamos *Salir.*
3. Situamos los dedos de las manos de forma correcta sobre el teclado y copiamos el texto.
4. Para detener el ejercicio, pulsamos el botón Parar. Para detener momentáneamente el ejercicio, pulsamos el botón Pausa. Para seguir con el ejercicio, utilizamos el botón Reanudar.

Fig. 1.10. Ventana Curso de aprendizaje.

Solución:

Tras copiar todo el texto, se muestra el resultado en la zona inferior de la ventana:

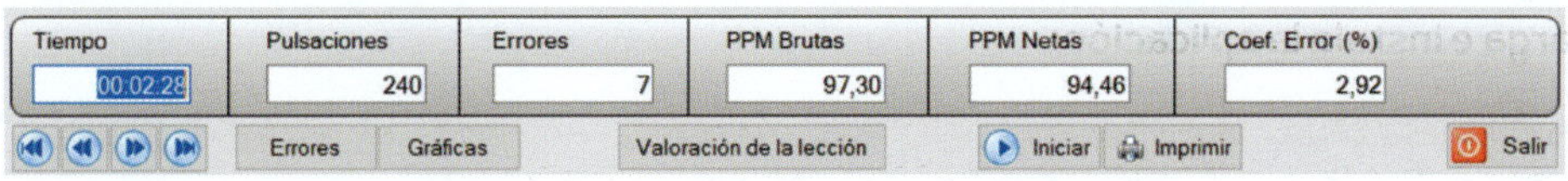

Fig. 1.11. Resultado del ejercicio.

ACTIVIDAD GUIADA 2

Realiza un ejercicio con las teclas alfanuméricas:

1. Con la aplicación NovoTyping Student abierta, haz clic sobre el botón *Alfanumérico* del menú.
2. Recuerda la posición de los dedos sobre las teclas alfanuméricas, ubicadas a la derecha del teclado.
3. Pulsa el botón Iniciar y completa el ejercicio.

Realiza un ejercicio de velocidad:

1. Haz clic sobre la opción del menú *Curso de aprendizaje > Curso de aprendizaje.*
2. En el cuadro de diálogo *Curso de aprendizaje,* despliega los ejercicios de la lección APRENDIZAJE VELOCIDAD 60 (1/2) PMM pulsando el símbolo +.
3. Elige *TEXTO N. 01: Ejercicio abecedario* y pulsa *Aceptar.*
4. Presiona el botón Iniciar y completa el ejercicio.

CLAVES Y CONSEJOS

En la zona izquierda de la aplicación NovoTyping Student se muestran las carpetas de los cursos existentes.

Al iniciar por primera vez la aplicación, el curso APRENDIZAJE no contiene ninguna subcarpeta correspondiente a ninguna lección. Conforme se vayan realizando ejercicios, se mostrarán las carpetas de las lecciones iniciadas y el porcentaje de progreso.

CASO PRÁCTICO 2

Mostrar la valoración de una lección y la gráfica de errores por dedos.

1. Con la aplicación NovoTyping Student abierta, presionamos el botón *Valoración* del menú. Se abre la ventana *Valoración de la lección* (Fig. 1.12).
2. Elegimos el curso *APRENDIZAJE* y la lección *APRENDIZAJE VELOCIDAD 60 (1/2) PMM.* En la zona inferior observamos el resumen de la lección, en el que se muestran el tiempo, los errores, las pulsaciones, el porcentaje de error, etc.
3. Pulsamos el botón *Gráfica errores por dedos.*

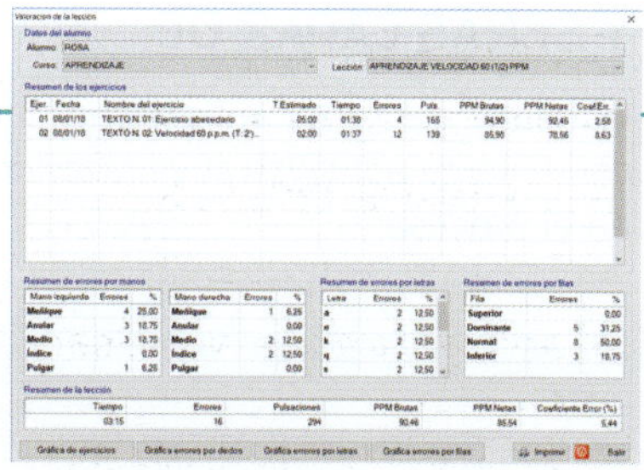

Fig. 1.12. Ventana Valoración de la lección.

Solución:

Podemos observar una gráfica en la que se muestran los dedos con los que hemos cometido más errores (Fig. 1.13). Para ver los datos de forma numérica pulsamos el botón *Ver datos.*

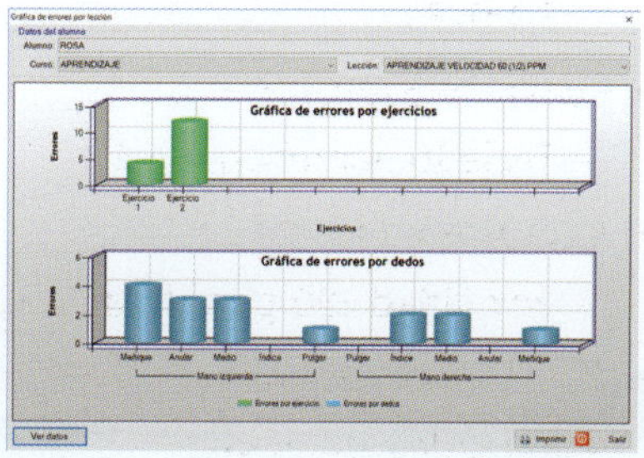

Fig. 1.13. Gráfica de errores por dedos.

2
UNIDAD

Sistemas operativos: Windows 10 Professional

¿Sabías que cuando usas un ordenador de sobremesa o un portátil estás utilizando un sistema operativo?

Con los años, los sistemas operativos han ido evolucionando y mejorando, resultan muy intuitivos y nos facilitan tareas cotidianas como buscar información en Internet, almacenar documentos importantes, realizar copias de seguridad de documentos, etc.

Hoy conocerás más sobre Microsoft Windows 10 en su versión Professional y realizarás operaciones avanzadas que seguro desconoces.

EN ESTA UNIDAD ESTUDIARÁS

1. Los conceptos básicos de la informática.
2. Las operaciones básicas en Windows 10.
3. Las operaciones avanzadas en Windows 10.

Y SERÁS CAPAZ DE

Instalar y actualizar aplicaciones informáticas relacionadas con la tarea administrativa razonando los pasos a seguir en el proceso.

Windows 10

1. Conceptos básicos de la informática

Para empezar, es necesario que conozcas algunos conceptos básicos.

> La **informática** se puede definir como la ciencia encargada del estudio y desarrollo del tratamiento automático de la información.

Los métodos de codificación de los circuitos electrónicos de un ordenador tienen su origen en el **sistema binario**, ya que, por medio de los dígitos 1 y 0, se puede representar todo tipo de información y las órdenes que maneja un procesador.

> El **bit** es la unidad mínima de información, es decir, una cifra binaria (0 o 1), una posición del circuito (abierto o cerrado).

Observa la Tabla 2.1, donde se muestran las unidades de medida de almacenamiento en el mundo digital.

1.1. *Hardware* y *software*

> El ***hardware*** es la estructura física de un sistema informático, es decir, los elementos mecánicos y electrónicos que lo componen.

Es *hardware*, por ejemplo, el ordenador (Fig. 2.1), dispositivo electrónico capaz de procesar datos a gran velocidad, pero también la placa base (Fig. 2.2), los buses, el microprocesador, la memoria, los periféricos, etc.

El funcionamiento del *hardware* o parte física de un ordenador requiere un *software* que permita el manejo de todos los recursos del sistema.

> El ***software*** es la parte intangible del ordenador, es decir, el elemento lógico, el conjunto de aplicaciones y programas.

Una **licencia de *software*** es el permiso que concede el autor de un programa para que los usuarios puedan usarlo, fijando el precio y las restricciones que crea oportunas.

1.2. Sistema operativo

> El **sistema operativo** es un *software* básico, es decir, el conjunto de programas imprescindibles para el funcionamiento del sistema, diseñado para que cualquier usuario pueda interactuar con el ordenador.

Las principales funciones de un sistema operativo son:

- Gestionar el *hardware*, los procesos y la memoria.
- Proveer una interfaz gráfica al usuario y gestionar el *software*.
- Gestionar los periféricos, los archivos y los permisos.

Fig. 2.1. Ordenador portátil.

Fig. 2.2. Placa base.

Nombre	Equivalencia
Bit	Unidad mínima
Cuarteto	4 bits (ejemplo: 1001)
Octeto o byte	8 bits
Kilobyte (KB)	1.024 bytes
Megabyte (MB)	1.024 KB
Gigabyte (GB)	1.024 MB
Terabyte (TB)	1.024 GB
Petabyte (PB)	1.024 TB
Exabyte (EB)	1.024 PB
Zetabyte (ZB)	1.024 EB

Tabla 2.1. Unidades de medida de almacenamiento.

CEO

Conoce más sobre conceptos básicos en los documentos:

- U2_Elementos de hardware.docx
- U2_Unidades periféricas.docx

CASO PRÁCTICO 1

Operar con las unidades de medida de almacenamiento.

Para familiarizarnos con estos términos vamos a convertir 255 bytes a bits, 56.450 kilobytes a megabytes y 5 petabytes a terabytes.

Solución:

a) 255 bytes × 8 = 2.040 bits.

b) 56.450 KB/1.024 = 55,217 MB.

c) 5 PB × 1.024 = 5.120 TB.

ACTIVIDADES

1. Explica con tus palabras la diferencia entre *software* y *hardware*.

Fig. 2.3. Escritorio de Windows 10.

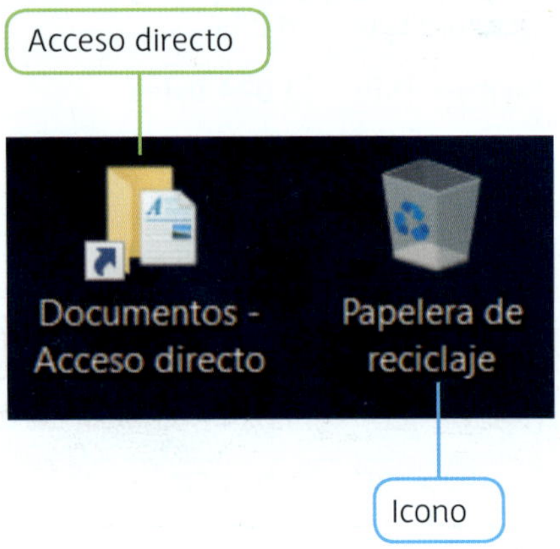

Fig. 2.4. Acceso directo e icono.

2. Operaciones básicas en Windows 10

En julio del 2015, Microsoft presentó un nuevo sistema operativo que pretendía ser una mejora de Windows 8.1 y al que denominó Windows 10. Para el desarrollo de esta unidad, nos centraremos en la versión **Windows 10 Professional.**

Las versiones actuales de Windows 10 son: Windows 10 Home, Windows 10 Pro, Windows 10 Enterprise, Windows 10 Education, Windows 10 Mobile (para *smartphones*), Windows 10 Cloud (soportado en tabletas táctiles).

2.1. Características de Windows 10

Windows 10 es un sistema operativo **multiusuario,** pues permite que dos o más usuarios realicen diversas acciones interactivas de manera simultánea, dando el procesador una respuesta casi inmediata a cada uno; **multitarea,** pues puede desempeñar varias acciones a la vez (en la memoria se mantienen el código y los datos de varios programas); **cliente,** por aprovechar los recursos que le ofrece un servidor de la red (ordenador muy potente encargado de facilitar servicios a los demás equipos), y **de red,** pues puede gestionar servidores de archivos, de impresión y de aplicaciones, de alojamiento web, etc. También dispone de funciones para centralizar los recursos (usuarios, grupos, servicios de seguridad, etc.).

2.2. Novedades en Windows 10

Citamos algunas de las novedades más importantes con respecto a versiones anteriores:

- Nuevo escritorio, con el antiguo menú de *Inicio* y la barra lateral como centro de notificaciones (*Centro de actividades* o *Action Center*).
- Uso de escritorios virtuales, para trabajar con más de un escritorio a la vez.
- Asistente por voz de Microsoft, denominado *Cortana*, ya usado en versiones móviles.
- Nueva interfaz de usuario: *Modo tableta*, para PC con pantallas táctiles.
- Nuevo navegador web, llamado *Microsoft Edge*, que sustituye a *Internet Explorer.*
- Integración de *OneDrive*, para gestionar archivos en la nube.
- Integración de *Skype*, usada para mensajería instantánea y videollamadas.
- Integración de *Xbox*, aplicación pensada para juegos de PC.
- Inicio de sesión a través de huella digital o reconocimiento facial, si el equipo lo permite.

2.3. Escritorio de Windows 10

El *Escritorio* es, sin duda, el elemento más importante de Windows 10. Se hace visible al iniciar la sesión. En él encontramos los iconos, la *Barra de tareas* y el panel *Centro de actividades* oculto, que se muestra cuando el equipo nos da notificaciones (Fig. 2.3).

A. Iconos y accesos directos

> Los **iconos** son pequeños símbolos gráficos que representan objetos.
>
> Los **accesos directos** son iconos especiales vinculados a objetos ya existentes, que se muestran con una flecha junto al icono (Fig. 2.4).

ACTIVIDAD GUIADA 1

Crea un acceso directo y elimínalo:

1. Haz clic en el *Explorador de archivos* de la barra de tareas de Windows.
2. Sitúate sobre el icono del directorio *Documentos* y despliega las opciones del menú contextual haciendo clic sobre el botón secundario del ratón.
3. Selecciona la opción *Enviar a > Escritorio (crear acceso directo).*
4. Observa cómo se ha creado un acceso directo en el escritorio al directorio *Documentos.*
5. Para borrar el acceso directo, selecciona el icono y pulsa la tecla ***Supr.***

B. Ventanas

> Las **ventanas** son áreas, generalmente rectangulares, que Windows pone al alcance del usuario para que este interactúe con los programas.

Examinemos los elementos más comunes de las ventanas (Fig. 2.5):

Fig. 2.5. Ventana de la carpeta Este Equipo.

Al pulsar sobre el botón *Expandir la cinta de opciones* [∨], se muestra la cinta de opciones correspondiente. Según el tipo de elemento al que haga referencia nuestra ventana, la barra de menús y la cinta de opciones mostrarán unas opciones u otras. Observa las Figuras 2.6 y 2.7:

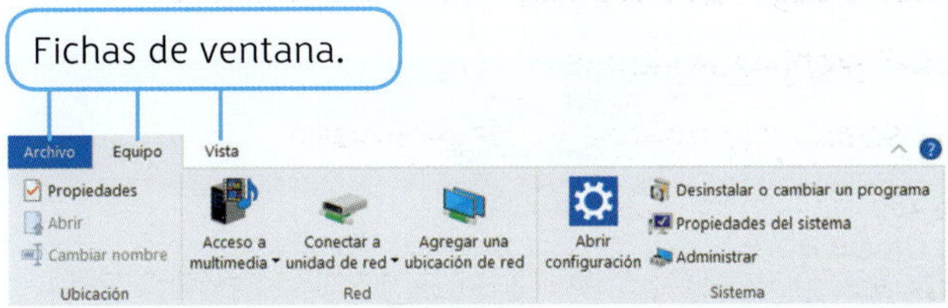

Fig. 2.6. Cinta de opciones correspondiente a la ventana Este Equipo.

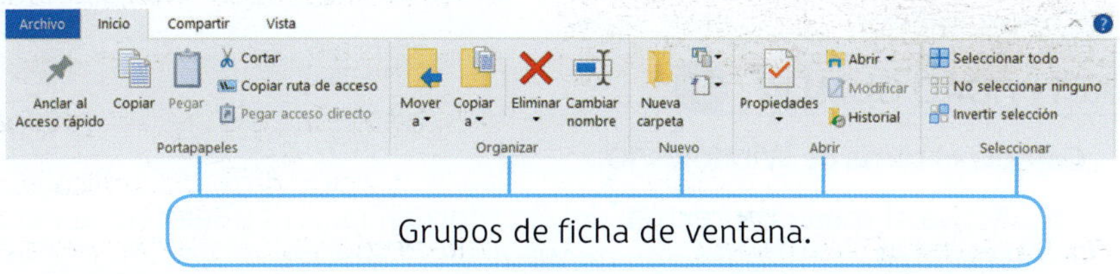

Fig. 2.7. Cinta de opciones correspondiente a la ventana Documentos.

CASO PRÁCTICO 2

Organizar el contenido de una ventana.

Vamos a visualizar el contenido de la ventana *Documentos* de manera que se muestren los detalles de los elementos, se ordenen por nombre de la A a la Z y se agrupen por fecha de modificación:

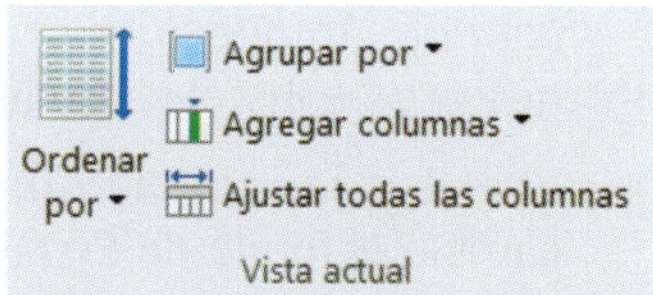

Fig. 2.8. Grupo Vista actual.

1. Abrimos el *Explorador de archivos* y hacemos doble clic sobre el icono *Documentos*.
2. Hacemos clic sobre la pestaña *Vista* de la *Barra de menús*. En el grupo *Diseño*, seleccionamos *Detalles* [icono].
3. Activamos nuevamente la pestaña *Vista*. En el grupo *Vista actual* (Fig. 2.8.), desplegamos las opciones del botón *Ordenar por* y seleccionamos *Nombre*; repetimos el proceso y elegimos *Ascendente*.
4. Por último, sobre el grupo *Vista actual*, hacemos clic sobre el botón *Agrupar por* y seleccionamos *Fecha de modificación* y *Descendente*.

Solución:

El resultado, tras organizar los elementos, debe ser similar al siguiente (Fig. 2.9):

Fig. 2.9. Resultado tras organizar la ventana Documentos.

C. Cuadros de diálogo

> Un **cuadro de diálogo** es un tipo de ventana, normalmente diseñado para que el usuario pueda introducir información mediante controles de formulario (Fig. 2.10).

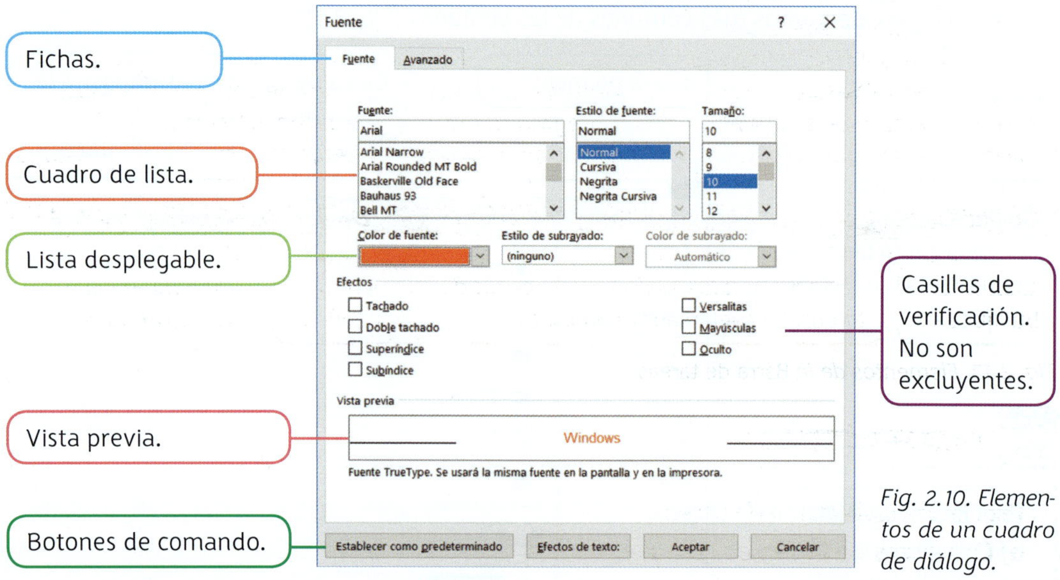

Fig. 2.10. Elementos de un cuadro de diálogo.

♣ TRUCO

La resolución de pantalla afecta a la calidad de imagen del monitor. Los efectos del cambio de resolución de pantalla son:

- Si se aumenta, se verá más información, pero en un tamaño más pequeño.
- Si se reduce, se podrá ver menos información, pero en un tamaño mayor.

Para modificar la resolución, selecciona *Configuración de pantalla* del menú contextual del *Escritorio* y, a continuación, selecciona una resolución de la lista desplegable.

D. Personalizar el *Escritorio*

El usuario puede cambiar el *Escritorio* simplemente para adaptarlo a su gusto o de la manera que le resulte más práctica. Por ejemplo, es posible elegir los iconos, las imágenes para el fondo, el protector de pantalla, situar la barra de tareas en un lugar distinto, modificar la configuración de la pantalla, personalizar una carpeta, etc.

Windows 10 permite personalizar los elementos anteriormente citados de forma individual, pero también es posible realizar varios cambios de aspecto en un solo paso a través de los *Temas*.

ACTIVIDAD GUIADA 2

Cambia el tema de Windows 10:

1. Activa el menú contextual del *Escritorio* (Fig. 2.11) y selecciona *Personalizar*. Se abre la ventana *Configuración* de Windows (Fig. 2.12).
2. Haz clic en *Temas* y, a continuación, haz clic en *Conseguir más temas en la Tienda*. Se abre la aplicación *Microsoft Store*. Debes saber que para descargar aplicaciones de *Microsot Store* tienes que poseer una cuenta *Microsoft*.
3. Selecciona un tema gratis relacionado con una ciudad. En este caso, hemos elegido *London Architecture*. Pulsa sobre el botón *Obtener*. A continuación, comienza la descarga e instalación del tema. Cierra la aplicación *Microsoft Store*.
4. Vuelve a la ventana *Configuración* y selecciona el tema instalado. Observa cómo cambia el fondo de *Escritorio*.
5. Para eliminar un tema instalado, localiza el tema en la ventana *Configuración* > *Temas*. Haz clic sobre el tema con el botón secundario del ratón y selecciona *Eliminar*.

Configura iconos de escritorio:

1. Activa el menú contextual del *Escritorio* y selecciona *Personalizar*. Se abre la ventana *Configuración* de Windows.
2. Haz clic en *Temas* > *Configuración de iconos de escritorio*. Se abre el cuadro de diálogo con el mismo nombre.
3. Activa la casilla de verificación *Equipo*, *Panel de control* y *Papelera de reciclaje*. Pulsa *Aceptar*.
4. Observa cómo se muestran en el escritorio dichos iconos.

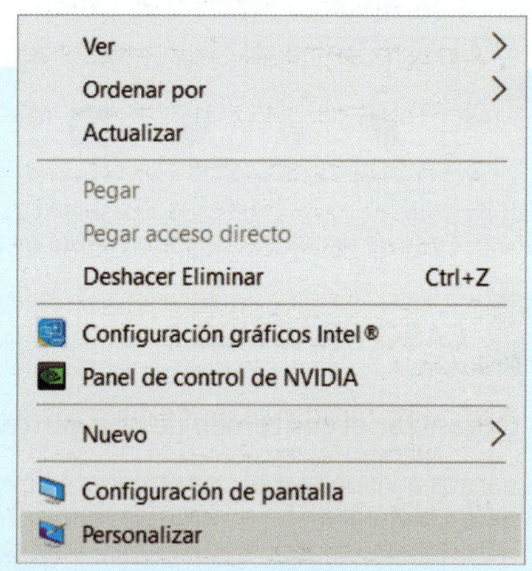

Fig. 2.11. Menú contextual del Escritorio *de Windows 10.*

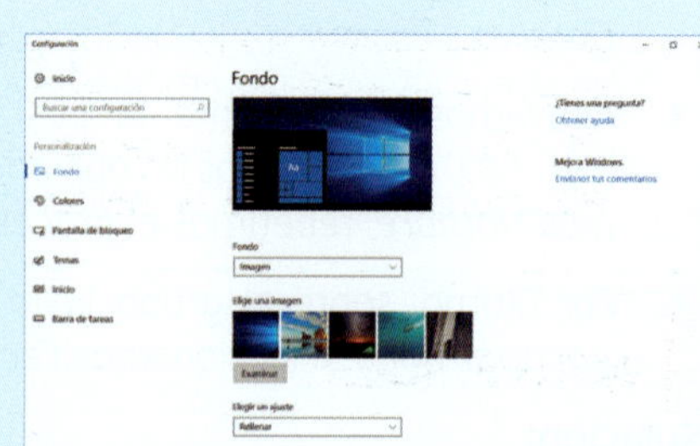

Fig. 2.12. Ventana Configuración *de Windows 10.*

E. Barra de tareas

La *Barra de tareas* está situada, por defecto, en la parte inferior del *Escritorio* (Fig. 2.13). Podemos personalizarla a nuestro gusto anclando aplicaciones o mostrando barras de herramientas; incluso es posible mover la barra de herramientas para visualizarla en otra zona del escritorio.

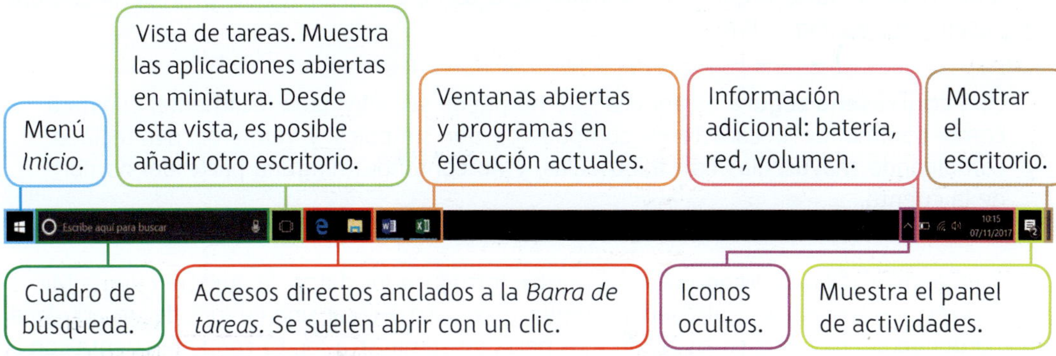

Fig. 2.13. Elementos de la Barra de tareas.

CASO PRÁCTICO 3

Practicar con la *Barra de tareas.*

***a)* Organizar ventanas en cascada.**

1. Abrimos las ventanas *Este Equipo, Panel de control* y *Documentos.*
2. Hacemos clic con el botón secundario del ratón sobre la *Barra de tareas* y elegimos *Ventanas en cascada* de las opciones que se ofrecen para organizar ventanas (Fig. 2.14).

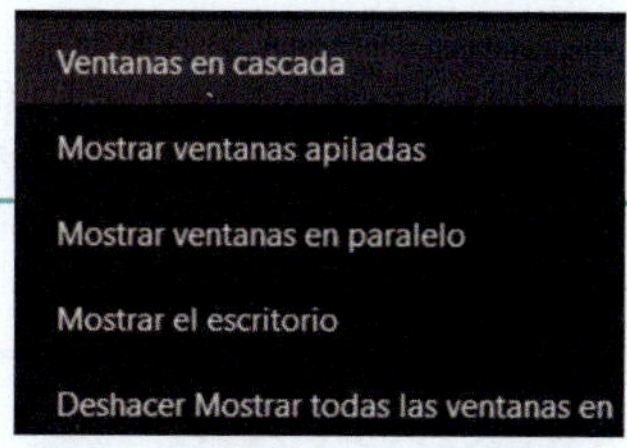

Fig. 2.14. Opciones organizar ventanas del menú contextual de la Barra de tareas.

b)* Anclar la *Calculadora* de Windows a la *Barra de tareas.

1. Hacemos clic sobre el menú *Inicio* y nos situamos sobre *Calculadora.*
2. Mostramos el menú contextual haciendo clic derecho y seleccionamos *Más > Anclar a la barra de tareas.*

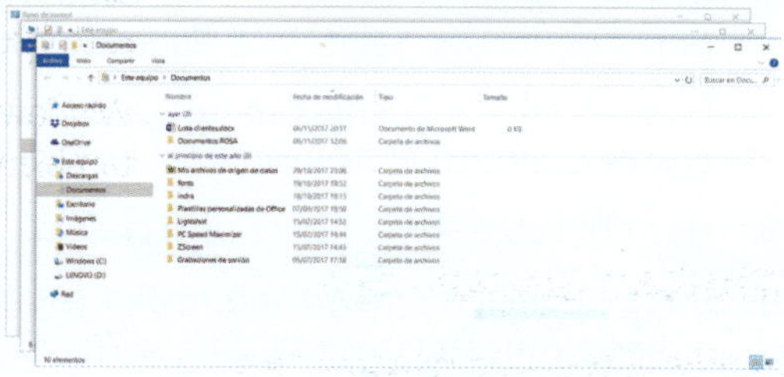

Fig. 2.15. Ventanas en cascada.

c)* Agregar barras de herramientas a la *Barra de tareas.

1. Hacemos clic con el botón secundario del ratón en la *Barra de tareas.*
2. Seleccionamos *Barras de herramientas.* Aparece un menú con las opciones *Dirección, Vínculos, Escritorio* y *Nueva barra de herramientas,* que permite crear otra barra personalizada.
3. Seleccionamos *Dirección.*

Fig. 2.16. Calculadora *anclada a la* Barra de tareas.

Solución:

a) El resultado debe quedar como el de la Figura 2.15. Además de esta organización, existen las opciones *Mostrar ventanas apiladas* y *Mostrar ventanas en paralelo.*

b) Se muestra la aplicación en la *Barra de tareas* (Fig. 2.16).

Para desanclar la aplicación, nos situamos sobre el icono de la *Barra de tareas,* mostramos su menú contextual y seleccionamos *Desanclar de la barra de tareas* (Fig. 2.17).

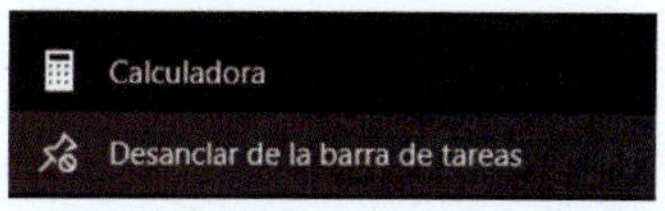

Fig. 2.17. Desanclar Calculadora *de la* Barra de tareas.

c) Se muestra la barra de dirección en la *Barra de tareas* (Fig. 2.18). A través de esta barra podemos acceder a directorios de nuestro esquipo o introducir una dirección web que se abrirá en el navegador web predeterminado. Para eliminar la barra de herramientas de la *Barra de tareas,* hacemos clic con el botón secundario del ratón sobre *Dirección,* seleccionamos *Barras de herramientas* y hacemos clic sobre *Dirección.*

Fig. 2.18. Barra de herramientas Dirección.

ACTIVIDADES

2. Configura la pantalla de bloqueo de Windows 10 y, como fondo, elige *Contenido destacado de Windows.*
3. En Windows 10, ¿cómo crees que pueden organizarse las ventanas?

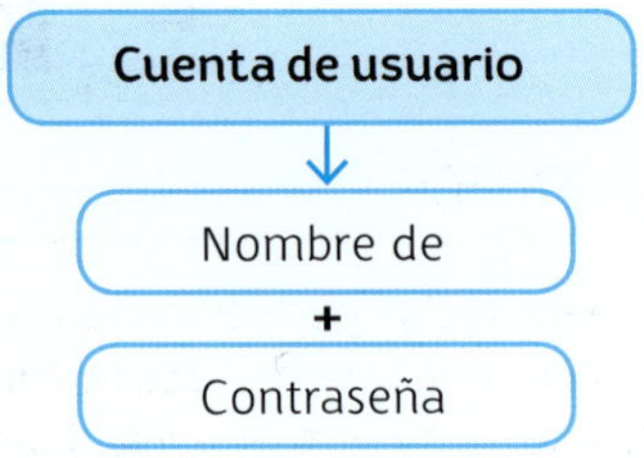

Fig. 2.19. Cuenta de usuario.

CLAVES Y CONSEJOS

Cuentas en Windows 10:

Estándar: pueden utilizar la mayoría de los programas y solo pueden cambiar cierta configuración del sistema.

Administrador: tienen acceso total a todos los programas y configuraciones. Es posible gestionar otras cuentas de usuario.

2.4. Usuarios y cuentas

Windows facilita la utilización compartida del equipo por varios usuarios, de manera que cada uno disponga de sus propias configuraciones y carpetas.

Una **cuenta de usuario** requiere un nombre de usuario, y es aconsejable protegerla con una contraseña segura (Fig. 2.19).

> Una **contraseña segura** es aquella que no puede ser adivinada fácilmente; constará como mínimo de 8 caracteres compuestos por símbolos y números del teclado, combinando mayúsculas con minúsculas, y no contendrá ninguna parte del nombre de la cuenta.

Durante la instalación de Windows 10 es posible introducir los datos de nuestra cuenta Microsoft (correo electrónico + contraseña) u omitir este paso y crear una cuenta de usuario local en el ordenador. En ambos casos tendremos perfil de administrador. Es con esta cuenta con la que se iniciará sesión en Windows hasta que no se creen otras cuentas.

> Se denomina **sesión** a las tareas realizadas por los usuarios desde el instante en que acceden al sistema, y se da por terminada en el momento en que se produce la desconexión o cierre de sesión.

ACTIVIDAD GUIADA 3

Crea una cuenta de usuario con contraseña, siendo administrador del equipo:

1. Escribe *«Panel de control»* en el cuadro de búsqueda de la *Barra de tareas*. Selecciona *Panel de control*.
2. Pulsa el enlace *Cuentas de usuario*. Pulsa nuevamente el enlace *Cuentas de usuario*.
3. Haz clic sobre *Administrar otra cuenta*.
4. Pulsa el enlace *Agregar un nuevo usuario* en *Configuración*. Se muestra la ventana de la Figura 2.20, donde debes seleccionar *Agregar otra persona a este equipo*.

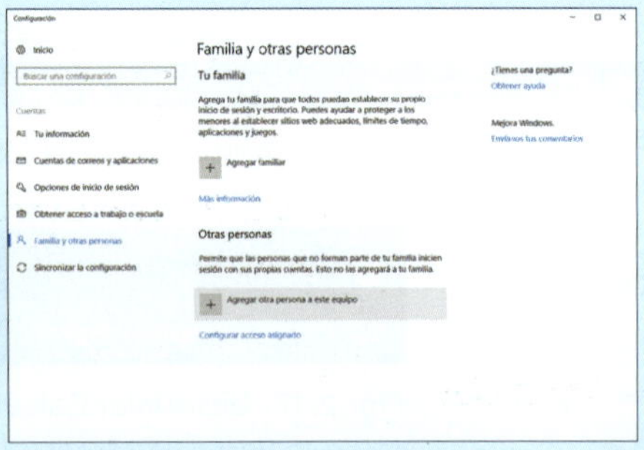

Fig. 2.20. Configuración de cuentas.

5. Escribe el nombre para la nueva cuenta, selecciona *Usuario estándar* y pulsa el botón *Crear cuenta*.
6. Haz clic en el enlace *No tengo los datos de inicio de sesión de esta persona*.
7. A continuación, pulsa *Agregar un usuario sin cuenta Microsoft*.
8. Rellena la información con los siguientes datos:

   Nombre de usuario: «Prueba»

   Contraseñas: «Pwd2020»

   Sugerencia de contraseña: «Contraseña de cuenta de prueba»
9. Haz clic en *Siguiente*. La cuenta se ha creado y se muestra en la ventana *Administrar cuentas*. Por defecto, esta cuenta es de tipo *Estándar*.

Inicia y cierra sesión con la nueva cuenta:

1. Pulsa el botón *Inicio*, haz clic en el botón *Usuario* y elige *Cerrar sesión* (Fig. 2.21).

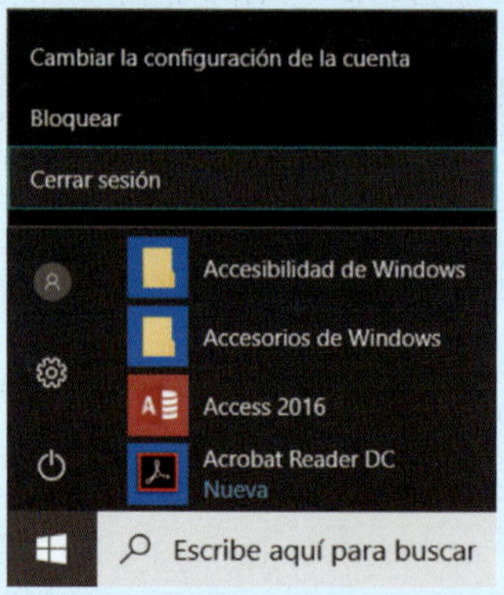

Fig. 2.21. Cerrar sesión.

2. Selecciona la nueva cuenta. Se activará su configuración.
3. Ve al botón *Usuario* y selecciona *Cerrar sesión*.

Elimina la nueva cuenta:

1. Inicia sesión con la cuenta de administrador desde la que se creó la cuenta *Prueba*. Aparece su escritorio.
2. Pulsa el botón *Inicio* y selecciona *Panel de control*.
3. Ve a *Cuentas de usuario* y pulsa el enlace *Cambiar el tipo de cuenta*.
4. Selecciona *Prueba*.
5. Pulsa en *Eliminar la cuenta* y a continuación en *Eliminar archivos*.
6. Cierra la ventana.

2.5. Archivos en Windows 10

Los archivos son los elementos fundamentales del sistema de almacenamiento de Windows.

> Un **archivo** es un conjunto de datos agrupados bajo una denominación determinada. Los archivos se almacenan en carpetas o directorios.

Los archivos almacenados en Windows pueden localizarse desde varios lugares: *Este Equipo*, *Explorador de archivos*, cuadro de búsqueda de *Barra de tareas*, etc.

En Windows 10 siguen existiendo las *Bibliotecas*, aunque hay que mostrarlas manualmente. Las bibliotecas permiten incluir carpetas ubicadas en distintos lugares, sin necesidad de copiarlas. Así, si incluimos varias carpetas en una biblioteca, vemos todos los ficheros de nuestras carpetas en una misma ubicación, sin que exista información duplicada. Las bibliotecas disponibles son *Documentos*, *Imágenes*, *Música* y *Vídeos* (Fig. 2.22).

Para copiar, cortar y pegar archivos o carpetas en Windows se hace uso del *Portapapeles*. Esta herramienta no tiene interfaz gráfica, pero, cuando realizamos operaciones de copiar, cortar y pegar, esta se activa de forma transparente. Observa cómo al hacer clic con el botón secundario del ratón sobre un archivo se muestran las opciones de *Cortar* y *Copiar*.

TRUCO

Si haces clic con el botón secundario del ratón sobre una carpeta o archivo y seleccionas *Propiedades* puedes obtener información sobre él. También es posible ver los permisos y compartirlo.

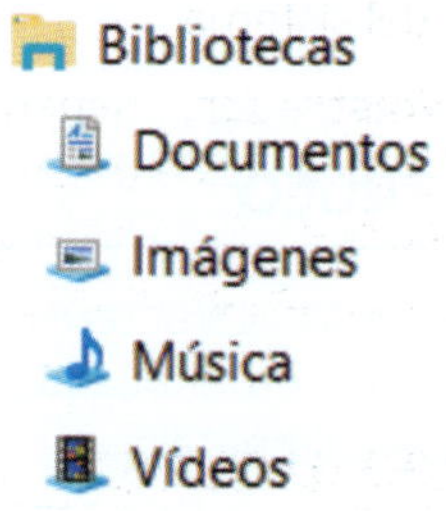

Fig. 2.22. Bibliotecas predeterminadas.

CASO PRÁCTICO 4

Practicar con *Bibliotecas*.

***a)* Visualizar *Bibliotecas*.**

1. Abrimos el *Explorador de archivos* y activamos la ficha *Vista*.
2. Desplegamos las opciones del *Panel de navegación* y activamos *Mostrar bibliotecas*.

***b)* Crear una biblioteca y añadir una carpeta.**

1. En el panel de navegación del *Explorador de archivos*, hacemos clic en el botón secundario del ratón y seleccionamos *Bibliotecas*.
2. Pulsamos *Nuevo* > *Bibliotecas*. Nombramos la biblioteca con el nombre «PERSONAL».
3. Hacemos clic con el botón secundario del ratón sobre el *Escritorio*, seleccionamos *Nuevo* y hacemos clic en *Carpeta*. Aplicamos el nombre «PRUEBA».
4. A continuación, hacemos clic con el botón secundario del ratón sobre la carpeta *PRUEBA*, seleccionamos *Incluir en biblioteca* y pulsamos en *PERSONAL*.

Solución:

a) Se muestran las *Bibliotecas* de Windows 10 en el panel de navegación (Fig. 2.22).

b) La carpeta *PRUEBA* se incluye en la biblioteca *PERSONAL* (Fig. 2.23).

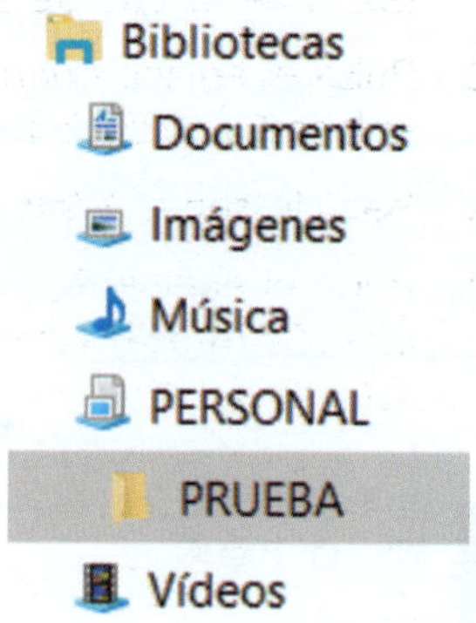

Fig. 2.23. Nueva biblioteca.

ACTIVIDAD GUIADA 4

Copia un archivo de la unidad de memoria extraíble (*pendrive*) al *Escritorio* con el *Portapapeles*:

1. Una vez conectado el *pendrive* y reconocido por el sistema, se muestra en la zona de iconos ocultos.
2. Pulsa el botón *Explorador de archivos*. Selecciona *Este Equipo*. Aparece la unidad *extraíble* en el panel derecho de la ventana (Fig. 2.24).
3. Para ver su contenido, haz doble clic sobre ella.
4. Elige un archivo, pulsa con el botón secundario del ratón sobre él y elige *Copiar*. La operación copiar duplica los archivos, mientras que la operación cortar elimina el archivo de origen.
5. Muestra el *Escritorio*, pulsa con el botón secundario del ratón y elige *Pegar*.
6. Una vez copiado el archivo, desconecta el *pendrive* de forma segura. Despliega los iconos ocultos de la *Barra de tareas*, localiza el de la unidad extraíble que corresponde al *pendrive*, muestra su menú contextual y selecciona *Expulsar USB Flash Drive*. Ten en cuenta que el nombre variará dependiendo del modelo de *pendrive*.

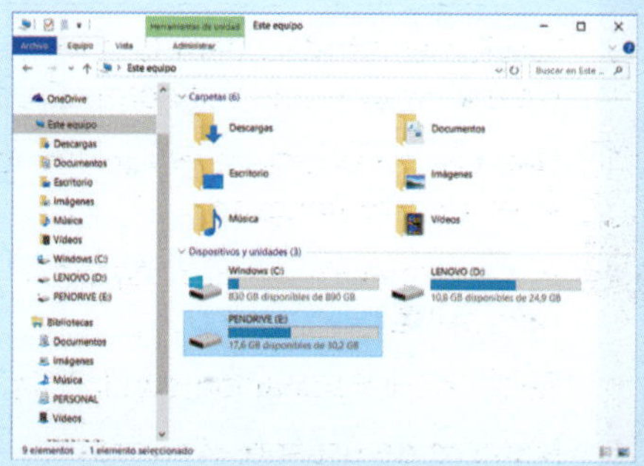

Fig. 2.24. Carpeta Este Equipo.

CLAVES Y CONSEJOS

Las partes del nombre de un archivo son:

- El **nombre** del archivo en sí, sin superar los 255 caracteres ni incluir ninguno de estos:

  \ ? ¿ * " | > <.

- El **separador**, indicado con un punto.
- La **extensión**, que identifica el tipo de archivo; normalmente tiene tres caracteres.

TRUCO

Conoce los caracteres comodín utilizados en la búsqueda de archivos y carpetas:

* Sustituye uno o más caracteres en el nombre o en la extensión del archivo buscado.

? Equivale a un único carácter en el nombre o en la extensión cada vez que se escribe.

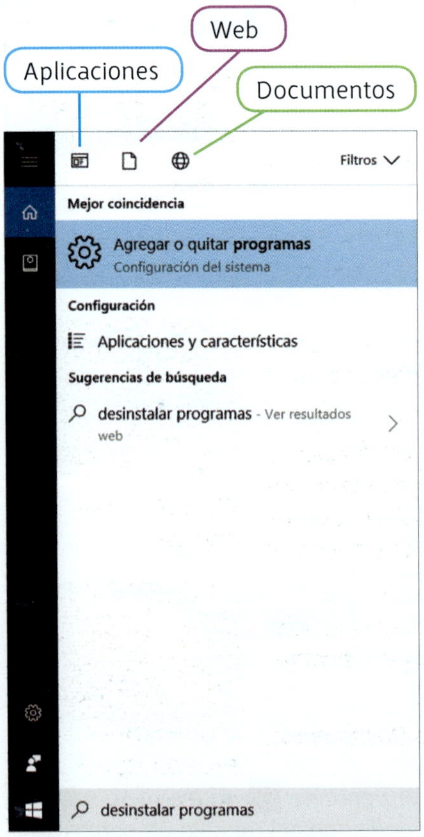

Fig. 2.25. Búsqueda de ayuda.

ACTIVIDAD GUIADA 5

Busca en todos los archivos del equipo los que tengan extensión docx:

1. Abre el *Explorador de Windows* ubicado en la *Barra de tareas* y selecciona *Este Equipo* en el panel de navegación.
2. Escribe el criterio de búsqueda «*.docx» en el cuadro de búsqueda.
3. Observa que se muestra el resultado en la zona de vista previa de la ventana.

Busca todos los documentos modificados el mes pasado cuyo tamaño esté comprendido entre 1 y 16 MB:

1. Abre el *Explorador de Windows* ubicado en la *Barra de tareas* y selecciona *Este Equipo* en el panel de navegación.
2. Pulsa sobre el botón *Expandir la cinta de opciones* .
3. Haz clic sobre el cuadro de búsqueda. Observa cómo se visualiza la ficha *Buscar.*
4. Selecciona *Documento* mediante el botón *Tipo.*
5. Despliega las opciones del botón *Fecha de modificación* y elige *El mes pasado.*
6. Despliega las opciones del botón *Tamaño* y elige *Grande (1 – 16 MB).*
7. Se muestran los resultados, si existen. Observa cómo, en el cuadro de búsqueda, se muestran los criterios aplicados: «clase:=documento fechademodificación:mes pasado tamaño:=grande».

2.6. Ayuda en Windows 10

Para buscar ayuda sobre un tema determinado en Windows, escribe una pregunta o una palabra clave en el cuadro de búsqueda de la *Barra de tareas.* Además de realizar la búsqueda en Windows, puedes realizar una búsqueda en aplicaciones, en documentos y en la web (Fig. 2.25).

Otra novedad que nos ayuda a buscar información, abrir una carpeta o abrir una aplicación es el asistente por voz *Cortana.*

CASO PRÁCTICO 5

Utilizar la ayuda de Windows 10.

Vamos a buscar información sobre el tema «desinstalar programas»:

1. Escribimos «desinstalar programas» en el cuadro de búsqueda de la *Barra de tareas.*
2. Una vez hayamos introducido el texto, seleccionamos la mejor coincidencia: *Agregar o quitar programas.*

Solución:

Se abre la ventana *Configuración*, con la lista de aplicaciones y características disponibles para desinstalar (Fig. 2.26).

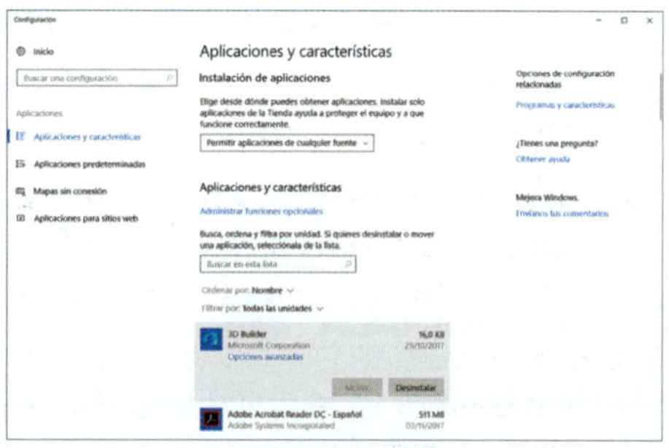

Fig. 2.26. Ventana Configuración.

ACTIVIDAD GUIADA 6

Busca ayuda a través de *Cortana:*

1. Si tienes micrófono, haz clic sobre el botón de micrófono del cuadro de búsqueda de la barra de tareas y pronuncia «desinstalar un programa en Windows 10». En caso contrario, escribe el texto en el cuadro de búsqueda y pulsa *Enter.*
2. Observa cómo se muestran resultados relacionados buscados en Internet a través del explorador web *Microsoft Edge.*

2.7. Accesorios de Windows 10

El sistema incluye un grupo de programas denominados *Accesorios*, concebidos para ayudar al usuario en su trabajo (Fig. 2.27).

3D Builder. Programa de diseño de objetos en 3D.

Bloc de notas. Aplicación básica para guardar textos cortos.

Fax y Escáner de Windows. Permite enviar y recibir un fax, sin necesidad de poseer uno. Hace posible digitalizar documentos a través de un escáner.

Herramienta Recortes. Captura zonas de pantalla o una pantalla completa. Las imágenes resultantes pueden ser guardadas en archivos con extensión PNG, GIF, JPG y MHT.

Mapa de caracteres. Aplicación muy útil cuando queremos visualizar los caracteres especiales de las fuentes instalas en el sistema operativo.

Panel de entrada matemática. Permite la introducción de una fórmula matemática con el puntero del ratón, con el objetivo de introducirla en otros documentos abiertos (siempre que las aplicaciones sean compatibles y soporten el *Lenguaje de marcado matemático*).

Visor de XPS. Permite visualizar documentos con extensiones xps (XML Paper Specification, por sus siglas en inglés).

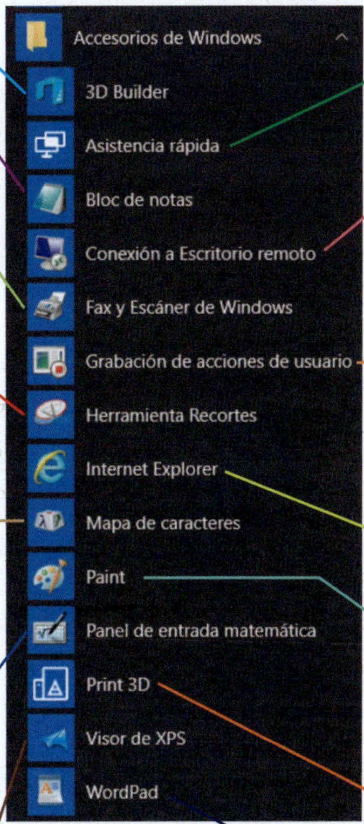

Fig. 2.27. Accesorios de Windows.

Asistencia rápida. Permite compartir un equipo con otro usuario, para ayudarte a resolver problemas.

Conexión a Escritorio remoto. Permite la conexión a otro equipo con Windows instalado, siempre que esté en la misma red o Internet.

Grabación de acciones de usuario. Graba y guarda las acciones que realizas en un periodo corto de tiempo. Como resultado, se obtiene un documento en formato de página web con los pasos ejecutados y capturas de pantalla. Puede ser útil, para enviarlo a un profesional de soporte técnico.

Internet Explorer. Navegador web de versiones anteriores de Windows.

Paint. Programa de dibujo y pintura concebido para ejecutar diversas tareas, como la creación de letreros impresos, imágenes para el fondo del *Escritorio*, retoques, etc.

Paint 3D. Ofrece la posibilidad de crear y editar imágenes en 3D.

WordPad. Editor de documentos más avanzado que el *Bloc de notas*. Permite formatear el texto y la introducción de imágenes.

CASO PRÁCTICO 6

Modificar un objeto con 3D Builder.

Vamos a modificar un objeto en 3D existente con 3D Builder.

1. Hacemos clic en *Inicio* > *Accesorios de Windows* > *3D Builder*. Seleccionamos *Abrir*. Se muestran los objetos ya existentes.
2. Seleccionamos el objeto con forma de locomotora. Como se observa, la locomotora se muestra sin las ruedas colocadas (Fig. 2.29). Vamos a colocarlas con ayuda de los controles *Mover* y *Girar*, que aparecen en la zona inferior de la ventana (Fig. 2.28).
3. Para girar la vista y visualizar los elementos desde otro ángulo hacemos clic sobre alguna zona de cuadros y movemos el ratón hacia arriba, abajo, izquierda o derecha. Utilizamos la rueda del ratón para acercar o alejar la vista del objeto.
4. Para girar o mover las ruedas, seleccionamos una rueda haciendo doble clic sobre ella. A continuación, marcamos el control *Girar* o *Mover*. Hacemos clic sobre una flecha del elemento y, mientras mantenemos pulsado el botón izquierdo del ratón, desplazamos el ratón hacia la dirección deseada. Para agilizar esta tarea podemos seleccionar varios elementos a la vez mientras mantenemos la tecla ***Ctrl*** pulsada y hacemos clic sobre el elemento.
5. Cambiamos el color al cuerpo del tren. Para ello, seleccionamos el tren con doble clic, activamos la ficha *Pintura*, elegimos *Color* y desplegamos los colores disponibles de la lista *Seleccionado*. Elegimos el naranja. Pulsamos el botón *Color* para confirmar.
6. Guardamos el objeto pulsando el botón con el nombre «Locomotora3D.3mf» en el directorio *Documentos*.

Solución:

El resultado debe ser similar al de la Figura 2.30.

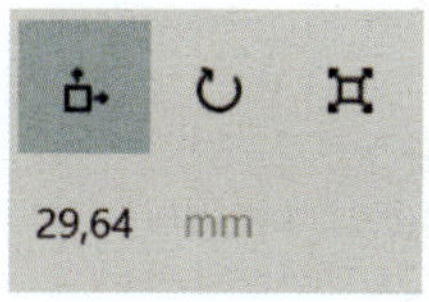

Fig. 2.28. Controles 3D Builder.

Fig. 2.29. Objeto 3D original.

Fig. 2.30. Objeto 3D original.

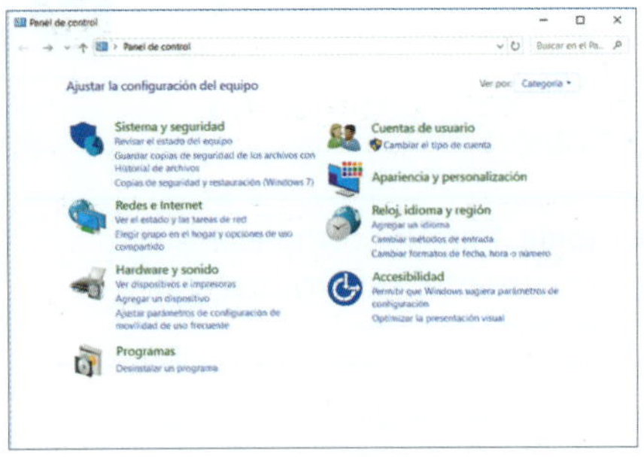

Fig. 2.31. Panel de control.

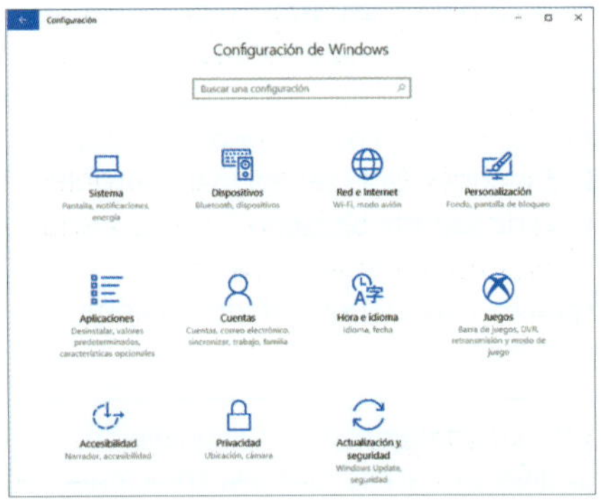

Fig. 2.32. Aplicación Configuración.

CLAVES Y CONSEJOS

Microsoft Office 2016, tras su instalación, requiere su activación. Para comprobar si Office está activado, abre *Word 2016* y crea un nuevo documento en blanco. A continuación, pulsa en la pestaña *Archivo > Cuenta.* Si está activado, se indicará (Fig. 2.33). Si no, normalmente al iniciar una aplicación de Office 2016 nos solicitará la activación.

Es necesario poseer una clave proporcionada al comprar el *software* y una cuenta Microsoft.

Fig. 2.33. Microsoft Office 2016 activado.

3. Operaciones avanzadas en Windows 10

Algunas operaciones realizadas en Windows 10 requieren conocimientos más avanzados. En este epígrafe, destacaremos las acciones más comunes y de cierta complejidad.

Para modificar ajustes de Windows 10 es posible hacerlo desde el *Panel de control* (Fig. 2.31), ya conocido en versiones anteriores de Windows, o desde la aplicación *Configuración* (Fig. 2.32). Ambas opciones ofrece posibilidades similares, aunque la aplicación *Configuración* muestra un aspecto pensado para dispositivos táctiles y en ella se han colocado los ajustes más utilizados.

3.1. Panel de control

La opción *Panel de control* (Fig. 2.31) contiene elementos que nos facilitan la realización de operaciones como la gestión de la seguridad del equipo, la realización de copias de seguridad, la instalación y desinstalación de programas, la instalación y configuración de elementos de *hardware*, la gestión de cuentas de usuario, etc.

A. Instalación, configuración y desinstalación de *software*

Existen varios orígenes para la instalación de programas: desde una unidad extraíble (DVD, CD-ROM, memoria extraíble, etc.), desde Internet o desde el ordenador servidor de una red local. Normalmente, la instalación se realizará a través de un archivo ejecutable con extensión *.exe y cada programa contará con unos pasos determinados para su instalación.

CASO PRÁCTICO 7

Instalar una aplicación desde un archivo ejecutable.

Vamos a instalar la aplicación Microsoft Office 2016 Profesional. Previamente, debemos tener el fichero de instalación descargado desde su página oficial.

Si ya tenemos esta aplicación instalada, podemos realizar la instalación de otra aplicación similar como es *Apache OpenOffice,* cuyos pasos serán similares.

1. Buscamos en Internet los requisitos mínimos que se requieren. Para el caso de Microsoft Office 2016 Profesional, podemos acceder a la web oficial y comprobar los requisitos: https://products.office.com/es-es/office-system-requirements.

   Para el caso de *Apache OpenOffice,* observa los requisitos en su web: https://www.openoffice.org/dev_docs/source/sys_reqs_aoo41.html.

2. A continuación comprobamos que nuestro equipo cumple con los requisitos mínimos para que la aplicación funcione de manera correcta. Para visualizar esta información, escribimos «Sistema» sobre el cuadro de búsqueda de la *Barra de tareas* de Windows y pulsamos ***Enter.***

3. Una vez descargado el archivo, hacemos doble clic sobre él. Comienza la instalación guiada por un asistente. Aceptamos los términos de licencia.

4. Hacemos clic sobre la opción *Instalar ahora,* para instalar todo el paquete de *Office,* es decir, todos los programas que contiene. Al pulsar el botón *Personalizar,* podemos cambiar la ubicación de la instalación y elegir los programas a instalar.

5. Pulsamos el botón *Instalar ahora.* Comienza la instalación.

6. Hacemos clic en *Cerrar.*

Solución:

Tras la instalación de la aplicación esta debe aparecer en la lista de programas del *Panel de control* (Fig. 2.34).

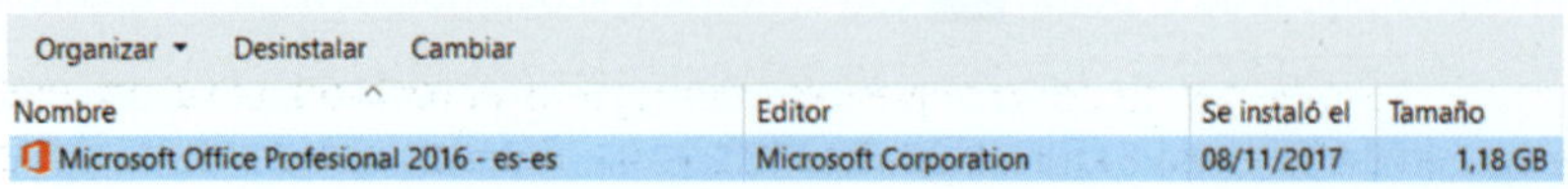

Fig. 2.34. Lista de programas del Panel de control.

ACTIVIDAD GUIADA 7

Desinstala una aplicación ya existente a través del *Panel de control:*

1. Haz clic en el botón *Inicio > Sistema de Windows.*
2. Selecciona *Panel de control > Desinstalar un programa.* Se abre la ventana *Programas y características.*
3. A continuación, selecciona el programa correspondiente de la lista y pulsa *Desinstalar.* En este caso, se ha elegido *Google Chrome.*
4. Se iniciará la utilidad de desinstalación del programa, que mostrará una serie de advertencias a las que se debe responder del modo más adecuado.
5. Tras la desinstalación, el programa desaparece de la lista de programas.

CASO PRÁCTICO 8

Actualizar Microsoft Office 2016.

Es posible que necesitemos realizar actualizaciones del paquete *Office 2016.* Vamos a actualizar el paquete Office de manera sencilla.

1. Escribimos «Word» en el cuadro de búsqueda de la *Barra de tareas* y pulsamos ***Enter***.
2. Seleccionamos *Documento en blanco.* Activamos la ficha *Archivo > Cuenta.*
3. Seleccionamos el botón *Opciones de actualización* y, de sus opciones emergentes, pulsamos *Actualizar ahora.*

Solución:

La aplicación instala las actualizaciones que tuviera pendientes; en caso contrario, nos muestra un mensaje indicando que Office está actualizado.

ABC VOCABULARIO

***Driver*/controlador de dispositivo.** *Software* necesario que se instala en el equipo informático para un correcto funcionamiento entre el sistema operativo y el dispositivo.

Imagen de sistema. Es una copia exacta de todo lo que contiene nuestro equipo: sistema operativo, configuración, programas, archivos.

Licencia. Contrato entre el propietario de un *software* y el usuario que adquiere el *software*.

TRUCO

Es posible anclar programas a *Inicio*. Para ello, haz clic sobre el botón *Inicio*, localiza un programa y selecciona la opción *Anclar a Inicio* de su menú contextual. Para desanclar, sigue el mismo procedimiento, pero selecciona *Desanclar de Inicio.*

B. Instalación y configuración de *hardware*

En la actualidad, la mayor parte de las instalaciones de *hardware* no requieren *drivers* y se realizan de forma automática por el sistema operativo mediante la tecnología *Plug and Play,* que consiste en «enchufar y utilizar» inmediatamente.

CASO PRÁCTICO 9

Agregar una impresora compartida en red y configurarla como predeterminada.

1. Una vez conectada, encendida y compartida la impresora en red, nos dirigimos al *Explorador de archivos* e introducimos en la barra de direcciones la IP de la impresora. Debe ser algo como: «\\192.168.1.190». A continuación, mostramos el menú contextual de la impresora a agregar y elegimos *Conectar.*
2. Nos dirigimos a *Inicio > Sistema de Windows > Panel de control > Ver dispositivos e impresoras.* Aparece la ventana de *Dispositivos e impresoras* (Fig. 2.35), con las impresoras agregadas.
3. Pulsamos con el botón secundario sobre el nombre de la impresora y elegimos la opción *Establecer como impresora predeterminada.*

Solución:

Finalmente, la impresora queda instalada como impresora predeterminada (Fig. 2.36), indicándose a través de una marca de verificación de color verde.

Fig. 2.35. Dispositivos e impresoras.

HP Photosmart 5520 series

Fig. 2.36. Impresora predeterminada.

C. Accesibilidad

El centro de *Accesibilidad* del *Panel de control* permite configurar el teclado, el ratón, el sonido y otras opciones que hacen posible el manejo del ordenador de una forma más sencilla. Es muy útil para personas con capacidades reducidas.

ACTIVIDAD GUIADA 8

Realiza una copia de seguridad de la biblioteca *Documentos* y, como ubicación de destino, utiliza una unidad de disco extraíble:

1. Selecciona el menú *Inicio > Sistema de Windows > Panel de control.* Otra opción consiste en escribir *Panel de control* en el cuadro de búsqueda de la *Barra de tareas.*
2. Una vez abierto el *Panel de control,* sitúate sobre la categoría *Sistema y seguridad* y pulsa sobre *Copias de seguridad y restauración (Windows 7).* Se abre la ventana correspondiente.
3. Pulsa en *Configurar copias de seguridad (si es la primera vez)* o *Cambiar la configuración.*
4. Selecciona en este caso la unidad de disco extraíble, si ya está conectada, y pulsa *Siguiente.* En otro caso, conéctala ahora y pulsa el botón *Actualizar.* Cuando aparezca la unidad extraíble, selecciónala y pulsa *Siguiente* (Fig. 2.37).
5. A continuación, selecciona *Dejarme elegir* y pulsa *Siguiente.*
6. Ahora, desmarca todas las casillas de verificación y selecciona únicamente *Biblioteca de Documentos* de tu usuario. Pulsa el botón *Siguiente.*
7. Aparecerá un resumen de la configuración realizada. En la zona *Programación,* el sistema propone los parámetros para realizar usualmente la copia de seguridad. Pulsa en *Cambiar programación* para ver dichos parámetros. Observa cuáles de ellos aparecen por defecto. Si dejamos tal cual esta configuración, la copia de seguridad se realiza cada semana a la hora indicada. En esta ocasión, realizamos una copia de seguridad una única vez. Para ello, desmarca la casilla *Ejecutar la copia de seguridad de forma programada (recomendado).* Pulsa *Aceptar.*
8. Haz clic en *Guardar configuración y salir.* La copia de seguridad queda programada. Realízala ahora y presiona el botón *Hacer una copia de seguridad ahora.* Utiliza el botón [Ver detalles] para visualizar o detener el proceso.
9. Después de un periodo de tiempo (mayor o menor, dependiendo del tamaño de la biblioteca), la copia se realiza correctamente. Comprueba que se ha guardado correctamente en la unidad extraíble (Fig. 2.38) con el nombre del equipo (por ejemplo, «LAPTOP»).
10. Cada vez que desees realizar nuevamente la misma copia de seguridad, abre nuevamente el panel de *Copias de seguridad y restauración* y pulsa sobre *Hacer copia de seguridad ahora.* Si deseas crear una nueva configuración de copia de seguridad pulsa sobre *Cambiar la configuración.*

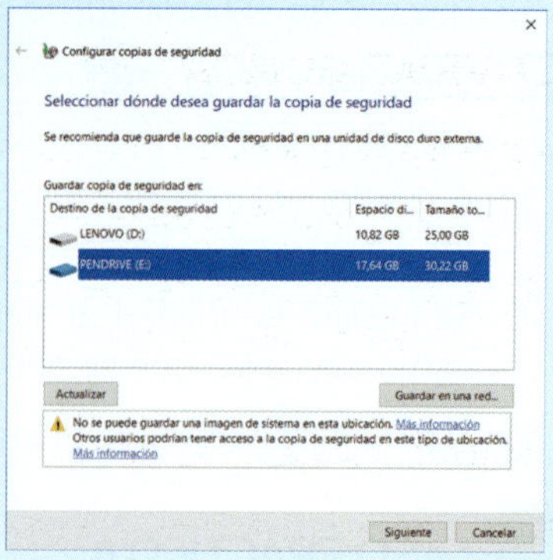

Fig. 2.37. Selección de ubicación y destino de copia de seguridad.

Fig. 2.38. Icono de archivos de copia de seguridad.

CASO PRÁCTICO 10

Restaurar una copia de seguridad.

Si alguna vez perdemos datos, podemos restaurar toda la información gracias a las copias de seguridad. En este caso, vamos a restaurar una copia de seguridad almacenada en una unidad extraíble, cuya copia se llama LAPTOP (o el nombre de nuestro equipo).

1. Conectamos el disco extraíble y hacemos doble clic sobre el archivo de copia de seguridad a restaurar, en este caso LAPTOP. Aparecerá el cuadro de diálogo *Copias de seguridad de Windows.*
2. Seleccionamos la opción *Restaurar mis archivos desde esta copia de seguridad.*
3. En el cuadro de diálogo *Restaurar archivos,* pulsamos el botón *Buscar carpetas.* Aparece la ventana *Buscar carpetas o unidades en la copia de seguridad.* Sobre el panel izquierdo, desplegamos los elementos disponibles de *Copias de seguridad de Microsoft Windows* y la carpeta adecuada. Se mostrará su contenido en la zona derecha. En este caso, debe aparecer la carpeta denominada *Copia de seguridad de C:.* Hacemos doble clic sobre ella para ver sus subcarpetas.
4. Pulsamos doble clic en la carpeta a restaurar y hacemos clic en *Agregar carpeta.* Pulsamos *Siguiente.*
5. Seleccionamos la opción *En la ubicación original, Restaurar* y pulsamos *Finalizar.*

Solución:

La carpeta se ha restaurado correctamente y los archivos se copian en su lugar de origen.

CLAVES Y CONSEJOS

Si deseas detener una copia de seguridad programada, dirígete al panel de *Copias de seguridad y restauración* y pulsa sobre [Desactivar la programación].

Si deseas eliminar la configuración de una copia de seguridad, dirígete al panel de *Copias de seguridad y restauración,* pulsa sobre [Administrar espacio]. A continuación, haz clic sobre *Ver copias de seguridad,* selecciona el periodo de la copia y elimínala.

3.2. Aplicación *Configuración*

Esta aplicación es una alternativa al *Panel de control* y muestra un menú de categorías que ofrecen configuraciones y un cuadro de búsqueda para buscar configuraciones mediante palabras clave.

ACTIVIDAD GUIADA 9

Accede a la aplicación *Configuración* de distintos modos:

1. Selecciona el botón *Inicio de Windows* > *Configuración*.
2. Escribe «configuración» en el cuadro de búsqueda de la *Barra de tareas.* Selecciona la mejor coincidencia, que aparece en primer lugar: «Configuración».

Fig. 2.39. Panel de notificaciones.

A. Notificaciones y acciones

Desde la *Barra de tareas,* al pulsar el botón de *Notificaciones*, se muestra el panel de notificaciones con los avisos actuales y las acciones rápidas del sistema (Fig. 2.39).

Si existen notificaciones pendientes, se mostrará el siguiente icono indicando el número. Pueden eliminarse pulsado sobre *Borrar todo.*

Las acciones rápidas pueden activarse, desactivarse o configurarse. Pulsa *Contraer* o *Expandir,* para esconderlas o visualizarlas.

Este panel es personalizable desde *Configuración,* como muestra el siguiente caso práctico.

CASO PRÁCTICO 11

Configurar el panel de notificaciones.

Vamos a quitar las acciones rápidas *VPN* y *Modo tableta* del panel de notificaciones:

1. Seleccionamos el botón *Inicio de Windows* > *Configuración* > *Sistema* > *Notificaciones y acciones.*
2. A continuación, hacemos clic sobre *Agregar o quitar acciones rápidas.*
3. Desactivamos *VPN* y *Modo tableta.* Cerramos la ventana *Configuración.*

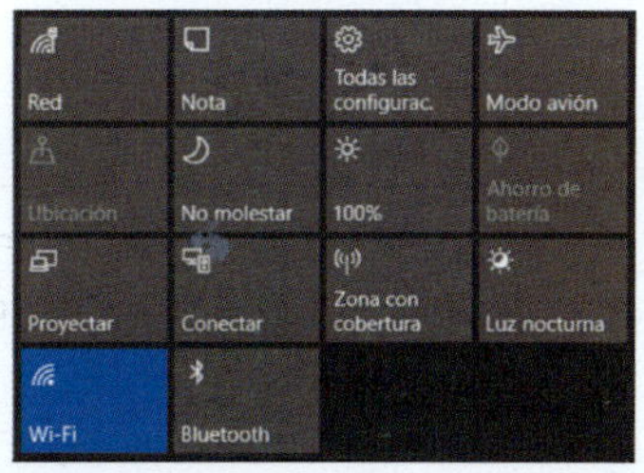

Fig. 2.40. Acciones desactivadas.

Solución:

Como resultado, visualizamos el panel de notificaciones y observamos que las acciones rápidas no se muestran (Fig. 2.40).

B. Actualización y seguridad

Windows 10 también cuenta con *Windows Update,* que es un módulo para mantener el equipo actualizado, ya sea para realizar mejoras o para rectificar errores críticos del sistema. Lo mejor es activar las actualizaciones automáticas; así, el usuario se despreocupa de buscarlas en línea e instalarlas.

Para el correcto funcionamiento de *Windows Update* es necesario estar conectado a Internet.

ACTIVIDAD GUIADA 10

Accede a *Windows Update* e instala actualizaciones:

1. Selecciona el botón *Inicio de Windows* > *Configuración* > *Actualización y seguridad* > *Windows Update.*
2. Haz clic sobre el botón *Buscar actualizaciones.* Si existen actualizaciones, estas se descargan e instalan.
3. Tras finalizar, presiona el enlace *Ver el historial de actualizaciones instaladas.* Te lleva a una ventana con el mismo nombre, desde la que es posible:
   - Mostrar el listado de todas las actualizaciones realizadas agrupado en secciones. Pulsa sobre cada una de ellas para obtener más información.
   - Desinstalar las actualizaciones, pulsando el enlace del mismo nombre. Se abre una ventana en la que debes seleccionar la actualización y pulsar *Desinstalar.*

TRUCO

Ancla una categoría de *Configuración* a *Inicio.* Para ello, abre el panel *Configuración,* haz clic derecho sobre una categoría (por ejemplo, *Sistema*) y selecciona *Anclar a Inicio* (Fig. 2.41).

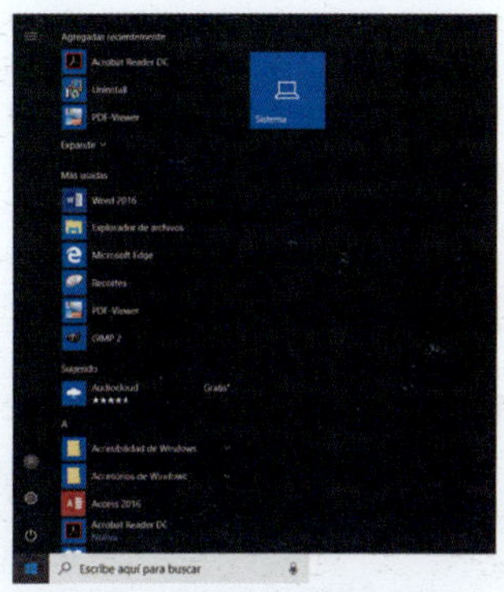

Fig. 2.41. Sistema anclado a Inicio.

VOCABULARIO

Firewall. Aplicación de seguridad destinada a bloquear accesos no deseados a nuestro ordenador.

iSCI. *Internet Small Computer Systems Interface*. Se refiere a un protocolo de comunicaciones para dispositivos conectados a un ordenador de red.

ODBC. *Open Database Connectivity*. Se refiere a un estándar de acceso a las bases de datos.

TRUCO

Si presionas las teclas **[Ctrl + Alt + Supr]** simultáneamente y seleccionas *Administrador de tareas*, puedes obtener información sobre procesos, rendimiento o servicios actuales, entre otras informaciones.

3.3. Herramientas de Windows 10

Windows 10 incorpora un conjunto de herramientas que facilitan su uso y establecen una protección de la información superior. Las herramientas (Tabla 2.2) disponibles se muestran al pulsar el botón *Inicio de Windows > Herramientas administrativas de Windows*.

Herramienta	Función
Administración de equipos	Administra discos y ofrece acceso a otras herramientas para administrar equipos locales y remotos.
Administración de impresión	Administra impresoras locales y servidores de impresión remotos.
Configuración del sistema	Realiza acciones avanzadas para solucionar problemas y configurar el sistema.
Desfragmentar y optimizar unidades	Reúne los fragmentos de un mismo archivo y los escribe de forma continua en el disco duro.
Diagnóstico de memoria de Windows	Comprueba si existen problemas de memoria en el equipo.
Directiva de seguridad local	Permite ver y modificar la directiva de seguridad local, como derechos de usuario y directivas de auditoría.
Información del sistema	Facilita información acerca de los componentes, los recursos de *hardware*, el entorno de *software*, la configuración de Internet, las aplicaciones instaladas, etc.
Iniciador iSCSI	Permite conectar nuestro ordenador a destino remoto iSCSI y configurar valores de conexión.
Liberador de espacio en disco	Elimina archivos innecesarios y calcula el espacio total que puede recuperarse.
Monitor de recursos	Supervisa el uso y rendimiento de la CPU, los discos, la red y la memoria en tiempo real.
Monitor de rendimiento	Examina el rendimiento del equipo en tiempo real y con datos del registro.
Orígenes de datos ODBC (32 y 64 bits)	Mantiene los orígenes de datos ODBC y los controladores.
Programador de tareas	Ofrece la posibilidad de asignar día y hora para que se ejecute una tarea determinada de manera automática.
Servicios	Inicia, detiene y configura servicios de Windows.
Servicios de componentes	Utilidad avanzada para configurar y administrar componentes, diseñada para los administradores del sistema y desarrolladores de aplicaciones.
Unidad de recuperación	Permite crear una unidad USB de recuperación que hace posible iniciar el equipo con opciones avanzadas de arranque.
Visor de eventos	Permite visualizar mensajes de supervisión y soluciona problemas desde Windows.
Windows Defender Firewall con seguridad avanzada	Ofrece configuraciones para una seguridad de red mejorada.

Tabla 2.2. Herramientas administrativas.

ACTIVIDADES

4. Practica con las herramientas del sistema:

a) Muestra la información del sistema y navega por el resumen del sistema.

b) Abre *Administración de equipos* y observa los discos.

c) Realiza un diagnóstico de memoria de Windows. ¿Qué observas?

d) Visualiza los servicios que se ejecutan en Windows. ¿Qué operaciones pueden efectuarse sobre los servicios?

3.4. Centro de seguridad de Windows Defender

Windows 10 ofrece una aplicación llamada *Centro de seguridad de Windows Defender,* que muestra cinco secciones relacionadas con la protección del equipo.

Para visualizar la aplicación, haz clic en el botón *Inicio* > *Centro de seguridad de Windows Defender* (Fig. 2.42).

Debes saber que, si instalas otro antivirus en tu sistema, el antivirus Windows Defender se deshabilitará de forma automática para que no se produzcan conflictos.

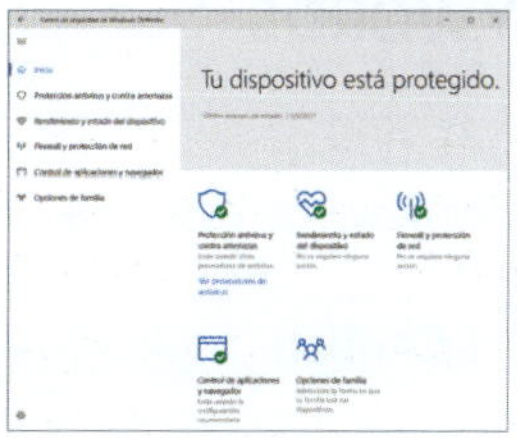

Fig. 2.42. Centro de seguridad *de Windows Defender.*

ACTIVIDAD GUIADA 11

Realiza un análisis rápido de Windows 10:

1. Selecciona el botón *Inicio de Windows* > *Centro de seguridad de Windows Defender.* Se abre la aplicación.
2. Haz clic en *Protección antivirus y contra amenazas.*
3. Pulsa *Examen rápido.* El examen comienza.
4. Al cabo de unos minutos se muestra el resultado del análisis (Fig. 2.43).

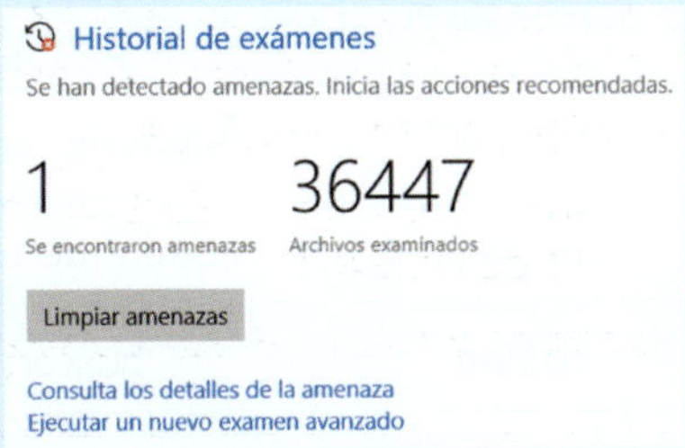

Fig. 2.43. Resultado del análisis rápido.

5. Si se ha encontrado una amenaza, puedes ver más información sobre ella pulsando sobre *Consulta los detalles de la amenaza.*
6. Pulsa sobre el enlace *Limpiar amenazas* para solucionar la amenaza.
7. Si, tras pulsar el enlace, no se ha podido resolver la amenaza, pulsa *Examinar sin conexión.* Guarda todos tus trabajos abiertos y pulsa *Examinar.* Pulsa en *Sí*, para permitir cambios en tu equipo. Reinicia el equipo.
8. Tras reiniciar el equipo, abre *Centro de seguridad de Windows Defender* nuevamente. Observa que hay acciones pendientes en la sección *Protección antivirus y contra amenazas.*
9. Haz clic sobre *Iniciar acciones.*
10. En ocasiones es necesario reiniciar nuevamente y ejecutar los pasos 7, 8 y 9. Las amenazas pasan a cuarentena. Haz clic en *Quitar todo* y en *Sí*, hasta eliminar todas las amenazas en cuarentena.
11. Finalmente, no quedan amenazas actuales ni en cuarentena y no se requiere ninguna acción.

CASO PRÁCTICO 12

Solucionar una advertencia del *Centro de seguridad de Windows Defender.*

Supongamos que existe una advertencia en la sección *Rendimiento y estado del dispositivo,* vamos a realizar los pasos oportunos para su resolución:

1. Selecciona el botón *Inicio de Windows* > *Centro de seguridad de Windows Defender.* Se abre la aplicación y se muestra la sección con un símbolo de advertencia.
2. A continuación, hacemos clic en *Ver informe de estado.* En este caso, el sistema nos informa de que el tiempo de espera del dispositivo está establecido en infinito y que puede afectar a la duración de la batería.
3. En este caso, tenemos dos opciones posibles: descartar la advertencia o abrir la configuración para realizar cambios. Pulsamos *Abrir Configuración.* Se abre la ventana *Configuración* con la sección *Inicio/apagado y suspensión* seleccionada.
4. En la zona suspender, seleccionamos *30 minutos* en ambas listas desplegables.

Solución:

Observa que, tras realizar el cambio, en Windows Defender desaparece la advertencia en la sección *Rendimiento y estado del dispositivo* (Fig. 2.44).

Fig. 2.44. Advertencias solucionadas.

ACTIVIDADES

5. Investiga más con el *Centro de seguridad de Windows Defender.*
   a) Indica varias formas de abrirlo.
   b) Explica el uso de la opción *Comienzo de cero.*

KEYWORDS

1. Review the essential vocabulary terms of this unit in English. Did you already know all of them? Did you learn new vocabulary?

English	Spanish	English	Spanish	English	Spanish
accessories	accesorios	dialog box	cuadro de diálogo	mouse	ratón
account	cuenta	drop list	lista desplegable	operating system	sistema operativo
backup	copia de seguridad	graphical card	tarjeta gráfica	processor	procesador
button	botón	hard disk	disco duro	resolution	resolución
checkbox	casilla de verificación	help	ayuda	speaker	altavoz
command	comando	icon	icono	screen	pantalla
computer	ordenador	keyboard	teclado	screensaver	protector de pantalla
computing	informática	language	lenguaje	taskbar	barra de tareas
context menu	menú contextual	memory	memoria	text box	cuadro de texto
control panel	panel de control	microphone	micrófono	to find	buscar
desktop	escritorio	modem	módem	user account	cuenta de usuario
device	dispositivo	motherboard	placa base/ placa madre	window	ventana

2. Join with arrows the icon with the accessory name of Windows 10:

a)  1. Paint.

b)  2. Remote Desktop Connection.

c)  3. Steps Recorder.

d)  4. XPS Viewer.

e)  5. Windows Fax and Scan.

f)  6. Notepad.

g)  7. Math Input Panel.

h)  8. WordPad.

i)  9. Snipping Tool.

j)  10. 3D Builder.

3. Complete the phrases with these words in your notebook:

memory – device – screen – RAM – printers – binary – pendrive

a) The ...... is the storage space in the computer.

b) Monitor is an output data ...... and is similar to a television.

c) Laser ...... offer higher quality printing.

d) The ...... system consists of two digits, 0 y 1.

e) The ...... memory is temporary.

f) The ...... is an external device and it connects to the USB port.

4. Translate these sentences:

a) In the Windows 10 Pro, you can add virtual desktops quickly and easily.

b) Cortana is the virtual assistant of Windows 10.

c) Start menu contains tools for system administrators and advanced users.

d) Remote Desktop Connection and Steps Recorder are Windows accessories.

Conceptos básicos →

- Informática
- Ordenador
- Bit
- *Hardware*
- *Software*
- Sistema operativo

→

- Placa base
- Microprocesador
- Ranuras de expansión
- Buses
- Memoria
- Periféricos de entrada/salida
- Periféricos de almacenamiento

Windows 10 Operaciones básicas →

- Características y novedades
- Escritorio →

- Usuarios y cuentas →

- Sistema de archivos → Explorador de archivos →

- Bibliotecas
  - Documentos
  - Imágenes
  - Música
  - Vídeos

- Ayuda →

- Accesorios →

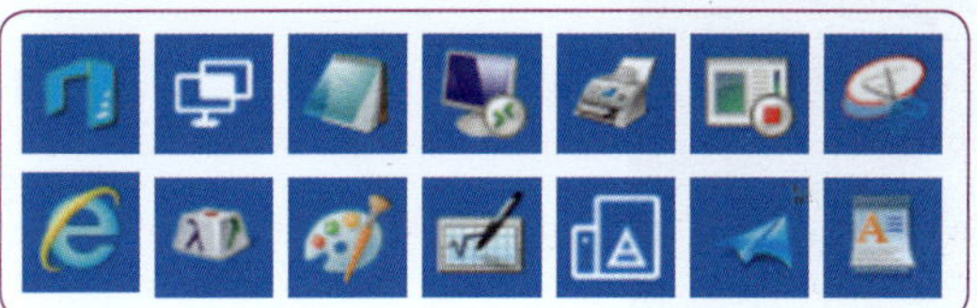

Windows 10 Operaciones avanzadas →

- Panel de control →

- Aplicación Configuración →

- Herramientas administrativas →

Identifica los conceptos básicos.

1. Relaciona las siguientes palabras con su definición:

software – microprocesador – *hardware* – bus – BIOS

a) Conjunto de líneas paralelas de conductores eléctricos que interconectan los distintos elementos de un ordenador: ......

b) Parte intangible del ordenador (conjunto de aplicaciones y programas): ......

c) Estructura física de un sistema informático, es decir, los elementos mecánicos y electrónicos que lo componen: ......

d) Contiene el primer código que se ejecuta durante el proceso de arranque del ordenador: ......

e) Elemento fundamental donde se realiza el tratamiento de la información. Es como el corazón del ordenador: ......

Utiliza los elementos del *Escritorio*.

2. Realiza las siguientes operaciones con el *Escritorio* de Windows:

a) Cambia el tema actual por el denominado «Flores».

b) Establece como *Pantalla de bloqueo* una imagen predefinida de Windows.

c) Establece en *Inicio* la carpeta *Documentos*, como muestra la Figura 2.45:

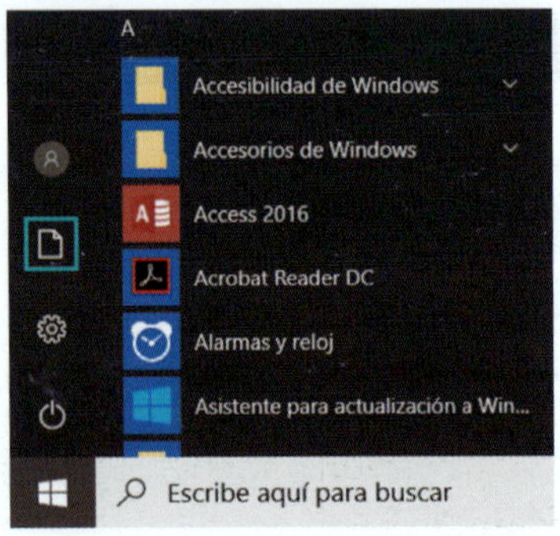

Fig. 2.45. Carpeta Documentos *en* Inicio.

d) Ancla la carpeta *Bibliotecas* al *Inicio*, como muestra la Figura 2.46:

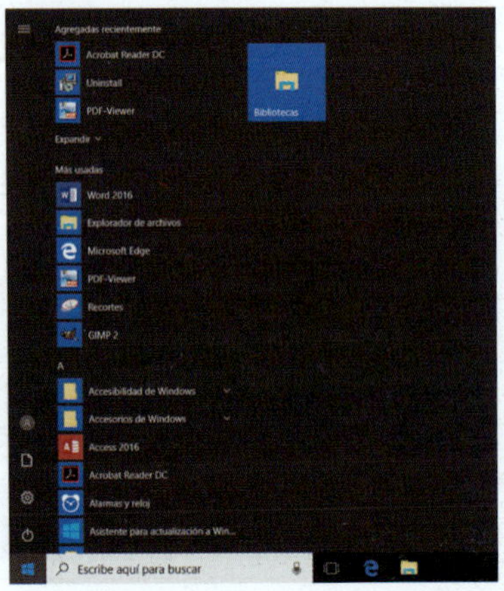

Fig. 2.46. Carpeta Bibliotecas *anclada a* Inicio.

Trabaja con ventanas y cuadros de diálogo.

3. Realiza las operaciones siguientes referidas al manejo de ventanas y cuadros de diálogo:

a) Abre la ventana *Panel de control* y visualiza su contenido por *Iconos pequeños*.

b) Con la carpeta *Explorador de archivos* abierta, visualiza los elementos del *Escritorio* por *Lista* y, a continuación, por *Iconos grandes*.

c) Muestra y oculta las *Bibliotecas* de Windows.

d) Visualiza las carpetas y unidades ocultas y muestra el contenido de la unidad *C:*.

Gestiona cuentas de usuario.

4. Si posees el perfil de administrador del equipo, realiza las siguientes operaciones:

a) Crea una cuenta de usuario de Windows de tipo *Estándar* no vinculada con una cuenta Microsoft con el nombre «Robert».

b) No establezcas ninguna contraseña.

c) Después, modifícala para cambiar su nombre por el de «Roberto».

d) Inicia sesión con la cuenta.

e) Cierra la sesión y elimina la cuenta y los archivos asociados.

Trabaja con archivos en Windows 10.

5. Indica si los siguientes nombres de archivos son correctos. En caso de que sean incorrectos, razona tu respuesta:

a) Imagen 4*.jpg.

b) Animales de compañía-docx.

c) Bosques mediterráneos.

d) Plantas|Interior|exterior.bmp.

e) <Las tortugas terrestres>.doc.

f) La información actual.txt.

Localiza archivos y carpetas en el sistema.

6. Realiza las siguientes búsquedas de archivos:

a) En la unidad *C:*, todos los archivos de imagen de extensión .jpg que comiencen por la letra A.

b) En la unidad *C:*, todos los archivos que se hayan creado durante la semana pasada de tamaño entre 100 Kb y 1 MB.

COMPRUEBA TU APRENDIZAJE

Consulta la ayuda.

7. Busca en la ayuda de Windows 10, utilizando el cuadro de búsqueda de la *Barra de tareas* e insertando texto, información en la web sobre «hibernación Windows 10».

8. Busca en la ayuda de Windows 10, utilizando el cuadro de búsqueda de la *Barra de tareas* e insertando texto, información sobre «photo» en aplicaciones Microsoft Store. Obtén alguna gratuita.

9. Busca en la ayuda de Windows 10, utilizando el cuadro de búsqueda de la *Barra de tareas,* el texto «panel de control». Si dispones de micrófono, busca en la ayuda pronunciando «abre panel de control».

Maneja accesorios de Windows.

10. Un compañero tuyo necesita conocer las características de su equipo y no sabe dónde visualizarlas. Ayúdale haciendo uso del accesorio *Grabación de acciones de usuario:*

    a) Cierra todos los programas de tu equipo.

    b) Dirígete a los accesorios de Windows, ejecuta *Grabación de acciones de usuario* e inicia la grabación.

    c) Ejecuta *Inicio > Sistema de Windows > Sistema y seguridad > Sistema.*

    d) Detén la grabación y guarda el archivo en el *Escritorio* con el nombre «GrabaciónSistema».

    e) Observa el resultado del archivo generado, que puede ser útil para enviárselo a tu compañero.

11. Abre la ventana *Este Equipo* y realiza un recorte de ventana con el accesorio *Recortes*. Guárdala en tu carpeta de trabajo con el nombre de «Ventana Equipo.png».

12. Abre el accesorio *Internet Explorer* e indica para qué se utiliza. Indica la versión del programa. ¿Existe otra alternativa a esta aplicación en Windows 10?

13. Carga la imagen U2_McGrawHill.png desde *3D Builder.* Edita la imagen para que se muestre como en la Figura 2.47. Guarda el elemento con el nombre «Logo3D.3mf».

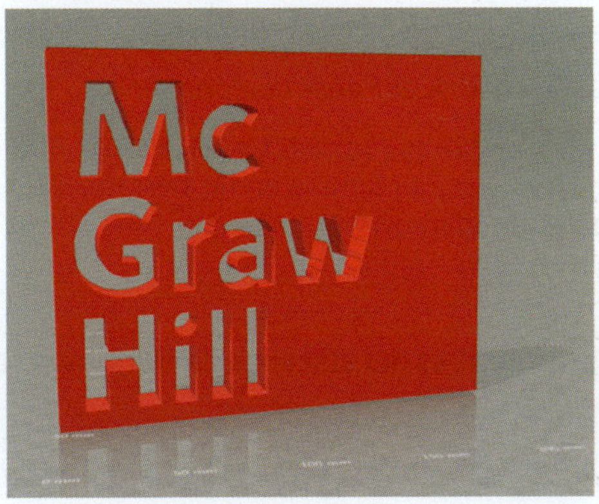

Fig. 2.47. Imagen 3D Builder.

Instala y gestiona aplicaciones.

14. Contesta las siguientes preguntas sobre la instalación de *software*:

    a) ¿Qué es conveniente comprobar antes de instalar un programa?

    b) Visualizando la lista de programas instalados, ¿qué opciones podemos realizar sobre ellos?

    c) ¿Cuáles son los pasos para desinstalar un programa? Describe, al menos, dos alternativas.

Instala y configura *hardware*.

15. Suponiendo que acabas de instalar una nueva impresora en tu equipo, indica cómo la establecerías como impresora predeterminada.

Realiza y restaura copias de seguridad.

16. Crea una carpeta en el *Escritorio* llamada *MiCopia* e introduce tres archivos cualesquiera. Realiza una copia de seguridad y guárdala en la unidad de disco extraíble.

    A continuación, elimina la carpeta *MiCopia* y restáurala desde la unidad extraíble.

17. ¿Es posible crear una copia de seguridad de Windows 10 como imagen de sistema? En caso afirmativo, ¿qué pasos llevarías a cabo?

Trabaja con el *Panel de control* y la aplicación *Configuración*.

18. Desde el *Panel de control,* ¿qué sección ofrece información y configuración de red?

19. Abre la aplicación *Configuración* y comprueba si existen actualizaciones de Windows 10.

Usa las *Herramientas del sistema.*

20. Con la herramienta *Información del sistema,* obtén información sobre las unidades de almacenamiento que posee tu ordenador.

21. Ejecuta la herramienta *Servicios* y visualiza los servicios en ejecución con tipo de inicio automático.

Comprueba la seguridad del sistema.

22. Realiza un análisis completo de Windows 10 con el *Centro de seguridad de Windows Defender.*

23. Accede a la configuración avanzada del *Firewall* y comprueba que está activado en todos los perfiles.

TEST DE REPASO

1. Indica la afirmación correcta de las siguientes:

(a) El *software* es la estructura física de un sistema informático, es decir, los elementos mecánicos y electrónicos que lo componen.

(b) El *hardware* es la parte intangible del ordenador, es decir, el elemento lógico (conjunto de aplicaciones y programas).

(c) El sistema operativo es un *software* básico, es decir, el conjunto de programas imprescindibles para el funcionamiento del sistema.

2. Alguna novedad en Windows 10 es:

(a) El asistente por voz *Cortana.*

(b) El navegador web *Internet Explorer,* con interfaz mejorada.

(c) El asistente por voz *Skype.*

3. Señala la afirmación correcta acerca de las cuentas de usuario en Windows 10:

(a) Una cuenta de usuario en Windows debe ser vinculada con una cuenta Microsoft.

(b) Tras la instalación de Windows, la primera cuenta configurada será de tipo *Estándar.*

(c) Puede existir más de una cuenta de usuario de tipo *Administrador.*

4. Señala la afirmación correcta sobre las ventanas en Windows 10:

(a) Los cuadros de diálogo son ventanas que no están diseñadas para que el usuario pueda introducir información.

(b) Las ventanas son áreas, generalmente rectangulares, que Windows pone al alcance del usuario para que interactúe con los programas.

(c) Windows 10 dispone de la ventana *Ayuda y soporte técnico,* donde es necesario introducir una o varias palabras clave en la caja de texto *Buscar en la Ayuda.*

5. En Windows 10, las *Bibliotecas*:

(a) Han desaparecido.

(b) Podemos visualizarlas únicamente desde *Este Equipo.*

(c) Podemos visualizarlas a través de varios lugares y hay que mostrarlas manualmente.

6. En la búsqueda de archivos y carpetas:

(a) No se pueden utilizar caracteres «comodín».

(b) Solo se puede buscar por el nombre del archivo o la carpeta.

(c) Lo más práctico es utilizar el cuadro de búsqueda de la ventana *Explorador de archivos.*

7. ¿Cómo se accede a los *Accesorios* de Windows 10?

(a) Para acceder a los *Accesorios,* se ejecutará: botón *Inicio > Todos los programas > Accesorios.*

(b) Para acceder a los *Accesorios,* se ejecutará: botón *Inicio > Accesorios de Windows.*

(c) Windows 10 no incluye aplicaciones accesorias; se deben descargar de Internet.

8. Al instalar una aplicación:

(a) Conviene comprobar que el equipo cumple con los requisitos mínimos.

(b) Conviene anotar todas las incidencias ocurridas en el proceso de instalación.

(c) Con la tecnología *Plug and Play* no es necesario comprobar ningún requisito.

9. ¿Es posible desinstalar un programa localizándolo desde el menú *Inicio* y seleccionando la opción *Desinstalar* que ofrece su menú contextual?

(a) No, solo es posible desinstalar un programa desde la sección *Desinstalar un programa* del *Panel de control.*

(b) Sí, si no es un programa predefinido de Windows.

(c) No, solo es posible desinstalar un programa desde el panel *Configuración.*

10. Las copias de seguridad:

(a) No se pueden configurar para cambiar su programación.

(b) Por defecto, se realizan periódicamente.

(c) Se pueden realizar únicamente de *Bibliotecas* de Windows.

11. La aplicación *Configuración* es:

(a) Una ventana que ofrece herramientas administrativas.

(b) Una alternativa al *Panel de control.*

(c) Una aplicación para detectar problemas en el sistema operativo y se encuentra en las herramientas administrativas de Windows.

12. Son herramientas del sistema de Windows 10:

(a) *3D Builder, Asistencia rápida.*

(b) *Monitor de recursos, Programador de tareas.*

(c) *Copias de seguridad, Recortes.*

Realiza las siguientes tareas para poner en práctica los conocimientos aprendidos a lo largo de esta unidad

- Crea una nueva cuenta de usuario local de tipo *Administrador* que no esté vinculada con ninguna cuenta. Como nombre, asigna «AdminTest» y, como contraseña segura, «A12bc45D». Recuerda que, para crear cuentas, debes ser administrador.
- Inicia sesión en la nueva cuenta.
- Crea tu propia biblioteca llamada «Biblioteca Privada».
- Crea una carpeta llamada «INFORMÁTICA» en la biblioteca creada en el paso anterior (Fig. 2.48).

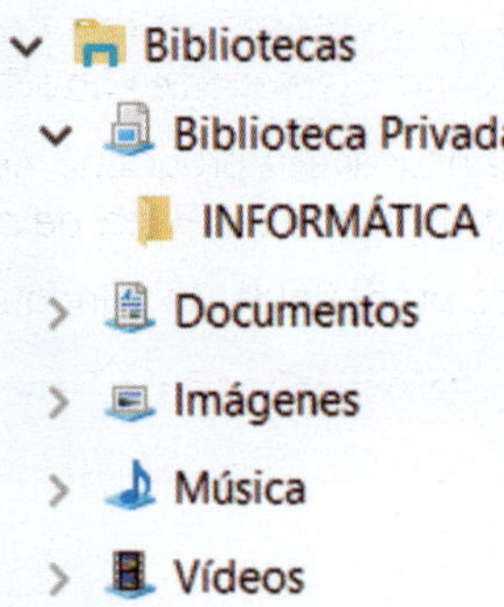

Fig. 2.48. Estructura bibliotecas.

- Abre WordPad y crea un archivo de texto dentro de la carpeta *INFORMÁTICA* llamado «Informática.txt» que contenga el siguiente texto:

  «La informática se puede definir como la ciencia encargada del estudio y desarrollo del tratamiento automático de la información».
- Añade la carpeta *INFORMÁTICA* a *Biblioteca Privada.*
- Ancla la *Biblioteca Privada* al *Inicio.*
- Observa las propiedades del archivo «Informática.txt» y observa la ubicación, el tamaño y la fecha de creación.
- Abre el archivo «Informática.txt» con WordPad. Observa, en los procesos de Windows, que aparece el programa WordPad (Fig. 2.49).

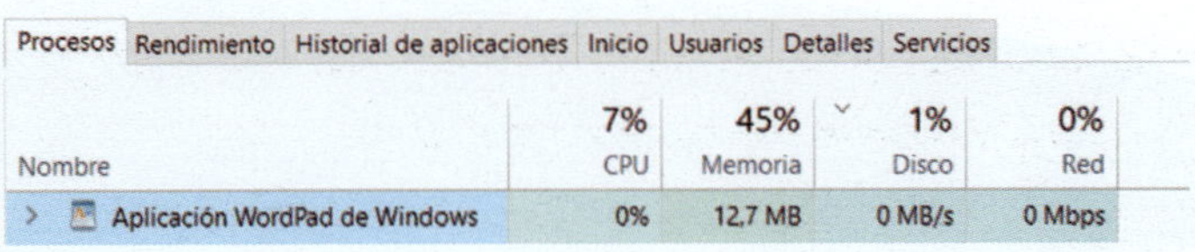

Fig. 2.49. Procesos.

- Busca desde el explorador de archivos el fichero llamado «Informática.txt». Utiliza caracteres «comodín» para realizar la búsqueda.
- Realiza una copia de seguridad de los documentos de *Biblioteca Privada* sin programación automática. Guárdala en una unidad extraíble.
- Elimina la carpeta *INFORMÁTICA* del directorio *Documentos* de Windows.
- Restaura la copia de seguridad de la carpeta *INFORMÁTICA* desde la unidad extraíble.
- Realiza un diagnóstico de memoria a través de las herramientas de Windows 10 para verificar que no existe ningún problema de memoria RAM.
- Configura *Cortana* para que responda tras pronunciar «Hola, Cortana». Recuerda que, para buscar por voz, es necesario que tu equipo cuente con micrófono.
- Abre la aplicación *Configuración* para ver los dispositivos instalados en tu equipo. Para ello:
- Pronuncia «Hola, Cortana».
  - A continuación, di «Instalar WinRAR».
  - Descarga desde la página web oficial WinRAR el programa compatible con tu sistema. Instala este programa de compresión de archivos siguiendo los pasos adecuados.
  - Comprime la carpeta *INFORMÁTICA*, con la opción *Añadir a INFORMÁTICA.rar* de su menú contextual.
  - Descomprime el archivo en el *Escritorio.*
- Elimina la cuenta *AdminTest* y sus archivos.

3
UNIDAD

Internet y seguridad

Sin duda, Internet ha supuesto una revolución a nivel mundial que ha cambiado nuestras vidas en muchos aspectos.

El acceso a la información, la comunicación entre las personas, el ocio, las compras, la formación, la forma de trabajar e incluso la manera de buscar empleo han cambiado significativamente desde la aparición de esta red mundial llamada Internet.

Por todo ello, es importante aprender a navegar en Internet de forma segura y conocer aspectos de configuración que te resultarán muy útiles en tu día a día.

EN ESTA UNIDAD ESTUDIARÁS

1. Los conceptos básicos de Internet.
2. El acceso a Internet.
3. La protección de datos y la seguridad.
4. La evolución web.
5. La sostenibilidad y la eficiencia.

Y SERÁS CAPAZ DE

Instalar y actualizar aplicaciones informáticas relacionadas con la tarea administrativa razonando los pasos a seguir en el proceso.

1. Conceptos básicos

> **Internet** es una red mundial, resultado de la conexión de ordenadores y de redes repartidas por todo el planeta que utilizan las mismas normas o protocolos de comunicación. Internet es una **red de redes.**

Aparte de la red Internet, que opera a nivel mundial, existen otros dos tipos de redes:

- La **intranet** es una red de comunicaciones idéntica a Internet, pero su uso está circunscrito a un entorno concreto, definido y limitado. Suele usarse en ámbitos empresariales o educativos.
- La **extranet** es una red orientada a personas ajenas a la empresa, que ha surgido de la ampliación de las intranets. La extranet conecta a la empresa con sus socios, clientes, proveedores, etc., y establece diferentes niveles de acceso a la información.

Los ordenadores integrados en las redes que forman Internet se comunican entre sí a través de protocolos de comunicación: TCP/IP, TCP/IPv4 y TCP/IPv6. Estos protocolos, que están incluidos en Windows 10, son como el idioma en el que se expresan los ordenadores en el ámbito de Internet y determinan cómo se realiza el intercambio de datos.

Los ordenadores conectados a Internet suelen identificarse mediante un **nombre de dominio,** formado por palabras separadas por puntos. Esto permite que sean fáciles de recordar.

> **DNS** (*Domain Name System* o **sistema de nombres de dominio**) es una base de datos que contiene una relación de nombres de dominio con sus correspondientes direcciones IP.

Para identificar cada uno de los distintos recursos que Internet pone a nuestro alcance hay que escribir de una forma unificada las direcciones de los servidores o de los recursos que estos contienen. Un **URL** (*Uniform Resource Locator* o localizador uniforme de recursos) es la manera lógica y estándar de acceder a la información que se requiere, ya que describe exactamente dónde se encuentran los datos. Observa un ejemplo de URL en la Figura 3.1.

1.1. Buscadores web y exploradores

> Una **página web** es un documento escrito en un lenguaje especial, denominado HTML (*Hypertext Markup Language* o lenguaje de marcado de hipertexto), que contiene información variada según el tipo de página.

Para acceder a una página web, primero hay que solicitarlo a un servidor, que te conecta con el sitio que deseas. Para poder conectar con un servidor, necesitas disponer de un programa especial denominado explorador o navegador. Un **navegador** permite visualizar páginas web, con documentos gráficos, vídeos, animaciones, texto, hipervínculos, etc. Los exploradores más conocidos son Internet Explorer, Microsoft Edge (nuevo en Windows 10), Mozilla Firefox, Chrome, Safari y Opera.

Una página web suele contener enlaces con otras páginas. A este entramado de páginas se le llama ***World Wide Web.*** El sistema www está formado por un grupo de servidores que transfieren documentos y que pueden contener distintos elementos, como texto, imágenes, vídeos y sonido.

Para explorar la web, se suelen utilizar buscadores o metabuscadores.

> Un **buscador** es un sistema informático que guarda información de páginas web en una base de datos, ordenando los contenidos mediante índices (indexación), y nos permite realizar consultas por palabras.

Existen buscadores que carecen de bases de datos propias, por lo que, para contestar a las consultas de los usuarios, utilizan una combinación de los mejores resultados que devuelven otros buscadores; son los denominados **metabuscadores.**

ABC VOCABULARIO

Dirección IP. Número único que identifica a un ordenador u otro dispositivo dentro de una red con protocolo IP (Internet Protocol). Por ejemplo: 192.168.34.0

Nombre de dominio. Dirección única de Internet que pertenece a una página web determinada. Por ejemplo: mheducation.es

Navegador/Explorador web. Programa informático que permite el acceso a páginas web.

Fig. 3.1. Estructura de un URL.

CEO

Conoce más sobre las redes intranet y extranet en el documento: U3_Intranet y Extranet.docx.

@ WEB

Ejemplos de buscadores:

www.google.es

www.yahoo.es

www.bing.com

Ejemplos de metabuscadores:

www.zapmeta.com

www.dogpile.com

www.metacrawler.com

1.2. Microsoft Edge

Es el explorador web predeterminado de Windows 10, que pretende sustituir a Internet Explorer. Entre las novedades más importantes podemos citar la forma de organizar las pestañas, el ahorro energético de la batería y la seguridad.

Es importante recordar que Internet Explorer no desaparece de Windows 10 y que lo podemos encontrar en su versión 11 en los accesorios de Windows.

Observa los botones del navegador Microsoft Edge (Fig. 3.2).

Pestañas que has reservado. Restaura, agrega a favoritos o comparte las pestañas reservadas.

Reservar estas pestañas. Guarda el conjunto de pestañas abiertas.

Atrás y Adelante. Permiten el desplazamiento entre las páginas vistas en la misma sesión de exploración.

Actualizar. Permite volver a cargar la página web actual.

Inicio. Vuelve a cargar la página *Inicio* de Microsoft Edge.

Pestañas. Cada una contiene una página web.

Pestaña nueva [Ctrl + T]. Abre una nueva pestaña.

Mostrar vistas previas de pestañas (Fig. 3.4).

Barra de direcciones.

Vista de lectura. Muestra la página con texto, fotos y vídeos simplificando la página.

Agregar a Favoritos.

Hub. Accede a favoritos, lista de lectura, historial y descargas.

Agregar notas. Permite resaltar zonas de la página web y guardar o compartir la nota web.

Compartir. Copia la dirección web o compártela con otros usuarios a través de varias aplicaciones

Configuración y más.

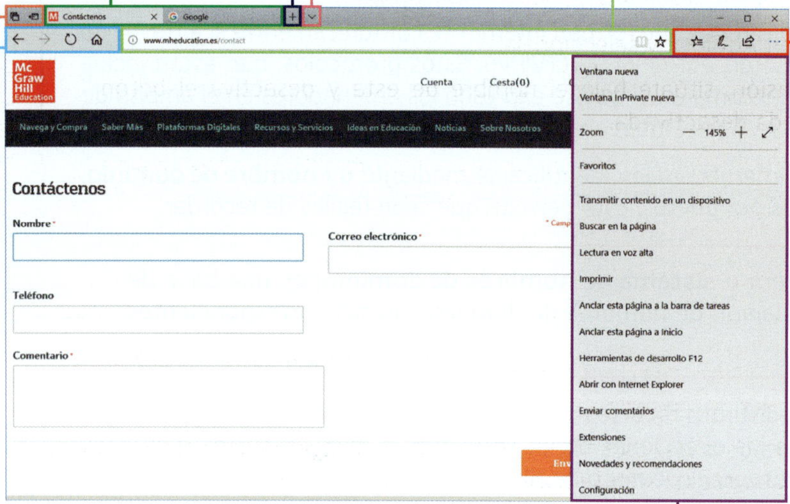

Fig. 3.2. Ventana de Microsoft Edge.

Panel configuración y más. Este panel aparece al pulsar sobre el botón ···.

CASO PRÁCTICO 1

Iniciar Microsoft Edge y establecer una página de inicio.

1. Hacemos clic sobre el botón *Inicio*, nos desplazamos hasta la letra «M» y seleccionamos *Microsoft Edge*. Aparece la ventana *Microsoft Edge*.
2. Seleccionamos el botón *Configuración y más* ··· y, nuevamente, *Configuración*.
3. En el panel *Configuración*, seleccionamos la opción *Página o páginas específicas* del desplegable *Abrir Microsoft Edge con*.
4. Introducimos la dirección **www.google.es** en el cuadro de texto y pulsamos *Guardar*.
5. Cerramos el navegador.

Solución:

Al abrir nuevamente Microsoft Edge, se muestra la página **www.google.es** (Fig. 3.3).

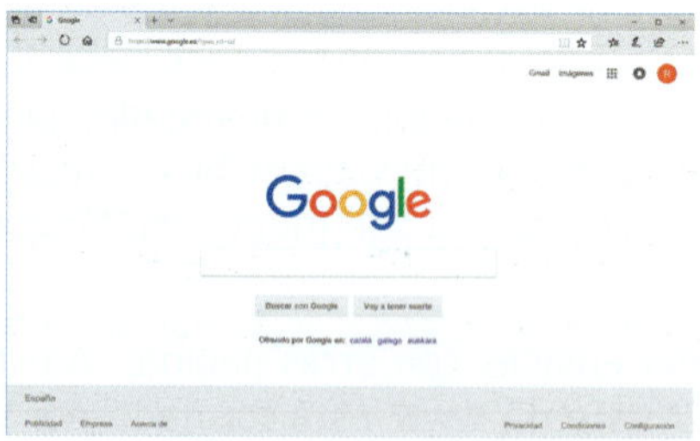

Fig. 3.3. Microsoft Edge con página de inicio.

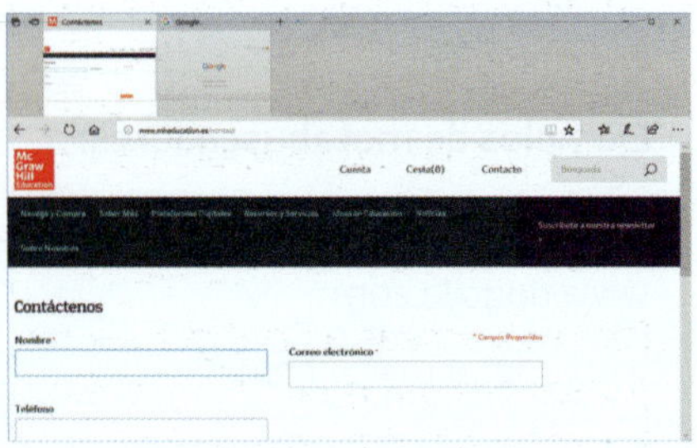

Fig. 3.4. Vista previa de pestañas.

ACTIVIDADES

1. Abre el navegador Microsoft Edge y realiza las siguientes tareas:
   a) Al presionar el botón *Inicio*, ¿qué sucede?
   b) Modifica la configuración para que, al añadir una nueva pestaña, se muestre una página en blanco.
   c) Muestra las últimas descargas realizadas.
   d) Carga la página **www.google.com** en Internet Explorer.

ACTIVIDAD GUIADA 1

Instala la extensión AdBlock para bloquear anuncios en Microsoft Edge:

1. Ejecuta *Microsoft Edge > Configuración y más > Extensiones.*
2. Pulsa el enlace *Obtener extensiones de la Tienda.* Se abre la aplicación Microsoft Store con el listado de extensiones disponibles.
3. Busca por el nombre «AdBlock» y haz clic sobre *Obtener.* A continuación, se descarga e instala. Presiona *Iniciar* y, a continuación, pulsa el botón *Actívalo.*
4. Al acceder nuevamente al listado de extensiones de *Microsoft Edge,* aparece un mensaje. La extensión queda instalada y lista para su uso.

Desactiva y desinstala la extensión AdBlock de Microsoft Edge:

1. Ejecuta *Microsoft Edge > Configuración y más > Extensiones.*
2. Sitúate sobre la extensión AdBlock y selecciónala.
3. Para desactivar la extensión, sitúate bajo el nombre de esta y desactiva el botón (●). La extensión queda desactivada.
4. Para desinstalar la extensión, pulsa el botón *Desinstalar.* Haz clic en *Aceptar* para confirmar la desinstalación. La extensión queda desinstalada.

CLAVES Y CONSEJOS

Al igual que Internet Explorer, Microsoft Edge ofrece la opción de agregar **extensiones,** que son pequeños programas que se instalan junto con el navegador con diversas funcionalidades.

TRUCO

Para acceder a la configuración de una extensión de Microsoft Edge rápidamente, localiza la extensión visible en el explorador, haz clic con el botón secundario del ratón y presiona *Administrar.*

CASO PRÁCTICO 2

Añadir una página web a *Favoritos* y anclar una página web a la barra de tareas de Windows.

***a)* Para agregar una página web a *Favoritos*.**

1. Escribimos en la *Barra de direcciones* esta expresión: **www.agenciatributaria.es** y pulsamos la tecla ***Enter.*** La página web se abre.
2. Hacemos clic en el botón *Favoritos* ☆ y seleccionamos el botón *Agregar.*

***b)* Para anclar una página web a la barra de tareas de Windows.**

1. Abrimos la web **www.agenciatributaria.es.**
2. Pulsamos *Configuración y más > Anclar esta página a la barra de tareas.*

Solución:

a) Al pulsar el botón *Hub* ☆≡ y su apartado *Favoritos* ☆, se visualiza la página web (Fig. 3.5).

b) Se muestra el acceso a la web **www.agenciatributaria.es** en la barra de tareas (Fig. 3.6).

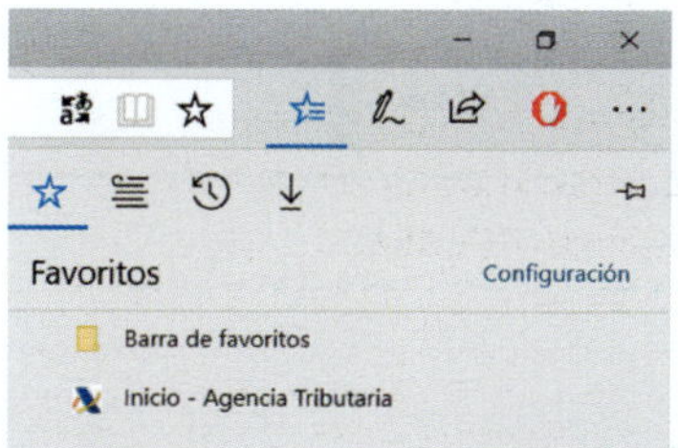

Fig. 3.4. Página web añadida a Favoritos.

Fig. 3.5. Página web anclada en la barra de tareas.

ACTIVIDAD GUIADA 2

Borra los datos recopilados por Microsoft Edge:

1. Ejecuta Microsoft Edge y pulsa *Configuración y más > Configuración.*
2. En el panel *Configuración,* selecciona *Elegir lo que se debe borrar.*
3. Selecciona todas las casillas desmarcadas y haz clic en *Borrar.*
4. Tras unos segundos, debajo del botón *Borrar* se muestra la frase *Se borró todo,* que indica que se han borrado los datos de exploración marcados.
5. Si deseas borrar los datos de las casillas marcadas cada vez que cierres el navegador, activa la casilla de *Borrar estos datos al cerrar el explorador* (●).

Desactiva las opciones de recopilar datos de Microsoft Edge:

1. Accede a la sección *Privacidad y servicios de configuración avanzada.*
2. A continuación, desactiva las siguientes opciones: *Ofrecer la posibilidad de guardar contraseñas, Guardar las entradas de formularios, Mostrar sugerencias de búsqueda y sitios al escribir, Mostrar el historial de búsqueda, Permitir que los sitios guarden licencias multimedia protegidas en mi dispositivo, Usar la predicción de página para acelerar la exploración, mejorar la lectura y la experiencia en general.*

TRUCO

En Microsoft Edge es posible importar información (favoritos, historial, *cookies,* contraseñas, configuración de exploración) de los navegadores Internet Explorer y Chrome, entre otros.

Para ello, accede a *Configuración y más > Configuración* y pulsa *Importar de otro navegador.*

CLAVES Y CONSEJOS

Para instalar Firefox, deberás descargar el instalador, ejecutarlo y seguir las instrucciones del asistente.

1.3. Mozilla Firefox

Mozilla Firefox es un explorador de Internet muy conocido, que se puede descargar de forma gratuita para sistemas operativos Microsoft Windows, Linux, Android, IOS y OS X desde su página oficial **www.mozilla.org.**

Para el desarrollo de los casos prácticos y las actividades guiadas de *Mozilla Firefox* vamos a utilizar la versión 57.0. Es muy fácil utilizarlo y su aspecto es muy parecido a Microsoft Edge.

Tras la instalación del navegador, al abrirlo nos pregunta si deseamos configurarlo como el navegador predeterminado. Desmarcamos la casilla *Realizar siempre esta comprobación al iniciar Firefox* y pulsamos *Ahora no.*

CASO PRÁCTICO 3

Abrir una nueva ventana privada.

En ocasiones, será de utilidad navegar en ciertas páginas web de forma privada sin guardar información de las páginas visitadas para evitar ser rastreados. Vamos a navegar de forma privada con protección contra rastreo siguiendo estas pautas.

1. Localizamos Firefox en el menú *Inicio* de Windows 10 y mostramos su menú contextual.
2. Seleccionamos *Nueva ventana privada*. Se abre una nueva ventana de Firefox.
3. Activamos la opción *Protección contra rastreo*, si no lo está.

Solución:

Se abre una nueva ventana con un símbolo de antifaz en la zona superior derecha (Fig. 3.7). A través de ella podemos navegar por páginas web sin guardar las páginas visitadas, búsquedas, cookies o archivos temporales. Tampoco seremos rastreados por otras webs.

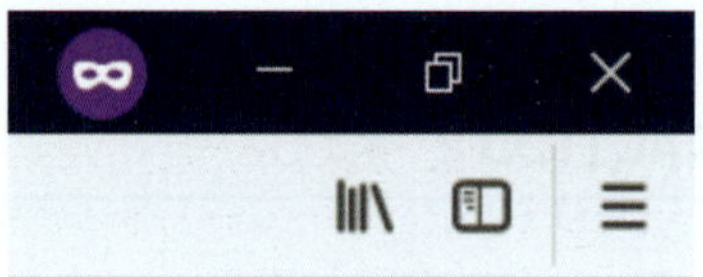

Fig. 3.6. Ventana privada.

ACTIVIDAD GUIADA 3

Realiza una búsqueda de una página web y abre un enlace en una nueva pestaña:

1. Ejecuta Firefox, introduce en la barra de direcciones **www.google.com** y pulsa ***Enter.***
2. Realiza una búsqueda introduciendo «rae» en el cuadro de búsqueda y pulsa ***Enter.***
3. Sobre el primer resultado que aparece (Real Academia Española), haz clic derecho y selecciona *Abrir enlace en una pestaña nueva.* Como resultado, la página de la RAE se abre en una nueva pestaña.

Guarda una imagen de una página web:

1. Con la página web de la RAE abierta en Firefox, sitúate sobre la imagen del logo de la RAE y pulsa con el botón secundario del ratón.
2. En el menú contextual, selecciona *Guardar imagen como.* Aparecerá el cuadro de diálogo *Guardar imagen como.*
3. Selecciona la carpeta *Imágenes* como ubicación.
4. Escribe el nombre del logo «rae.png» y, en *Tipo*, mantén el que aparece. En este caso, **.png.*
5. Pulsa clic en el botón *Guardar* para terminar el proceso. Como resultado, la imagen logo rae.png aparece en la carpeta *Imágenes.*

Crea un acceso directo de página web en el escritorio:

1. Pulsa el botón secundario del ratón sobre *Escritorio,* selecciona *Nuevo* y elige *Acceso directo.* Aparece el cuadro de diálogo *Crear acceso directo.*
2. Escribe la dirección web de la página **www.rae.es** y pulsa *Siguiente.*
3. Escribe el nombre «RAE» para el acceso directo y pulsa *Finalizar.* Verás que se crea el acceso directo a la web de la RAE y, al hacer doble clic sobre él, se abre la página con el navegador predeterminado de Windows 10.

TRUCO

Dentro de una página web puede buscarse texto. Pulsa la combinación de teclas **[Ctrl + F]**, escribe el texto a buscar en el cuadro que aparece y pulsa ***Enter.*** Verás cómo se marcan las coincidencias en la página web.

VOCABULARIO

Cookies. Pequeños archivos que se crean en nuestro ordenador al acceder a una página web. Su función es guardar la actividad del usuario para que la página web pueda consultarla.

CASO PRÁCTICO 4

Modificar la carpeta de descargas en Firefox.

Cuando realizamos la descarga de un archivo desde el navegador, por defecto se almacena en la carpeta llamada *Descargas*. Aprenderemos a modificar esta ubicación.

1. Abrimos Firefox y hacemos clic sobre *Abrir menú* ≡ > *Opciones*. Se crea una nueva pestaña con el mismo nombre donde se muestran secciones de configuración (Fig. 3.8) en la zona izquierda de la ventana.
2. En la sección *General*, hacemos clic en el botón *Examinar* de la opción *Guardar archivos en*. Se abre el cuadro de diálogo *Elegir carpeta de descarga*. Dentro del directorio *Documentos*, creamos una carpeta llamada *Descargas Firefox*.
3. Presionamos el botón *Seleccionar carpeta*.
4. Abrimos el buscador Google en Firefox y escribimos en el cuadro de búsqueda «descargar WinRAR Windows 10». Pulsamos la tecla ***Enter***.
5. Hacemos clic en uno de los enlaces, preferiblemente de la página oficial, y elegimos la versión que deseamos descargar para Windows. Aparece un cuadro de diálogo que indica el nombre del archivo para la descarga (Fig. 3.9).
6. Hacemos clic en *Guardar archivo*.

Solución:

Como resultado, el archivo descargado winrar-x64-550es.exe se ubica en: *Documentos\Descargas Firefox* y queda listo para ser instalado.

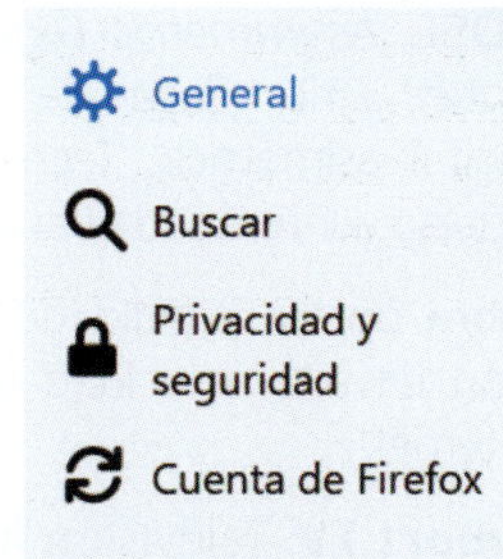

Fig. 3.7. Secciones de configuración en Firefox.

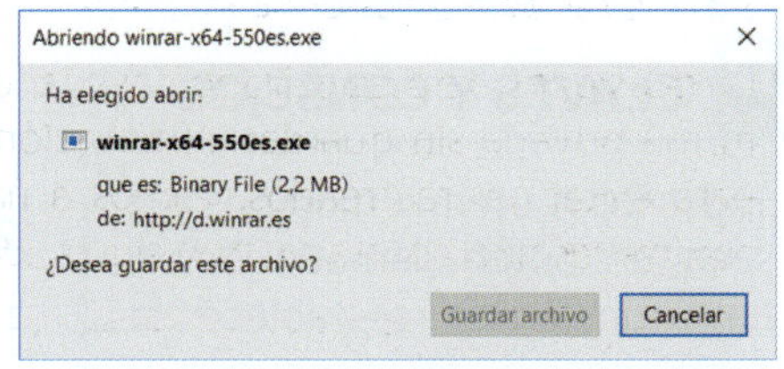

Fig. 3.8. Cuadro de diálogo de descarga.

ACTIVIDAD GUIADA 4

Limpia el historial y los datos privados:

1. Abre Firefox y haz clic sobre *Abrir menú* ≡ > *Opciones*. Se muestran las secciones de configuración (Fig. 3.8) en la zona izquierda de la ventana.
2. Pulsa *Privacidad y seguridad* 🔒. En la zona *Historial*, presiona el enlace *Limpiar todo el historial*. Se abre el cuadro de diálogo *Limpiar todo el historial* (Fig. 3.10).
3. Selecciona todas las casillas de verificación y, en *Rango temporal a limpiar*, elige *Todo*.
4. Presiona *Limpiar ahora*. Tras unos segundos, el historial de datos se borra.
5. Si deseas no recordar ningún dato del historial de navegación, descargas, formularios, búsquedas y *cookies*, elige *No recordar el historial* del desplegable *Firefox podrá*.

Configura la seguridad en Firefox:

1. Abre Firefox y haz clic sobre *Abrir menú* ≡ > *Opciones*. Se muestran las secciones de configuración (Fig. 3.8) en la zona izquierda de la ventana.
2. Pulsa *Privacidad y seguridad* 🔒. En la zona *Protección contra rastreo*, activa la opción *Solo en ventanas privadas*.
3. En la zona *Seguridad*, activa todas las casillas: *Bloquear contenido peligroso y engañoso*, *Bloquear descargas peligrosas* y *Advertirme sobre software no deseado y poco usual*.

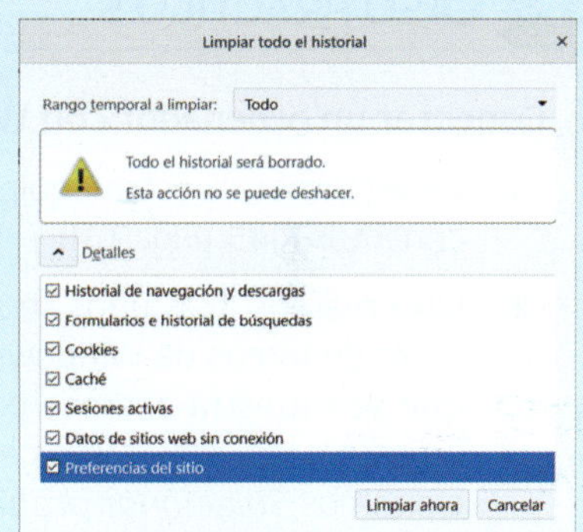

Fig. 3.9. Cuadro de diálogo Limpiar todo el historial.

ACTIVIDADES

2. Busca información en Internet y ordena en el tiempo estos exploradores web:

   a)  b)  c)  d)  e)  f) 

3. Accede a las aplicaciones predeterminadas de tu equipo, a través del cuadro de búsqueda de la barra de tareas de Windows. Observa el explorador web predeterminado que tienes y cámbialo por otro.
4. Crea un acceso directo en el escritorio a la web de tu Comunidad, por ejemplo **www.juntadeandalucia.es.** Ejecuta el acceso directo para comprobar con qué navegador se abre la página web.

2. Acceso a Internet

Para conectarse a Internet es necesario disponer de varios elementos. Dependiendo de la forma en que nos conectemos a Internet, necesitaremos unos u otros. A continuación detallamos los elementos más comunes:

- **Proveedor de servicios de Internet** (ISP, *Internet Services Provider*). Es la compañía que nos suministra todo lo necesario para la conexión a Internet: instalación de la línea, *router, hardware,* dirección IP. Ejemplos de proveedores son Movistar, Vodafone, Jazztel, Orange, etc.
- **Línea de comunicaciones o línea telefónica.** Proporcionada por el proveedor de servicios. Las más comunes hoy en día son de tipo ADSL o fibra óptica.
- **Módem o *router*.** Hacen de pasarela entre la línea de comunicación y el terminal que utilicemos para conectarnos. Deben ser compatibles con el tipo de línea de comunicación.
- **Terminal** u otro dispositivo compatible para el acceso a Internet. Puede ser un ordenador de sobremesa o portátil con tarjeta de red, un *Smartphone,* una *Tablet* o una *Smart TV.*

2.1. Conexión Wi-Fi

La conexión a Internet se realiza de forma inalámbrica. Es necesario un terminal y un punto de acceso (módem o *router* conectado a la línea telefónica), ambos con compatibilidad Wi-Fi.

La señal Wi-Fi alcanza unos 20 o 25 metros de distancia, aunque existen dispositivos especiales que pueden aumentar este alcance y que se conocen como **repetidores.**

Este tipo de conexión es común en nuestros hogares, en grandes superficies y en cafeterías.

2.2. Conexión Ethernet

La conexión a Internet se realiza por cable. Es necesario un terminal, un cable de red con conector RJ45 (Fig. 3.11) y un punto de acceso (módem o *router* conectado a la línea telefónica).

Este tipo de conexión es común en centros de trabajo o centros de enseñanza.

VOCABULARIO

ADSL. *Asymmetric Digital Subscriber Line,* línea de abonado digital asimétrica. Tecnología de acceso a Internet de banda ancha.

Fibra óptica. Medio de transmisión de alta velocidad usado en Internet.

Smart TV. Televisión inteligente con un *software* adaptado capaz de conectarse a Internet.

CLAVES Y CONSEJOS

Todos los *routers* o módems poseen un botón llamado *Reset,* cuya función es reestablecer la configuración del dispositivo y asignar los valores de fábrica.

Los *routers* más actuales poseen un botón llamado WPS *(Wi-Fi Protected Setup)* que nos permite la conexión de dispositivos a la Red de forma inalámbrica con tan solo pulsar dicho botón, sin necesidad de introducir la contraseña Wi-Fi.

CASO PRÁCTICO 5

Conectar un ordenador con Windows 10 a una red cableada Ethernet y comprobar el estado de red.

1. Conectamos nuestro equipo al *router* a través de un cable con conector RJ45 (Fig. 3.11).
2. Observamos, tras unos segundos, el icono que muestra la barra de tareas de Windows. Si ha ocurrido algún error, el icono que se muestra aparece con un símbolo de exclamación. En este caso, mostramos el menú contextual del icono y seleccionamos *Solucionar problemas.* Windows intentará solucionar el problema por nosotros y, tras unos segundos, se muestra la ventana *Diagnóstico de red de Windows* con más información.
3. Para acceder a las conexiones de red, mostramos el menú contextual del icono y elegimos *Abrir configuración de red e Internet.* Se muestra la ventana *Configuración.* Si deseamos abrir la configuración de Wi-Fi o Ethernet, pulsamos sobre los enlaces correspondientes. Para visualizar el estado, seleccionamos *Estado.*

Fig. 3.10. Conector RJ45.

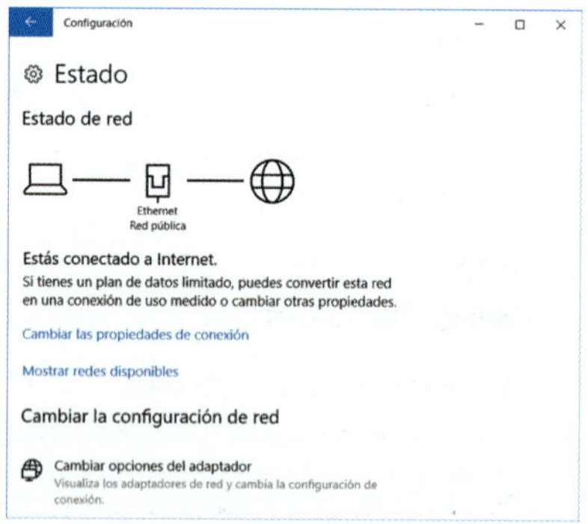

Fig. 3.11. Estado de red.

Solución:

En la ventana *Configuración,* se observa el estado de la red (Fig. 3.12).

ACTIVIDADES

5. Accede a la ventana *Configuración* y:
   a) Observa el estado de la red.
   b) Ejecuta el solucionador de problemas de red.
   c) Comprueba tu configuración Wi-Fi o Ethernet, según tu conexión.
   d) Muestra las redes disponibles.

3. Protección de datos y seguridad

Debido al volumen de información que circula a diario en una empresa, es muy importante contar con procedimientos que permitan proteger los datos personales y la documentación de la compañía.

A la hora de diseñar el protocolo de seguridad, habrá que tener en cuenta las medidas que pueden aplicarse en el sistema operativo, el programa de correo electrónico, etc.

En el mercado, existen herramientas y utilidades que proporcionan seguridad y confidencialidad a la información, como los programas antivirus y el *firewall*. Por otra parte, los exploradores web realizan su propia aportación a la seguridad al permitir configuraciones predeterminadas y personalizadas.

Si el equipo está conectado a una red privada, estas tareas correrán a cargo del administrador; en caso contrario, toda la responsabilidad recaerá en el usuario.

3.1. Firewall de Windows

Ayuda a proteger el equipo al impedir que usuarios sin autorización puedan acceder a la información a través de Internet. En Microsoft Windows 10, el *firewall* de Windows está activado de manera predeterminada.

IMPORTANTE

¿Qué no realiza el Firewall de Windows?

- Detectar o deshabilitar los virus o gusanos si ya se encuentran en el equipo.
- Impedir que el usuario abra correo electrónico con archivos adjuntos peligrosos.
- Impedir que el *spam* (correo no deseado) aparezca en la bandeja de entrada.

CASO PRÁCTICO 6

Comprobar la activación y configuración avanzada del *firewall* en Windows 10.

a) **Comprobar la activación del *Firewall de Windows Defender*.**

1. Escribimos «firewall» en el cuadro de búsqueda de la barra de tareas de Windows.
2. Pulsamos *Firewall y protección de red* correspondiente a la *Configuración del sistema.*
3. Se abre el *Centro de seguridad de Windows Defender,* donde el *firewall* debe estar activado para todos los tipos de redes.
4. Otra opción para comprobar el estado del *firewall* es hacerlo a través de *Panel de control > Sistema y seguridad > Firewall de Windows Defender.*

b) **Acceder a la configuración avanzada del Firewall de Windows Defender.**

1. Escribimos «firewall» en el cuadro de búsqueda de la barra de tareas de Windows.
2. Pulsamos *Firewall y protección de red* correspondiente a la *Configuración del sistema.*
3. Se abre el *Centro de seguridad de Windows Defender* y pulsamos en el enlace *Configuración avanzada.* Respondemos *Sí* a la pregunta. Se abre el cuadro de diálogo *Windows Defender Firewall con seguridad avanzada.*
4. Desde esta ventana pueden visualizarse y modificarse parámetros de configuración avanzados. También es posible visualizar y crear **reglas** de entrada y salida de *firewall.*

c) **Restaurar el *firewall* de Windows 10.**

1. Accedemos a *Panel de control > Sistema y seguridad > Firewall de Windows Defender.*
2. Pulsamos el enlace *Restaurar valores predeterminados.* Presionamos el botón *Restaurar valores predeterminados.*
3. Seleccionamos afirmativamente para restablecer los valores.

Solución:

a) Tras realizar los pasos, vemos la ventana de Windows Defender donde se indica la activación del *firewall* en todas las redes (Fig. 3.13).

Si el *firewall* no está activado para alguna red, debemos pulsar el botón *Activar* que aparece bajo el nombre de la red.

b) Observamos la ventana de la Figura 3.14, donde podemos acceder a configuraciones avanzadas de *firewall.*

c) El *firewall* vuelve a los valores iniciales desde que se instaló Windows. Es importante recordar que, si hubiéramos creado reglas de *firewall* sobre programas, la aplicación podría dejar de funcionar, ya que las reglas también se eliminan.

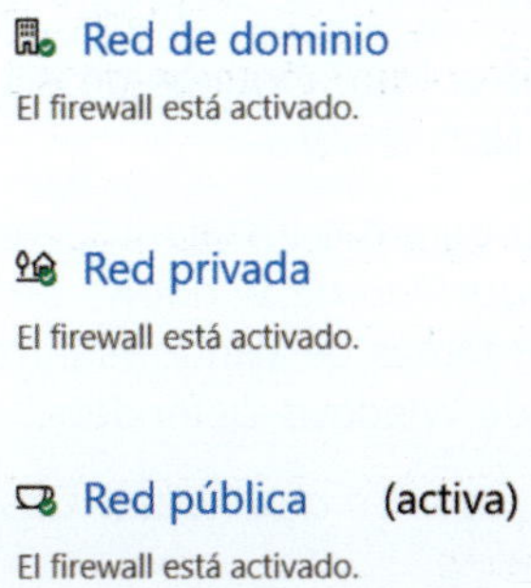

Fig. 3.12. Firewall activado para todas las redes.

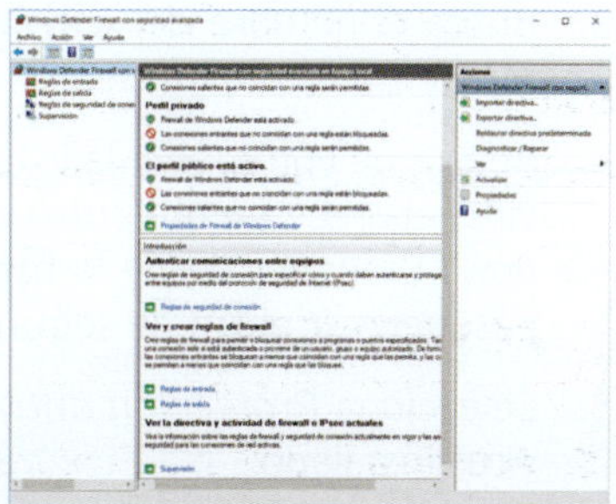

Fig. 3.13. Windows Defender Firewall con seguridad avanzada.

ABC VOCABULARIO

Regla de *firewall*. Es un criterio que se establece en los programas de *firewall* para permitir o bloquear la conexión con programas, servicios del sistema, equipos o usuarios.

Pueden definirse reglas de entrada, que controlan el acceso desde fuentes externas, o reglas de salida, que controlan el acceso hacia el exterior.

***Spyware*.** *Software* que recopila información de un ordenador y la envía a terceros sin el consentimiento del usuario.

3.2. Windows Defender

Es el antivirus por defecto de Windows 10 y complementa las funciones del *firewall* llevando a cabo tareas que este último no es capaz de realizar. Para usar Windows Defender con eficacia, es indispensable que las definiciones de amenazas estén actualizadas. Las definiciones son colecciones de archivos con una lista de virus y *spyware* conocidos.

ACTIVIDAD GUIADA 5

Comprueba la activación y configuración de Windows Defender:

1. Dirígete a los iconos ocultos de la barra de tareas de Windows y selecciona *Windows Defender*. Se abre el *Centro de seguridad de Windows Defender.*
2. Si estás protegido, en la sección *Inicio* aparece el mensaje *Tu dispositivo está protegido* con un símbolo de verificación verde en cada sección.
3. Selecciona la sección *Protección antivirus y contra amenazas* > *Configuración de antivirus y protección contra amenazas.* Comprueba que las opciones *Protección en tiempo real, Protección basada en la nube* y *Envío de muestras automático* están activadas.

Busca actualizaciones de definiciones de amenazas:

1. Con el *Centro de seguridad de Windows Defender* abierto, selecciona la sección *Protección antivirus y contra amenazas* > *Actualizaciones de protección.*
2. Presiona el botón *Buscar actualizaciones.*
3. Tras unos segundos, las actualizaciones quedan instaladas.

3.3. Otros antivirus

Aunque la mayor parte de los cortafuegos (*firewall*) evitan que los virus y gusanos lleguen a nuestro equipo, no los detecta ni los deshabilita si ya se encuentran en el sistema. Para eliminar posibles infecciones, haremos uso de un antivirus.

Si no se quiere utilizar Windows Defender, es posible instalar otro antivirus en Windows 10.

La mayoría de los antivirus son de pago, aunque suelen ofrecer una versión básica de prueba para que hagamos uso de ella durante un periodo corto de tiempo.

Al instalar un antivirus en Windows 10, Windows Defender se desactiva automáticamente para que no se produzcan conflictos.

ACTIVIDAD GUIADA 6

Comprueba si tu equipo tiene un antivirus instalado:

1. Ejecuta *Inicio* > *Sistema de Windows* > *Panel de control* > *Programas* > *Programas y características.*
2. Se visualiza el *Panel de control* con el listado de programas instalados.
3. Busca el nombre del antivirus en la lista. Algunos de ellos son: Bitdefender, Panda, McAfee, Norton, Kaspersky, Eset NOD32, AVG.
4. Aparte de comprobar la lista de programas instalados, comprueba también si el antivirus aparece en el *Centro de seguridad de Windows Defender.* Para ello, abre Windows Defender desde la barra de tareas de Windows introduciendo en el cuadro de búsqueda «Centro de seguridad de Windows Defender».
5. Selecciona *Protección antivirus y contra amenazas.* Observa si aparece algún antivirus instalado.
6. En nuestro ejemplo de muestra tenemos instalado el antivirus ESET Smart Security Premium y Windows Defender está desactivado (Fig. 3.15).

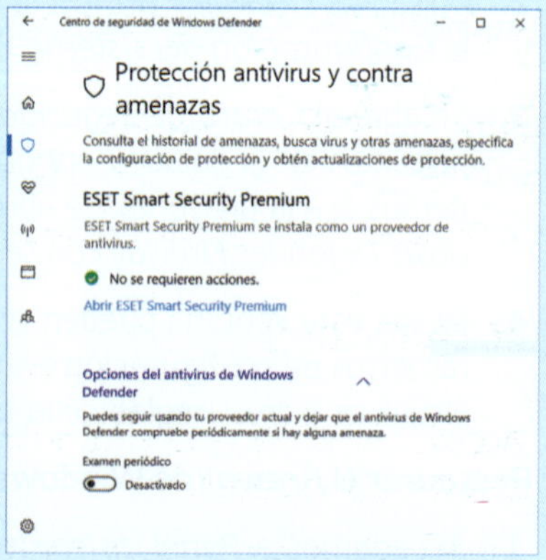

Fig. 3.14. Antivirus instalado.

3.4. Seguridad y mantenimiento

Seguridad y mantenimiento es un subapartado del *Panel de control.* Antes era conocido como *Centro de actividades.* La sección *Seguridad,* nos indica si el *firewall,* la protección antivirus y el control de cuentas de usuario están activados y si la configuración de seguridad de Internet es correcta.

Desde la sección *Mantenimiento,* podemos ver informes de problemas del equipo, la configuración de mantenimiento, la disponibilidad de los grupos, la activación del historial de archivos y el estado de los dispositivos.

CASO PRÁCTICO 7

Comprobar la seguridad y el mantenimiento de forma rápida en Windows.

1. Ejecutamos *Inicio > Sistema de Windows > Panel de control > Sistema y seguridad > Seguridad y mantenimiento.*
2. Desplegamos la información que muestran los apartados *Seguridad* y *Mantenimiento* pulsando el botón ⌄ y observamos la información que se muestra en ambos apartados.

Solución:

Debemos visualizar en una sola ventana las opciones de seguridad y mantenimiento configuradas en el equipo (Fig. 3.16).

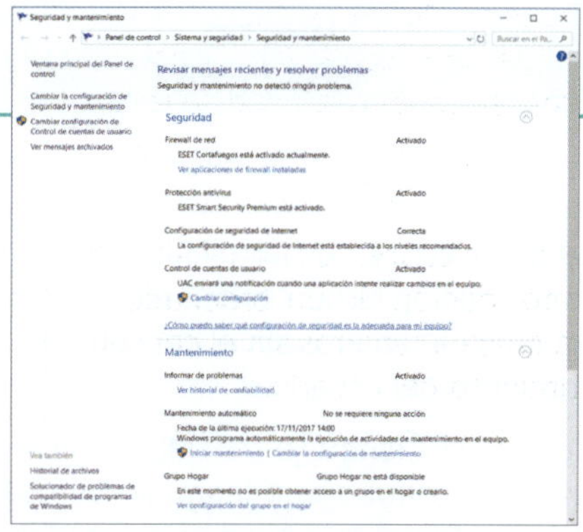

Fig. 3.15. Seguridad y mantenimiento.

3.5. Control de cuentas de usuario

Es una característica predeterminada de Windows que avisa antes de realizar cambios en el equipo que requieren permisos de administrador; por ejemplo, para instalar un programa. Si el usuario es administrador y contesta *Sí,* el programa se instalará. Si es un usuario estándar, deberá contar con el permiso del administrador y escribir su contraseña. Hasta que termine la tarea, contará con los derechos de un administrador temporalmente. De este modo, no se podrán realizar cambios en el equipo sin que el administrador lo sepa.

Para acceder al *Control de cuentas de usuario,* introduce en el cuadro de búsqueda de la barra de tareas de Windows «control de cuentas de usuario» y pulsa ***Enter*** (Fig. 3.17).

Existen cuatro configuraciones posibles (Tabla 3.1) de la más segura a la menos segura:

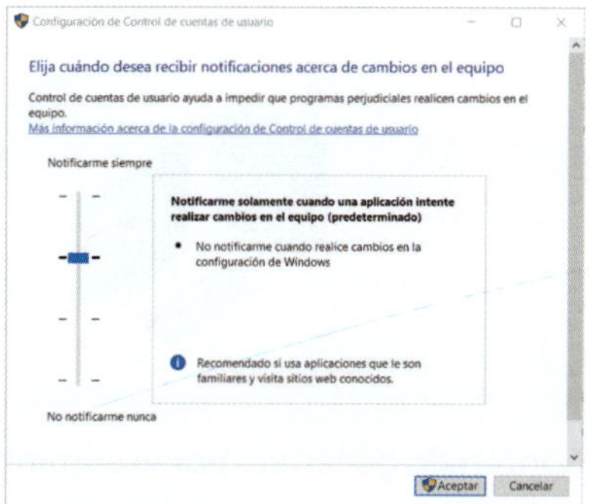

Fig. 3.16. Configuración de cuentas de usuario.

Notificarme siempre cuando:	• Las aplicaciones intenten instalar *softwares* o hacer cambios en el equipo. • Realice cambios en la configuración de Windows.
Notificarme solamente cuando una aplicación intente realizar cambios en el equipo (predeterminado):	• No notificarme cuando realice cambios en la configuración de Windows.
Notificarme solamente cuando una aplicación intente realizar cambios en el equipo (no atenuar el escritorio):	• No notificarme cuando realice cambios en la configuración de Windows.
No notificarme nunca cuando:	• Las aplicaciones intenten instalar *softwares* o hacer cambios en el equipo. • Realice cambios en la configuración de Windows.

Tabla 3.1. Opciones de configuración de seguridad.

ACTIVIDADES

6. Accede al subapartado *Seguridad y mantenimiento* y realiza estas operaciones:

   a) Haz clic sobre *Ver historial de confiabilidad* y muestra los problemas del equipo por semanas.

   b) Cambia la configuración de mantenimiento para ejecutarlo a las 7:00.

   c) Visualiza la configuración de tu grupo e inicia su solucionador de problemas.

ABC VOCABULARIO

Lenguaje de programación. Lenguaje que se basa en la utilización de unas reglas fijas convenidas, las cuales intentan acercar el lenguaje humano al del ordenador.

4. Evolución web

Desde la aparición de Internet, las tecnologías informáticas no han parado de evolucionar. Se podría decir que estamos en la etapa de la Web 3.0, llamada también web semántica o web inteligente. La web semántica está basada en el uso de expresiones usadas por los humanos con el objetivo de codificar las expresiones de forma eficaz.

Pueden diferenciarse tres etapas en el tiempo (Tabla 3.2):

Web 1.0 **1990-2000**	**Web 2.0** **2000-2010**	**Web 3.0** **2010-2020**
Existen las primeras páginas web estáticas que incorporan imágenes, textos, colores, etc. El desarrollador de la web (*webmaster*) tiene control total y no hay interacción ni comunicación con los usuarios lectores. Surge el lenguaje HTML (*HyperText Markup Language* o lenguaje de marcas de hipertexto) que hace más agradable la vista de las páginas web.	La que se conoce como web social. Surge de la necesidad de comunicación entre usuarios. Es posible intercambiar información en la web y existen un conjunto de tecnologías y aplicaciones, desarrolladas en distintos lenguajes de programación, capaces de ejecutarse sobre cualquier plataforma. La comunicación se consigue gracias a la utilización de estándares abiertos.	La llamada web inteligente, se caracteriza por la transformación de la Red en una base de datos, la existencia de tecnologías y las aplicaciones basadas en inteligencia artificial y web semántica. Esta vez, el control pasa a manos de sistemas informáticos con el objetivo de devolver al usuario una información personalizada. También es importante mencionar el mundo tridimensional y el acceso a webs desde cualquier dispositivo.
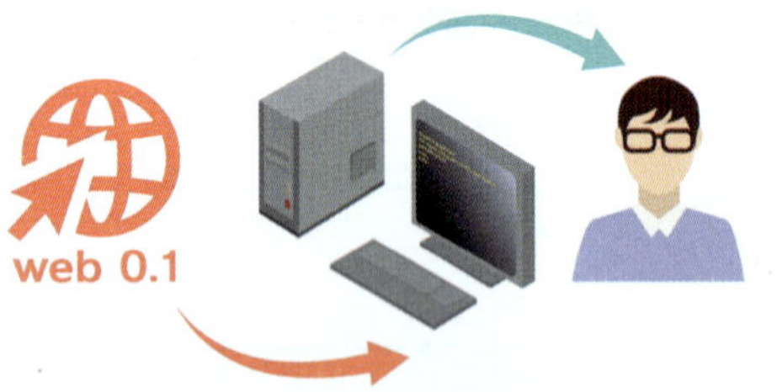		
Contenido generado por el administrador	**Contenido generado por el usuario**	**Contenido generado por la comunidad**
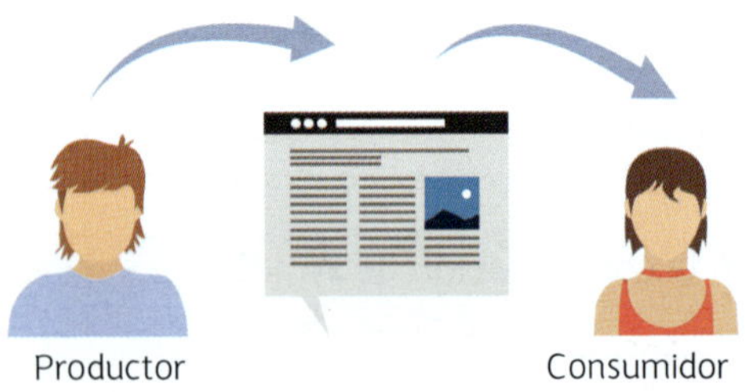	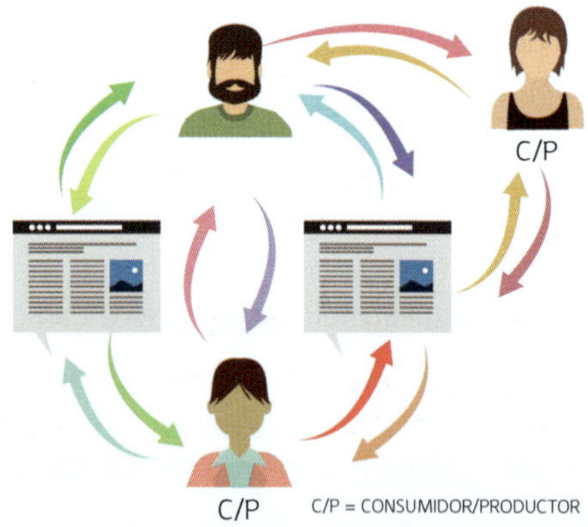	
Ejemplos	Ejemplos	Ejemplos
• Páginas web estáticas. • Botones GIF. • Formularios HTML enviados por correo electrónico.	• Wikis. • Blogs. • Redes sociales. • YouTube. • Dropbox. • Gestores CMS (*Content Management System*). • Tecnologías de programación como Java, CSS, XML.	• Gnoss: red social creada en España que tiene el objetivo de crear una identidad digital para cada persona y que le sirva de identificación en cualquier entorno virtual. • Quintura: buscador generalista que sugiere en forma de nube de *tags* términos relacionados que pueden ayudar a afinar tu búsqueda.

Tabla 3.2. Comparativa de las tecnologías web que han existido.

4.1. Herramientas 2.0

Vamos a explicar algunas herramientas web de la etapa 2.0 que siguen siendo muy utilizadas en la actualidad.

Wikis	Son sitios web en los que los usuarios pueden colaborar creando y modificando el contenido de las páginas web. El usuario debe registrarse y así obtener una cuenta de acceso para poder hacer sus colaboraciones, que son gratuitas.
Blogs	Son sitios web en los que los autores realizan publicaciones sobre determinados temas y los visitantes pueden hacer comentarios, escribir mensajes, etc. Normalmente se clasifican por géneros (personales, música, noticias, juegos, etc.). Los artículos publicados suelen aparecer por orden cronológico y, en primer lugar, los más recientes. También es necesario registrarse para obtener una cuenta de acceso.
Aplicaciones web	Son programas informáticos que se ejecutan en navegadores. La ventaja más importante de estas aplicaciones es que el usuario puede acceder a ellas a través de navegadores sin necesidad de instalación previa en su equipo. Un ejemplo claro son los clientes de correo electrónico o de almacenamiento en la nube, los wikis y los blogs, entre otros muchos.
Redes sociales	Se trata de páginas web en las que los usuarios registrados pueden comunicarse entre sí. Cada usuario dispone de herramientas individuales que le permitirán insertar información variada, como textos, fotos, audios o vídeos. Entre las más utilizadas están Facebook, Twitter, YouTube, Instagram, LinkedIn, etc., cada una orientada a una temática específica.

Tabla 3.3. Herramientas de la web 2.0.

@ WEB

Webs para crear wikis:

https://es.wikipedia.org

https://es.wikiversity.org

https://es.wikibooks.org

Webs para crear blogs:

https://www.blogger.com

https://es.jimdo.com

http://blogspot.es

Webs de aplicaciones web:

https://outlook.live.com

https://www.dropbox.com

https://es.wordpress.com

Webs de redes sociales:

https://es-es.facebook.com

https://es.linkedin.com

A. LinkedIn

LinkedIn es una red social orientada a empresas y empleo. Fue lanzada en al año 2003 y hoy en día se considera como la mayor red profesional del mundo.

CASO PRÁCTICO 8

Registrarse en la red profesional LinkedIn.

1. Entramos en la web https://es.linkedin.com y nos registramos completando los datos del formulario correspondiente (Fig. 3.18). Pulsamos el botón *Únete ahora.*
2. A continuación, seguimos las indicaciones y cumplimentamos los datos que se requieren (país, código postal). Debemos prestar atención, porque la información con asterisco * es obligatoria. Pulsamos *Siguiente.*
3. Introducimos el código recibido en nuestro correo electrónico y pulsamos *Verificar.*
4. En este punto, se importan los contactos de nuestra agenda de direcciones del correo a LinkedIn. Es posible saltar este paso para no importar ningún contacto, así que, en este caso, pulsamos *Saltar.* Respondemos *Sí* a la pregunta.
5. Cargamos una foto si lo deseamos o presionamos *Saltar.*
6. Seleccionamos temas relacionados con nuestro sector. Por ejemplo: *Information Technology, Productivity* y *Economy.* Desmarcamos los temas que aparecen seleccionados por defecto.
7. Pulsamos el botón *Seguir 3 canales.*
8. A continuación, tenemos la posibilidad de seguir a una persona influyente. En este caso, hacemos clic en *Saltar.*
9. Seleccionamos *Siguiente,* ya que no descargaremos la aplicación.

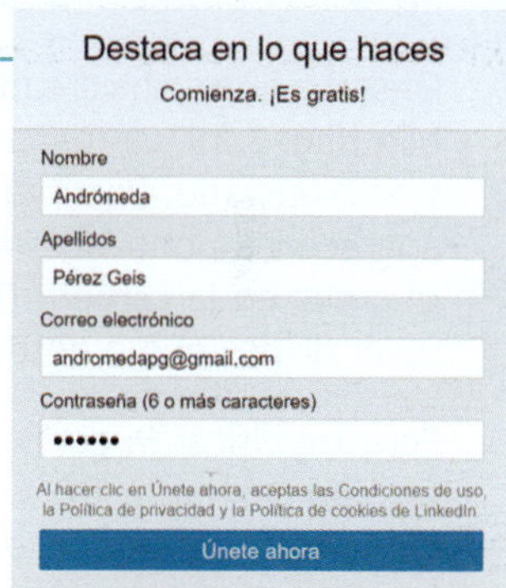

Fig. 3.17. Formulario de LinkedIn.

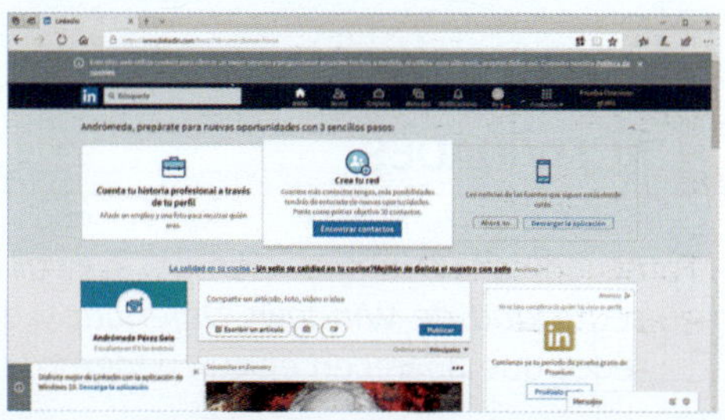

Fig. 3.18. Página principal de LinkedIn.

Solución:

Finalmente, se abre la web de LinkedIn (Fig. 3.19). Dispone de un menú muy intuitivo para navegar por las distintas páginas de la web.

B. Dropbox

Dropbox es un servicio gratuito que te permite almacenar y compartir archivos. Para su uso es necesario tener una cuenta de correo, acceso a Internet y un dispositivo. Esta plataforma es compatible con ordenadores, *smartphones* y *tablets*.

Dropbox puede utilizarse de dos formas:

- A través de una página web, sin necesidad de instalar ningún programa en nuestro dispositivo.
- A través de una aplicación, instalando en nuestro dispositivo el programa.

ACTIVIDAD GUIADA 7

Descarga y configura Dropbox en tu ordenador:

1. Abre Microsoft Edge y entra en **www.dropbox.com**, cumplimenta el formulario, acepta los términos y pulsa el botón *Regístrate*.
2. En la nueva pantalla, selecciona *Descarga Dropbox*.
3. Guarda el fichero de instalación en la carpeta *Descargas* de Windows.
4. Dirígete a la carpeta *Descargas* y ejecuta el archivo de instalación *DropboxInstaller.exe*. La instalación comienza.
5. Tras la instalación, se muestra la ventana para iniciar sesión (Fig. 3.20).
6. Introduce el correo electrónico y la contraseña del paso 1 y presiona *Iniciar sesión*.
7. Pulsa *Abrir mi Dropbox*.
8. Presiona *Comenzar* > *Siguiente* > *Siguiente* > *Finalizar*.
9. Observa que se ha creado una nueva carpeta llamada *Dropbox* (Fig. 3.21). La marca verde indica que estás conectado y sincronizado. Observa también que, en la barra de tareas, aparece el icono de Dropbox. Cualquier archivo que guardes en la carpeta *Dropbox* será accesible desde cualquier dispositivo o desde la web de Dropbox.
10. Para modificar la configuración pulsa, a continuación presiona el botón y selecciona *Preferencias*. Se abre la ventana *Preferencias de Dropbox* (Fig. 3.22).
11. Para salir de Dropbox, pulsa, a continuación presiona el botón y selecciona *Salir de Dropbox*.

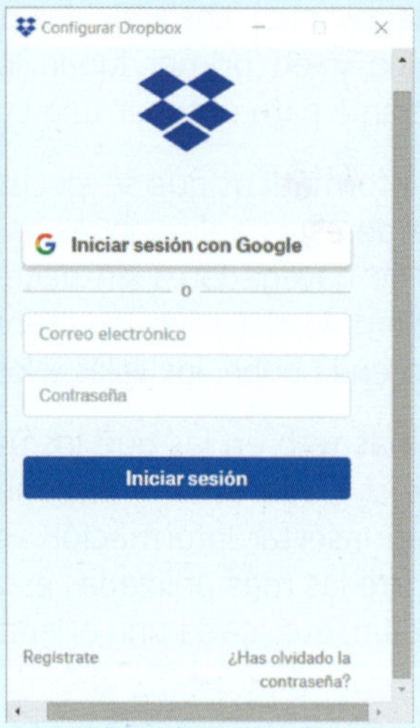

Fig. 3.19. Ventana Configurar Dropbox.

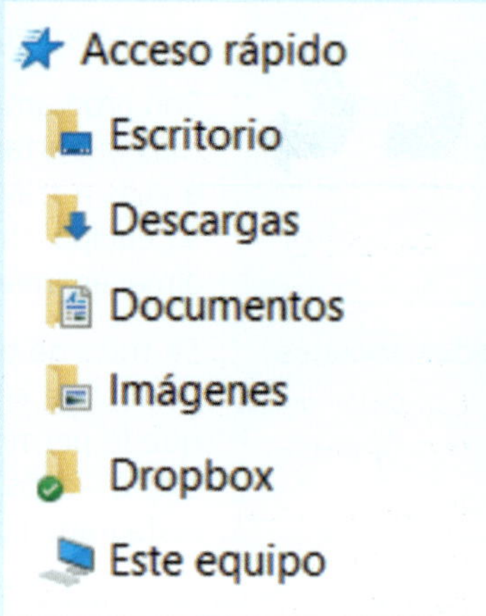

Fig. 3.20. Carpeta Dropbox.

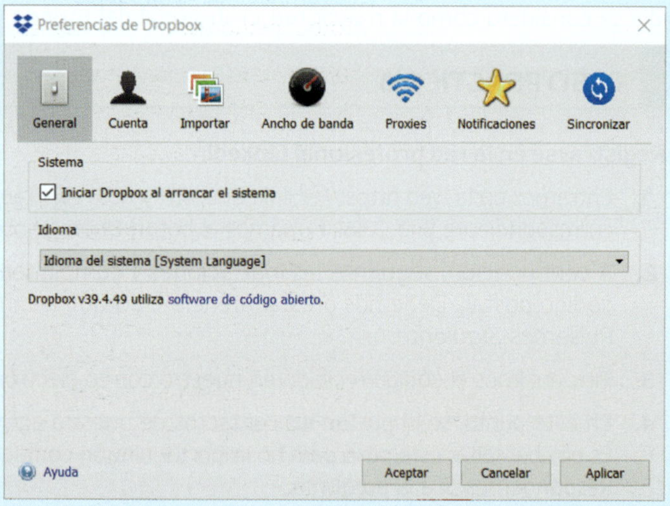

Fig. 3.21. Preferencias de Dropbox.

ACTIVIDADES

7. Accede a la configuración del *firewall* a través del *Centro de seguridad de Windows Defender* y describe los perfiles de redes que aparecen en tu cuaderno.
8. Determina el antivirus que tiene instalado tu equipo.
9. ¿Existe la etapa Web 4.0? En caso afirmativo, descríbela en tu cuaderno incluyendo el periodo que abarca.
10. Accede al servicio en la nube que ofrece Dropbox a través de un navegador web: **www.dropbox.com.**
    a) Crea dos carpetas llamadas *Compartida* y *Privada*.
    b) Añade un miembro con permiso de edición para la carpeta *Compartida*. A la carpeta *Privada* solo tendrás acceso tú.

5. Sostenibilidad y eficiencia

En la actualidad, tanto las Administraciones Públicas como los ciudadanos muestran una mayor preocupación por aprovechar los recursos naturales de una manera más sensata, pero sin renunciar al progreso. Este tipo de desarrollo, conocido como sostenible, garantiza el bienestar de las generaciones futuras.

Este compromiso con el medioambiente nos afecta a todos, tanto en el ámbito doméstico como en el empresarial; en casa y en la oficina, es posible reducir el uso de ciertos materiales, reutilizándolos cuando sea posible o reciclando sus residuos. A la hora de presentar documentos, se pueden tener en cuenta algunos comportamientos respetuosos con el medioambiente siguiendo la regla de las «tres erres» ecológicas:

Reutilizar

- Las pilas, si son recargables.
- El papel escrito por una sola cara, para notas manuales.

Reducir

- El consumo de energía.
  - Apagando los aparatos que no se usan.
  - Haciendo un correcto uso de las baterías de los dispositivos.
- El consumo de papel y consumibles de impresoras y fotocopiadoras.
  - Evitando el uso del papel para guardar los archivos.
  - Imprimiendo solo cuando sea estrictamente necesario.
  - Utilizando la vista *Diseño de impresión* y la calidad de impresión *Borrador* cuando no sea necesario hacerlo en *Óptima*, para ver cómo quedará el documento en papel previamente.

Reciclar

- El papel usado, los cartuchos y el tóner de las impresoras y fotocopiadoras, las cajas usadas de cartón, las carpetas viejas de plástico o cartón, las pilas de relojes, los mandos a distancia, etc.
- Las baterías de los PC y otros componentes.

Fig. 3.22. Esquema de las 3R ecológicas.

A la hora de comprar papel y material de oficina, tanto empresarios como empleados pueden comprobar que los productos están marcados con ecoetiquetas que certifican su compatibilidad con el medioambiente. Por lo general, tienen el respaldo de algún organismo oficial o de reconocido prestigio.

ACTIVIDADES

11. Abre un navegador web y busca más información sobre:

a) El artículo 39 de la Ley de Economía Sostenible del BOE.

b) Las 5R.

ABC VOCABULARIO

RSC. La Responsabilidad Social Corporativa (RSC), también llamada Responsabilidad Social Empresarial (RSE), se refiere a un conjunto de prácticas voluntarias que las empresas adoptan para mejorar ciertos aspectos de su trabajo, como por ejemplo el cuidado del medioambiente.

¿SABÍAS QUE...?

En 2011, se promulgó la Ley 2/2011, de 4 de marzo, de Economía Sostenible, que tiene por objeto crear las condiciones que favorezcan un desarrollo económico sostenible.

En concreto, el artículo 39 hace referencia a la Responsabilidad Social Empresarial (RSE).

www.boe.es/buscar/pdf/2011/BOE-A-2011-4117-consolidado.pdf

Fig. 3.23. Ecoetiqueta europea.

KEYWORDS

1. Review the essential vocabulary terms of this unit in English. Did you already know all of them? Did you learn new vocabulary?

English	Spanish	English	Spanish	English	Spanish
application	aplicación	home	inicio	session	sesión
backwards	hacia atrás	link	enlace	shared resource	recurso compartido
browser	navegador	network/net	red	to activate	activar
communication protocol	protocolo de comunicación	optical fibre	fibra óptica	to recycle	reciclar
connection	conexión	parameter	parámetro	to reduce	reducir
customer	cliente	private data	datos privados	to restore	restaurar
customized	personalizado	protocol	protocolo	to reuse	reutilizar
domain	dominio	provider	proveedor	to search	buscar
download folder	carpeta de descargas	public	pública/o	to share	compartir
favourites	favoritos	rule	regla	transmission	transmisión
file	archivo	security	seguridad	wireless network	red inalámbrica
firewall	cortafuegos	server	servidor	web page	página web

2. Find these words in this word square and write them in your notebook:

protocol – home – file – security – server – backwards

p	y	m	i	e	s	z	c	q	u	p	y
r	y	d	b	a	c	k	w	a	r	d	s
e	l	d	r	t	b	n	f	u	i	q	i
s	e	c	u	r	i	t	y	f	q	p	l
e	h	u	j	m	o	p	g	d	e	r	m
r	r	t	y	h	i	p	a	q	n	o	d
v	g	a	l	o	e	r	y	m	d	t	t
e	e	t	q	m	c	u	p	s	y	o	l
r	r	f	y	e	n	o	p	q	w	c	c
i	f	i	l	e	c	s	a	g	u	o	p
o	i	l	d	r	d	y	n	a	m	l	c
f	i	l	e	y	u	a	s	l	i	d	e

3. Relate the Microsoft Edge buttons with their name in your notebook:

a)  1) More.

b)  2) Add to favorite or reading list.

c)  3) Reading view.

d)  4) Set these tabs aside.

e)  5) Home.

f)  6) Share.

4. True or false? Write them in your notebook:

a) Web Note in Microsoft Edge lets you write, doodle, draw, or highlight on webpages.

b) Mozilla Firefox is a free web finder developed by the Mozilla Foundation.

c) Windows Defender is an antivirus solution that isn't active by default on Windows 10.

SÍNTESIS Internet y seguridad

- **Conceptos básicos**
  - Internet
  - Extranet
  - Página web
  - WWW
  - Dirección IP
  - Navegador web
  - Intranet
  - DNS
  - Buscador
  - Nombre de dominio
- **Microsoft Edge**
  - Inspeccionar ventana de Microsoft Edge
  - Personalizar página de inicio
  - Instalar/desinstalar extensiones
  - Agregar página web a favoritos
  - Agregar página web a barra de tareas
  - Borrar datos de exploración
- **Mozilla Firefox**
  - Abrir ventana privada
  - Realizar búsquedas
  - Abrir enlace en pestaña nueva
  - Guardar imagen de página web
  - Crear acceso directo de página web
  - Cambiar ubicación de carpeta *Descargas*
  - Limpiar historial y datos privados
  - Configurar seguridad
- **Acceso a Internet**
  - Conexión Wi-Fi
  - Conexión Ethernet
- **Protección de datos y seguridad**
  - Firewall de Windows
  - Windows Defender
  - Otros antivirus
  - Seguridad y mantenimiento
  - Control de cuentas de usuario
- **Evolución web**
  - Web 1.0
  - Web 2.0
    - Wikis
    - Redes sociales
    - Blogs
    - LinkedIn
    - Aplicaciones web
    - Dropbox
  - Web 3.0
- **Sostenibilidad y eficiencia**
  - Reutilizar → Reducir → Reciclar

Maneja buscadores y exploradores.

1. Completa en tu cuaderno las siguientes definiciones con las palabras que figuran a continuación:

   Buscador – nombre de dominio – URL – DNS – navegador – protocolos

   a) Un ...... es la manera lógica y estándar de acceder a la información que se requiere, ya que describe exactamente dónde se encuentran los datos.

   b) Los ordenadores integrados en las redes que forman Internet se comunican entre sí porque utilizan los mismos ...... de comunicación.

   c) Para poder conectar con un servidor, necesitas disponer de un programa especial denominado ....

   d) Programa que recopila información de las páginas web y crea una base de datos: ....

   e) ...... es una base de datos que contiene una relación de nombres de dominio.

   f) Los ordenadores conectados a Internet suelen identificarse mediante un ....

2. De los siguientes nombres, indica cuáles son exploradores, buscadores o metabuscadores:

   a) Chrome.

   b) metacrawler.com.

   c) Opera.

   d) google.com.

   e) gogpile.com.

   f) Microsoft Edge.

   g) bing.com.

   h) zapmeta.com.

3. Indica las partes de estos URL:

   a) https://es.wikipedia.org/wiki/Microsoft

   b) http://ftp.rediris.es/debian

4. Ejecuta Microsoft Edge y realiza estas operaciones básicas:

   a) Visualiza las extensiones instaladas.

   b) Averigua si hay pestañas reservadas.

   c) Abre la carpeta de descargas desde el navegador.

   d) Abre la página web **www.google.com** y ánclala al inicio de Windows 10.

   e) Haz que Microsoft Edge sea el navegador predeterminado.

5. Ejecuta Mozilla Firefox y realiza estas operaciones básicas:

   a) Abre una nueva ventana privada.

   b) Abre la página web **www.google.com**, realiza una búsqueda de «España» y abre un enlace de los resultados de la búsqueda en una nueva pestaña.

   c) Visualiza todo el historial abriendo el cuadro de diálogo *Catálogo*.

   d) Añade la página web **www.agenciatributaria.es** a marcadores con el nombre Agencia Tributaria.

   e) Muestra el panel lateral de marcadores.

Recuerda conceptos de acceso a Internet.

6. Responde a las siguientes preguntas relacionadas con el acceso a Internet y a redes:

   a) ¿Cuáles son los elementos mínimos para el acceso a Internet?

   b) ¿Cómo puedes visualizar en Windows 10 las redes inalámbricas disponibles dentro de nuestro rango?

   c) ¿Qué diferencia existe entre una conexión Wi-Fi y una conexión Ethernet?

   d) ¿Qué significan las siglas WPS?

7. Muestra la configuración de red e Internet.

Navega por Internet para cubrir las necesidades de información.

8. Conéctate a Internet y busca información sobre el lenguaje HTML. Para ello, visita la página **www.desarrolloweb.com.**

9. Visita la página web del Instituto Nacional de Estadística de España. La dirección es: **www.ine.es.** En su apartado INEbase, observa las distintas secciones que ofrece sobre información estadística. Muestra la actividad, la ocupación y el paro del último trimestre, recogidos a través de la población activa del *Mercado laboral*.

10. Busca en la página de la Dirección General de Tráfico (DGT) información sobre el tráfico de las carreteras mostrando el mapa de España. Esta es la dirección a la que tienes que acceder: **www.dgt.es.**

11. Conéctate a Internet y visita la página de la UNED (Universidad Nacional de Educación a Distancia): **portal.uned.es.** Observa qué estudios ofrece, el centro asociado más cercano a ti y la normativa de admisión y matrícula.

12. Conéctate a Internet, descarga e instala una versión estable de Google Earth desde su página oficial: **https://www.google.es/intl/es_es/earth.** A continuación, abre la aplicación y realiza estas operaciones:

a) Escribe tu dirección en el cuadro de texto, incluyendo calle, código postal, número y población, y pulsa ***Enter.***

b) Activa la casilla de verificación *Carreteras.*

c) Despliega las opciones de la casilla *Galería* y activa alguna de sus opciones para ver qué capas se muestran.

d) A continuación, sitúa el ratón sobre la zona derecha superior del mapa y haz visibles los botones de desplazamiento y zoom (Fig. 3.24). Arrastra el icono del muñeco naranja hasta tu calle y observa el resultado.

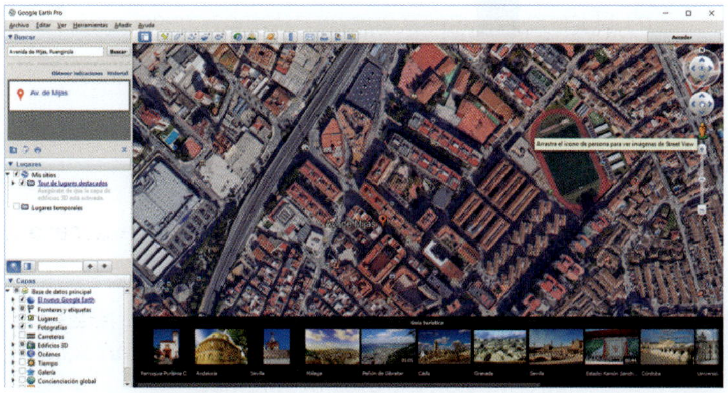

Fig. 3.24. Google Earth.

Emplea procedimientos de protección de datos y seguridad.

13. Completa las siguientes frases con las palabras que figuran a continuación:

Seguridad y mantenimiento – Firewall de Windows – Windows Defender – Control de cuentas de usuario

a) .... ayuda a proteger al equipo al impedir que usuarios sin autorización puedan acceder a la información a través de Internet.

b) El .... avisa antes de realizar cambios en el equipo que requieren permisos de administrador.

c) .... es un *software* que incluye Windows 10 por defecto. Ayuda a proteger al equipo de *spyware.*

d) .... es un subapartado del *Panel de Control* y antes era conocido como *Centro de actividades.*

14. Realiza una actualización de definición de amenazas.

15. Responde las siguientes preguntas sobre el *firewall* de Windows 10:

a) ¿Dónde se muestran las reglas del *firewall?*

b) ¿Cómo se crea una regla para permitir que un programa se conecte a nuestro ordenador?

16. Realiza un examen completo a través de Windows Defender. Tras realizar el examen, comprueba que no existen amenazas. Si se encuentran amenazas, elimínalas pulsando el botón *Quitar todo* y reinicia el ordenador.

Comprueba que, tras reiniciar el equipo, las amenazas ya no aparecen, como muestra la siguiente imagen:

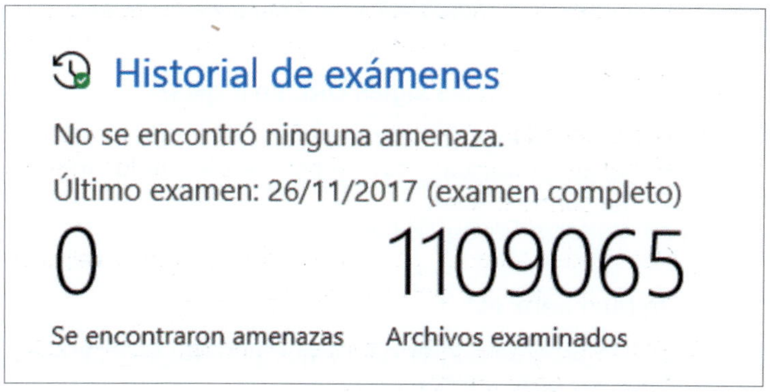

Fig. 3.25. Resultado del examen sin amenazas.

17. Accede al *Control de cuentas de usuario* de Windows 10 y observa qué configuración tiene tu equipo.

Conoce más sobre las herramientas web.

18. Descarga Dropbox en tu equipo y realiza las siguientes operaciones:

a) Crea una cuenta de Dropbox, si no la tienes, e inicia sesión.

b) Crea una carpeta llamada *MiCarpeta.*

c) Crea un fichero llamado *Datos.txt* dentro del directorio *MiCarpeta.*

d) Muestra el menú contextual que ofrece el fichero al hacer clic con el botón secundario del ratón y observa sus opciones. Comparte el fichero *Datos.txt* con un usuario con permiso de lectura.

e) Accede a las preferencias de Dropbox y desactiva la casilla *Iniciar Dropbox al arrancar el sistema.*

Realiza tareas propias del puesto de trabajo observando las normas de sostenibilidad y eficiencia.

19. A la hora de presentar documentos, se pueden tener en cuenta algunos comportamientos respetuosos con el medioambiente.

Indica alguna de estas acciones en relación con:

a) Reducir.

b) Reutilizar.

c) Reciclar.

TEST DE REPASO

1. Señala la afirmación correcta sobre la identificación de los equipos en Internet:

- ⓐ Los ordenadores conectados a Internet suelen identificarse mediante un nombre de dominio.
- ⓑ Los ordenadores conectados a Internet suelen identificarse mediante un DNS.
- ⓒ El DNS es la dirección IP que identifica a un ordenador.

2. ¿Qué significan las siglas URL en inglés?

- ⓐ *Unique Resource Locator.*
- ⓑ *Uniform Relational Locator.*
- ⓒ *Uniform Resource Locator.*

3. Un buscador es:

- ⓐ Un programa informático que permite el acceso a páginas web.
- ⓑ Un sistema informático que permite realizar búsquedas y nos devuelve los mejores resultados de otros buscadores.
- ⓒ Un sistema informático que guarda información de páginas web en una base de datos en la que los contenidos están ordenados por indexación y que permite realizar consultas por palabras.

4. Microsoft Edge es:

- ⓐ Un navegador web que sustituye a Microsoft Firefox.
- ⓑ Un navegador que pretende sustituir a Internet Explorer.
- ⓒ Un navegador que podemos descargar de Microsoft Shop previo pago.

5. Señala la afirmación correcta respecto a la configuración avanzada en Microsoft Edge:

- ⓐ Al abrir por primera vez el navegador, hay que modificar los parámetros manualmente.
- ⓑ Al abrir el navegador, la seguridad dispone de unos parámetros con valores predeterminados.
- ⓒ En el navegador se pueden cambiar los valores de configuración en el menú *Herramientas* y pulsando *Opciones de Internet.*

6. De las siguientes afirmaciones, referidas al tratamiento del historial en Mozilla Firefox, señala la correcta:

- ⓐ En Mozilla Firefox se puede usar una configuración personalizada para el historial de navegación.
- ⓑ En Mozilla Firefox no se pueden indicar preferencias para la limpieza del historial.
- ⓒ Mozilla Firefox únicamente permite limpiar todo el historial.

7. En Windows 10, con respecto a las aplicaciones predeterminadas:

- ⓐ Por defecto, el navegador predeterminado es Internet Explorer.
- ⓑ Por defecto, el navegador predeterminado es Microsoft Edge.
- ⓒ Se puede seleccionar más de un navegador predeterminado de forma simultánea.

8. Con respecto a la conexión a una red inalámbrica:

- ⓐ El icono  indica que no estamos conectados.
- ⓑ El icono  indica que no estamos conectados.
- ⓒ El icono  indica que no estamos conectados.

9. El *firewall* de Windows 10 se encarga de:

- ⓐ Proteger el equipo de *spyware*.
- ⓑ Impedir el *spam* en el correo electrónico.
- ⓒ Impedir que usuarios sin autorización puedan acceder a la información a través de Internet.

10. Señala la afirmación correcta respecto a Windows Defender:

- ⓐ Windows Defender es el programa *firewall* de Windows 10.
- ⓑ Para usar Windows Defender de forma eficaz, es indispensable que las definiciones estén actualizadas.
- ⓒ Las definiciones son criterios que se establecen en los programas de *firewall.*

11. Señala la afirmación correcta respecto a las herramientas web:

- ⓐ Las herramientas web 2.0 surgen de la necesidad de comunicación entre usuarios.
- ⓑ Son herramientas web 1.0 las redes sociales, las wikis, los blogs y Dropbox.
- ⓒ Las herramientas web 2.0 se caracterizan por el uso de web semánticas.

12. Son actuaciones respetuosas con el medioambiente:

- ⓐ Imprimir un documento en modo *Borrador* sin tener la versión final.
- ⓑ Tirar el papel usado y las pilas usadas al contenedor general de residuos orgánicos.
- ⓒ Usar de forma adecuada la batería del ordenador portátil y reutilizar las pilas recargables.

PRÁCTICA FINAL

Realiza las siguientes tareas para poner en práctica los conocimientos aprendidos a lo largo de esta unidad

- Accede desde Microsoft Edge a la página oficial de Chrome: **www.google.com.mx/chrome.**
- Descarga el explorador (Fig. 3.27) y guarda el fichero de instalación *ChromeSetup.exe* en la carpeta *Descargas*.

Fig. 3.26. Descarga de Chrome.

- Analiza el fichero con Windows Defender o el antivirus instalado en tu equipo. Haz clic con el botón secundario del ratón sobre el fichero y elige la opción correcta (Fig. 3.28).

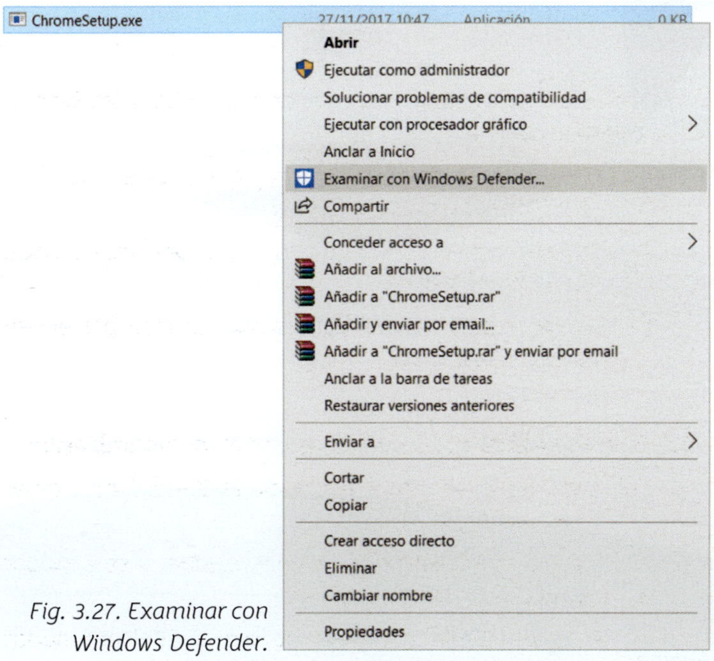

Fig. 3.27. Examinar con Windows Defender.

- Procede a la instalación de Google Chrome.
- Ejecuta Chrome e identifica los botones y las zonas de la ventana.
- Accede a la configuración avanzada y modifica los parámetros para:

  a) No autocompletar contraseñas ni formularios.

  b) Borrar los siguientes datos de navegación desde el origen de los tiempos: historial de navegación, historial de descargas, archivos e imágenes almacenados en caché, *cookies* y datos de sitios, contraseñas y datos de autocompletar formulario.

- Comprueba el antivirus instalado en tu equipo.
- Muestra la configuración del *firewall* y comprueba su estado.
- Con el navegador Chrome, accede a la web de formación profesional a distancia de España: **www.mecd.gob.es/fpa-distancia,** busca tu comunidad autónoma y guarda la página en *Marcadores (Favoritos).*
- Accede al administrador de marcadores y abre el marcador guardado anteriormente en una ventana de incógnito.

4
UNIDAD

Procesadores de texto: operaciones básicas

¿Te has preguntado alguna vez con qué programa se realizan la mayoría de las cartas que recoges de tu buzón?

En la mayor parte de los casos, estas cartas han sido creadas por un procesador de textos, que es un programa que ofrece la posibilidad de dar un formato específico a un documento.

El procesador más famoso y utilizado es Microsoft Office Word y, aquí, aprenderás las nociones básicas para crear, visualizar, revisar e imprimir tus propios documentos en la versión Office Word 2016.

EN ESTA UNIDAD ESTUDIARÁS

1. Los aspectos generales del procesador de textos.
2. Las operaciones básicas de edición.
3. Las operaciones básicas de formato.
4. La corrección de textos.
5. La impresión de documentos.

Y SERÁS CAPAZ DE

Elaborar documentos de texto utilizando las opciones de un procesador de textos tipo.

1. Aspectos generales de Word 2016

Un **procesador de textos** es una aplicación sencilla que permite realizar, modificar, almacenar e imprimir cualquier tipo de escrito, de forma rápida y sencilla.

Es una de las aplicaciones más utilizadas en el mundo laboral para confeccionar escritos comerciales y diseñar todo tipo de documentos.

Los procesadores de textos más conocidos son Office Word, WordPad, LibreOffice, Lotus WordPro y Apache OpenOffice, este último de libre distribución. Nosotros estudiaremos Microsoft Word 2016 Profesional, porque es muy habitual en todo tipo de empresas.

1.1. Funciones principales de un procesador de textos

Las funciones habituales de un procesador de textos son:

- Elaboración, almacenamiento y recuperación de documentos.
- Edición y formato de textos y documentos.
- Impresión de documentos con distintos formatos.
- Otras muchas funciones complementarias, como la corrección de textos, la creación de plantillas, la inserción de ilustraciones, compartir documentos en la nube, etc.

1.2. Ejecutar Office Word 2016

La suite ofimática Microsoft Office 2016 incluye Office Word. Para su uso, será necesario instalar dicho programa previamente. Lo más común es realizar una instalación completa, que incluye: Access, Excel, OneNote, Outlook, PowerPoint, Publisher y el propio Word.

ACTIVIDAD GUIADA 1

Comienza a utilizar Word:

Una vez instalada la aplicación en Windows 10, para ejecutarla por primera vez, sigue estas indicaciones:

1. Haz clic en el menú *Inicio* de tu ordenador y desplázate hasta la letra «W».
2. Elige *Word 2016* (Fig. 4.1). A continuación, se abre el programa.

Abre un documento de Word existente siguiendo estos pasos:

1. Si acabas de iniciar Word, una vez abierto, pulsa sobre *Abrir otros documentos,* situado en el panel izquierdo. Si, por el contrario, Word ya estaba abierto, deberás pulsar sobre *Archivo > Abrir.*
2. Haz clic sobre la opción *Examinar* y navega por los directorios hasta encontrar el fichero. Seguidamente, selecciona el documento y pulsa sobre el botón *Abrir.*

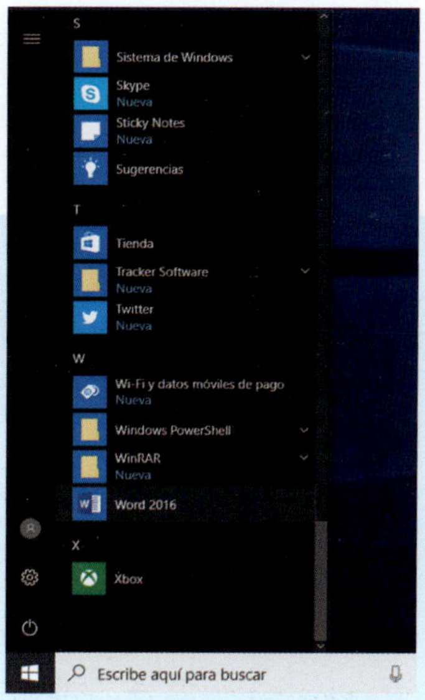

Fig. 4.1. Forma de abrir la aplicación Microsoft Office Word 2016.

TRUCO

Para ejecutar la aplicación en Windows 10, se puede elegir una de estas dos alternativas:

- Ejecutar la aplicación desde el botón ***Inicio*** y encontrar Word 2016.
- Escribir «word» en la caja de búsqueda de Windows 10.

CEO

Puedes consultar el archivo U4_Versiones de Office 2016.docx, en el cual se detallan las características más importantes de las versiones de Office 2016.

CASO PRÁCTICO 1

Activar la regla de Word.

Para activar la regla, seguimos las siguientes indicaciones:

1. Ejecutamos *Word 2016* y creamos un documento en blanco.
2. Activamos la ficha *Vista.*
3. Seleccionamos el cuadro de verificación *Regla* del grupo *Mostrar* (Fig. 4.2).

Solución:

Observa cómo se muestra la regla alrededor del documento (Fig. 4.3).

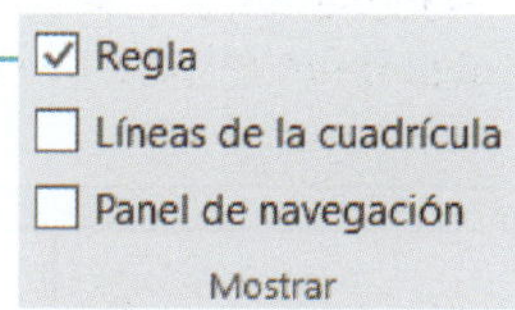

Fig. 4.2. Grupo Mostrar *de la ficha* Vista.

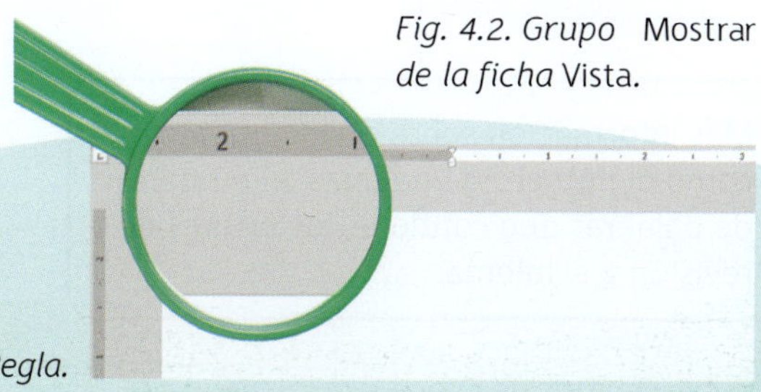

Fig. 4.3. Regla.

> ## TRUCO
>
> Las **pistas** son rótulos informativos que nos indican la función de un botón y que aparecen al detenernos un momento con el ratón sobre el botón, aunque esté inactivo.
>
> En la Figura 4.4 puedes ver un ejemplo de estas pistas.
>
> 
>
>
> *Fig. 4.4. Pista del botón* Negrita.

1.3. Entorno de trabajo

El entorno de trabajo de Word 2016 se presenta con un tema de Office predefinido, en tonos azules. Este tema puede cambiarse mediante sus opciones.

Uno de los componentes más importantes de esta interfaz es la **Cinta de opciones**, que organiza lo que eran los antiguos y clásicos menús en fichas personalizables. Todo ello contribuye al ahorro de tiempo y permite aprovechar mejor las funciones de Word.

Antes de comenzar a trabajar, vamos a describir dichas funciones (Fig. 4.5):

Fig. 4.5. Ventana de Office Word 2016.

1.4. La nueva ayuda de Word 2016: *¿Qué desea hacer?*

Siempre que tengamos dudas en el momento de realizar una tarea, podemos utilizar la ayuda de Word. Esta búsqueda se puede realizar a través del cuadro *Información* ¿Qué desea hacer?.

El cuadro *Información* dispone de una zona de escritura donde debemos introducir la acción o las palabras clave a buscar. Al escribir sobre él, se despliega una zona en la que se muestra un listado con las posibles coincidencias.

Si el texto introducido coincide con una acción específica existente, aparecerá como primera opción en la lista desplegable (Fig. 4.6). También tendremos la opción de abrir la ayuda de Word o buscar a través de Internet con el motor de búsqueda Bing, que está integrado en Microsoft Office 2016.

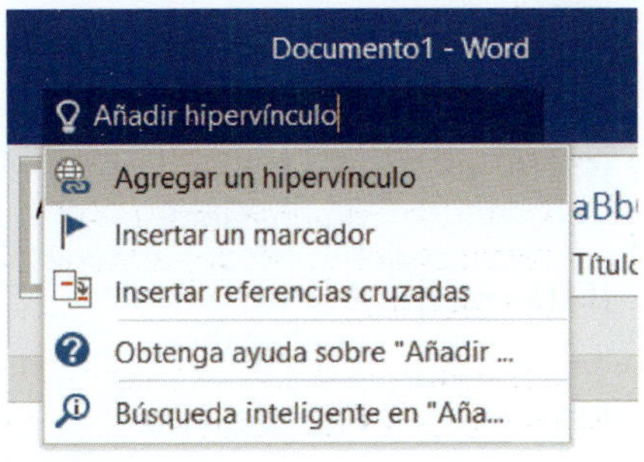

Fig. 4.6. Cuadro de búsqueda o ayuda en Office 2016.

ACTIVIDAD GUIADA 2

Usa la ayuda de Word. Consigue ayuda sobre la opción *Guardar como PDF:*

1. Haz clic sobre el cuadro *Información* y escribe «guardar pdf». Para acceder directamente al cuadro de *Información*, utiliza la combinación de teclas **[Alt + Q]**.
2. Sitúate sobre la opción de ayuda de Word: *Obtenga ayuda sobre guardar...* y pulsa en la primera opción que aparece: *Guardar o convertir a PDF.*
3. Observa que se abre el panel *Ayuda.* Sigue las indicaciones para informarte acerca de la búsqueda realizada. Observa que, al moverte con las barras de desplazamiento, puedes abrir el mismo artículo a través de un explorador web, a través del enlace *Leer artículo en el explorador.*

1.5. Operaciones para guardar y cerrar en Word

Existen varias opciones para salir de Word y regresar al *Escritorio* de Windows. Se puede conseguir por varios caminos. A continuación se describe el más utilizado.

ACTIVIDAD GUIADA 3

Cierra la aplicación Word:

1. Haz clic sobre el botón *Cerrar* de la esquina superior derecha de la ventana de Word. Aparece entonces el cuadro de diálogo (Fig. 4.7).

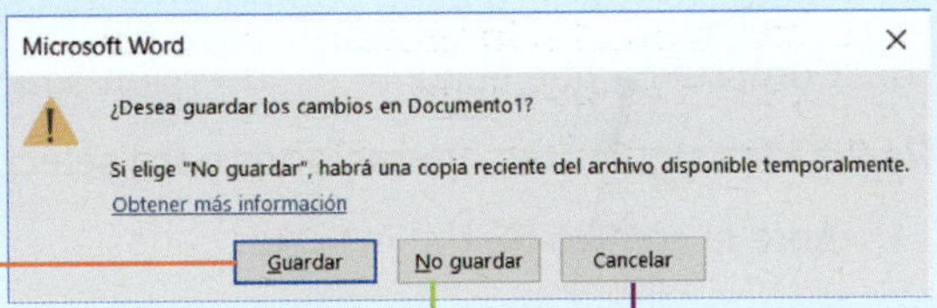

Si el documento no se había guardado con anterioridad, se abre el cuadro de diálogo *Guardar como* (asigna nombre al documento y ubícalo en un directorio para guardarlo). Si el documento ya se había guardado antes, se cierra después de guardar los cambios.

Cierra Word sin guardar los cambios.

Anula el proceso. Se cierra el cuadro de diálogo únicamente.

Fig. 4.7. Cuadro de diálogo para salir.

2. Pulsa uno de los botones del cuadro de diálogo, según proceda.

TRUCO

Métodos alternativos para guardar un documento de Word:

- Pulsa la combinación de teclas **[Ctrl + G]**.
- Haz clic sobre la opción *Archivo* de la cinta de opciones y pulsa *Guardar.*

Métodos alternativos para salir de Word:

- Pulsa la combinación de teclas **[Alt + F4]**.
- Haz clic sobre la opción *Archivo* de la cinta de opciones y pulsa *Cerrar.*

ACTIVIDADES

1. Analiza el espacio de trabajo de Word.

a) Distingue las distintas partes del entorno de trabajo de Word.

b) Identifica las fichas que ofrece Word y define brevemente en tu cuaderno el uso de cada una.

c) Indica los pasos que realizarías para cambiar el tema de Word 2016. Busca información en la ayuda de Word o en Internet, si fuese necesario.

2. Operaciones básicas de edición

Bajo esta calificación tienen cabida una serie de operaciones elementales, previas al formateado. Por ejemplo, la selección de textos, copiar o mover bloques de texto, buscar, borrar o reemplazar texto, etc. Los procesos que corresponden a cada una de estas operaciones se explican a lo largo de este epígrafe.

2.1. Movimientos del punto de inserción

Cuando elaboramos un documento, una de las operaciones más habituales que se realizan es mover el punto de inserción de un lugar a otro. Estos movimientos se pueden realizar por medio del ratón, los cursores del teclado, mediante combinaciones de teclas, como las que aparecen en la Tabla 4.1, o bien utilizando el comando *Ir a*.

Teclas	Desplazamiento
[Ctrl + ←]	A la izquierda de una palabra
[Ctrl + →]	A la derecha de una palabra
Fin	Final de línea
Inicio	Principio de línea
RePág	Página anterior
AvPág	Página siguiente
[Ctrl + RePág]	Inicio de la pantalla anterior
[Ctrl + AvPág]	Inicio de la pantalla siguiente
[Ctrl + Fin]	Final del documento
[Ctrl + Inicio]	Principio del documento
F5	Ir a página especificada
[Mayús + F5]	Anterior punto de inserción

Tabla 4.1. Teclas de desplazamiento del punto de inserción.

2.2. Selección del texto

En ocasiones, es necesario seleccionar palabras de un texto, ya sean correlativas o alejadas, alguna línea o párrafo, o bien todo el documento.

La selección suele ser la operación previa indispensable para otras tareas, como, por ejemplo, borrar, copiar, mover, formatear, etc. Para algunas de estas tareas se utiliza el *Portapapeles.*

Para seleccionar un texto, sitúa el punto de inserción al comienzo del texto. A continuación, presiona sin soltar el botón izquierdo del ratón y desplázate a la derecha hasta el final de la selección.

ACTIVIDAD GUIADA 4

Utiliza los desplazamientos en Word:

1. Abre el archivo U4_Acta Abogados.docx.
2. Haz clic en la flecha desplegable del comando *Buscar* del grupo *Edición*, de la ficha *Inicio*.
3. Selecciona la opción *Ir a*. Aparece el cuadro de diálogo *Buscar y reemplazar* con la ficha *Ir a* abierta.
4. Marca la opción *Página* en caso de que no esté activada.
5. Introduce el número de la página a la que quieres trasladar el punto de inserción, en el cuadro *Número de la página*; en este caso, la número 2, y haz clic en el botón *Ir a*.
6. Comprueba que el punto de inserción aparece al principio de la página especificada.

Realiza las siguientes operaciones para seleccionar texto en Word:

1. Abre el archivo U4_Acta Abogados.docx.
2. Selecciona la palabra «reunión» del título y deselecciónala.
3. Utilizando las teclas de método abreviado, selecciona todo el documento y deselecciónalo.
4. Después, selecciona únicamente todos los subtítulos: *Convocatorias, Asistentes,* etc., y deselecciónalos.
5. Borra el párrafo del punto 4.
6. Cierra el archivo.

¿SABÍAS QUE...?

La tecla ***Supr*** elimina el carácter situado a la derecha del punto de inserción.

Además, si se han seleccionado previamente elementos del documento, al pulsar la tecla ***Supr***, estos se eliminan.

TRUCO

- Para seleccionar una **palabra**, haz doble clic sobre ella.
- Para seleccionar un **párrafo**, haz clic tres veces sobre una palabra cualquiera del párrafo.
- Para seleccionar **todo** el contenido de un documento rápidamente, utiliza la combinación de teclas **[Ctrl + E]**.

ACTIVIDADES

2. Responde las siguientes cuestiones:

a) ¿Qué es el punto de inserción?

b) ¿Cómo se mueve el punto de inserción?

c) ¿Qué tecla usarías para borrar una línea de texto ya seleccionada?

2.3. Operaciones con el *Portapapeles*

> El **Portapapeles** es una herramienta de Office muy útil en la labor de creación y edición de documentos.

El grupo *Portapapeles* dispone de los botones *Cortar, Copiar, Copiar formato* y *Pegar* (Fig. 4.8). La opción *Pegado especial* pega el texto con un formato específico y se hace visible al desplegar la flecha del comando *Pegar*.

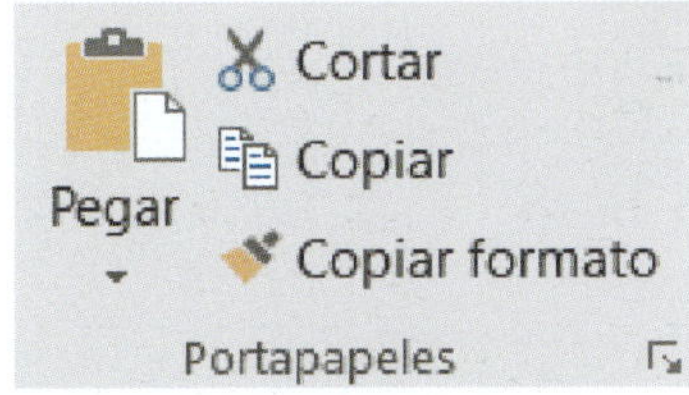

Fig. 4.8. Grupo Portapapeles.

ACTIVIDAD GUIADA 5

Muestra el panel del *Portapapeles*:

1. Abre el fichero U4_Dirigirse a los clientes.docx.
2. Activa la ficha *Inicio*, sitúate en el grupo *Portapapeles* y haz clic sobre su botón iniciador.

Mueve texto con el *Portapapeles*. Mueve todo el contenido de la primera página a la tercera página del documento. Para ello, sigue estas indicaciones:

1. Selecciona el texto de la primera página (DIRIGIRSE A LOS CLIENTES).
2. Haz clic sobre el botón *Cortar*.
3. Sitúa el punto de inserción al inicio de la tercera página.
4. Haz clic en el botón *Pegar*.

Copia texto con el *Portapapeles*:

1. Vamos a copiar el contenido de la segunda página en la tercera página.
2. Para ello, selecciona el texto de la segunda página y haz clic en *Copiar*.
3. Sitúa el punto de inserción al inicio de la tercera página.
4. Haz clic en el botón *Pegar*.

Copia formato con el *Portapapeles*. Aplica el formato del título del documento al subtítulo de la segunda página:

1. Selecciona el título principal del documento.
2. Haz clic en el botón *Copiar formato*. El puntero del ratón adopta la forma de un pincel.
3. Selecciona el texto del subtítulo del documento de la segunda página.
4. Observa que adopta otro formato.

Copia elementos del *Portapapeles* a un documento. En el *Portapapeles*, están representados los elementos que se han ido copiando en la memoria. Copia en el documento alguno de estos elementos:

1. Visualiza el panel *Portapapeles* (Fig. 4.9) a través de su botón iniciador.
2. Sitúa el punto de inserción en la posición en la que deseas copiar el elemento elegido.
3. Haz clic sobre el icono correspondiente al elemento que deseas pegar. Si deseas pegar todos los elementos, pulsa el botón *Pegar todo*.

Borra elementos del *Portapapeles*:

1. Visualiza el panel de tareas del *Portapapeles*.
2. Haz clic en el botón *Borrar todo*.
3. Si solamente deseas eliminar uno de los elementos, selecciona la opción *Eliminar* del elemento en cuestión, una vez desplegada la lista de opciones situada a la derecha de este.
4. Cierra el archivo.

Todas estas acciones también se pueden realizar con atajos de teclado (Tabla 4.2).

TRUCO

Para aplicar un formato de texto copiado a varios fragmentos de texto ubicados en distintas zonas de un documento, previamente haz doble clic sobre el botón *Copiar formato* y, a continuación, aplica el formato a los textos.

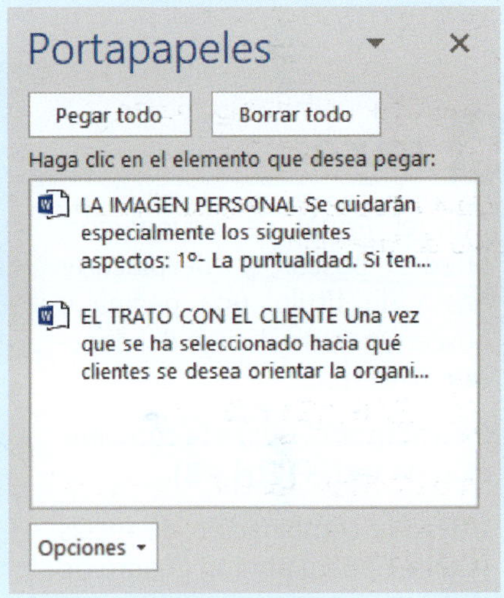

Fig. 4.9. Panel Portapapeles.

Teclas	Acción
[Ctrl + C]	Copiar
[Ctrl + V]	Pegar
[Ctrl + X]	Cortar
[Ctrl + Mayús + C]	Copiar formato
[Ctrl + Mayús + V]	Pegar formato

Tabla 4.2. Combinación de teclas de acciones con el Portapapeles.

2.4. Modos de escritura: *Inserción* y *Sobrescribir*

Si, al introducir texto, una vez situado el punto de inserción, las letras colocadas a la derecha se van desplazando y dejan espacio al nuevo texto, es que estamos en el modo *Inserción*.

Si, en vez de moverse el texto, este va desapareciendo a medida que escribimos, significa que estamos en el modo *Sobrescribir*.

Para cambiar de un modo a otro, se puede utilizar la tecla ***Insert***. Se puede configurar el uso de esta tecla desde las opciones avanzadas de edición (Fig. 4.10).

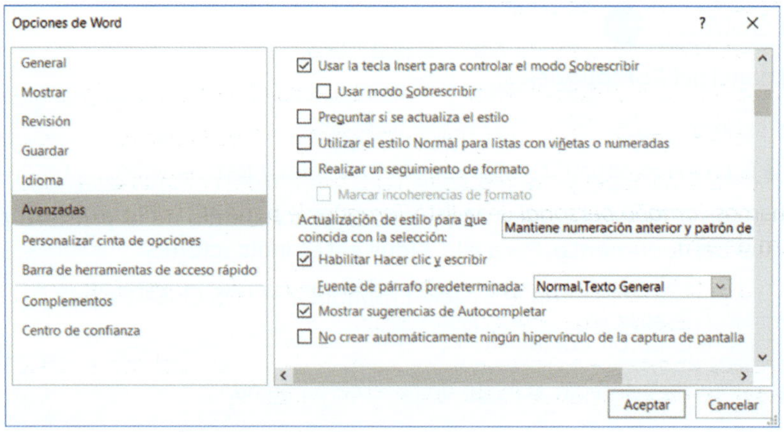

Fig. 4.10. Opciones avanzadas de edición de Word.

ACTIVIDAD GUIADA 6

Configura Word para activar la tecla *Insert*:

1. Dirígete a la ficha *Archivo* y selecciona *Opciones*.
2. Observa que se abre el cuadro de diálogo *Opciones de Word*.
3. A continuación, haz clic sobre la opción *Avanzadas*.
4. Activa la casilla de verificación *Usar la tecla **Insert*** para controlar el modo *Sobrescribir* (Fig. 4.10).
5. Comprueba en un documento que, al pulsar la tecla ***Insert***, cambias el modo de escritura.

TRUCO

Con el *Panel de navegación*, puedes buscar y desplazarte hasta un título, una página o buscar un texto dentro del documento actual.

Para activarlo, utiliza la combinación de teclas **[Ctrl + B]**.

Utiliza la combinación de teclas **[Ctrl + L]** para abrir el cuadro de diálogo *Buscar y reemplazar*.

2.5. Buscar y reemplazar texto

Para buscar o reemplazar texto, podemos hacerlo a través del cuadro de diálogo *Buscar y reemplazar* que se muestra desde la pestaña *Inicio* > grupo *Edición* > botón *Reemplazar*.

Su uso es sencillo; veamos un ejemplo (Fig. 4.11).

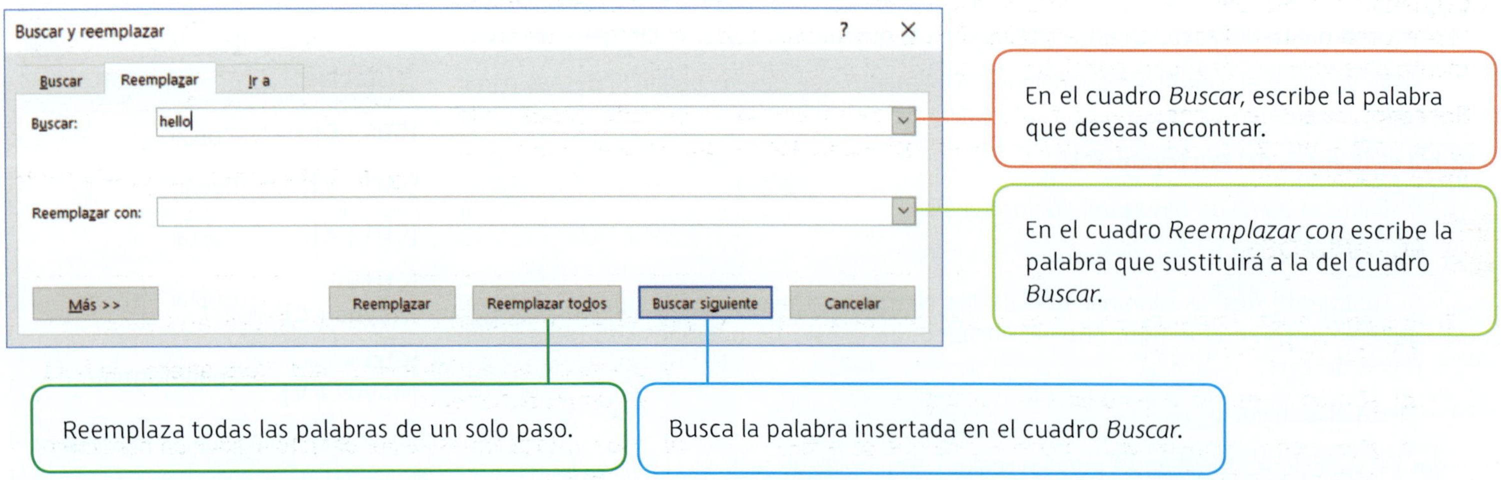

Fig. 4.11. Cuadro de diálogo Buscar y reemplazar.

2.6. Configuración de páginas

Word ofrece la posibilidad de establecer márgenes a un documento, elegir el tamaño del papel, indicar la orientación de la página, establecer el diseño de las páginas pares e impares y los encabezados y pies de página, entre otras configuraciones. Estos cambios se realizan a través del cuadro de diálogo *Configurar página*.

CASO PRÁCTICO 2

Configurar páginas de un documento.

1. Creamos un nuevo documento en blanco de Word.
2. En la ficha *Formato*, pulsamos sobre el botón iniciador del grupo *Configurar página*.
3. Con la ficha *Márgenes* activa, cambiamos la orientación de la página a modo *Horizontal*.
4. Activamos la ficha *Papel* y establecemos un tamaño personalizado del papel. Para ello, seleccionamos *Tamaño personal* de la lista *Tamaño de papel*. Establecemos 20 cm de ancho y 25 cm de alto.
5. Activamos la ficha *Diseño*, pulsamos sobre el botón *Bordes...* y establecemos un borde de tipo cuadro y de color rosa. Pulsamos *Aceptar*.
6. A continuación, establecemos márgenes a través de la regla del documento. Para ello, visualizamos la regla desde la ficha *Vista* y el grupo *Mostrar*.
7. Nos situamos sobre el margen superior izquierdo (Fig. 4.12) y lo arrastramos dos puntos a la derecha.

Solución:

El resultado después de configurar la página sería como el de la Figura 4.13.

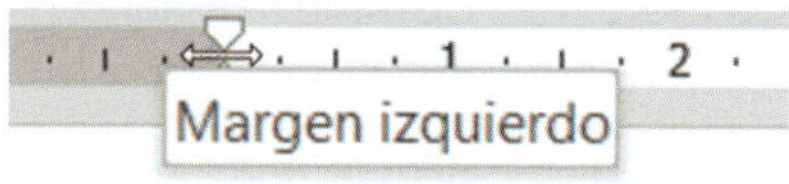

Fig. 4.12. Tabulación margen izquierdo.

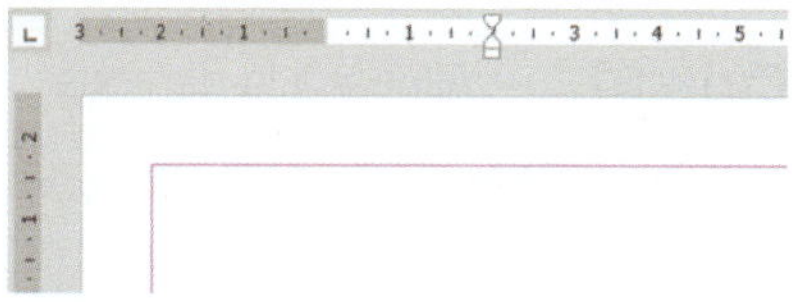

Fig. 4.13. Margen aumentado en dos puntos.

2.7. Vistas de un documento

Microsoft Word 2016 ofrece la posibilidad de ver un documento de cinco modos distintos: *Modo de lectura, Diseño de impresión, Diseño web, Esquema* y *Borrador*. Por defecto, al abrir Word 2016, se abre con la vista *Diseño de impresión*. Los distintos modos están accesibles en el grupo *Vistas* de la ficha *Vista* (Fig. 4.14). A continuación, se detalla brevemente qué nos ofrece cada una de las vistas:

- **Modo de lectura:** ofrece una vista a tamaño completo de pantalla. Ideal para visualizar un documento.
- **Diseño de impresión:** aparece la página en pantalla tal y como va a quedar impresa, incluidos los pies de página y los encabezados.
- **Diseño web:** nos muestra el aspecto que tendrá el documento en el explorador web predeterminado.
- **Esquema:** permite observar fácilmente la estructura del documento, pudiéndose mover, copiar y reorganizar el texto arrastrando los títulos. Asimismo, es posible contraer un documento para ver solo los títulos principales o expandirlo para verlo completo.
- **Borrador:** muestra el documento con el aspecto de un borrador. El texto ocupa toda la pantalla y no se ven los márgenes ni las imágenes, de forma que se puede editar el texto rápidamente.

IMPORTANTE

Los **márgenes** son áreas en blanco que bordean la página.

Word, por defecto, ya tiene unos márgenes establecidos a la hora de crear un documento en blanco.

Si quieres cambiarlos, puedes hacerlo antes o durante la edición de un documento.

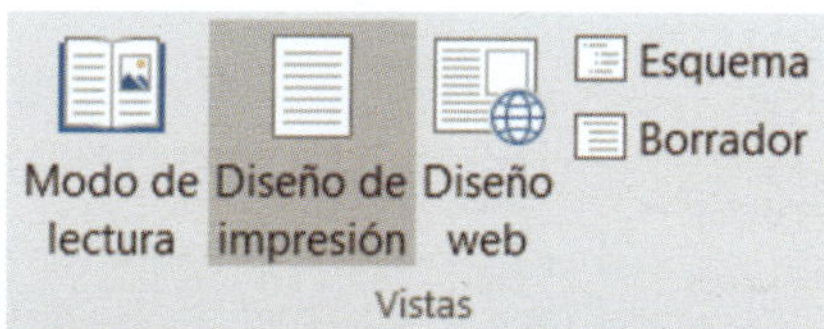

Fig. 4.14. Modos de vistas en Word 2016.

ACTIVIDADES

3. Responde a las siguientes preguntas acerca del cuadro de diálogo *Configurar página*.
   a) ¿Cómo se muestra el cuadro de diálogo?
   b) ¿Qué fichas contiene dicho panel y para qué se utiliza cada una de ellas?

4. Abre el documento U4_Dirigirse a los clientes.docx.
   a) Diferencia las distintas vistas que Word ofrece a la hora de ver un documento.
   b) ¿Qué vista se muestra por defecto al abrir un documento de Word?

3. Operaciones básicas de formato

Teclas	Formato
[Ctrl + N]	Negrita
[Ctrl + K]	Cursiva
[Ctrl + S]	Subrayado
[Ctrl + Mayús + >]	Aumentar tamaño fuente
[Ctrl + <]	Disminuir tamaño fuente
[Ctrl + Q]	Alinear a la izquierda
[Ctrl + T]	Centrar
[Ctrl + D]	Alinear a la derecha

Tabla 4.3. Combinación de teclas para formatear texto.

Con las opciones de formato, obtendremos un determinado aspecto para nuestros documentos. Para ello, contamos con una serie de botones que se encuentran en la ficha *Inicio*, repartidos en los grupos *Fuente*, *Párrafo* y *Estilos* (Fig. 4.15).

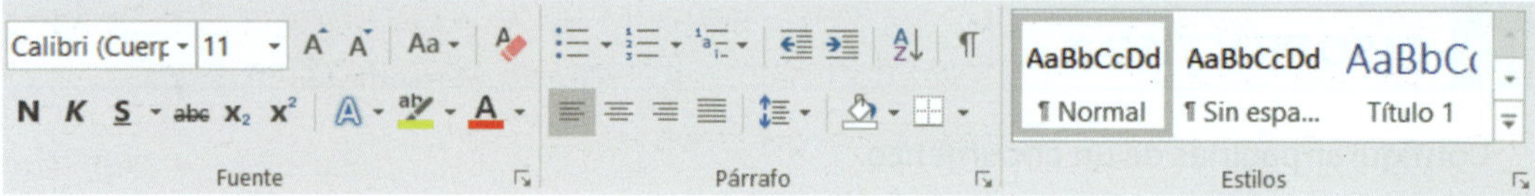

Fig. 4.15. Los grupos Fuente, Párrafo *y* Estilos.

3.1. Fuente

> Llamamos **fuente** al tipo de letra con el que está escrito un documento.

El paquete de ofimática Microsoft Office incluye varias fuentes por defecto, que se instalan automáticamente. Las más comunes son: Arial, Verdana, Times New Roman, etc.

Aparte de las fuentes por defecto de Office, se pueden instalar fuentes externas sobre Windows de forma sencilla.

CASO PRÁCTICO 3

Establecer formatos de fuente.

1. Copiamos la siguiente frase en un nuevo documento de Word en blanco:

   «Cuida tus pensamientos, porque se convertirán en tus palabras. Cuida tus palabras, porque se convertirán en tus actos. Cuida tus actos, porque se convertirán en tus hábitos. Cuida tus hábitos, porque se convertirán en tu destino. (Mahatma Gandhi)»

   Aplicamos los siguientes formatos de fuente del grupo *Fuente*:

2. Seleccionamos la primera frase, establecemos un tamaño de fuente de 12 y un resaltado de color gris, seleccionando el color gris claro de las opciones desplegables del botón *Color de resaltado del texto*.
3. Sobre la segunda frase, aplicamos un formato con estilo negrita **N** y cursiva ***K***.
4. Aplicamos una fuente de color rojo A y subrayado S sobre la tercera frase.
5. Seleccionamos la cuarta frase, desplegamos las opciones del botón *Cambiar mayúsculas y minúsculas* Aa y aplicamos un formato de fuente *MAYÚSCULAS*.
6. Aplicamos el efecto *Relleno degradado* al autor de la frase. Para ello, seleccionamos el texto «(Mahatma Gandhi)». A continuación, hacemos clic sobre el botón *Efectos de texto y tipografía* y seleccionamos *Relleno degradado*. Aplicamos también un tamaño de 20.

Solución:

El resultado que obtenemos sería como el que se muestra en la Figura 4.16.

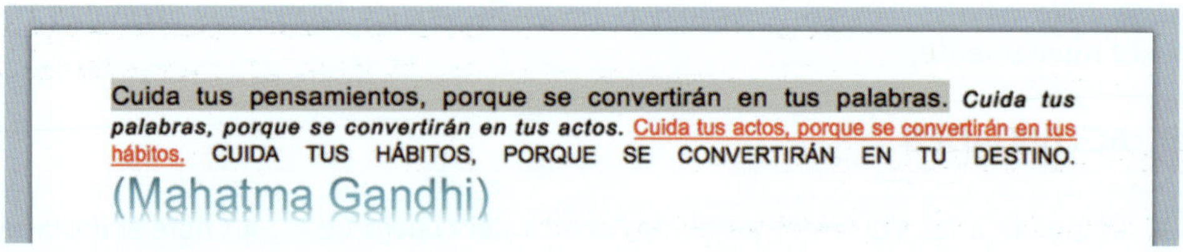
Cuida tus pensamientos, porque se convertirán en tus palabras. ***Cuida tus palabras, porque se convertirán en tus actos.*** Cuida tus actos, porque se convertirán en tus hábitos. CUIDA TUS HÁBITOS, PORQUE SE CONVERTIRÁN EN TU DESTINO.

(Mahatma Gandhi)

Fig. 4.16. Texto formateado.

El objetivo de este ejercicio es que pruebes todas las opciones que tienes a tu disposición para que las conozcas y explores todas las posibilidades que se te ofrecen, que, como verás, son muy amplias.

3.2. Párrafos

> Un **párrafo** es un conjunto de líneas que constituyen unidades de información y que, además, puede tener sus propias características de formato.

Los párrafos se separan de las demás líneas del texto mediante un salto de línea manual que se introduce al pulsar la tecla ***Enter.*** Si activas el botón ¶ del grupo *Párrafo* (Fig. 4.15), podrás ver los párrafos existentes y los caracteres ocultos, también llamados invisibles.

Otras opciones que puedes manejar dentro del grupo *Párrafo* son:

- La **alineación** de los párrafos (Fig. 4.17).
- El **interlineado,** que es la distancia existente entre las líneas de un párrafo.
- El **espaciado,** que es la distancia que existe entre el párrafo actual y los demás: anterior y posterior.
- El **control de línea viuda,** que es la última línea de un párrafo que queda impresa sola al principio de una página.
- El **control de línea huérfana,** que es la primera línea de un párrafo que queda impresa sola al final de una página.

Puedes consultar en la Tabla 4.4 las combinaciones de teclas para establecer formatos:

Operación	Combinación	Operación	Combinación	Operación	Combinación
Negrita	[Ctrl + N]	Centrar	[Ctrl + T]	Espacio 1,5	[Ctrl + 5]
Cursiva	[Ctrl + K]	Alinear a la derecha	[Ctrl + D]	Espacio doble	[Ctrl + 2]
Subrayado	[Ctrl + S]	Justificar	[Ctrl + J]	Superíndice	[Ctrl + +]
Alinear a la izquierda	[Ctrl + Q]	Espacio simple	[Ctrl + 1]	Subíndice	[Ctrl + =]

Tabla 4.4. Teclas de formato.

? ¿SABÍAS QUE...?

El símbolo que marca cada párrafo (¶) se llama calderón en español y *pilcrow* en inglés.

Fig. 4.17. Ejemplos de las distintas alineaciones que puedes usar en Word.

A. Sangrías

También en el grupo *Formato* podemos manejar las sangrías.

> La **sangría** es la distancia existente entre el texto y los márgenes establecidos.

Existen los siguientes tipos de sangría: derecha, izquierda y especiales (de primera línea y francesa) (Fig. 4.18).

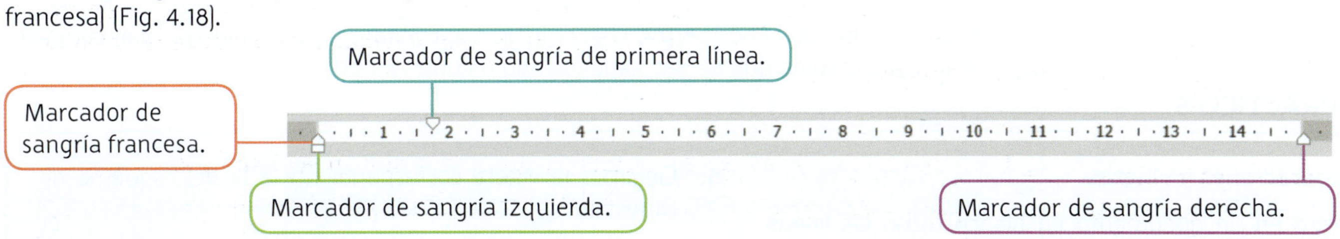

Fig. 4.18. Regla *con los marcadores de sangrado.*

ACTIVIDAD GUIADA 7

Establece con la *Regla* las sangrías:

1. En un documento en blanco, escribe un párrafo, selecciónalo y observa la *Regla horizontal.*
2. Identifica el marcador de sangría izquierda. Posiciónate sobre él y arrástralo con el ratón hacia la derecha para establecer la sangría izquierda.
3. Repite el proceso con el marcador de sangría de primera línea.

Marcadores de tabulación:

Tabulación izquierda: ∟

Tabulación derecha: ┘

Tabulación centrada: ┴

Tabulación decimal: ┴.

Fig. 4.19. La Regla horizontal, *en su extremo izquierdo, tiene un marcador de tabulaciones que va cambiando a cada clic sobre él y nos muestra los distintos marcadores de tabulación.*
Por ejemplo, la tabulación decimal alinea las cifras numéricas con la coma de decimales.

B. Tabulaciones

Las **tabulaciones** son posiciones invisibles que se pueden establecer dentro de los márgenes de una página para colocar y alinear un fragmento de texto.

Puedes acceder de varias formas a estas opciones: desde el cuadro de diálogo *Tabulaciones,* que se encuentra dentro del grupo *Formato,* y desde el marcador de tabulaciones de la *Regla* (Fig. 4.19). También se pueden añadir con la tecla ***Tab*** del teclado ⇆ .

CASO PRÁCTICO 4

Establecer tabulaciones con la *Regla*.

1. Pulsamos sobre el botón que indica el tipo de tabulación hasta que aparezca la señal de la *Tabulación derecha,* que es la que vamos a utilizar para la primera columna, y hacemos clic sobre la *Regla* para fijarla. Aparece el punto de tabulación en la regla.
2. Realizamos el mismo procedimiento para la segunda columna, pero ahora fijando una *Tabulación centrada.*
3. En la tercera columna, establecemos *Tabulación decimal.*
4. Para la cuarta columna, elegimos *Tabulación derecha.*
5. Pulsamos la tecla ***Tab*** para desplazarnos a la primera columna y escribimos el texto correspondiente.
6. Repetimos el proceso para las demás columnas y líneas.

Solución:

El resultado que conseguimos es este (Fig. 4.20):

Unidades	Artículo	Precio Unitario	Precio Total
2	Placa base	340,50	681,00
3	Procesador i7	390,00	1.170,00

Fig. 4.20. Resultado

El objetivo de este ejercicio es establecer tabulaciones de forma manual con la regla.

C. Viñetas, numeraciones y listas multinivel

El botón *Viñetas* del grupo *Párrafo* nos permite mejorar la presentación de los documentos que contienen listas, destacando los términos deseados mediante símbolos (Fig. 4.21).

El botón *Numeración* nos proporciona los medios para crear una lista ordenada, ya que numera los apartados de distintos modos (con números, letras, etc.).

El botón *Listas multinivel* nos permite hacer listas escalonadas de términos que van cambiando la jerarquía a medida que se van expandiendo o contrayendo.

Fig. 4.21. Menú de opciones del botón Viñetas.

CASO PRÁCTICO 5

Utilizar numeraciones y viñetas.

1. Escribimos en un documento en blanco todas las líneas del texto de muestra sin formato alguno (Fig. 4.22).
2. Seleccionamos todas las líneas excepto la primera y hacemos clic en la flecha del botón *Numeración* .
3. Elegimos la opción de numeración que se corresponde con la del esquema de muestra. El resultado es que todas las líneas han quedado numeradas.
4. Seleccionamos ahora las líneas cuarta, quinta y sexta y abrimos la flecha desplegable del botón *Viñetas* (Fig. 4.21).
5. Elegimos la viñeta correspondiente a la del esquema de muestra.
6. Por último, pulsamos la tecla ***Tab*** varias veces para establecer el nivel de las viñetas.

Solución:

El ejercicio debe quedar como se muestra en la Figura 4.22, en el que se han utilizado los botones *Numeración* y *Viñetas* del grupo *Párrafo.*

Las tasas del servicio de Correos:

1. CLASE DE OBJETO.
2. DESTINO DEL ENVÍO:
   - ➤ NACIONAL.
   - ➤ INTERNACIONAL.
3. TAMAÑO Y PESO DEL OBJETO.

Fig. 4.22. Resultado.

3.3. Bordes y sombreados

Con Word, es posible formatear el texto y darle un aspecto diferente, estableciendo un determinado fondo o enmarcando su contenido a través del uso de bordes. Estos efectos sirven para destacar un determinado texto; por ejemplo, para llamar la atención del lector o enmarcar los diferentes campos de una factura. Accede desde *Inicio* > *Párrafo* > *Bordes* (Fig. 4.23).

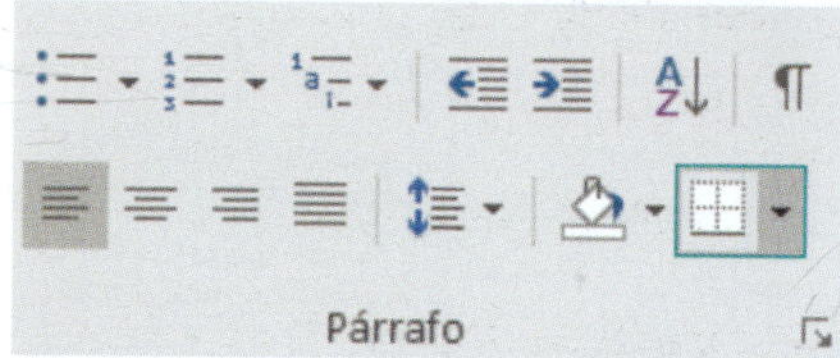

Fig. 4.23. Botón Bordes *del menú* Párrafo.

3.4. Letra capital

En más de una ocasión, hemos visto libros y trabajos cuya primera letra de cada capítulo sobresale notablemente: es la **letra capital.**

Esta opción puede aparecer inactiva si no tenemos el punto de inserción colocado correctamente dentro de un párrafo.

CASO PRÁCTICO 6

Aprender el uso de la letra capital.

Vamos a establecer una letra capital en un párrafo de seis líneas, siguiendo estas pautas:

1. Una vez escrito el párrafo, seleccionamos la ficha *Insertar*.
2. Dentro del grupo *Texto*, pinchamos sobre la flecha desplegable del botón *Letra capital* y seleccionamos *Opciones de letra capital*. Se abre el cuadro de diálogo *Letra capital* (Fig. 4.24).
3. Hacemos clic en la posición *En margen* e indicamos 6 en el cuadro *Líneas que ocupa*.
4. Hacemos clic en *Aceptar*.

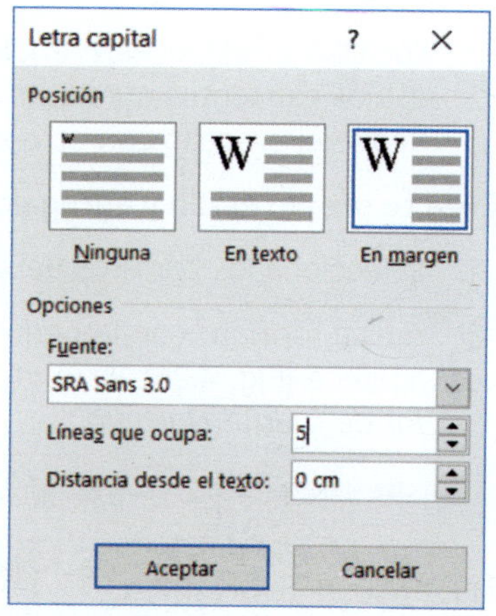

Fig. 4.24. Cuadro de diálogo Letra capital.

Solución:

El ejercicio queda como vemos en la Figura 4.25, donde la primera letra ocupa seis líneas.

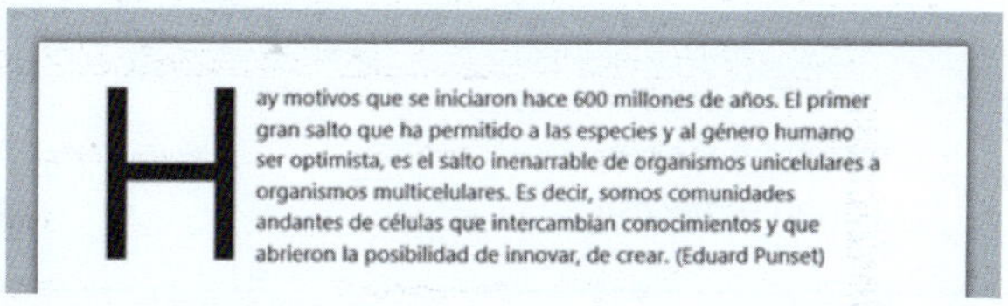

H ay motivos que se iniciaron hace 600 millones de años. El primer gran salto que ha permitido a las especies y al género humano ser optimista, es el salto inenarrable de organismos unicelulares a organismos multicelulares. Es decir, somos comunidades andantes de células que intercambian conocimientos y que abrieron la posibilidad de innovar, de crear. (Eduard Punset)

Fig. 4.25. Letra capital con posición En margen.

ACTIVIDAD GUIADA 8

Aplica interlineados y sangría:

1. Descarga y abre el archivo U4_Acta Abogados.docx.
2. Selecciona el texto que abarca el desarrollo del acta, que consta de cinco puntos.
3. Abre la lista desplegable del botón *Interlineado* del grupo *Párrafo*.
4. Haz clic en 1,5. Repite el proceso con alguna otra opción.
5. Selecciona las dos últimas líneas, referidas a los anexos.
6. Pulsa sobre el botón iniciador del cuadro de diálogo *Párrafo*.
7. Activa la ficha *Sangría y espacio* y localiza las opciones de *Sangría*.
8. Establece 1 cm en *Sangría izquierda*. Pulsa *Aceptar*.
9. Cierra el archivo.

Establece bordes y sombreados personalizados:

1. Descarga y abre el archivo U4_Carta permiso.docx.
2. Selecciona todo el texto, desde «Estimados señores» hasta el final.
3. Abre el menú del botón *Bordes* situado en el grupo *Párrafo* de la ficha *Inicio* y elige la opción *Bordes y sombreado* de su lista desplegable.
4. En el cuadro de diálogo *Bordes y sombreado*, activa la ficha *Bordes* y haz clic sobre el valor *Sombra*.
5. Utiliza la barra de desplazamiento de la opción *Estilo* para buscar *Línea de punto cuadrado*; haz clic sobre él.
6. En la opción *Color*, abre la lista desplegable y elige color *Azul*. En la zona *Ancho*, establece 3 puntos para el grueso de línea.
7. Abre ahora la ficha *Sombreado* y, en la opción *Relleno*, elige *Sin relleno*. En la zona *Tramas*, haz clic sobre el estilo 5 %.
8. Para terminar, pulsa el botón *Aceptar* y cierra el archivo.

3.5. Estilos

> Un **estilo** es un conjunto de opciones de formato, susceptible de ser aplicado al texto de un documento para cambiar su apariencia de una manera rápida.

Es importante diferenciar los **estilos de carácter**, que se utilizan para formatear caracteres aislados, bloques de texto, etc., y los **estilos de párrafo**, que controlan todos los aspectos de la apariencia global del párrafo, como la alineación del texto, las tabulaciones, el interlineado, los bordes, etc.

Si aplicamos a un párrafo un estilo, estamos cambiando de una sola vez un grupo de características de formato.

ACTIVIDAD GUIADA 9

Aplica un estilo predeterminado de párrafo:

1. Abre el archivo U4_Función directiva.docx y selecciona los párrafos.
2. Localiza el estilo *Referencia sutil* desplegando la lista de estilos existentes mediante el botón *Más* del grupo *Estilos*. Repite el proceso con otro estilo.

Crea tu propio estilo y agrégalo a la lista de estilos rápidos:

1. Selecciona los párrafos del archivo.
2. Aplica formato con la pequeña barra de herramientas que aparece (Fig. 4.26): *Arial Narrow, Tamaño 14, Cursiva, Color de fuente Naranja.*
3. Pulsa sobre la selección con el botón secundario del ratón y elige *Estilos*.
4. Haz clic sobre la opción *Crear un estilo*. Aparece el cuadro de diálogo *Crear nuevo estilo a partir del formato*.
5. Escribe un nombre para el estilo: «EstiloNuevo1» y pulsa el botón *Aceptar*.
6. Si pulsas el botón *Modificar*, podrás seleccionar opciones avanzadas para el nuevo estilo (Fig. 4.27).
7. Activa la casilla *Agregar a la galería de estilos*. De esta forma, podrás aplicar el estilo creado en cualquier momento de forma rápida.

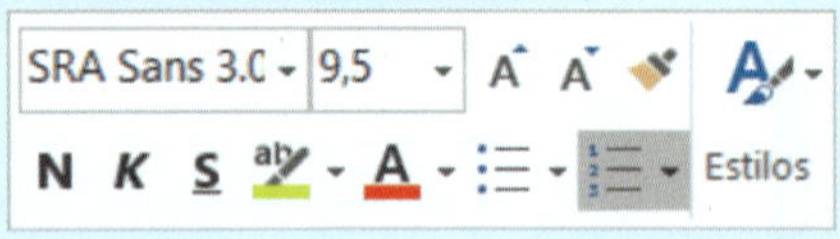

Fig. 4.26. Esta barra de herramientas surge cuando se necesita.

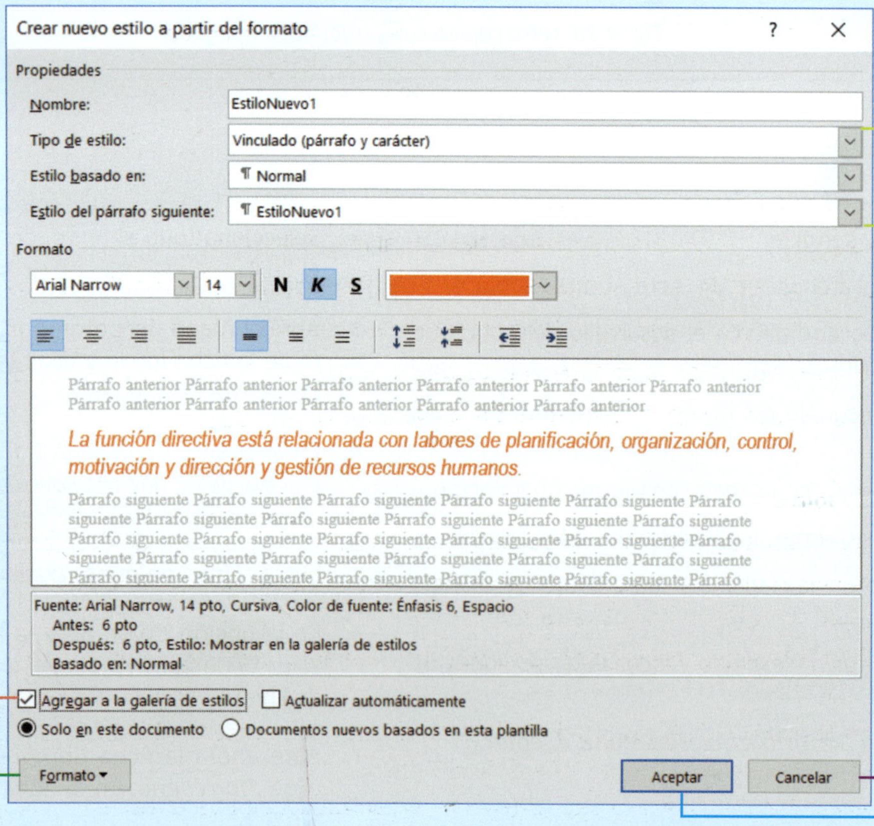

Fig. 4.27. Cuadro de diálogo Crear nuevo estilo a partir del formato.

3.6. Insertar elementos en un documento

Word dispone de una serie de elementos (tablas, imágenes, gráficos, vínculos, encabezados, pie de página, número de página, cuadro de texto, elementos rápidos, ecuaciones, símbolos, etc.) que se pueden insertar en un documento y a los que es posible darles un estilo determinado. Por ejemplo, utilizaremos una nota al pie para realizar una aclaración sobre cualquier palabra o frase de un documento.

CASO PRÁCTICO 7

Insertar símbolos.

A continuación, insertaremos símbolos y caracteres especiales que no se encuentran en el teclado, siguiendo estos pasos:

1. En un documento en blanco, escribimos el texto de la Figura 4.28 sin ningún símbolo.
2. Colocamos el punto de inserción donde va insertado el primer símbolo.
3. Activamos la ficha *Insertar* y, en el grupo *Símbolos*, abrimos el menú del botón *Símbolo* y seleccionamos *Más símbolos*. Aparece el cuadro de diálogo *Símbolo*.
4. En la zona *Fuente*, abrimos la lista y elegimos *Symbol*.
5. Hacemos clic sobre el símbolo *R*. Pulsamos el botón *Insertar* y, después, *Cerrar*.
6. Seleccionamos el símbolo y establecemos un color de fuente.
7. Repetimos el proceso para el resto de los símbolos, buscando entre las fuentes: Wingdings, Symbol y Webdings.

Solución:

Obtenemos el siguiente resultado (Fig. 4.28):

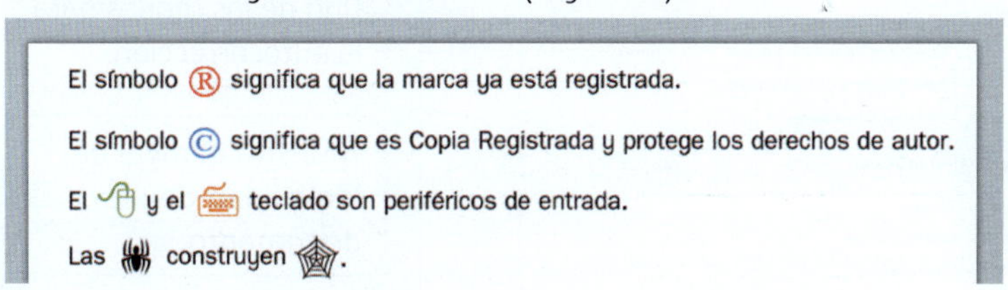
El símbolo ® significa que la marca ya está registrada.

El símbolo © significa que es Copia Registrada y protege los derechos de autor.

El y el teclado son periféricos de entrada.

Las construyen .

Fig. 4.28. Inserción de símbolos.

CLAVES Y CONSEJOS

Para eliminar una nota al pie hay que eliminar su símbolo con la tecla **Supr.**

ACTIVIDAD GUIADA 10

Inserta la fecha y hora de creación del documento:

1. Abre el documento U4_Función directiva.docx y haz clic al final del texto.
2. Activa la ficha *Insertar* de la *Cinta de opciones* y abre la lista desplegable del botón *Elementos rápidos* del grupo *Texto*.
3. Elige la opción *Campo*. Se abre el cuadro de diálogo correspondiente. En la zona *Categorías*, elige *Fecha y hora*.
4. Selecciona *CreateDate*, dentro de la zona *Nombres de campos*.
5. En la zona *Formatos de fecha*, elige el formato *dddd, d' de 'MMMM' de 'yyyy*.
6. Pulsa *Aceptar*.

Inserta notas al pie de página:

1. Sitúa el punto de inserción a la derecha de la palabra «empresa».
2. Activa la ficha *Referencias* y pulsa el botón iniciador del grupo *Notas al pie*. Se abre el cuadro de diálogo que se muestra en la Figura 4.29.
3. Como posición de la nota al pie, elige *Final de la página*. Para el formato de número, elige las letras minúsculas.
4. Haz clic en el botón *Símbolo* y, en el cuadro de diálogo *Símbolos*, elige la fuente *Symbol*. Busca el símbolo del trébol, selecciónalo y haz clic en *Aceptar*.
5. Pulsa el botón *Insertar*. Escribe la nota al pie: «Unidad de organización dedicada a actividades industriales, mercantiles o de prestación de servicios con fines lucrativos».
6. Regresa a la edición del documento haciendo clic en otra zona del documento.

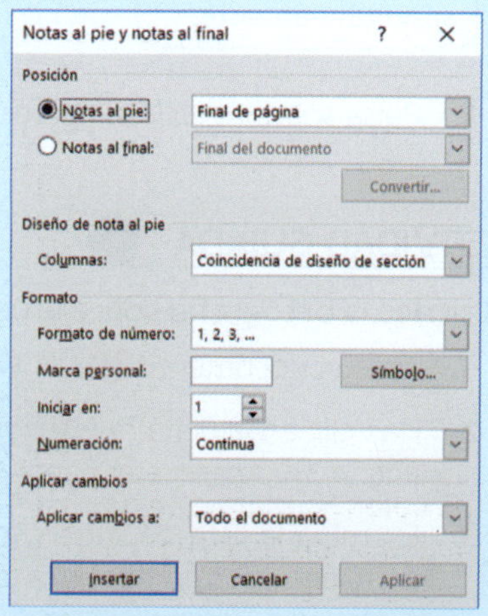

Fig. 4.29. Cuadro de diálogo Notas al pie y notas al final.

4. Corrección de textos

Word dispone de varias herramientas útiles para revisar la ortografía y la gramática de nuestros documentos. También es posible activar la corrección automática.

4.1. Revisión de documentos

El corrector ortográfico y gramatical es una utilidad muy práctica de Word que permite revisar la ortografía y la concordancia gramatical del texto. Esta opción compara lo que se escribe con lo que contienen el diccionario principal y el diccionario personalizado de Microsoft Office Word, si están activos.

ACTIVIDAD GUIADA 11

Aprende a usar la herramienta *Revisión*:

1. Activa la ficha *Archivo* y pulsa el botón *Opciones*. Aparece el cuadro de diálogo *Opciones de Word* (Fig. 4.30).

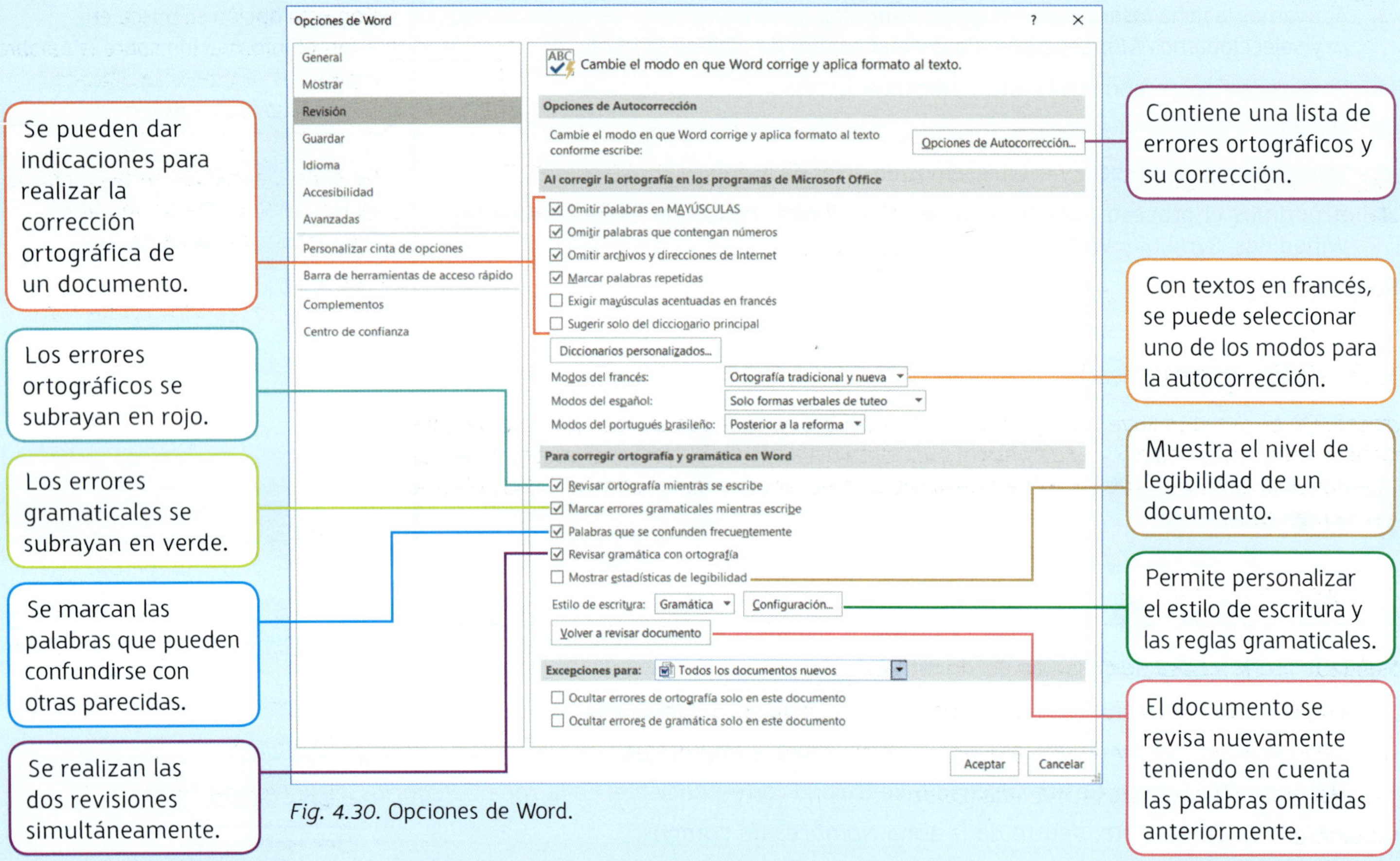

Fig. 4.30. Opciones de Word.

2. Pulsa sobre *Revisión*. Aparecen a la derecha las opciones de ortografía y gramática.

ACTIVIDAD GUIADA 12

Corrige la ortografía sobre un texto:

1. Abre el documento U4_Empresa digital revisión.docx y sitúa el punto de inserción al comienzo del documento.
2. Haz clic en la ficha *Revisar* y pulsa el botón *Ortografía y gramática* del grupo *Revisión* (Fig. 4.31). Aparece el panel *Ortografía* con la primera palabra errónea en rojo.
3. Examina la lista de sugerencias y selecciona la adecuada. Haz clic en el botón correspondiente, según desees aceptar la sugerencia, omitirla, etc.
4. Sigue el proceso hasta revisar todo el texto.
5. Cierra el archivo guardando los cambios.

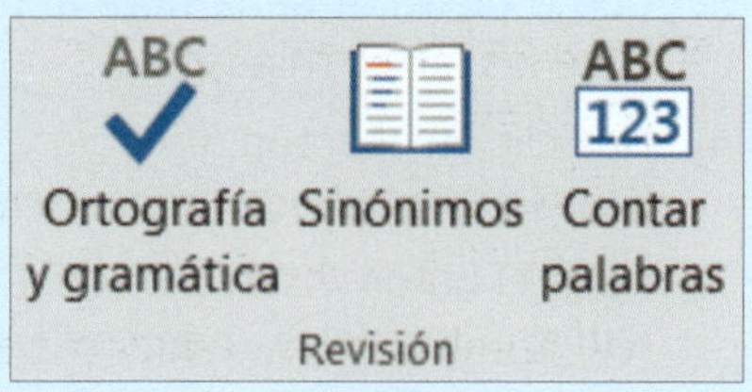

Fig. 4.31. Grupo Revisión.

4.2. Revisión ortográfica

Word realiza una revisión automática de cada palabra que se escribe. Si el corrector encuentra un término que no está en el diccionario, lo subraya en rojo. Este hecho no siempre significa que la palabra esté mal escrita; puede que, simplemente, no esté incluida en el diccionario de palabras de Word. Al hacer clic sobre la palabra subrayada en rojo con el botón secundario del ratón, aparece una lista de sugerencias de posibles palabras correctas (Fig. 4.32), entre otras opciones.

Lista de sugerencias en negrita, para elegir la que corresponda.

Si la palabra subrayada en rojo estaba bien escrita, marca esta opción para que el corrector no la vuelva a señalar a lo largo del documento.

Se añade un comentario sobre la palabra.

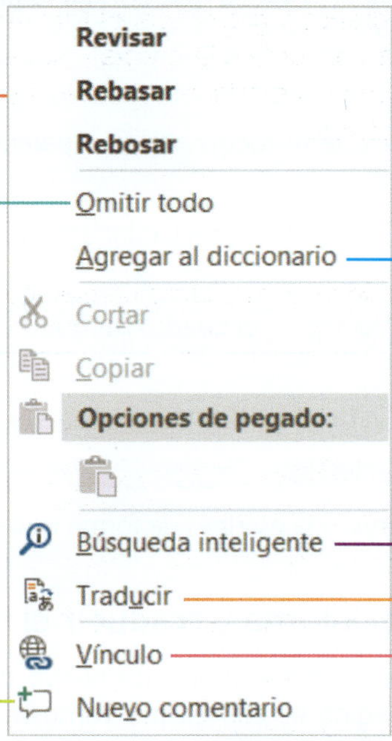

Si la palabra subrayada en rojo no existe en el diccionario de Word, puedes incorporarla al diccionario, de manera que, a partir de ahora, ya no volverá a señalarla en ningún documento.

Con esta opción se busca en Internet información sobre la palabra o palabras similares. Se activa el panel *Búsqueda inteligente*.

Se abre el panel *Referencia*, donde se puede seleccionar un idioma para traducir la palabra.

Crea un vínculo sobre la palabra.

Fig. 4.32. Opciones del menú contextual de una palabra errónea.

4.3. Revisión gramatical

Microsoft Office Word incluye un corrector gramatical básico que evalúa, por ejemplo, la concordancia entre un artículo y un sustantivo, o un desajuste entre el sujeto y el verbo, o bien el uso de construcciones en pasiva. Si hay palabras que no encajan en el contexto, las subraya en verde o en azul.

CASO PRÁCTICO 8

Realizar una búsqueda inteligente de un texto.

1. En un nuevo documento en blanco escribimos el texto «BOE contratos».
2. Seleccionamos la frase escrita y se nos muestra el menú contextual.
3. Hacemos clic sobre *Búsqueda inteligente*.

Solución:

Veremos el panel *Búsqueda inteligente* (Fig. 4.33), donde se muestra información relacionada con la búsqueda realizada. Esta búsqueda se realiza en Internet a través del buscador Bing.

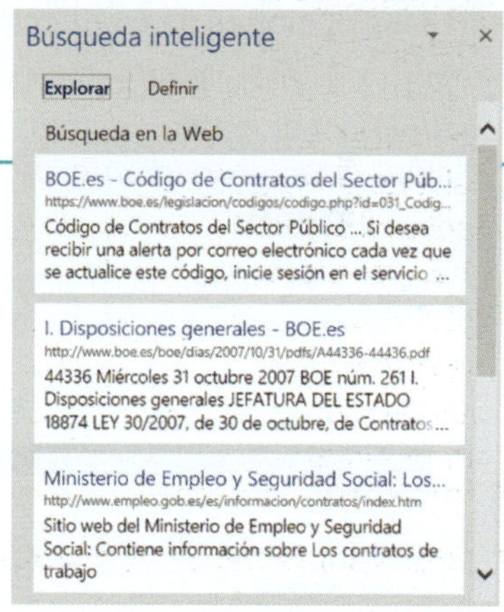

Fig. 4.33. Panel Búsqueda inteligente.

ACTIVIDADES

5. Localiza las opciones del grupo *Revisión* y realiza las siguientes tareas:

   a) Abre el documento U4_Función directiva.docx y cuenta las palabras que contiene.

   b) Añade un comentario sobre la palabra «organización», donde se indique su significado.

   c) Escribe estas palabras en el documento: riguroso, inerte anexo, y realiza una búsqueda de sinónimos. Busca también sinónimos de la palabra organización.

6. A la hora de realizar la revisión de un documento, ¿cómo comprobarías que se está teniendo en cuenta la ortografía y la gramática?

4.4. Opciones de autocorrección

Word es capaz de corregir automáticamente una palabra a medida que escribimos un documento. Para acceder a las opciones sobre autocorrección, podemos visualizarlas en el cuadro de diálogo *Autocorrección*.

ACTIVIDAD GUIADA 13

Utiliza el cuadro de diálogo *Autocorrección* para indicar a Word que corrija la palabra mientras escribes:

1. Haz clic en la ficha *Archivo* y pulsa en *Opciones*.
2. Marca la opción *Revisión* y pulsa el botón *Opciones de Autocorrección*. Aparece el cuadro de diálogo *Autocorrección* (Fig. 4.34).
3. Marca la casilla *Reemplazar texto mientras escribe*. Word reemplazará las palabras erróneas.
4. En el cuadro de texto *Reemplazar*, escribe «enrredar» y, en el cuadro de texto *Con*, escribe «enredar».
5. Pulsa el botón *Agregar* para añadir este caso a la lista ya existente.
6. Pulsa el botón *Aceptar* de los cuadros de diálogo abiertos.
7. Comprueba que la palabra se corrige automáticamente si la escribes de forma errónea.

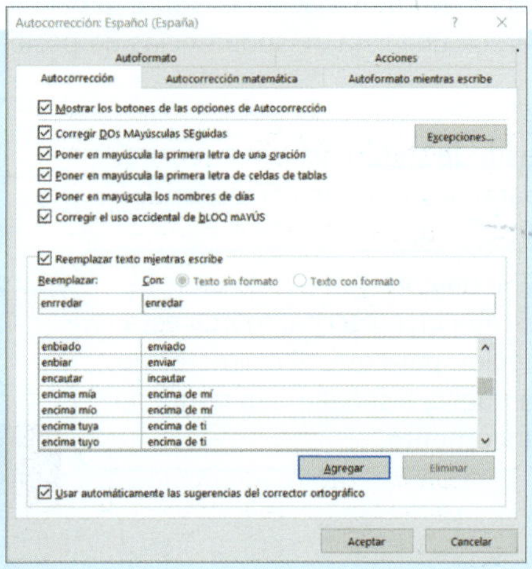

Fig. 4.34. Cuadro de diálogo Autocorrección.

4.5. Definir el idioma y traducir el texto

Cada vez que se quiere elaborar un nuevo documento, conviene comprobar que el idioma que tenemos elegido es con el que vamos a escribir nuestro documento. Esto es especialmente importante si, por ejemplo, en tu trabajo diario cambias entre español e inglés. Así, al ejecutar el corrector ortográfico, Word sabrá qué diccionario debe utilizar para la corrección del texto. Además, Word cuenta con una herramienta que traduce el texto seleccionado a un idioma diferente.

ACTIVIDAD GUIADA 14

Utiliza las opciones de traducción:

1. Activa la ficha *Revisar* y haz clic en el botón *Idioma* del grupo *Idioma*. Selecciona la opción *Establecer idioma de corrección* de la lista emergente.

2. Aparece el cuadro de diálogo *Idioma* (Fig. 4.35).

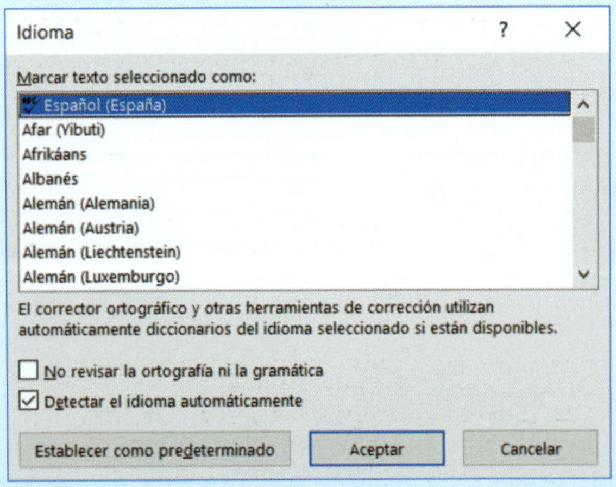

Fig. 4.35. Cuadro de diálogo Idioma.

3. Selecciona en la zona superior el idioma del documento.
4. Marca la casilla de verificación *Detectar el idioma automáticamente*. Pulsa *Aceptar*.
5. Escribe y selecciona el texto que deseas traducir, por ejemplo «Contrato».
6. Activa la ficha *Revisar* y haz clic en el botón *Traducir* del grupo *Idioma*. Selecciona la opción *Traducir texto seleccionado* de la lista desplegable.
7. Se abre una ventana advirtiéndonos de que se realizará una búsqueda en Internet. Pulsa el botón *Sí* de dicha ventana.
8. Aparece traducido el texto seleccionado en el panel *Referencia* (Fig. 4.36), donde se mostrará la palabra traducida.

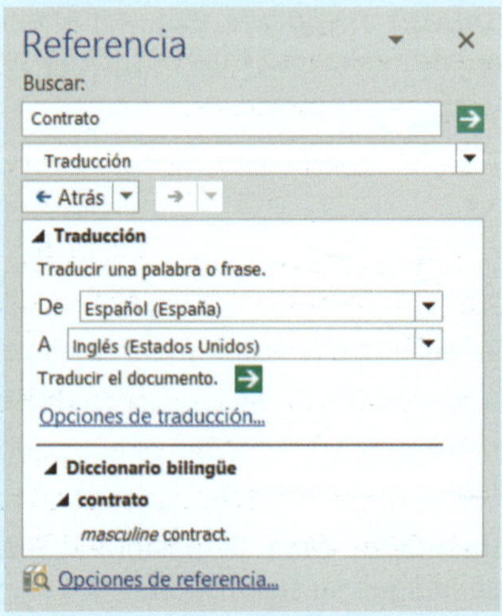

Fig. 4.36. Panel Referencia.

5. Imprimir documentos

A la hora de imprimir un documento, necesitarás tener instalada una impresora. Para comprobar si dispones de una impresora debes ir al *Panel de Control* de tu ordenador y revisar la opción *Dispositivos*.

¿SABÍAS QUE...?

La impresión en *Borrador* ahorra tinta o tóner, ya que imprime con una resolución menor.

ACTIVIDAD GUIADA 15

Imprime usando las opciones de impresión:

1. Descarga el archivo U4_Acta abogados.docx y ábrelo. Se muestra la ventana de Word.
2. Para imprimir, abre la ficha *Archivo* y selecciona *Imprimir*. Se abre el panel *Imprimir* con una vista previa del documento (Fig. 4.37).

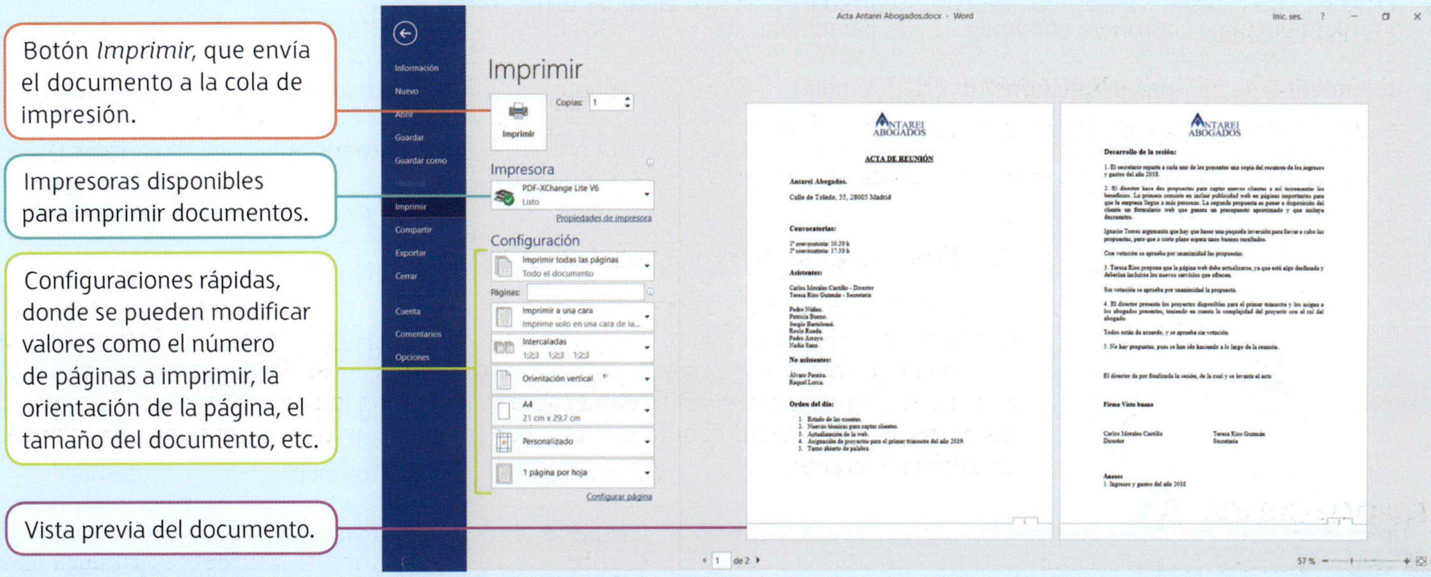

Fig. 4.37. Panel Impresión.

3. Despliega las opciones sobre la orientación y selecciona *Orientación horizontal*.
4. En la zona *Impresora*, selecciona la impresora elegida.
5. A continuación, pulsa en *Propiedades de impresora*. Aparecerá el cuadro de diálogo de las propiedades de impresión del documento. Recuerda que no todas las impresoras tienen las mismas propiedades para poder configurar la impresión de un documento, variando si, en tu centro de trabajo, hay varias impresoras instaladas.
6. Activa la pestaña *Papel/Calidad* y elige *Borrador* como calidad de la impresión.
7. Pulsa sobre el botón *Opciones avanzadas*. Se abre el cuadro de diálogo de las opciones avanzadas de la impresora. Selecciona *Impresión en escala de grises*. Pulsa el botón *Aceptar*.
8. Pulsa de nuevo *Aceptar* para salir del cuadro de diálogo de propiedades de impresión del documento.
9. Al volver al panel de *Impresión* y tras haber configurado todos los parámetros, pulsa sobre *Imprimir*. Comienza la impresión de tu documento.
10. Si, por cualquier razón, necesitas eliminar la impresión, pulsa con el botón secundario del ratón en el escritorio de Windows (en la zona derecha inferior, en la *Barra de tareas*) el icono de la impresora y elige la opción *Abrir todas las impresoras activas*. Aparece un cuadro de diálogo (Fig. 4.38).

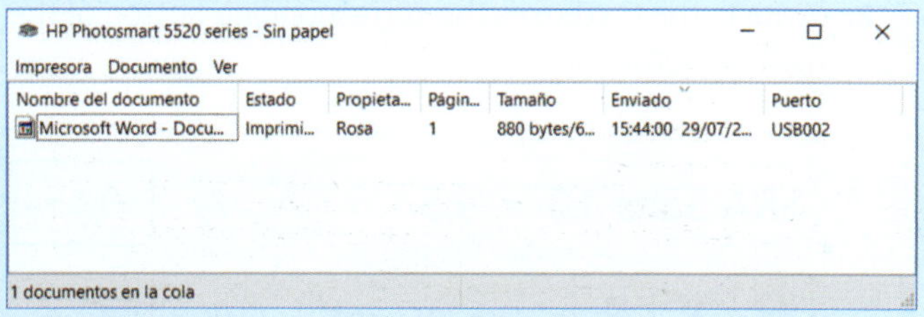

Fig. 4.38. Cuadro de diálogo de la impresora activa.

11. Selecciona el documento, pincha sobre el menú *Documento* y elige *Cancelar*. Contesta afirmativamente a la pregunta de confirmación. Esta opción funciona si todavía no se ha impreso el documento o si es muy largo y solo se ha impreso parte de él.

KEYWORDS

1. Review the essential vocabulary terms of this unit in English. Did you already know all of them? Did you learn new vocabulary?

English	Spanish	English	Spanish	English	Spanish
border	borde	margin	margen	tabulation	tabulación
button	botón	numbering	numeración	title bar	barra de título
clipboard	portapapeles	(Office) ribbon	cinta de opciones	to copy	copiar
mail merge	combinación	page	página	to delete	borrar
command button	botón de comando	paragraph	párrafo	to find	buscar
document area	área de documento	point	punto	to install	instalar
edition	edición	preview	vista previa	to move	mover
font	fuente	ruler	regla	to overwrite	sobrescribir
grammar	gramática	scrollbar	barra de desplaza-miento	to redo	rehacer
help	ayuda	section	sección	to replace	reemplazar
highlighted	resaltado	shading	sombreado	to underline	subrayar
indentation	sangría	shortcut	acceso rápido	to undo	deshacer
insertion point	punto de inserción	spacing	espacio	to uninstall	desinstalar
key	tecla	spelling	ortografía	toolbar	barra de herramientas
line	línea	strikethrough	tachado	uppercase	mayúscula
list	lista	style	estilo	word processor	procesador de texto
lowercase	minúscula	symbol	símbolo	work environment	entorno de trabajo

2. Write in the textboxes the corresponding button of the group Font of Home tab.

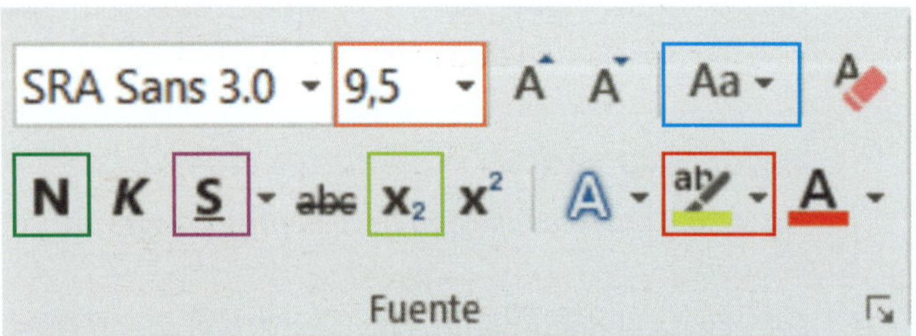

3. Which of these buttons belong to the Insert tab of Word 2016?

a) Button WordArt.

b) Button Center.

c) Button Text Box.

d) Button Margins.

e) Button Rule.

f) Button Strikethrough.

g) Button Increase indentation.

h) Button SmartArt.

i) Button Images.

4. Indicate which operation is executed with the following key combinations:

a) [Ctrl + K] *b)* [Ctrl + X] *c)* [Ctrl + AvPág]

SÍNTESIS Procesadores de texto: operaciones básicas

Elementos de la ventana principal de Word 2016

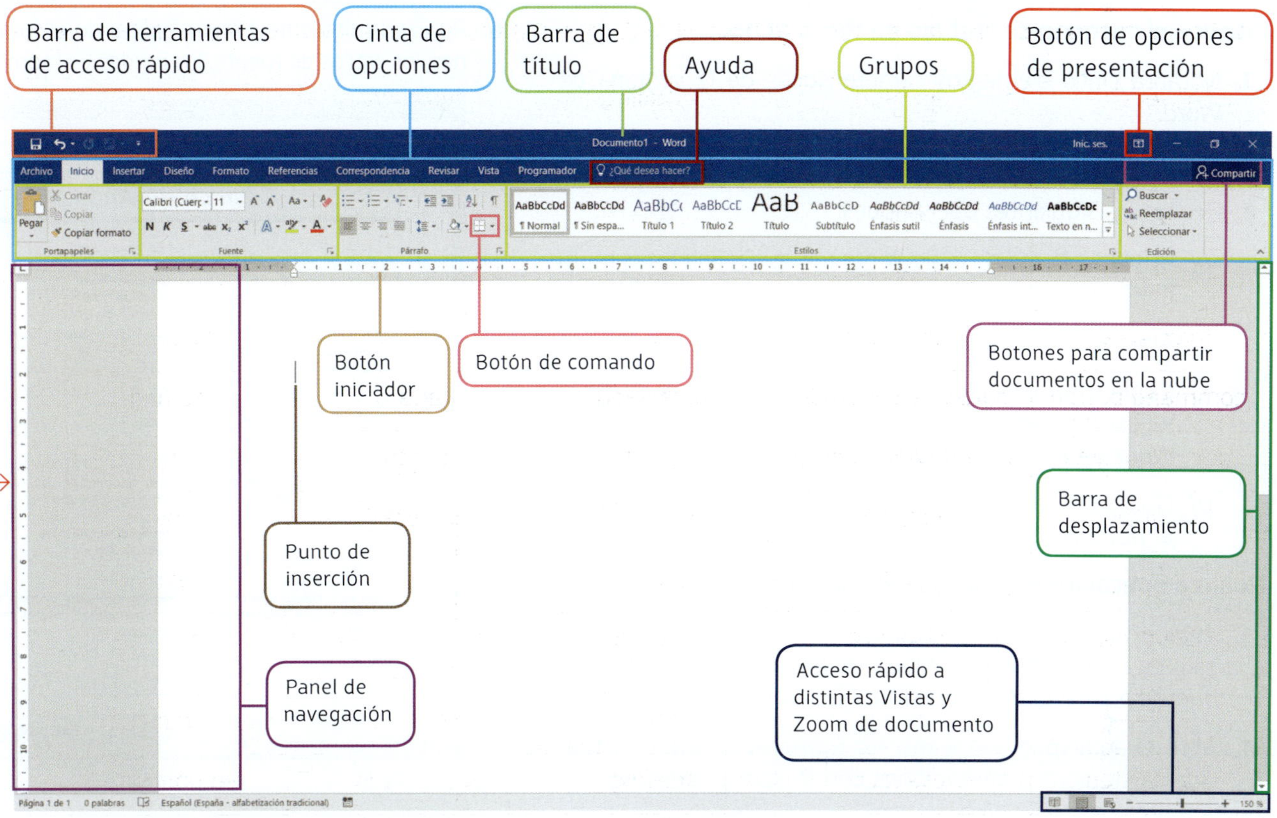

Operaciones básicas de edición de textos

- Seleccionar, buscar y reemplazar texto → Buscar, Reemplazar, Seleccionar (Edición)
- Copiar y mover texto / Copiar formato → Pegar, Cortar, Copiar, Copiar formato (Portapapeles)
- Configurar páginas → Márgenes, Orientación, Tamaño, Columnas, Saltos, Números de línea, Guiones (Configurar página)
- Margen izquierdo / Margen derecho

Operaciones básicas de edición de textos

- Fuentes → Fuente
- Alineación de párrafos, espaciado, interlineado, sangrías → Párrafo
- Tabulaciones → Marcadores de tabulación
- Viñetas, numeraciones, listas multinivel, bordes y sombreado → Colores del tema, Colores estándar, Sin color, Más colores...
- Símbolos, notas al pie → Símbolo; Insertar nota al pie, Insertar nota al final, Nota al pie siguiente, Mostrar notas (Notas al pie)

Corrección de textos → Ortografía y gramática, Sinónimos, Contar palabras (Revisión)

Conoce el entorno de trabajo de Word 2016.

1. Nombra cinco elementos característicos de la ventana de Word.

Maneja la ayuda de Word 2016.

2. Realiza las siguientes operaciones:

   a) Busca en la *Ayuda* el siguiente tema: «Definir listas multinivel» para aprender a definir una nueva lista multinivel.

   b) Abre el artículo desde el explorador web.

   c) Copia la información relacionada con «Definir una nueva lista multinivel» mediante un documento nuevo de Word en el *Portapapeles.*

   d) Guarda el tema de ayuda en tu carpeta de trabajo con el nombre «Listas multinivel.docx».

Realiza operaciones básicas de edición de textos.

3. Abre el documento U4_Acta Abogados.docx y visualízalo en modo *Borrador, Modo de lectura, Diseño web, Esquema* y *Diseño de impresión.* Cierra el documento.

4. Abre el archivo U4_Contrato Compraventa.docx y realiza las siguientes operaciones con *Buscar y reemplazar*:

   a) Busca la palabra «contrato» y, mediante el *Panel de Navegación,* observa los resultados por *Páginas.*

   b) Reemplaza la palabra «dueña» por «propietaria».

   c) Cierra el documento.

Aplica técnicas básicas para dar formato a documentos.

5. Realiza la siguiente invitación a un evento aplicando el formato, las fuentes y las alineaciones adecuadas utilizando el logotipo de la empresa llamado U4_Logo.png.

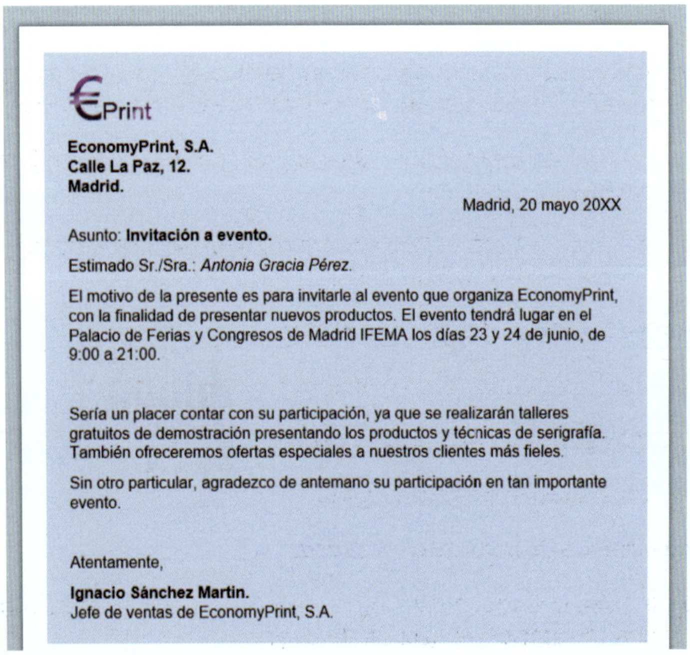

€Print

EconomyPrint, S.A.
Calle La Paz, 12.
Madrid.

Madrid, 20 mayo 20XX

Asunto: **Invitación a evento.**

Estimado Sr./Sra.: *Antonia Gracia Pérez.*

El motivo de la presente es para invitarle al evento que organiza EconomyPrint, con la finalidad de presentar nuevos productos. El evento tendrá lugar en el Palacio de Ferias y Congresos de Madrid IFEMA los días 23 y 24 de junio, de 9:00 a 21:00.

Sería un placer contar con su participación, ya que se realizarán talleres gratuitos de demostración presentando los productos y técnicas de serigrafía. También ofreceremos ofertas especiales a nuestros clientes más fieles.

Sin otro particular, agradezco de antemano su participación en tan importante evento.

Atentamente,

Ignacio Sánchez Martin.
Jefe de ventas de EconomyPrint, S.A.

6. Realiza la siguiente circular aplicando el formato, las alineaciones, los estilos de fuente, los bordes y el sombreado adecuados:

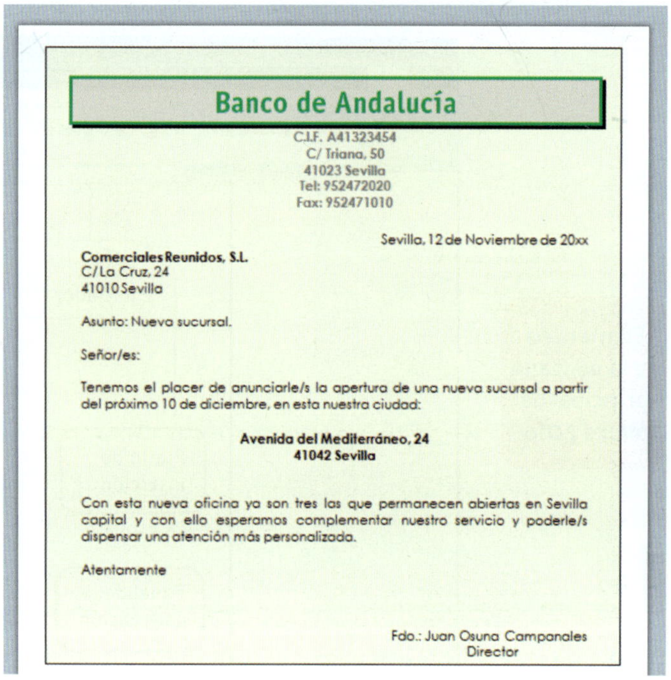

Banco de Andalucía

C.I.F. A41323454
C/ Triana, 50
41023 Sevilla
Tel: 952472020
Fax: 952471010

Sevilla, 12 de Noviembre de 20xx

Comerciales Reunidos, S.L.
C/La Cruz, 24
41010 Sevilla

Asunto: Nueva sucursal.

Señor/es:

Tenemos el placer de anunciarle/s la apertura de una nueva sucursal a partir del próximo 10 de diciembre, en esta nuestra ciudad:

Avenida del Mediterráneo, 24
41042 Sevilla

Con esta nueva oficina ya son tres las que permanecen abiertas en Sevilla capital y con ello esperamos complementar nuestro servicio y poderle/s dispensar una atención más personalizada.

Atentamente

Fdo.: Juan Osuna Campanales
Director

7. Abre el documento U4_Contrato Compraventa.docx y aplica el siguiente formato utilizando fuentes, alineaciones, sangrías e interlineados:

   a) Fuente documento:
   - Fuente: Arial.
   - Tamaño: 12.

   b) Título:
   - Centrado.
   - Fuente: Arial.
   - Tamaño: 14.
   - Estilo: Negrita.

   c) Párrafos:
   - Interlineado sencillo.
   - Espaciado anterior y posterior automáticos.
   - Sangría izquierda de 0,5 cm.
   - Alineación justificada.

   d) Selecciona todos los subtítulos (REUNIDOS, EXPONEN, ESTIPULACIONES) y aplica el formato Negrita y Cursiva.

   e) Desde el grupo *Fondo de página* de la ficha *Diseño,* aplica un borde a la página del documento (a todos los laterales de la página). Elige un borde sólido de color azul claro de 1 punto.

   f) Desde el grupo anterior, aplica un color de página personalizado RGB de color amarillo claro (255, 255, 239).

COMPRUEBA TU APRENDIZAJE

8. Realiza la siguiente carta de pedido aplicando el formato adecuado. Deberás utilizar la letra capital, las viñetas, la sangría de primera línea y distintas fuentes.

SErigrafía del
Ur
N.I.F: 22556677A
C/ Río Guadiana, 20
28023 Madrid
Tel. y Fax: 912 33 55 99
serigrafiadelsur@outlook.es

Madrid, 20 septiembre de 20XX

Sr. Manuel Rojas.
Jefe Departamento Ventas.
HP Málaga, S.L
Calle La Paz, 20
29002 Málaga

Asunto: **Pedido**.

Estimado Sr. *Rojas*:

En relación a su oferta, me pongo en contacto con usted, para solicitar la compra de los siguientes componentes:

- Impresora HP Color LaserJet Pro MFP M277dw.
- Cartucho de tóner Original HP 201X Negro - HP Color LaserJet Pro MFP, M277, M252.
- Cartucho de tóner Original HP 201X Amarillo - HP Color LaserJet Pro MFP, M277, M252.
- Cartucho de tóner Original HP 201X Magenta - HP Color LaserJet Pro MFP, M277, M252.
- Cartucho de tóner Original HP 201X Cian - HP Color LaserJet Pro MFP, M277, M252.

La forma de pago será a través de transferencia bancaria, como en otras ocasiones y agradecemos que la dirección de destino sea nuestra empresa de Madrid. Para cualquier consulta sobre el pedido o dirección de entrega, puede ponerse en contacto con nosotros a través de la dirección de correo electrónica o teléfono.

Atentamente,

Fdo.: *Pepe Aragón García*
Jefe de compras

9. Realiza el siguiente certificado de retenciones usando las tabulaciones.

CERTIFICADO DE RETENCIONES

Dña. *Concepción González Palma*, como jefa de personal de la empresa Supermercados SSDR, S.L. una vez consultados los datos que obran en el registro de la compañía.

Certifica:

Que D. Casimiro Vargas Gutiérrez, con D.N.I. *23111222C*, que ostenta el puesto de auxiliar de almacén, presenta estos rendimientos y retenciones a cuenta del Impuesto de la Renta de las Personas Físicas durante el período comprendido entre el 1 de enero de 20XX y el 31 de diciembre de 20XX:

Importe íntegro de los rendimientos .... 14.239 €
Importe de las retenciones.................................... 1.050 €
Cuotas a sindicatos...127 €
Cotizaciones a la Seguridad Social ....745 €

Y para que conste y sirva de justificante a efectos de presentación del Impuesto de la Renta de las Personas Físicas, firmo el presente certificado en Málaga a trece de marzo del año dos mil ...

Fdo.: Concepción González Palma
Jefa de personal

10. Abre el archivo U4_Función directiva.docx y realiza la siguiente inserción de elementos rápidos:

a) Al inicio del documento, título con el texto «FUNCIÓN DIRECTIVA».

b) Al inicio del documento (al lado del elemento de título), la fecha de creación y la hora.

c) En el pie de página, el número de páginas.

11. Abre el archivo U4_Función directiva.docx e inserta los siguientes elementos:

a) Una *Nota al pie* de página sobre la palabra «director». Busca en la web de la RAE el significado y añádelo en la nota como información adicional.

b) Un vínculo, al final de la página, con información sobre el término «función directiva».

Recuerda que puedes hacer una búsqueda inteligente del tema «función directiva» en la ayuda de Word y ver los resultados de dicha búsqueda en el panel *Búsqueda inteligente*.

12. En un archivo, vamos a insertar texto de otro archivo.

a) Abre el archivo U4_Función directiva.docx y sitúa el punto de inserción al final del texto.

b) Pulsa la ficha *Insertar* y abre el menú del botón *Objeto*, del grupo *Texto*.

c) Elige la opción *Insertar texto de archivo*.

d) Abre el archivo U4_Habilidades directivas.docx.

e) Haz doble clic sobre él y comprueba que se ha añadido el texto.

13. Inserta una marca de agua sobre el archivo U4_Acta Abogados.docx para indicar que se trata de un archivo confidencial.

a) Sitúate en cualquier lugar del documento y pulsa la ficha *Diseño*.

b) Pulsa el botón *Marca de agua* del grupo *Fondo de página* y elige *Confidencial 1*.

Revisa la ortografía y la gramática.

14. Sobre el archivo U4_Habilidades directivas.docx:

a) Aplica el corrector ortográfico.

b) Tradúcelo al idioma *Inglés*.

Imprime un documento en Word.

15. Imprime el documento U4_Función directiva.docx con una orientación horizontal de página.

TEST DE REPASO

1. **¿Cómo se ejecuta Word?**
   - (a) Se puede abrir desde el botón *Inicio* de Windows 10 y seleccionando Office 2016.
   - (b) Situándonos desde el escritorio de Windows 10, se puede abrir con la combinación de teclas **[Ctrl + W]**.
   - (c) Es posible abrirlo desde el cuadro de búsqueda de Windows 10, introduciendo Word 2016 y pulsando ***Enter***.

2. **¿Es posible personalizar la barra de herramientas de acceso rápido?**
   - (a) Sí, pueden añadirse más comandos.
   - (b) No es posible personalizarla.
   - (c) Sí, aunque debemos tener permisos de administrador para poder personalizarla.

3. **Señala la afirmación correcta sobre el sistema de ayuda de Word 2016:**
   - (a) Aparece como un cuadro de texto ubicado en la zona superior de la ventana de Word 2016 y puede accederse a él mediante las teclas **[Alt + Q]**.
   - (b) Se encuentra en el grupo *Párrafo* de la ficha *Insertar*.
   - (c) Se puede utilizar pulsando **F1**.

4. **¿Con qué combinación de teclas se muestra el panel de navegación?**
   - (a) No hay combinación de teclas para ello; hay que abrirlo manualmente desde el grupo *Mostrar* de la ficha *Vista*.
   - (b) Con la combinación de teclas **[Ctrl + B]**.
   - (c) Con la combinación de teclas **[Ctrl + P]**.

5. **Sobre el interlineado, ¿qué operaciones son correctas?**
   - (a) Únicamente se puede modificar el interlineado a un párrafo de un documento.
   - (b) Se pueden aplicar varios interlineados predefinidos a un mismo párrafo.
   - (c) No se puede cambiar el interlineado predefinido para un documento.

6. **Señala la afirmación correcta respecto a las sangrías:**
   - (a) No es posible establecerlas con la *Regla*.
   - (b) La sangría italiana es la más utilizada al formatear documentos.
   - (c) Las sangrías de primera línea y francesa son especiales.

7. **¿Dónde se encuentra el grupo *Párrafo*?**
   - (a) El grupo *Párrafo* se encuentra en la ficha *Insertar*.
   - (b) El grupo *Párrafo* se encuentra en la ficha *Formato*.
   - (c) El grupo *Párrafo* se encuentra en la ficha *Inicio*.

8. **¿Cómo pueden establecerse las tabulaciones?**
   - (a) Se pueden establecer a través del cuadro de diálogo *Tabulaciones*.
   - (b) Se pueden establecer con la *Regla* manualmente.
   - (c) Se pueden establecer a través del cuadro de diálogo *Configurar página*.

9. **Señala la afirmación correcta respecto a la letra capital:**
   - (a) La función letra capital está siempre activa.
   - (b) La letra capital de Word solo se puede insertar en la posición *En texto*.
   - (c) La función letra capital solo funciona con la primera letra de un párrafo.

10. **¿Qué sucede al cambiar el color de página en un documento de Word?**
    - (a) Al aplicar un color de página, este solo se aplica a la página actual.
    - (b) Al aplicar un color de página, se deben indicar las páginas a las que cambiar el color.
    - (c) Al aplicar un color de página, este se aplica a todas las páginas del documento.

11. **Señala la afirmación correcta en relación a la revisión de textos en Word:**
    - (a) No es posible realizar la revisión de textos mientras se escribe. Una vez escrito el texto, se pulsa el botón *Ortografía y gramática*.
    - (b) Los errores subrayados en rojo corresponden a errores ortográficos y los de color verde o azul a gramaticales.
    - (c) Los errores subrayados en verde o azul corresponden a errores ortográficos y los de color rojo a gramaticales.

12. **¿Qué vista está activada por defecto al abrir Word?**
    - (a) La vista *Borrador*.
    - (b) La vista *Diseño web*.
    - (c) La vista *Diseño de impresión*.

13. **A la hora de imprimir un documento en Word, ¿qué opción de las siguientes es la correcta?**
    - (a) La impresión en *Borrador* ahorra tinta o tóner, ya que imprime con una resolución menor.
    - (b) La impresión rápida de un documento permite seleccionar más opciones de impresión.
    - (c) En Word, no se pueden imprimir páginas salteadas de un documento.

PRÁCTICA FINAL

Crea tus propias facturas

Realiza el siguiente modelo de factura aplicando todo lo estudiado en esta unidad.

Incluye un borde de página.

Utiliza la imagen del logo llamada U4_Logo-Factura.png y aplícale estilo.

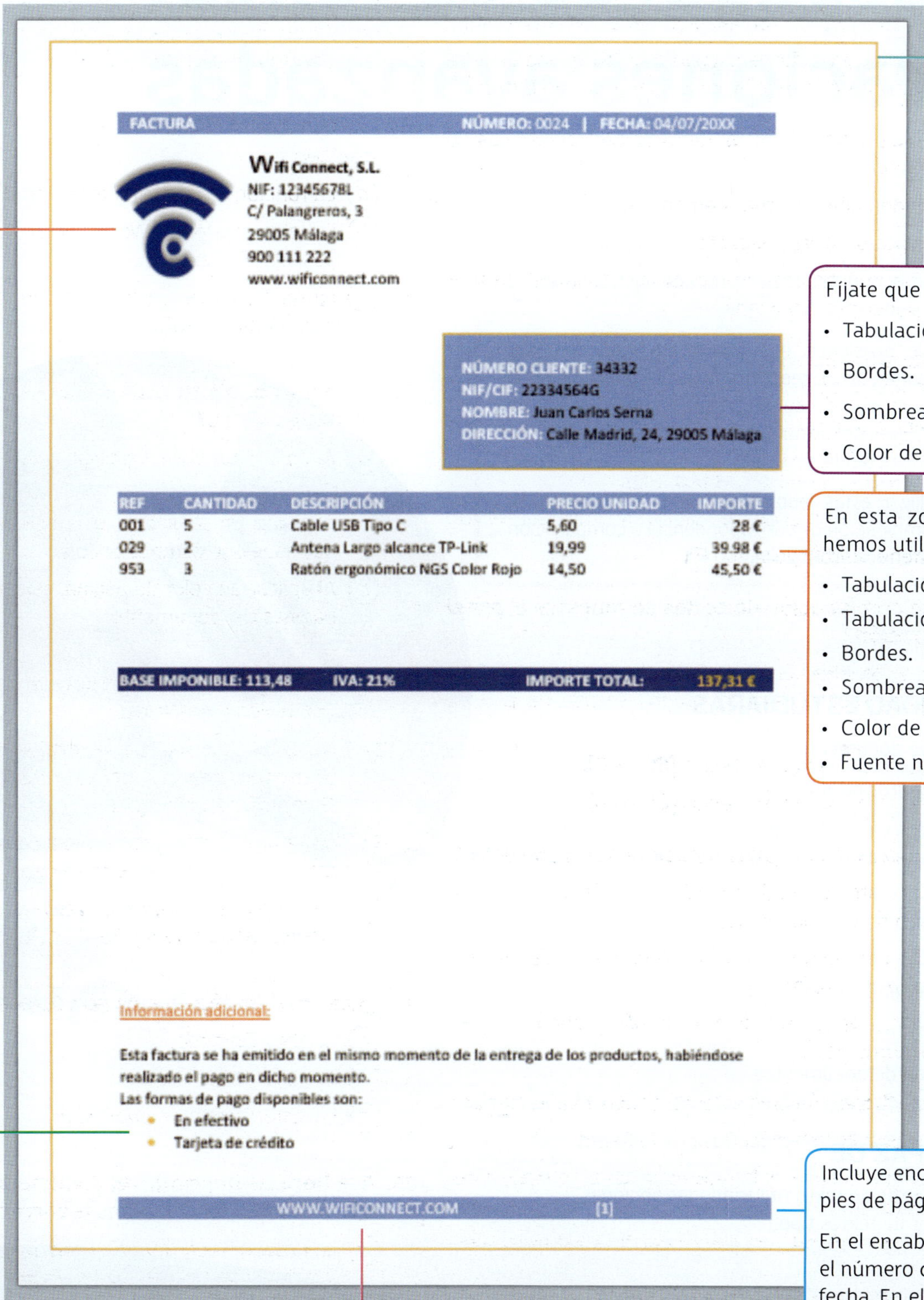
FACTURA NÚMERO: 0024 | FECHA: 04/07/20XX

Wifi Connect, S.L.
NIF: 12345678L
C/ Palangreros, 3
29005 Málaga
900 111 222
www.wificonnect.com

NÚMERO CLIENTE: 34332
NIF/CIF: 22334564G
NOMBRE: Juan Carlos Serna
DIRECCIÓN: Calle Madrid, 24, 29005 Málaga

REF	CANTIDAD	DESCRIPCIÓN	PRECIO UNIDAD	IMPORTE
001	5	Cable USB Tipo C	5,60	28 €
029	2	Antena Largo alcance TP-Link	19,99	39.98 €
953	3	Ratón ergonómico NGS Color Rojo	14,50	45,50 €

BASE IMPONIBLE: 113,48 IVA: 21% IMPORTE TOTAL: 137,31 €

Información adicional:

Esta factura se ha emitido en el mismo momento de la entrega de los productos, habiéndose realizado el pago en dicho momento.
Las formas de pago disponibles son:

- En efectivo
- Tarjeta de crédito

WWW.WIFICONNECT.COM [1]

Fíjate que hemos usado:

- Tabulación izquierda.
- Bordes.
- Sombreados.
- Color de fuente.

En esta zona, fíjate que hemos utilizado:

- Tabulación izquierda.
- Tabulación derecha.
- Bordes.
- Sombreados.
- Color de fuente.
- Fuente negrita.

Para indicar las formas de pago puedes utilizar viñetas.

Incluye encabezados y pies de página.

En el encabezado, incluye el número de factura y la fecha. En el pie, inserta el número de página.

Puedes utilizar elementos rápidos.

Una vez realizada tu primera factura, puedes guardar el archivo como «Plantilla» para tenerla disponible cada vez que tengas que hacer una nueva factura.

5
UNIDAD

Procesadores de texto: operaciones avanzadas

¿Te has planteado qué tareas tiene un administrativo en su día a día?

En multitud de ocasiones, el administrativo puede tener tareas que resulten muy repetitivas, como pueden ser la creación de documentos de empresa, la recopilación de información a través de formularios y el envío o compartición de estos a una lista de destinatarios.

Aprende a agilizar estas labores con el uso de plantillas, formularios, combinación de correspondencia o compartición en la nube que ofrece Word 2016.

EN ESTA UNIDAD ESTUDIARÁS

1. Las plantillas de documentos.
2. El grupo *Configurar página*.
3. Los encabezados y pies de página.
4. Las tablas.
5. La ficha *Programador*.
6. Las ilustraciones.
7. La combinación de la correspondencia.
8. Los documentos extensos.
9. La compartición de documentos.

Y SERÁS CAPAZ DE

Elaborar documentos de texto utilizando las opciones de un procesador de textos tipo.

1. Plantillas de documentos

Una **plantilla de documento** en Word es un documento predefinido con un diseño y un formato concretos.

Cuando es necesario redactar varios documentos de la misma clase, resulta muy práctico disponer de una plantilla con un diseño determinado. De este modo, tan solo deberán escribirse aquellas partes dirigidas expresamente al destinatario.

Las plantillas determinan la estructura básica de un documento y especifican los campos que deben rellenarse en cada caso.

? ¿SABÍAS QUE...?

Las plantillas personalizadas de Word se guardan por defecto en:

C:\Users\UsuariodeWindows\Documents\Plantillas personalizadas de Office.

Esta ubicación puede modificarse desde las opciones de Word.

1.1. Plantillas predeterminadas y en línea

Microsoft Office Word dispone de un buen número de plantillas listas para ser utilizadas. Podemos encontrarlas ya instaladas (predeterminadas), o bien descargarlas en línea.

Un ejemplo de plantilla predeterminada es la plantilla *Documento en blanco*.

ACTIVIDAD GUIADA 1

Crea un documento basado en una plantilla en línea:

1. Con Word abierto, pulsa sobre *Archivo* > *Nuevo*.
2. Introduce el nombre de la plantilla *Curriculum vitae impecable* en el cuadro *Buscar plantillas en línea* y pulsa la tecla ***Enter***.
3. Se muestra la plantilla buscada. Selecciónala.
4. Se abre un cuadro de diálogo con la plantilla seleccionada. Pulsa en *Crear*.
5. Modifica el documento y guárdalo como un *Documento de Word (*.docx)*.

TRUCO

La extensión de documento de Office Word 2016 es ***.docx**.

Fíjate que la extensión de las plantillas de Office Word 2016 es diferente, es ***.dotx**.

1.2. Plantillas personalizadas

Si no encontramos una plantilla adecuada, podemos crear una que se adapte a nuestras necesidades, por una de estas vías:

- Modificar una existente y guardarla con un nombre nuevo para proteger la original.
- Crear un documento nuevo que será guardado como plantilla.

En el siguiente caso práctico, crearemos una plantilla a partir de un nuevo documento en blanco.

CASO PRÁCTICO 1

Crear un parte de incidencias como plantilla.

Los partes de incidencias son muy utilizados en las empresas para recoger información sobre los problemas ocurridos con los equipos informáticos. Vamos a crear uno:

1. Escribimos el texto del documento (Fig. 5.1) en un nuevo documento de Word.
2. Hacemos clic en la opción *Guardar como* de la ficha *Archivo*.
3. A continuación, pulsamos sobre *Examinar*.
4. Como ubicación, elegimos la carpeta *Documentos* de Windows. De este modo, la podremos localizar fácilmente.
5. En la lista *Tipo*, pulsamos en *Plantilla de Word (*.dotx)* y luego en *Guardar*.
6. Para reutilizar esta plantilla, debemos seleccionar *Archivo* > *Nuevo* y seleccionar la sección *PERSONAL*, donde se mostrará nuestra plantilla.

Solución:

El documento que vamos a usar en nuestra empresa será el que ves en la Figura 5.1. Puedes personalizarlo incluyendo el logo de tu empresa y todos los campos que necesites.

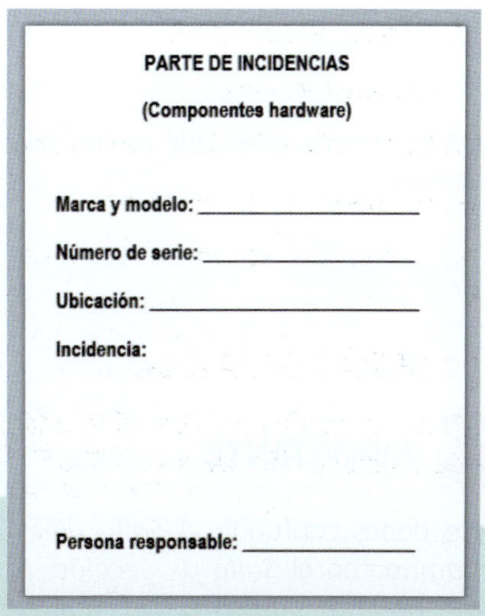

PARTE DE INCIDENCIAS

(Componentes hardware)

Marca y modelo: ____________________

Número de serie: ____________________

Ubicación: ____________________

Incidencia:

Persona responsable: ________________

Fig. 5.1. Plantilla para el parte de incidencias.

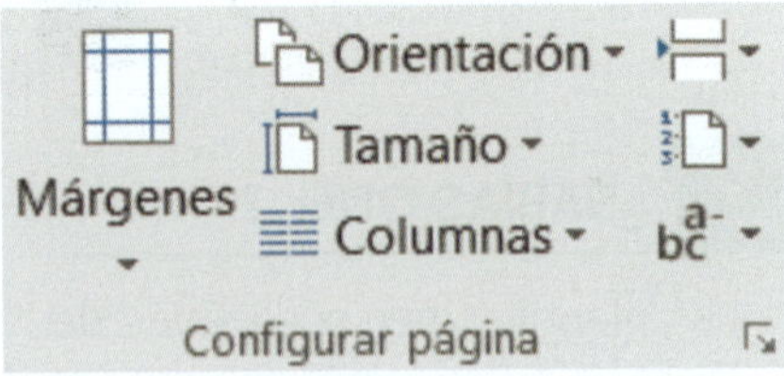

Fig. 5.2. Grupo Configurar página.

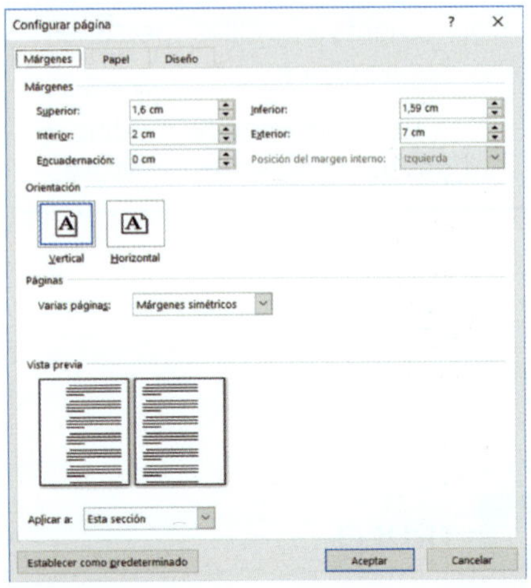

Fig. 5.3. Cuadro de diálogo Configurar página.

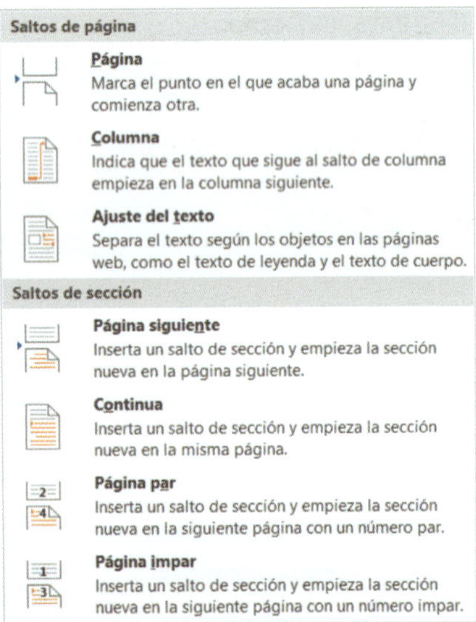

Fig. 5.4. Tipos de saltos que puedes hacer en Word.

2. Configurar página

Para establecer los márgenes, la orientación de la página, el tamaño del documento y las columnas, entre otras configuraciones, se encuentra el grupo *Configurar página* (Fig. 5.2) dentro de la ficha *Formato*.

Este grupo dispone de un cuadro de diálogo del mismo nombre, que se muestra pulsando sobre su botón iniciador (Fig. 5.3). Dicho cuadro de diálogo dispone de tres pestañas, llamadas *Márgenes, Papel* y *Diseño*.

2.1. Secciones y saltos

Word establece de forma automática el paso de una página a otra y el estilo que se aplica a todo el documento. Pero, cuando nos enfrentamos a la creación de un documento más extenso, es habitual que esté formado por varias partes que deben tener características diferentes. Por ejemplo, cuando queremos diferenciar las páginas pares de las impares. Para ello, se utilizan las secciones.

> Una **sección** es una parte del documento activo con especificaciones propias de formato. Las secciones están separadas por **saltos.**

Observa la Figura 5.4, donde se muestran los tipos de saltos existentes.

Para visualizar los saltos de página o los saltos de sección existentes en un documento debes activar el botón *Mostrar todo* ¶. Éste se encuentra en el grupo *Párrafo* de la ficha *Inicio*.

ACTIVIDAD GUIADA 2

Establece varios saltos de sección:

1. Abre el archivo U5_Empresa digital.docx. Sitúa el punto de inserción al comienzo del segundo párrafo.
2. Activa la ficha *Formato*.
3. Abre la lista de opciones del botón *Saltos*, dentro del grupo *Configurar página*.
4. Haz clic en la opción *Página siguiente*, dentro de la zona *Saltos de sección*. Ahora cada página puede tener una configuración distinta.
5. Repite el proceso para insertar un salto de sección *Continua* en la segunda página, entre el primer y el segundo párrafo.
6. Como resultado, puedes establecer, por ejemplo, márgenes, encabezados y pies de página distintos para cada sección.

Borra saltos de sección visualizando el documento con la vista *Borrador*:

1. Activa la ficha *Vista* y pulsa *Borrador* del grupo *Vistas del documento*.
2. Acerca el puntero del ratón al extremo izquierdo de la línea de puntos correspondiente al salto de sección *Continua* y haz clic para seleccionarla.
3. Pulsa la tecla ***Supr.***
4. Repite el proceso para eliminar el salto de sección en *Página siguiente*.

Establece saltos de página entre dos párrafos del documento:

1. Sitúa el punto de inserción al comienzo del último párrafo, delante de la palabra «Algunas».
2. Activa la ficha *Formato* y haz clic en el botón *Saltos* del grupo *Configurar página*. Elige *Página*.
3. Observa cómo se ha creado el salto activando las marcas invisibles (recuerda el icono ¶ del grupo *Párrafo*).
4. Cierra el archivo.

IMPORTANTE

No debes confundir el *Salto de página* con el *Salto de sección de Página siguiente*, ya que este último crea una sección distinta en la siguiente página.

2.2. Orientación, tamaño y márgenes

En Word, puedes elegir la orientación que quieres que tenga un documento o una o varias páginas de él. Puede ser vertical u horizontal.

En un documento nuevo, existen unos márgenes y un tamaño de documento predefinidos, pero es posible establecerlos de forma personalizada a través de las opciones *Márgenes personalizados* o *Más tamaños de papel* (los más comunes son A4, A3, etc.) de sus menús desplegables.

2.3. Columnas

También puedes dividir el texto en columnas para dar un aspecto profesional y organizado. A través de la opción *Columnas*, existe la posibilidad de establecer columnas de forma predeterminada, o bien personalizarlas desde *Más columnas* (Fig. 5.5).

Fig. 5.5. Columnas.

CASO PRÁCTICO 2

Establecer columnas personalizadas.

Vamos a dar un formato de cuatro columnas a un texto. Para ello, vamos a seguir estos pasos:

1. Abrimos el archivo U5_Empresa digital.docx.
2. Seleccionamos todo el texto con la combinación de teclas **[Ctrl + E]**.
3. Mediante el botón *Justificar* del grupo *Párrafo* de la ficha *Inicio*, establecemos un formato justificado.
4. Seleccionamos el tercer párrafo.
5. A continuación, seleccionamos la opción *Más columnas* del botón *Columnas* del grupo *Configurar página* de la ficha *Formato*. Se abre el cuadro de diálogo *Columnas...*
6. Establecemos 4 en el cuadro *Número de columnas* y un espaciado de 1 cm.
7. Pulsamos *Aceptar*.

Solución:

El resultado debe quedar como ves en la Figura 5.6.

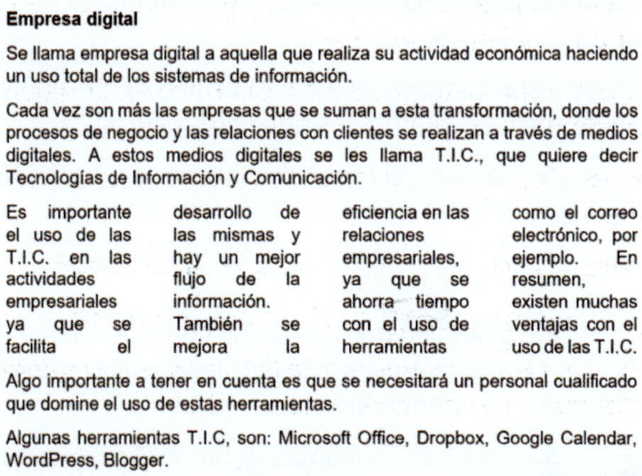

Empresa digital

Se llama empresa digital a aquella que realiza su actividad económica haciendo un uso total de los sistemas de información.

Cada vez son más las empresas que se suman a esta transformación, donde los procesos de negocio y las relaciones con clientes se realizan a través de medios digitales. A estos medios digitales se les llama T.I.C., que quiere decir Tecnologías de Información y Comunicación.

Es importante el uso de las T.I.C. en las actividades empresariales ya que se facilita el desarrollo de las mismas y hay un mejor flujo de la información. También se mejora la eficiencia en las relaciones empresariales, ya que se ahorra tiempo con el uso de herramientas como el correo electrónico, por ejemplo. En resumen, existen muchas ventajas con el uso de las T.I.C.

Algo importante a tener en cuenta es que se necesitará un personal cualificado que domine el uso de estas herramientas.

Algunas herramientas T.I.C, son: Microsoft Office, Dropbox, Google Calendar, WordPress, Blogger.

Fig. 5.6. Texto dividido en columnas.

ACTIVIDADES

1. Descarga una plantilla en línea de Word y crea una nueva basada en ella.
2. Localiza la ficha o fichas de Word desde las que se pueden insertar saltos en un documento.
3. Resalta la diferencia que existe entre insertar un *Salto de página* y un *Salto de sección* de *Página siguiente*.
4. Muestra el cuadro de diálogo *Configurar página* y localiza las opciones de impresión. ¿Qué opciones crees que usarás habitualmente?
5. Crea un documento de Word e inserta un texto de un par de párrafos en el que utilices los botones Guiones y Números de línea.

3. Encabezados y pies de página

El **encabezado** y el **pie de página** son elementos de formato que se repiten en la parte superior e inferior de las páginas de un documento.

Están comprendidos entre los márgenes y se pueden colocar en todas las páginas del documento o solamente en algunas. Pueden contener texto, gráficos, fechas, números de página, etc. Se emplean para resaltar, orientar o proporcionar información acerca del contenido del texto escrito.

3.1. Encabezados y pies de página predeterminados

Los encabezados y los pies predeterminados de Word facilitan el uso de esta herramienta, empleada en toda clase de documentos. Al insertar o editar un encabezado o un pie de página se muestra la ficha *Diseño* de las *Herramientas para encabezado y pie de página* (Fig. 5.7).

Con el grupo *Insertar*, se pueden introducir imágenes y elementos rápidos en los encabezados y pies.

Con los botones del grupo *Navegación*, nos podemos trasladar del encabezado al pie, etc.

El grupo *Cerrar* sirve para cerrar el encabezado o el pie.

El botón *Número de página* nos permite formatear el número de página a través del cuadro de diálogo *Formato de los números de página.*

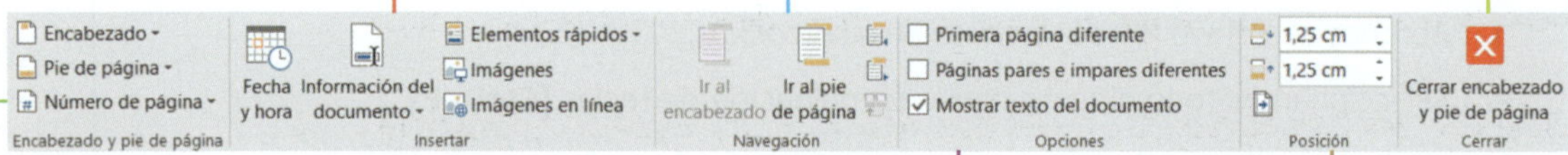

El grupo *Opciones* sirve para configurar los encabezados y pies.

El grupo *Posición* nos permite establecer la distancia del encabezado al borde de la página.

Fig. 5.7. Herramientas para encabezado y pie de página.

CASO PRÁCTICO 3

Crear y formatear encabezados y pies de página.

Vamos a establecer encabezados y pies de página predeterminados.

1. Abrimos un documento nuevo y activamos la ficha *Insertar.*
2. Hacemos clic en el botón *Encabezado* del grupo *Encabezado y pie de página.*
3. Seleccionamos el tipo *Retrospectiva,* o uno de tu elección. Se visualizará una nueva cinta de opciones dedicada a los encabezados y pies.
4. Escribimos el título del documento; en nuestro caso, «Gestión empresarial». Centramos el texto. Para ello, seleccionamos el título, hacemos clic en la ficha *Inicio* y pulsamos el botón *Centrar* del grupo *Párrafo.*
5. Hacemos clic sobre la ficha *Diseño* (Fig. 5.8) correspondiente a las *Herramientas para encabezado y pie de página* para volver a ver su *Cinta de opciones.*

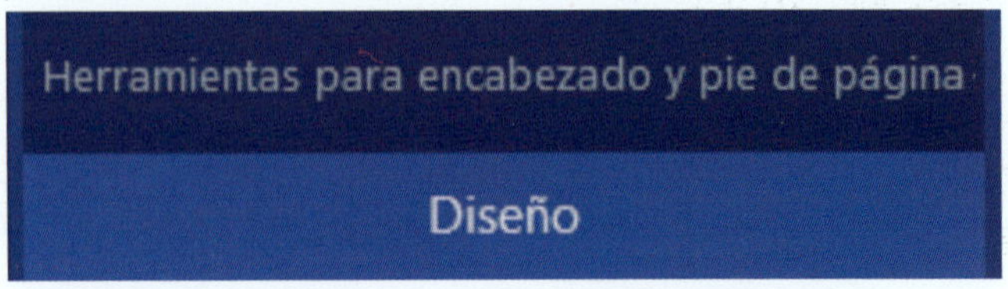

Fig. 5.8. Ficha Diseño *de* Encabezado y pie de página.

6. Seleccionamos el elemento *Fecha,* abrimos la lista desplegable y pulsamos sobre el botón *Hoy.*
7. Seguidamente, hacemos clic sobre el botón *Ir al pie de página.*
8. Desplegamos las opciones del botón *Pie de página,* elegimos el estilo *Retrospectiva* y ponemos nuestro nombre en el elemento *Autor.*
   a) Para formatear el número de página con números romanos, ejecutamos las siguientes pautas:
      1. Abrimos el menú de opciones del botón *Número de página* y elegimos *Formato del número de página.* Aparece el cuadro de diálogo *Formato de los números de página.*
      2. Seleccionamos la opción correspondiente a números romanos de la lista desplegable *Formato de número* y pulsamos el botón *Aceptar.*
      3. Para salir, pulsamos el botón *Cerrar encabezado y pie de página.*

Solución:

Debe quedar como ves en la Figura 5.9.

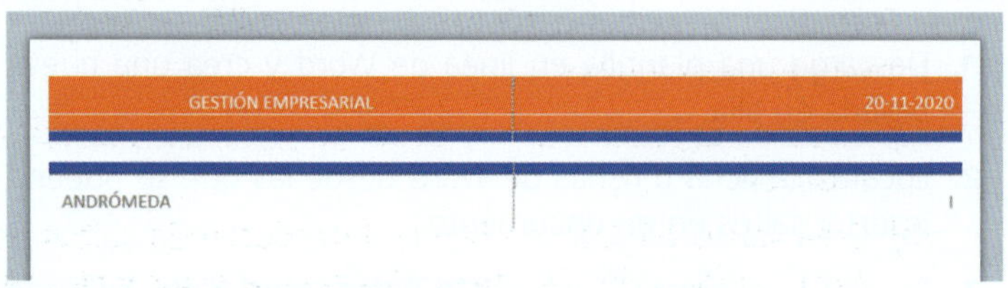

Fig. 5.9. Resultado de Encabezado y pie de página.

3.2. Encabezados y pies de página personalizados

Puede que no nos interese utilizar los encabezados y pies de página predeterminados; por eso, existe la posibilidad de crearlos desde cero e incluir los elementos que deseemos.

ACTIVIDAD GUIADA 3

Inserta un encabezado y pie de página en blanco:

1. Abre un documento nuevo y activa la ficha *Insertar*.
2. Haz clic en el botón *Encabezado* del grupo *Encabezado y pie de página.*
3. Selecciona el tipo *En blanco.*
4. A continuación, se activa la ficha *Diseño* de las *Herramientas para encabezado y pie de página.* Puedes insertar elementos propios de esta ficha, o bien elementos que nos proporciona la ficha *Insertar.*

TRUCO

Para editar y activar la ficha *Diseño* de *Encabezados y pie de página,* basta con hacer doble clic sobre un elemento del encabezado o pie de página.

Para salir del modo edición, haz doble clic fuera de la zona de encabezado o pie de página, en otro lugar del documento.

3.3. Inserción de elementos

El grupo *Insertar* de las *Herramientas para encabezado y pie de página* nos provee de una serie de elementos disponibles para insertarlos en los encabezados y pies de página. Desde la ficha *Insertar*, también se pueden añadir multitud de elementos (Fig. 5.10).

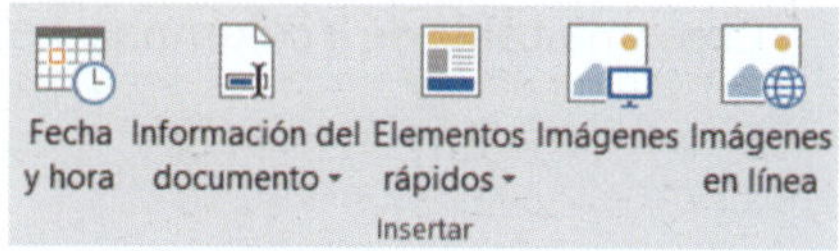

Fig. 5.10. Grupo Insertar *de las* Herramientas para encabezado y pie de página.

3.4. Otras opciones para el encabezado y el pie de página

Dentro de la cinta de opciones que nos proporciona la ficha *Diseño* de las *Herramientas para encabezado y pie de página*, existen opciones muy interesantes, como hacer que las páginas pares e impares sean diferentes, hacer que la primera página sea diferente, establecer posiciones, navegar por los distintos encabezados y pies de página, etc.

Estas opciones se encuentran en los grupos *Navegación, Opciones* y *Posición* (Fig. 5.11).

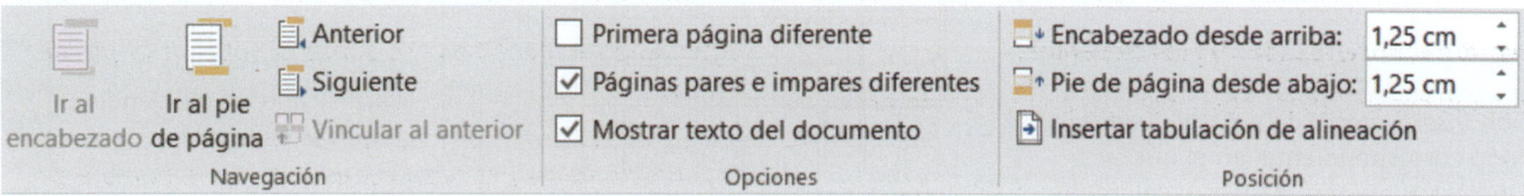

Fig. 5.11. Opciones de Herramientas para encabezado y pie de página.

3.5. Eliminar encabezados y pies de página

Si deseamos eliminar un encabezado o pie de página, existen dos opciones:

- Eliminar todos sus elementos manualmente.
- Seleccionar las opciones *Quitar encabezado* (Fig. 5.12) o *Quitar pie de página* de los botones *Encabezado* y *Pie de página.*

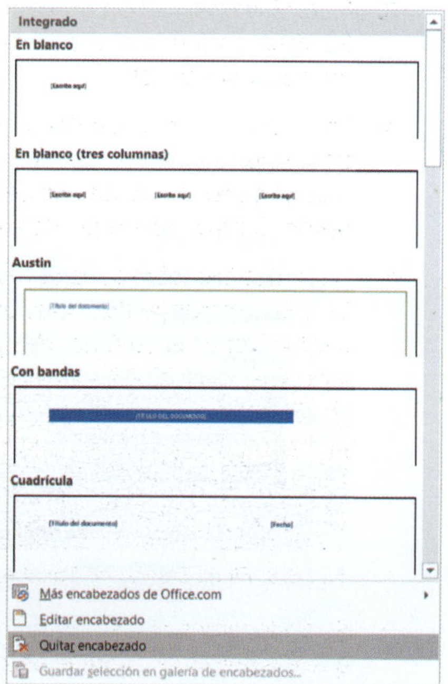

Fig. 5.12. Eliminar encabezado.

ACTIVIDADES

6. En un nuevo documento, diseña encabezados y pies de página, agregando los siguientes elementos rápidos:

- Fecha con el formato: dddd, dd' de 'MMMM' de 'yyyy.
- Título en mayúsculas.

a) Edita los encabezados y pies de página haciendo uso de los grupos *Opciones* y *Posición.*

b) Crea varias páginas en blanco introduciendo saltos de página. Utiliza el grupo *Navegación* y desplázate por los encabezados y pies de página.

c) Elimina los encabezados y pies de página en un solo paso.

4. Tablas

TRUCO

Para desplazarte por las celdas de una tabla, puedes utilizar:

- Los cursores del teclado.
- El ratón.
- La tecla ***Tab*** para avanzar y la combinación de teclas **[Mayús + Tab]** para retroceder.

Una **tabla** es un documento compuesto de filas (horizontales) y columnas (verticales), que se cortan perpendicularmente, formando cuadrículas.

La **celda** es el elemento esencial de las tablas, dado que en ella se puede introducir información, elementos de formato, etc.

Las tablas suelen utilizarse para organizar y representar datos, con lo que se consigue dar a los documentos un aspecto ordenado y profesional.

4.1. Primeras operaciones con tablas

Para trabajar con tablas debes conocer las operaciones básicas que puedes realizar: crearlas, seleccionarlas y seleccionar contenido, alinearlas y eliminarlas. Para ello, Word presenta varias opciones que explicamos a continuación.

ACTIVIDAD GUIADA 4

Crea una tabla de 4 columnas y 6 filas:

1. Activa la ficha *Insertar*.
2. Pulsa el botón *Tabla*. Verás que aparece un cuadro de diálogo como el de la Figura 5.13. Observa las opciones que se incluyen para crear tablas.

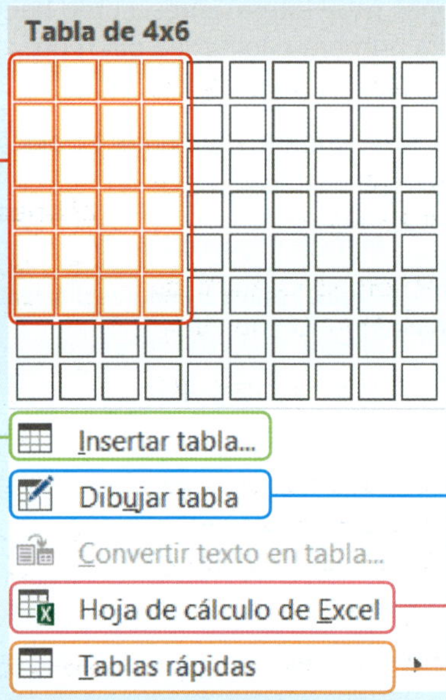

Fig. 5.13. Menú de opciones del botón Tabla.

Si desplazas el puntero del ratón por las celdas, aparece una vista previa de la tabla.

La opción *Insertar tabla* da paso al cuadro de diálogo correspondiente, en el que se puede indicar el número de filas y columnas, el autoajuste o guardar las dimensiones para nuevas tablas (véase Fig. 5.14).

El puntero del ratón se convierte en un lápiz que, al arrastrarlo, va dibujando las celdas de la tabla.

Hoja de cálculo de Excel abre la aplicación para la creación de la tabla.

Se puede crear una tabla rápida utilizando las prediseñadas que incorpora esta opción.

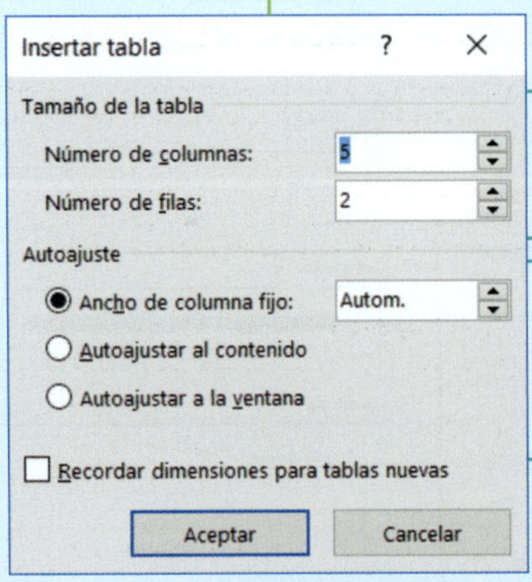

Se indica el número de columnas y filas.

Se puede ajustar la tabla respecto a la ventana del documento o de su contenido.

Fig. 5.14. Cuadro de diálogo Insertar tabla.

Para **seleccionar una tabla**, acerca el puntero del ratón a su parte superior izquierda, con lo que aparece la marca de control de la tabla ⊞. Al hacer clic sobre ella, la tabla queda seleccionada.

Para **seleccionar una columna**, sitúa el puntero del ratón encima de ella y espera a que adopte la forma de una flecha apuntando hacia abajo ⬇; en este momento, haz clic y la columna queda seleccionada.

Para **seleccionar una fila**, sitúa el puntero del ratón a la izquierda de esta y haz doble clic.

Para **seleccionar el contenido de las celdas**, sitúa el puntero del ratón en un extremo del contenido y arrastra hacia el otro extremo.

Para **alinear** una tabla entre los márgenes de una página podemos considerar la tabla como un párrafo y utilizar los botones de alineación ya vistos para el texto. En otras ocasiones, nos conviene además distribuir el texto alrededor de la tabla, o bien definir la distancia del texto a la tabla. Estas opciones se pueden elegir en el cuadro de diálogo *Propiedades de tabla*.

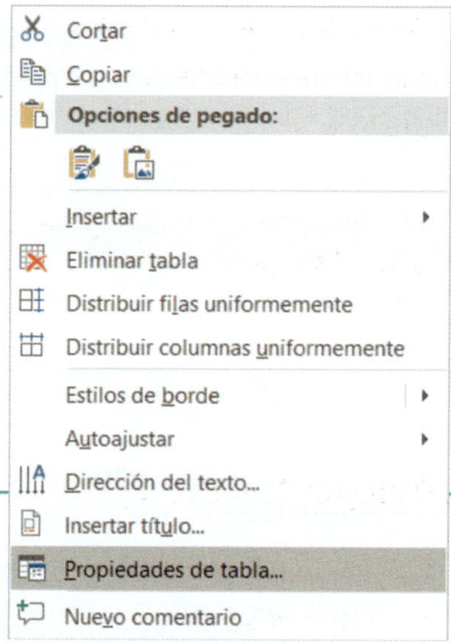

Fig. 5.15. Menú contextual Tabla.

CASO PRÁCTICO 4

Trabajar con tablas.

***a)* Alineamos las tablas y distribuimos el texto.**

1. Activamos la ficha *Insertar* y abrimos el menú de opciones del botón *Tabla*. Seleccionamos la opción *Insertar tabla*. Se abre el cuadro de diálogo *Insertar tabla.*
2. En la opción *Ancho de columna fijo*, establecemos 3 cm. Pulsamos *Aceptar*.
3. Seleccionamos la tabla y hacemos clic sobre el botón *Centrar* del grupo *Párrafo*, dentro de la ficha *Inicio*.
4. Seleccionamos la tabla, pulsamos con el botón secundario del ratón sobre ella y elegimos *Propiedades de tabla* (Fig. 5.15).
5. Activamos la ficha *Tabla* y, en la zona *Ajuste del texto*, pulsamos el botón *Alrededor*.
6. Pulsamos el botón *Posicionamiento* y, en la zona *Distancia desde el texto adyacente*, establecemos 0,5 cm para todas las posiciones. Pulsamos *Aceptar* en los cuadros de diálogo abiertos.
7. Tecleamos cualquier texto para ver cómo queda.

***b)* Modificamos el ancho de columnas.**

1. Colocamos el punto de inserción dentro de una celda de la tabla.
2. Observamos el valor que presentan los valores del grupo *Tamaño de celda* (Fig. 5.16) en la ficha *Presentación* de las *Herramientas de tabla.*
3. Establecemos un ancho de 3 cm.

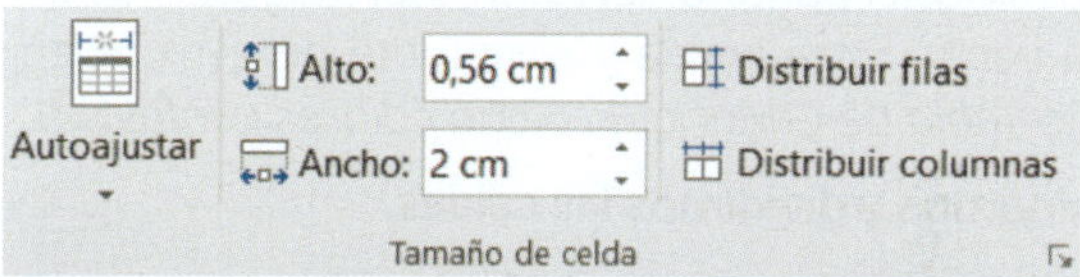

Fig. 5.16. Grupo Tamaño de celda.

***c)* Añadimos una fila y una columna a la tabla.**

1. Añadimos a la tabla una fila en la zona inferior y una columna a la derecha.
2. Colocamos el punto de inserción en la última celda de la última fila y pulsamos la tecla ***Tab.*** Se creará una fila nueva. El mismo efecto se consigue activando la ficha *Presentación* y eligiendo *Insertar debajo* del grupo *Filas y columnas.*
3. Ahora, colocamos el punto de inserción en la última columna y, en la ficha *Presentación*, elegimos *Insertar a la derecha* del grupo *Filas y columnas.*

Solución:

El resultado que obtendremos debe ser similar al de la Figura 5.17.

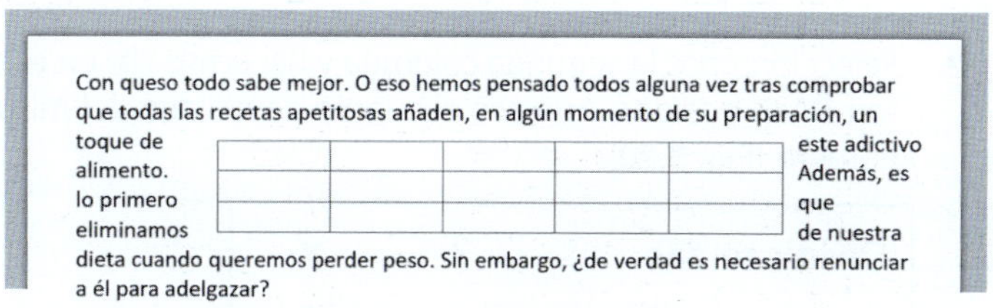

Fig. 5.17. Tabla centrada con ajuste de texto.

ACTIVIDAD GUIADA 5

Elimina una tabla:

1. Haz clic sobre cualquier celda de la tabla y, en *Herramientas de tabla*, pulsa sobre la ficha *Presentación*.
2. En el grupo *Filas y columnas*, ejecuta *Eliminar* > *Eliminar tabla.*

CASO PRÁCTICO 5

Modificar la organización y el formato de las tablas.

***a)* Aplicamos un estilo rápido a una tabla.**

El grupo *Estilos de tablas* de las *Herramientas de diseño* ofrece una amplia galería de estilos predefinidos de rápida aplicación (Fig. 5.18). Para usarlos, seguimos estos pasos:

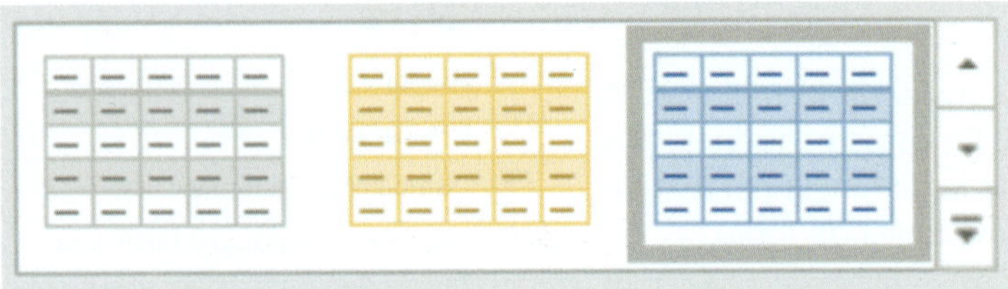

Fig. 5.18. Estilos de tabla.

1. En un documento nuevo, insertamos una tabla de 4 columnas y 6 filas.
2. Dentro del grupo *Estilos de tabla*, hacemos clic en el botón *Más* . Aparece una colección de estilos.
3. Colocamos el puntero del ratón sobre algunos de los estilos para ver su vista previa y el nombre de estilo. Elegimos el estilo *Tabla* de *Cuadrícula 6 con colores - Énfasis 5*.

***b)* Combinamos y dividimos las celdas.**

El grupo *Combinar* de la ficha *Presentación* contiene botones muy apropiados para editar tablas. A continuación, trabajaremos con ellos. Sobre la tabla creada anteriormente, realizamos estas operaciones:

1. Seleccionamos las dos primeras celdas de la primera fila y hacemos clic en el botón *Combinar celdas* del grupo *Combinar* (Fig. 5.19), dentro de la ficha *Presentación*.

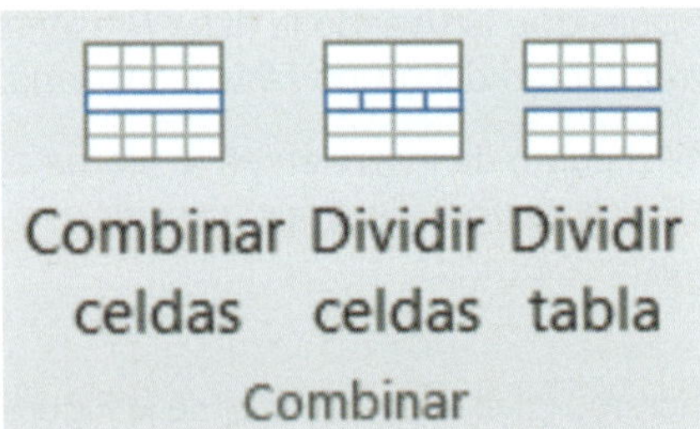

Fig. 5.19. Grupo Combinar.

2. Seleccionamos la segunda columna y hacemos clic en el botón *Dividir celdas*. Aparece el cuadro de diálogo del mismo nombre (Fig. 5.20).

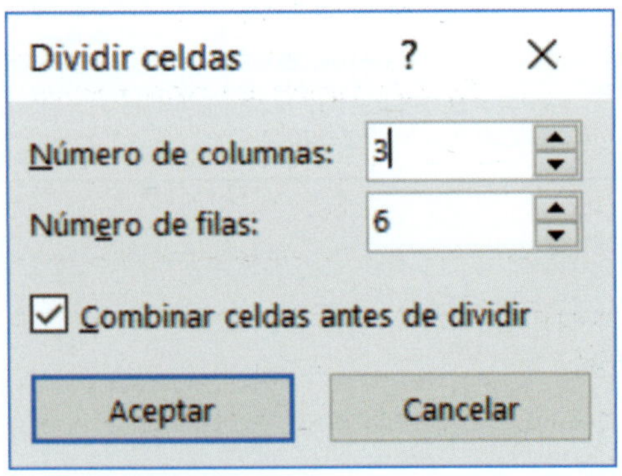

Fig. 5.20. Cuadro de diálogo Dividir celdas.

3. Establecemos 3 columnas y 6 filas y pulsamos el botón *Aceptar*.
4. Vamos a combinar y dividir celdas, como en los pasos anteriores, para que la tabla quede como la de la Figura 5.21.

***c)* Alineamos texto, cambiamos su dirección y sombreamos celdas.**

Vamos a aplicar bordes y sombreado y a alinear el texto dentro de las celdas, siguiendo estos pasos:

1. Escribimos los textos en las celdas.
2. Seleccionamos la primera celda con el texto «Características». Aplicamos un sombreado naranja desde *Inicio > Párrafo*.
3. Aplicamos *Sombreado* a las celdas de los trimestres y *Observaciones*, con color *Amarillo* y *Azul oscuro*, respectivamente.
4. Aplicamos una alineación centrada, seleccionando el botón del grupo *Alineación* de la ficha *Presentación* a todas las celdas.
5. Cambiamos la dirección del texto a las celdas de los trimestres. Para ello, seleccionamos las tres celdas de los trimestres. Pulsamos sobre el botón *Dirección del texto*, que se encuentra en el grupo *Alineación* de la ficha *Presentación*. Pulsamos el botón varias veces hasta que aparezca la dirección deseada.
6. Alineamos el texto de las celdas de los trimestres. Estando seleccionadas estas celdas, pulsamos sobre el botón *Alinear arriba en el centro* , que se encuentra en el grupo *Alineación* de la ficha *Presentación*.

Solución:

Después de realizar todas estas operaciones, hemos conseguido un aspecto muy diferente y muy profesional para nuestra tabla (Fig. 5.21).

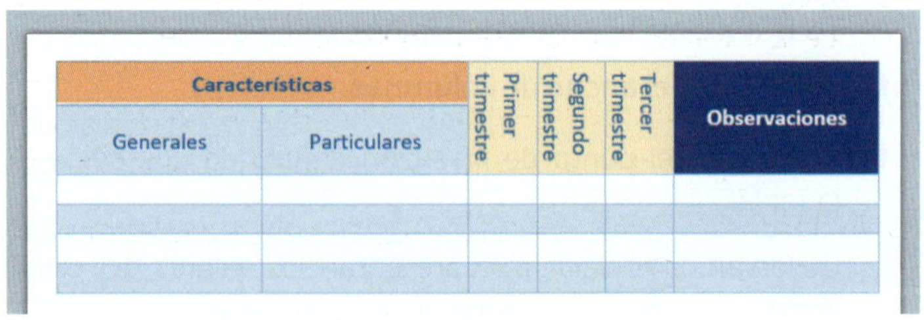

Características		Primer trimestre	Segundo trimestre	Tercer trimestre	Observaciones
Generales	Particulares				

Fig. 5.21. Tabla con estilo aplicado y modificada.

ABC VOCABULARIO

- **Combinar celdas.** Convierte varias celdas en una sola.
- **Dividir celdas.** Convierte una sola celda en varias más pequeñas.
- **Dividir tabla.** Genera varias tablas a partir de una.

4.2. Ordenaciones con tablas

Si tenemos una o más columnas con texto escrito en una tabla, Microsoft Word permite ordenar las filas según la información contenida en una determinada columna o en varias de ellas. La ordenación puede ser ascendente (del 0 al 9 y de la A a la Z) o descendente (del 9 al 0 y de la Z a la A).

ACTIVIDAD GUIADA 6

Ordena una tabla atendiendo a los datos de una columna:

1. Abre el archivo U5_Datos de clientes.docx.
2. Activa una celda de la primera columna y pulsa la ficha *Presentación*.
3. Sitúate sobre el grupo *Datos* y haz clic en *Ordenar* (Fig. 5.22).
4. En la opción *Ordenar por,* selecciona «POBLACIÓN» como primer criterio de ordenación. Aparece seleccionada por defecto la opción *Ascendente*.
5. Pulsa *Aceptar* y observa cómo la tabla se ha ordenado alfabéticamente por la columna POBLACIÓN.

Fig. 5.22. Opciones del grupo Datos.

4.3. Operaciones aritméticas en tablas

En Microsoft Word, se pueden realizar operaciones aritméticas como en una hoja de cálculo, aunque con muchas menos posibilidades. Para ello, conviene utilizar tablas y conocer las referencias de las celdas; es decir, el nombre que las identifica dentro de la tabla.

El nombre de una celda tiene relación con el lugar que ocupa en la cuadrícula y está formado por una letra para indicar la columna (A, B, C, que corresponden a las columnas 1, 2 y 3) y un número para la fila (1, 2, 3,...). Por ejemplo, C2 indica que la celda corresponde a la columna C y la fila número 2. Es, por tanto, la intersección de ambas.

ABC VOCABULARIO

Rango de celdas. Conjunto de celdas contiguas que toma el nombre de la primera y de la última.

CASO PRÁCTICO 6

Sumar la columna de una tabla.

Vamos a insertar una fórmula en la celda B5 de la tabla de la Figura 5.23 para que sume las celdas situadas sobre ella.

1. En un documento nuevo, insertamos una tabla de 2 columnas y 5 filas y rellenamos con valores numéricos todas sus celdas excepto la celda B5.
2. Situamos el punto de inserción en la celda B5 y, en la ficha *Presentación*, pulsamos el botón *Fórmula* del grupo *Datos*. Así, aparece el cuadro de diálogo correspondiente (Fig. 5.24) con la fórmula de suma predeterminada.
3. Elegimos el formato de número #.##0, 00 €;(#.##0,00 €) y pulsamos *Aceptar*. Nos aparece la suma en B5. También hay otras formas de sumar los valores.

= b2+b3+b4	Los nombres de celda intercalando el signo +.
= SUM(b2:b4)	La función suma (SUM) y el rango de celdas b2:b4 entre paréntesis.

Solución:

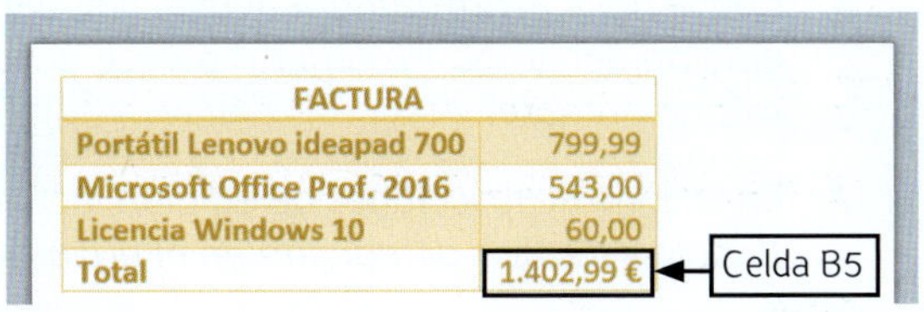

FACTURA	
Portátil Lenovo ideapad 700	799,99
Microsoft Office Prof. 2016	543,00
Licencia Windows 10	60,00
Total	1.402,99 €

Fig. 5.23. Suma de valores.

La fórmula =*SUM(ABOVE)* suma los valores numéricos situados en las celdas superiores.

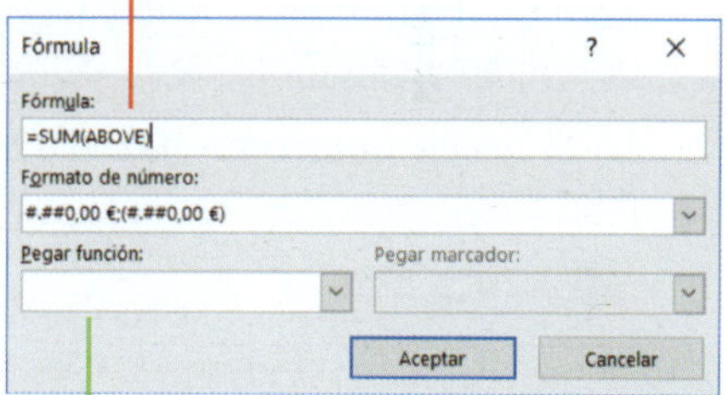

Para aplicar otra función, puedes abrir esta lista.

Fig. 5.24. Cuadro de diálogo Fórmula.

ACTIVIDADES

7. Crea un nuevo estilo de tabla y utilízalo sobre una tabla de ejemplo creada por ti.
8. ¿Dónde se encuentran las opciones de ordenación de las tablas?
9. ¿Con cuántos criterios como máximo puedes ordenar una tabla en Word?
10. ¿Es posible convertir una tabla de Word en texto?

5. Programador

Dentro de la ficha *Programador* destacan los grupos *Controles* y *Código*. El grupo *Controles* se utiliza para la creación de formularios y el grupo *Código* para automatizar tareas a través de macros. Aprenderemos más sobre ellos en los siguientes epígrafes.

Es importante conocer previamente que, para visualizar esta ficha, primero debemos configurar el entorno de trabajo, ya que esta no aparece por defecto.

5.1. Formularios

> Los **formularios** son documentos que presentan los datos organizados en forma de ficha.

Esta estructura los dota de orden y claridad y los hace muy adecuados para la recogida de datos de cualquier índole. Como ejemplos de utilización de formularios podemos citar los siguientes:

- El director del Departamento de Recursos Humanos necesita recabar información sobre las preferencias del personal.
- En una página web para el sondeo de opiniones del público en general.

ACTIVIDAD GUIADA 7

Visualiza la ficha *Programador*:

1. Haz clic en la ficha *Archivo* y pulsa sobre *Opciones*. A continuación, se abre el cuadro de diálogo *Opciones de Word*.
2. Muestra las opciones de *Personalizar cinta de opciones*.
3. Activa la casilla de verificación *Programador* (Fig. 5.25) de *Pestañas principales* y pulsa *Aceptar*.

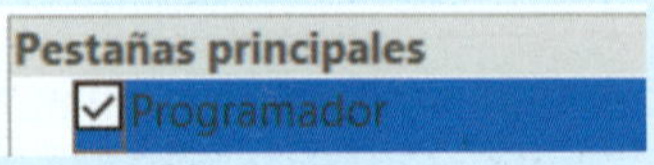

Fig. 5.25. Ficha Programador *activa.*

Diseña un formulario como el del archivo U5_Formulario.docx para realizar una encuesta al personal de tu empresa:

1. Abre un documento nuevo y haz clic en la ficha *Programador*. Aparece su *Cinta de opciones*.
2. En el grupo *Controles*, haz clic en el botón *Modo diseño* (Fig. 5.26).

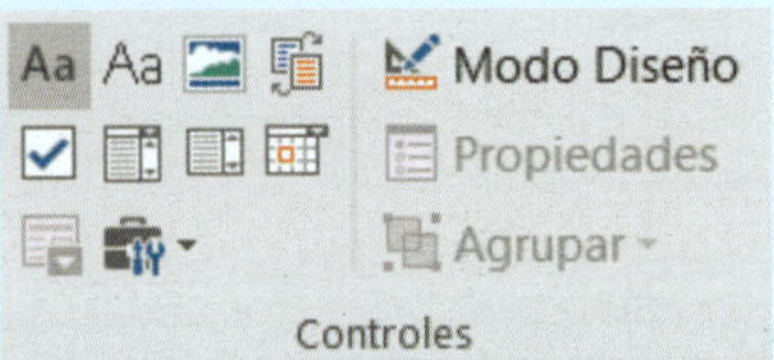

Fig. 5.26. Grupo Controles *de la ficha* Programador.

3. Para que el usuario del formulario pueda cumplimentar los datos, se insertan controles de contenido. Para rellenar el campo *Nombre y apellidos*, inserta el *Control de contenido* de *Texto enriquecido* Aa, situando el punto de inserción a la derecha del texto *Nombre y apellidos*. Repite el proceso para el resto de los campos que lo lleven.
4. Sitúa el punto de inserción a la derecha del texto *Fecha de entrada en la empresa* y haz clic en el control *Selector de fecha*.
5. Por último, sitúa el punto de inserción a la derecha del texto *Servicio indispensable para mí* y pulsa el control *Lista desplegable*. Repite el proceso para el resto de los campos.

Edita las propiedades de los controles:

1. Pulsa con el botón secundario sobre el control *Selector de fecha* y elige *Propiedades*.
2. Aparece el cuadro de diálogo *Propiedades* del *Control de contenido*. Selecciona un formato de fecha y pulsa *Aceptar*.
3. Repite el paso 1 con los controles *Lista desplegable* de la zona *Servicios para el personal*.
4. En la zona *Propiedades* de la lista desplegable, haz clic en *Agregar*.
5. En el cuadro de diálogo *Agregar opción*, escribe «Parking interno» y pulsa *Aceptar*. Repite el proceso para las demás entradas de la lista: «Guardería», «Cafetería», «Ninguno». Pulsa de nuevo *Aceptar*.
6. Aplica las siguientes entradas de lista para los controles de la zona *Trato recibido en la empresa:* «Excelente», «Bueno», «Normal», «Malo», «Pésimo».

Protege el formulario para evitar que se produzcan cambios:

1. Con la ficha *Programador* activa, pulsa el botón *Restringir edición* del grupo *Proteger*. Aparece el panel de tareas del mismo nombre.
2. En la zona *Restricciones de edición*, activa la casilla *Permitir solo este tipo de edición en el documento*.
3. En la lista, elige *Rellenando formularios*.
4. Desactiva el botón *Modo Diseño* Modo Diseño y pulsa en *Sí, para aplicar la protección*.
5. Escribe y confirma la contraseña. Pulsa *Aceptar*.
6. El formulario queda protegido y preparado para ser cumplimentado.

CASO PRÁCTICO 7

Crear un formulario.

Trabajas como administrativo en el gimnasio Akuarius, donde les gusta tener una primera toma de contacto con sus clientes y conocer su estado físico, sus objetivos y su interés por las actividades del centro. Para ello, te piden que crees un formulario que contenga la información y los componentes del documento de la imagen (Fig. 5.27):

1. Creamos un nuevo documento en blanco y añadimos una tabla de 2 columnas por 10 filas mediante el botón *Tabla* de la ficha *Insertar*. Pulsando sobre la tabla, accedemos a las fichas *Diseño* y *Presentación* de las herramientas de tabla, para darle formato.
2. Rellenamos la tabla con el texto.
3. Introducimos los controles de contenido que indicamos dentro de las celdas, accediendo a la ficha *Programador* y al grupo *Controles*.
4. Para insertar los botones de opción, pulsamos el botón *Herramientas heredadas* y seleccionamos el *Botón de opción (control ActiveX)*.
5. Modificamos las propiedades de los controles haciendo clic sobre uno de ellos y seleccionando la opción *Propiedades* de su menú contextual.

Solución:

El resultado que obtenemos es el siguiente:

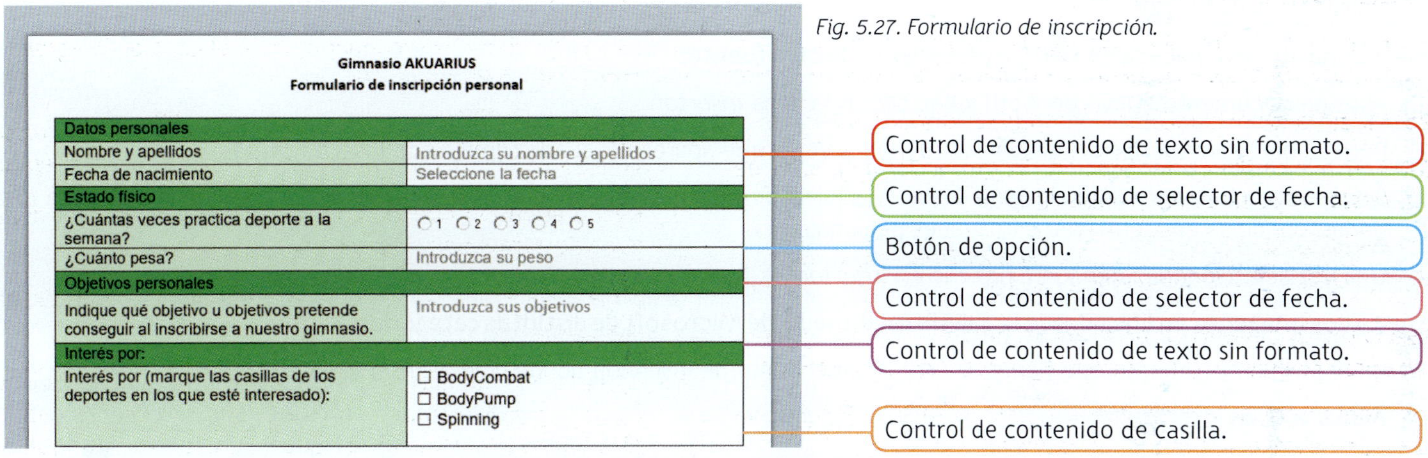
Gimnasio AKUARIUS
Formulario de inscripción personal

Datos personales	
Nombre y apellidos	Introduzca su nombre y apellidos
Fecha de nacimiento	Seleccione la fecha
Estado físico	
¿Cuántas veces practica deporte a la semana?	◯1 ◯2 ◯3 ◯4 ◯5
¿Cuánto pesa?	Introduzca su peso
Objetivos personales	
Indique qué objetivo u objetivos pretende conseguir al inscribirse a nuestro gimnasio.	Introduzca sus objetivos
Interés por:	
Interés por (marque las casillas de los deportes en los que esté interesado):	☐ BodyCombat ☐ BodyPump ☐ Spinning

Fig. 5.27. Formulario de inscripción.

IMPORTANTE

En los controles de un formulario existen dos que son similares: el *Botón de opción* ◯ y el *Botón de casilla* ☐. Estos controles suelen agruparse en listas y la diferencia es que en un grupo de botones de opción solo puede seleccionarse uno, mientras que en un grupo de botones de casilla pueden seleccionarse uno, varios o todos.

5.2. Macros

Una **macro** es un conjunto de acciones programadas que se ejecutan dentro de Word a través de una combinación de teclas o un botón.

Dentro de la ficha *Programador* se encuentra el grupo *Código* (Fig. 5.28), donde aparecen los controles necesarios para automatizar tareas.

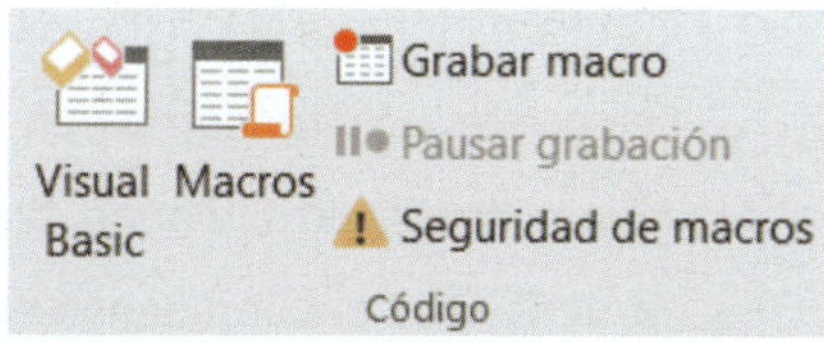

Fig. 5.28. Grupo Código *de la ficha* Programador.

ACTIVIDADES

11. En los formularios:

a) ¿Cómo se activa la ficha *Programador*?

b) Busca en Internet información de los grupos que se ubican dentro de la ficha *Programador* y, en un documento nuevo, escribe una breve descripción del uso que tiene cada uno.

c) Describe en un documento nuevo de Word los pasos a seguir para desproteger un formulario.

CEO

Aprende más sobre macros con el documento U5_Crea tu propia macro.docx.

Fig. 5.29. Botones del grupo Ilustraciones.

6. Ilustraciones

Una forma de mejorar la presentación de los documentos consiste en acompañar el texto con imágenes y gráficos ilustrativos. En *Insertar > Ilustraciones* (Fig. 5.29) encontrarás los siguientes tipos:

- **Imágenes.** Son archivos que muestran una representación visual. Estas imágenes proceden del equipo que estás usando o de otras fuentes (como tu cámara).
- **Imágenes en línea.** Imágenes procedentes de Internet (se buscan dentro de Word a través de Bing).
- **Formas.** Incluyen autoformas, curvas, líneas, flechas, etc.
- Gráficos **SmartArt.** Se utilizan para representar visualmente información en forma de organigrama.
- **Gráficos.** Se utilizan para representar datos en un gráfico de estilo determinado (circular, línea, barra, etc.).
- **Captura** [Captura ▾]. Es una opción con la que puedes insertar una captura o recorte de tu pantalla en un documento de Word.

6.1. Insertar imágenes y capturas de pantalla

En tus documentos, puedes insertar imágenes desde un archivo o desde Internet, o puedes realizar capturas. Vamos a ver cómo lo hacemos.

ACTIVIDAD GUIADA 8

Inserta una imagen ubicada en tu PC o procedente de otra fuente:

1. Abre un documento nuevo de Word y haz clic en la ficha *Insertar*.
2. Pulsa el botón *Imágenes* del grupo *Ilustraciones*. Verás que aparece el cuadro de diálogo *Insertar imagen*.
3. Selecciona una imagen a tu elección desde cualquier fuente. En este caso, hemos insertado una imagen de la biblioteca *Imágenes*, donde se encuentran tus imágenes personales.
4. Una vez seleccionada la imagen, haz clic en *Insertar*.

Inserta dos imágenes en línea desde la galería multimedia de Microsoft de distintas categorías:

1. En el mismo documento que tienes abierto, sitúa el punto de inserción donde quieras insertar la imagen.
2. Activa la ficha *Insertar*.
3. Pulsa sobre *Imágenes en línea*. Aparece el cuadro de diálogo *Insertar imágenes*.
4. Introduce la palabra «ordenador» en el cuadro de búsqueda y pulsa sobre el botón de lupa para buscar [ordenador ×].
5. En el área inferior de dicho panel aparecen los resultados (Fig. 5.30).
6. Selecciona una imagen de un ordenador portátil y pulsa *Insertar*.
7. Ahora, inserta otra imagen, buscando esta vez la palabra «mariposa».
8. Ya tienes tus dos imágenes en el documento. Observa que, al seleccionar una imagen, se muestran sus puntos de control (Fig. 5.31). Si colocas el cursor sobre una de las esquinas y arrastras, puedes cambiar su tamaño, a la vez que conservas sus proporciones. A través del icono [icono], puedes cambiar las opciones de diseño.

Fig. 5.30. Búsqueda de imágenes en línea.

Realiza una captura e insértala en tu documento:

1. Con la ficha *Insertar* activa, sitúa el punto de inserción donde vayas a insertar la imagen.
2. Pulsa sobre el botón *Captura*.
3. A continuación, selecciona *Recorte de pantalla*. Al seleccionarlo, tu documento se retira de la pantalla y te muestra las ventanas abiertas en ese momento. Puede ser tu escritorio u otro programa que tengas abierto.
4. Recuadra la parte que te interesa capturar y la imagen capturada se inserta automáticamente.

Fig. 5.31. Puntos de control de imagen.

6.2. Formato de imágenes

Una imagen insertada en un documento tiene un tamaño, un color, un estilo de diseño, un efecto 3D, etc. Puedes editar estas propiedades a través del panel *Formato de imagen,* o bien con las *Herramientas de imagen.*

Si visualizas el menú contextual de la imagen (haciendo clic con el botón secundario sobre ella), podrás elegir la opción *Formato de imagen,* a través de la cual se abre el panel *Formato de imagen* (Fig. 5.32).

Las *Herramientas de imagen* se hacen visibles en la *Cinta de opciones* al pulsar doble clic sobre la imagen (Fig. 5.33).

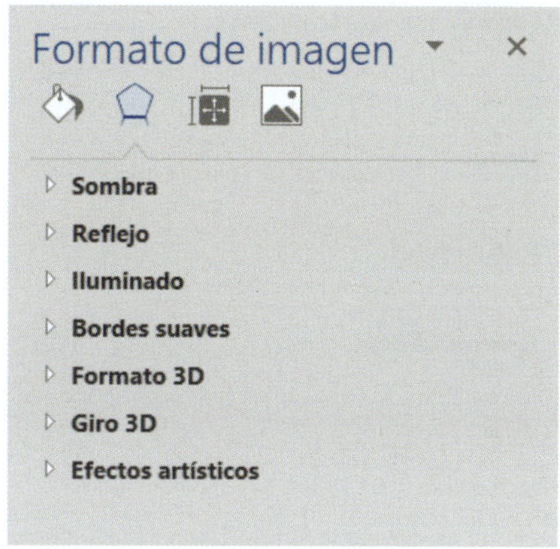

Fig. 5.32. Panel Formato de imagen.

Grupo *Estilos de imagen.* A través de este grupo, se pueden aplicar efectos a la imagen, añadir un borde, etc. Pulsando sobre el botón iniciador, se abre el panel *Formato de forma.*

Grupo *Tamaño.* A través de este grupo, se asigna un tamaño a la imagen y se recorta la imagen. Pulsando el botón iniciador, se abre el cuadro de diálogo *Diseño*, con más opciones configurables sobre posición, ajuste del texto y tamaño.

Grupo *Ajustar.* A través de este grupo, se pueden hacer cambios en el color, añadir efectos, realizar correcciones, restablecer la imagen, etc.

Grupo *Organizar.* A través de este grupo, se puede establecer la posición de la imagen, el ajuste del texto alrededor de la imagen, etc. También se puede girar o voltear la imagen.

Fig. 5.33. Herramientas de imagen.

6.3. Agrupar y desagrupar imágenes

En ocasiones, te será de mucha utilidad agrupar varias imágenes, formas y otros objetos para formar una sola imagen agrupada. Una vez agrupada, será posible modificar el aspecto global de la imagen. Word nos permite incluso cambiar el aspecto de una imagen de la agrupación sin afectar al resto.

Para agrupar imágenes hay que seleccionar los elementos a agrupar mientras se mantiene pulsada la tecla ***Ctrl*** o ***Mayús***. Observa cómo el puntero del ratón adquiere la siguiente forma: . Una vez seleccionados los elementos, haz clic con el botón derecho y selecciona la opción *Agrupar* desde el menú contextual.

El botón *Agrupar/Desagrupar* se encuentra en la ficha *Formato* (que se activa al seleccionar una imagen o forma) dentro del grupo *Organizar.*

IMPORTANTE

La agrupación de imágenes es posible siempre que su alineación no sea en línea con el texto.

Fig. 5.34. Formas agrupadas con formato.

CASO PRÁCTICO 8

Insertar formas, agruparlas y aplicar formato.

1. Creamos un nuevo documento de Word en blanco y activamos la ficha *Insertar.*
2. Pulsamos el botón *Formas* y elegimos las formas *Cruz, Forma en L* y *Arco de bloque.*
3. Para que las formas del mismo tipo sean iguales, las copiamos y pegamos utilizando las opciones del *Portapapeles* que ya conoces o las teclas de método abreviado **[Ctrl + C]** y **[Ctrl + V].**
4. Las rotamos mediante el botón *Girar* del grupo *Organizar* de la ficha *Formato* de las *Herramientas de dibujo.*
5. Agrupamos las imágenes. Para ello, una vez seleccionadas (con ayuda de la tecla ***Ctrl*** o ***Mayús),*** elegimos la opción *Agrupar* del menú contextual.
6. Por último, aplicamos un estilo con las siguientes características: relleno de forma de color azul claro con degradado desde el centro. Efecto de forma bisel redondo.

Solución:

Con la composición de formas que hemos insertado y modificado, hemos conseguido realizar un bonito logo (Fig. 5.34), pero con tu imaginación puedes hacer lo que te propongas.

6.4. Formas

Una **forma** es una figura de formato libre prediseñado.

Las categorías de formas se encuentran en la lista desplegable del botón *Formas* (Fig. 5.35), en el grupo *Ilustraciones*. Para trazarlas, ten en cuenta que:

- Al hacer clic sobre ellas, el puntero adopta la forma de una cruz.
- Debes elegir el punto de inserción, hacer clic con el ratón y arrastrar manteniéndolo pulsado para insertar la forma del tamaño que quieras. Si solo haces clic sobre el documento, se crean con un tamaño predefinido.

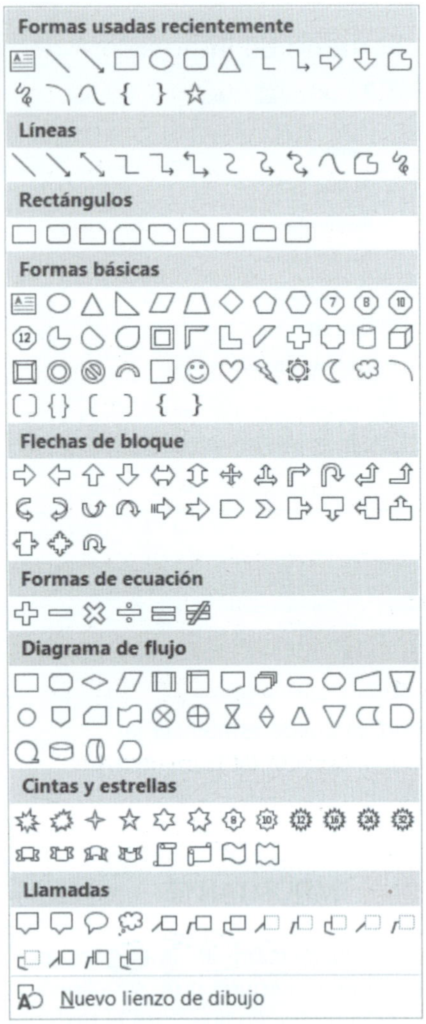

Fig. 5.35. Menú del botón Formas.

CASO PRÁCTICO 9

Utilizar las herramientas de dibujo y aplicar efectos.

Vamos a dibujar las formas que aparecen en la Figura 5.36 para luego moverlas, ajustar su tamaño, aplicar rellenos, ordenarlas y agregar texto. Recuerda que estas herramientas aparecen cuando se inserta o se selecciona una forma.

1. Abrimos el menú del botón *Formas* y dibujamos la forma básica *Rectángulo: esquina doblada*. Aparece entonces la ficha *Formato* de *Herramientas de dibujo.*
2. Aumentamos el tamaño del rectángulo con los puntos de control.
3. Hacemos doble clic sobre la forma insertada y observamos cómo se activan las opciones de formato de la ficha *Herramientas de dibujo.*
4. Pulsamos el botón *Relleno de forma* y aplicamos un color aguamarina con degradado lineal diagonal.
5. Agregamos texto a la forma básica *Rectángulo*. Para ello, seleccionamos la forma y escribimos el texto. También podemos elegir la opción *Agregar texto* del menú contextual y escribir el texto.
6. Insertamos todas las formas básicas que aparecen dentro del rectángulo: *Rayo, Arco de bloque, Símbolo No permitido, Cara sonriente, Nube* y *Luna.*
7. A la forma *Arco de bloque* le aplicamos un tamaño y una anchura parecidos a los de la imagen. Para modificar la anchura de la forma, movemos el punto amarillo que aparece a la derecha de la forma al seleccionarla. Aplicamos un *Efecto de forma* de tipo *Bisel Redondo.*
8. Seleccionamos la forma *Rayo* y aplicamos el color rojo como relleno.
9. Aplicamos color de relleno amarillo a la forma *Cara sonriente* y color naranja a la forma *Símbolo No permitido.*
10. Hacemos doble clic sobre la forma *Nube* y aplicamos un relleno de tipo *Textura (Papel de seda)*, desde el botón *Relleno de forma* del grupo *Estilos de forma.*
11. En la forma *Nube*, aplicamos un relleno de color gris. A continuación, aplicamos un efecto de forma de tipo *Iluminado*, en color azul.
12. Seleccionamos todas las formas con ayuda de la tecla ***Ctrl*** y las agrupamos seleccionando la opción *Agrupar* del menú contextual.

Solución:

Fig. 5.36. Conjunto de Formas.

6.5. Diagramas y gráficos

Tanto los diagramas SmartArt como los gráficos Gráfico ilustran la información, la comparan y la analizan.

> Los **diagramas** son objetos de dibujo denominados SmartArt en Word, que incluyen listas gráficas y diagramas de procesos, entre otros.
>
> Los **gráficos** son una representación, de datos numéricos generalmente, en los que la información se presenta a través de líneas, superficies, barras, etc.

6.6. Objetos de WordArt

Los objetos de dibujo WordArt permiten insertar texto con un formato especial. Normalmente, se usan para hacer portadas llamativas o en documentos que requieren algún diseño especial.

CASO PRÁCTICO 10

Utilizar WordArt.

1. En un documento nuevo, activamos la ficha *Insertar* y abrimos el menú del botón *WordArt,* dentro del grupo *Texto,* donde elegimos *Relleno: Negro; Color de texto: 1; Sombra.*
2. Con el objeto WordArt seleccionado y la ficha *Inicio* activa, elegimos *Arial Black,* tamaño 36, alineación centrada.
3. Modificamos el texto e introducimos «WORD 2016».
4. Seleccionamos el cuadro de texto del objeto WordArt haciendo doble clic y aparece la ficha *Formato* de las *Herramientas de dibujo.* Pulsamos el botón *Efectos de texto* del grupo *Estilos de WordArt* y elegimos la opción *Transformar.* Aparecen sus opciones (Fig. 5.37). Elegimos el tercer estilo de *Retorcer (Triángulo: hacia arriba).*
5. Por último, aplicamos el estilo predefinido *Relleno degradado: Aguamarina.*

Solución:

El resultado que obtenemos es como el de la Figura 5.38.

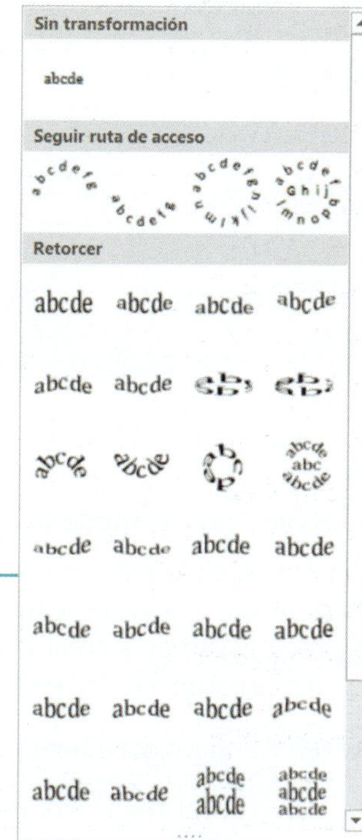

Fig. 5.37. Estilos de WordArt.

Fig. 5.38. Objeto de WordArt.

6.7. Vídeos en línea

A través de este botón (Fig. 5.39) se pueden insertar vídeos en un documento de Word. Realmente son enlaces a vídeos cuyo origen puede ser variado:

- Búsqueda de vídeos en Bing.
- YouTube.
- Otros enlaces que te llevan a vídeos de páginas webs.

Fig. 5.39. Botón Vídeo en línea.

6.8. Ecuaciones $A = \pi r^2$

Office Word facilita la introducción de expresiones matemáticas en un documento con el editor de ecuaciones π. Con este editor puedes insertar ecuaciones predeterminadas con un solo clic, crear tus ecuaciones, o bien editar ecuaciones personalizadas.

Para insertar una ecuación hay que pulsar *Insertar* > grupo *Símbolos* > botón *Ecuación.*

Una vez insertada la ecuación, se activa la ficha *Diseño* de *Herramientas de ecuación,* que contiene los grupos *Herramientas, Símbolos* y *Estructuras* (Fig. 5.40).

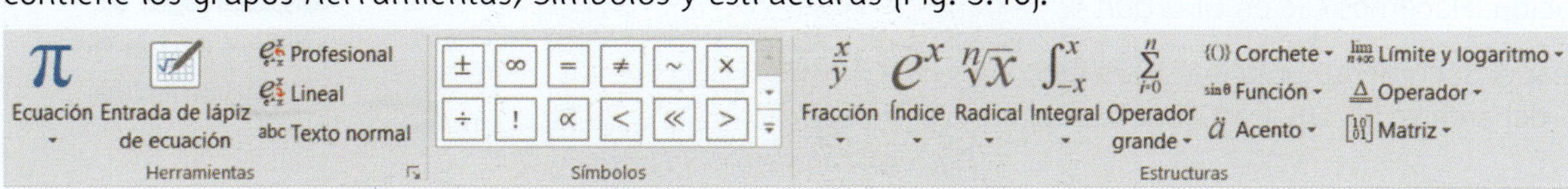

Fig. 5.40. Ficha Diseño *de* Herramientas de ecuación.

7. Combinar correspondencia

Esta potente herramienta es muy utilizada en el mundo empresarial y es fundamental para el administrativo. Esta herramienta permite la creación de documentos en serie en los que solo varía el nombre y la dirección de la persona o empresa a la que van dirigidos. Se usa para varias tareas: cartas, etiquetas postales, sobres, correo electrónico, etc.

Para crear los documentos combinados se necesitan dos elementos:

- El **documento principal**, que contiene la información fija; es decir, que no varía de un documento a otro (por ejemplo, el texto de una carta).
- La **fuente de datos**, que contiene la información que va cambiando (por ejemplo, las direcciones de los destinatarios).

CASO PRÁCTICO 11

Combinar cartas modelo.

Trabajamos en la empresa de transportes *Transur, S. L.*, que necesita dirigir una carta a sus clientes comunicando una subida de precios. Vamos a crear la tabla con los datos y la carta, y a guardar la combinación resultante. Seguimos estas indicaciones:

1. En un nuevo documento, activamos la ficha *Correspondencia.*
2. Abrimos el menú del botón *Seleccionar destinatarios* del grupo *Iniciar combinación de correspondencia* (Fig. 5.41).

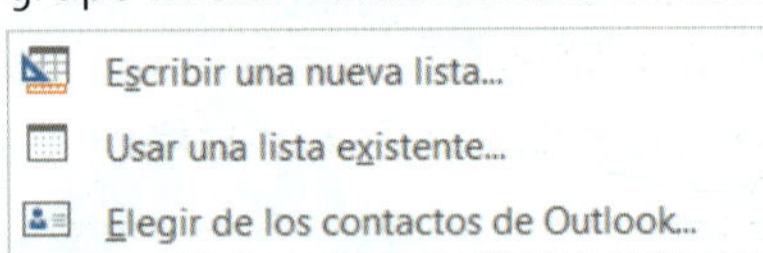

Fig. 5.41. Menú del botón Seleccionar destinatarios.

3. Hacemos clic en la opción *Escribir una nueva lista* y nos aparece el cuadro de diálogo *Nueva lista de direcciones.* Pulsamos el botón *Personalizar columnas.*
4. En el nuevo cuadro de diálogo (Fig. 5.42), agregamos las columnas correctas según la tabla U5_Tabla.docx.

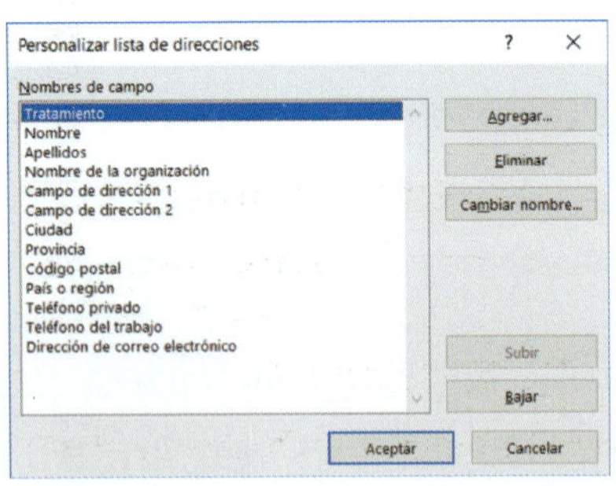

Fig. 5.42. Cuadro de diálogo Personalizar lista de direcciones.

5. Eliminamos las que no necesitamos, las ordenamos y pulsamos *Aceptar.*
6. Cumplimentamos la tabla y pulsamos *Aceptar.* En el cuadro de diálogo *Guardar lista de direcciones* escribimos el nombre de la tabla: «Lista origen». Esta tabla se guardará de forma predeterminada en la carpeta *Mis archivos de origen de datos,* dentro de la carpeta *Documentos* del usuario con el que hayamos iniciado sesión en Windows. Es recomendable no cambiar la ubicación. Hacemos clic en *Guardar.*
7. El siguiente paso es crear el documento principal . Para ello, copiamos el contenido del archivo U5_Carta.docx en el documento actual.
8. Hacemos clic de nuevo en el botón *Seleccionar destinatarios* y elegimos la opción *Usar una lista existente.* Pulsamos doble clic en *Lista origen* de la carpeta *Mis archivos de origen de datos.*
9. Situamos el punto de inserción debajo de la fecha y abrimos el menú del botón *Insertar campo combinado.* Hacemos clic sobre cada uno para insertarlos en la carta y los ordenamos.
10. Pulsamos el botón *Vista previa de resultados* para comprobar cómo queda la combinación con el primer registro de la tabla.
11. Pulsamos el botón *Finalizar y combinar* y elegimos *Editar documentos individuales.* En el cuadro de diálogo *Combinar en un documento nuevo,* podemos elegir combinar todos los registros o solo algunos.
12. Guardamos el documento como «Subida de precios.docx».
13. Si necesitamos imprimir la combinación, pulsamos la opción *Imprimir documentos* del botón *Finalizar y combinar* y hacemos clic en *Aceptar.*
14. Para eliminar la combinación de correspondencia de un documento, desplegamos las opciones del botón *Iniciar combinación de correspondencia* (ficha *Correspondencia*) y hacemos clic en la opción *Documento normal de Word.*

Solución:

El resultado de la carta combinada debe ser como el de la Figura 5.43.

TRANSPORTES TRANSUR, S.L.

Polígono San Matías, 14

29001 Málaga

Málaga, 20-11-20XX.
Juan Lupión
Almacenes Lupión, S.L.
Polígono San Luis, 20
29600 Coín (Málaga)

Fig. 5.43. Cabecera de la carta.

ACTIVIDAD GUIADA 9

Envía un mensaje de correo electrónico utilizando una lista de contactos de Outlook, con la ayuda del asistente para combinar correspondencia:

1. Como paso previo, es necesario que tengas una cuenta de correo Outlook (Outlook.es, Outlook.com o Hotmail.com) y una lista de contactos.
2. Abre un nuevo documento de Word y activa la ficha *Correspondencia.*
3. Haz clic sobre el botón *Iniciar combinación de correspondencia* y elige *Paso a paso por el Asistente para combinar correspondencia.* Se abre el panel *Combinar correspondencia* (Fig. 5.44).

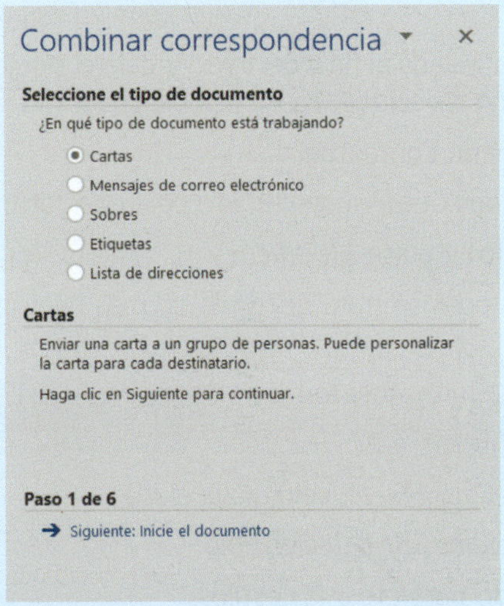

Fig. 5.44. Panel Combinar correspondencia.

4. Activa la opción *Mensajes de correo electrónico* y haz clic en *Siguiente: Inicie el documento* (Paso 1 de 6). Observa cómo Word cambia a la vista *Diseño web.*
5. Activa la opción *Utilizar el documento actual* y haz clic en *Siguiente: Seleccione los destinatarios* (Paso 2 de 6).
6. A continuación, elige la opción *Seleccionar de los contactos de Outlook.* Aparece la opción *Elegir la carpeta de contactos,* que debes seleccionar. Se abre el cuadro de diálogo *Seleccionar contactos* (Fig. 5.45).

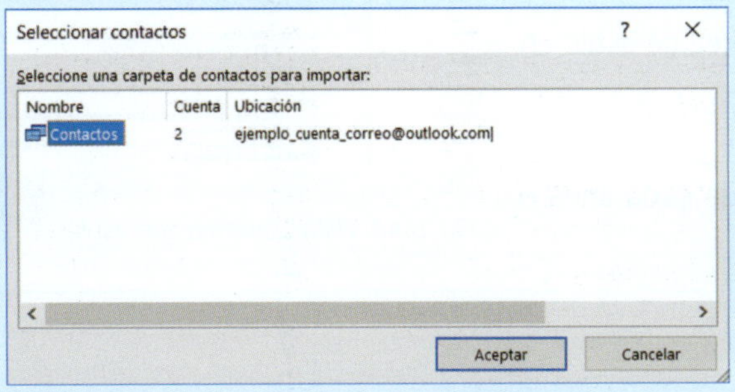

Fig. 5.45. Cuadro de diálogo Seleccionar contactos.

7. Selecciona la carpeta de contactos y pulsa *Aceptar.* A continuación, se abre el cuadro de diálogo de la Figura 5.46. En este punto puedes elegir los destinatarios a los que irá dirigido el correo. Esta ventana también ofrece la posibilidad de ordenar los contactos, filtrar, buscar, etc.

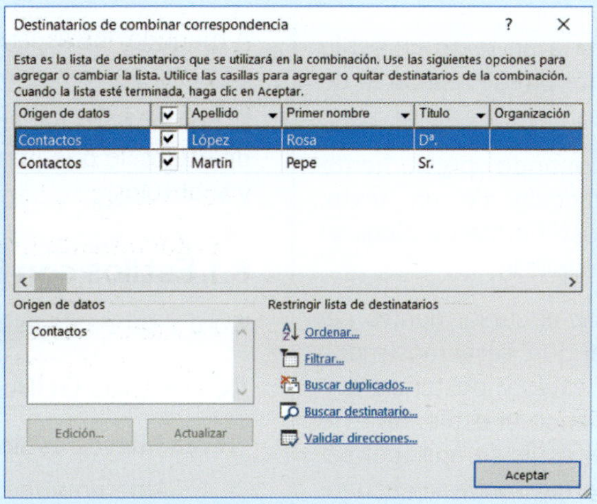

Fig. 5.46. Cuadro de diálogo Destinatarios de Combinar.

8. Una vez elegidos los destinatarios de correo, pulsa *Aceptar.*
9. A continuación, pulsa sobre *Siguiente: Escriba el mensaje* (Paso 3 de 6).
10. Añade una línea de saludo pulsando sobre la opción *Línea de saludo.* Como formato de línea de saludo, selecciona *Estimado.* Pulsa *Aceptar.* Escribe el cuerpo del correo electrónico. Añade como ejemplo el texto de la Figura 5.47.

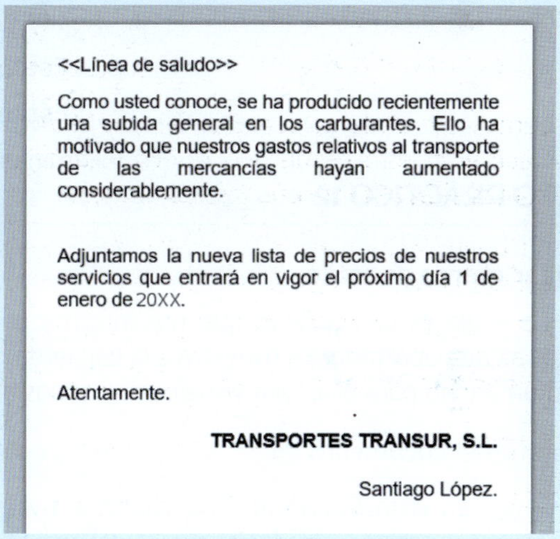

<<Línea de saludo>>

Como usted conoce, se ha producido recientemente una subida general en los carburantes. Ello ha motivado que nuestros gastos relativos al transporte de las mercancías hayan aumentado considerablemente.

Adjuntamos la nueva lista de precios de nuestros servicios que entrará en vigor el próximo día 1 de enero de 20XX.

Atentamente.

TRANSPORTES TRANSUR, S.L.

Santiago López.

Fig. 5.47. Cuerpo del correo electrónico.

11. Pulsa sobre *Siguiente: Vista previa de los mensajes de correo electrónico* (Paso 4 de 6).
12. Observa cómo cambia la línea de saludo. Pulsa sobre *Siguiente: Complete la combinación* (Paso 5 de 6).
13. Como último paso (Paso 6 de 6), haz clic sobre el enlace Correo electrónico... . Se abre el cuadro de diálogo *Combinar el correo electrónico.* Añade en *Asunto* «Subida de precios». Pulsa *Aceptar.*
14. Si no ha ocurrido ningún error, se han enviado los correos correctamente. Para comprobar que se han enviado correctamente, ve a la cuenta de correo Microsoft Outlook y observa que los correos se encuentran en la carpeta de *Elementos enviados.* Habrá un correo enviado por cada destinatario, ya que se envían mensajes independientes.

TRUCO

Para aplicar a un texto un estilo ya existente puede realizarse de dos formas:

- Seleccionando previamente una fracción de un texto, para posteriormente elegir el estilo a aplicar.
- Situando el cursor dentro del texto al que deseemos modificar el estilo y, posteriormente, eligiendo el estilo. En este caso, el estilo se aplica al párrafo actual donde se encuentre el cursor.

8. Trabajar con documentos extensos

A menudo, los usuarios deben manejar documentos extensos, tanto en el mundo de la empresa como en la etapa estudiantil.

El primer paso para organizar correctamente documentos extensos consiste en aplicar estilos de títulos, lo que permite utilizar la vista *Esquema*, que muestra los distintos niveles de títulos y subtítulos.

8.1. Estilos con jerarquía

Word dispone de estructuras jerarquizadas para aplicar a los estilos nuevos.

ACTIVIDAD GUIADA 10

Crea nuevos estilos dotados de jerarquía y agrégalos a la plantilla:

1. Abre un nuevo documento en blanco.
2. Para crear el primer estilo, escribe una palabra aislada al final del texto y dale el siguiente formato: tipo de fuente *Berlin Sans FB*, tamaño *16*, color *Púrpura* y *Subrayado*.
3. Selecciona la palabra y elige *Estilos* de su menú contextual.
4. Elige *Crear un estilo*. Aparece el cuadro de diálogo *Crear nuevo estilo a partir del formato*.
5. Escribe el nombre para el nuevo estilo: **Estilo1** y pulsa *Modificar*.
6. Abre la lista *Estilo basado en* y elige *Título 1*, pues se trata del estilo de más relevancia. Este acto dota de jerarquía a los títulos.
7. Activa la casilla *Agregar a la lista de estilos*. Pulsa *Aceptar*.
8. Repite el proceso para los dos estilos siguientes:
   - **Estilo2**, basado en *Título 2*, fuente *Berlin Sans FB*, *14*, color *Azul claro*.
   - **Estilo3**, basado en *Título 3*, fuente *Berlin Sans FB*, *12*, color *Rojo*.
9. Elimina la palabra o palabras que han servido para crear los estilos.

CASO PRÁCTICO 12

Visualizar el área de estilo.

El área de estilo es una utilidad que nos informa del nombre de cada uno de los estilos aplicados a cada apartado. Se muestra a la izquierda del documento si previamente hemos definido un ancho para ella. Para visualizarla, vamos a seguir estas indicaciones:

1. Abrimos el documento U5_Vista esquema.docx y activamos la ficha *Vista*.
2. Una vez en vista *Esquema o Borrador*, activamos la ficha *Archivo*, pulsamos sobre *Opciones* y nos muestra las opciones del apartado *Avanzadas*.
3. En la zona *Mostrar*, escribimos 4 cm en la opción *Ancho* del panel de área de estilo en vista *Borrador* y *Esquema*. Pulsamos *Aceptar*.

Solución:

Como resultado, podemos observar cómo a la izquierda aparece el estilo de cada línea o párrafo (Fig. 5.48).

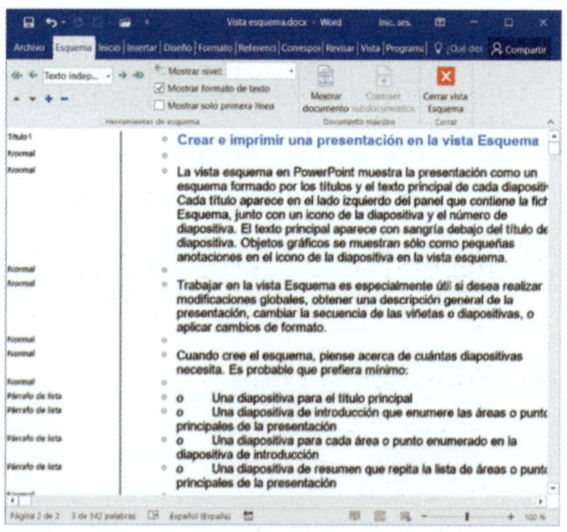

Fig. 5.48. Vista Esquema con estilos.

ACTIVIDADES

12. Crea un documento nuevo de Word y completa las siguientes afirmaciones:

   a) Al seleccionar una imagen y hacer doble clic sobre ella se activa la ficha *Formato* de las *Herramientas de imagen* a través de la cual se puede...

   b) A la hora de combinar correspondencia en Word, los destinatarios se pueden obtener de...

   c) Es posible crear estilos de texto de la siguiente forma:...

   d) El área de estilo se muestra a la izquierda del documento y muestra...

8.2. Panel de navegación

Este panel resulta útil cuando hay que desplazarse dentro de un documento extenso. Se muestra activando la casilla de verificación *Panel de navegación* del grupo *Mostrar* dentro de la ficha *Vista*. Al mostrar dicho panel, el espacio de trabajo de Word se divide en dos zonas: a la izquierda se muestran el panel con los títulos y subtítulos, las páginas del documento y los resultados de la búsqueda; mientras que a la derecha se pueden ver el contenido del título o subtítulo seleccionado (Fig. 5.49), la página seleccionada o el resultado de la búsqueda resaltado.

Una gran ventaja de utilizar el *Panel de navegación* es que se facilitan mucho las operaciones de reorganización de títulos y subtítulos, ya que, desde dicho panel, podemos arrastrar y cambiar su orden fácilmente.

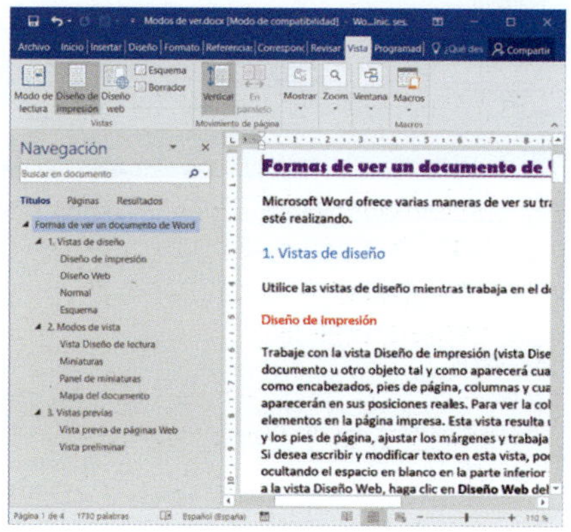

Fig. 5.49. Panel de navegación.

8.3. Tablas de contenido

Una **tabla de contenido** es una lista de los títulos de un documento que hacen referencia (con un enlace) a la página en la que se encuentra cada uno de ellos. Al pulsar sobre un título, el enlace nos lleva al contenido de dicho título.

Se puede insertar en cualquier parte del documento automáticamente, si a este se le ha dotado con los distintos niveles jerarquizados de estilo que incluye Microsoft Word. Existen tablas de contenido predefinidas o podemos crear una personalizada, pulsando el botón *Tabla de contenido* del mismo grupo de la ficha *Referencias*. Es posible incluir el número de página. Si el contenido sufre modificaciones, habrá que pulsar el botón *Actualizar tabla.*

TRUCO

Puedes ver el *Panel de navegación* con la combinación de teclas **[Ctrl + B]**.

8.4. Tablas de ilustraciones

Una tabla de ilustraciones incluye una lista de todas las ilustraciones, tablas y ecuaciones del documento. Cada elemento de la lista es un enlace al elemento referenciado y, al igual que en las tablas de contenido, es posible incluir los números de página.

CASO PRÁCTICO 13

Insertar una tabla de ilustraciones.

Vamos a abrir un documento nuevo e insertar varias imágenes en algunas páginas. En este caso, insertamos imágenes en línea.

1. Con la ficha *Referencias* activa, seleccionamos la primera imagen. Pulsamos el botón *Insertar título* del grupo *Títulos*. Nos aparece el cuadro de diálogo *Título*. Pulsamos el botón *Nuevo rótulo* y escribimos «Imagen». Pulsamos *Aceptar*.
2. Elegimos la posición del rótulo. Pulsamos *Aceptar*. El título aparece en la posición indicada.
3. Repetimos los pasos 1 y 2 para el resto de imágenes, pero sin crear nuevos rótulos, ya que reutilizaremos el de *Imagen* ya creado.
4. Pulsamos el botón *Insertar tabla de ilustraciones*, dentro del grupo *Títulos*. Nos aparecerá el cuadro de diálogo *Tabla de ilustraciones* (Fig. 5.50).
5. En la lista *Rótulo de título* de la ficha *Tabla de ilustraciones* seleccionamos *Imagen*. Pulsamos *Aceptar*.

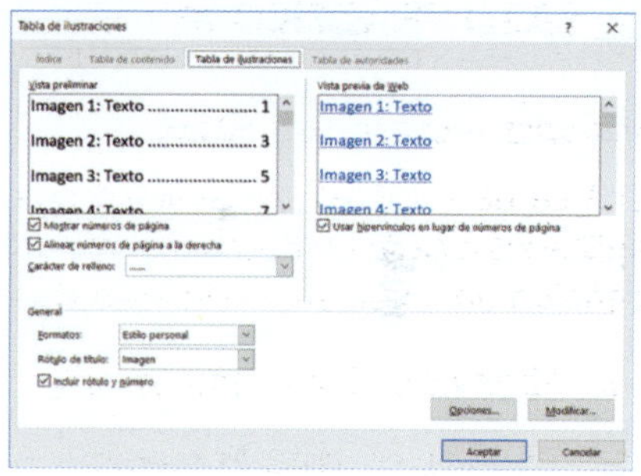

Fig. 5.50. Cuadro de diálogo Tabla de contenido personalizada.

Solución:

Como resultado se nos mostrará la tabla de ilustraciones, como la que ves en la Figura 5.51.

Imagen 1 2
Imagen 2 2
Imagen 3 3

Fig. 5.51. Tabla de ilustraciones.

ACTIVIDADES

13. Realiza o responde a las siguientes cuestiones:

a) ¿Qué tres apartados se muestran en el *Panel de navegación?*

b) Crea un nuevo documento de Word extenso de un tema a tu elección e incluye tu propia tabla de contenido personalizada, incluyendo los números de página.

9. Compartir documentos de Word

Fig. 5.52. Botones Iniciar sesión *y* Compartir.

Cada vez es más útil que varias personas puedan acceder al mismo documento desde distintas ubicaciones. Para ello, Microsoft Office 2016 Profesional incorpora la opción *Compartir* (Fig. 5.52), desde la cual podremos almacenar un documento en la nube, compartirlo con otros usuarios o enviar una copia por correo electrónico.

9.1. Guardar, acceder y modificar un documento en OneDrive

OneDrive es la plataforma que ofrece Microsoft para almacenar, compartir y sincronizar archivos en la nube. Esta plataforma es compatible con ordenadores, *smartphones* y *tablets*. Para poder usar OneDrive es necesario tener una cuenta de correo Microsoft y acceso a Internet. OneDrive puede utilizarse de dos formas:

- Como un servicio, sin necesidad de instalar ningún programa en nuestro dispositivo.
- Como una aplicación, instalando el programa en nuestro dispositivo.

TRUCO

Con la combinación de teclas **[Ctrl + G]** guardamos los cambios del documento actual.

ACTIVIDAD GUIADA 11

Guarda documentos en la nube OneDrive:

1. Crea un documento nuevo o abre uno que tengas y que desees compartir.
2. Inicia sesión con una cuenta Microsoft. Esta opción se encuentra disponible en la zona superior derecha de Word (Fig. 5.52). Una vez iniciada la sesión, aparece el nombre de la cuenta.
3. Desde *Archivo*, selecciona *Guardar como* y elige *OneDrive: Personal*. Se abre el cuadro de diálogo *Guardar como*.

   Observa cómo el lugar donde se almacena es una ubicación de Internet (Fig. 5.53).

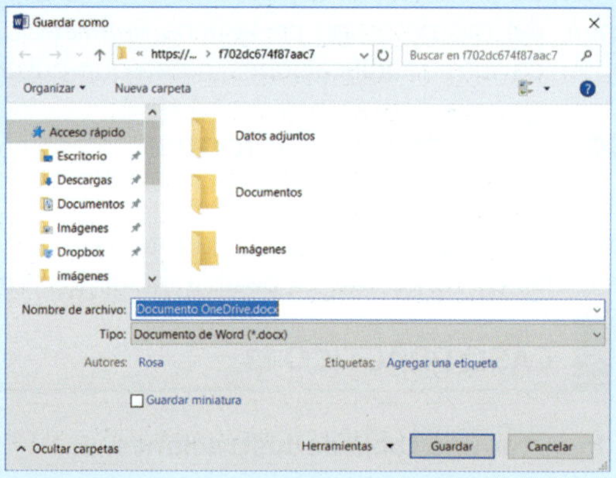

Fig. 5.53. Cuadro de diálogo Guardar como.

4. Pon el nombre *Ejemplo documento OneDrive.docx* y pulsa *Guardar*.

Accede a un documento en la nube OneDrive:

1. Abre Microsoft Word e inicia sesión con tu cuenta Microsoft.
2. Selecciona la opción *Abrir* de la ficha *Archivo*.
3. Elige *OneDrive: Personal*. Observa cómo se muestran los documentos almacenados en OneDrive.
4. Selecciona el documento para abrirlo. Como verás, ya puedes trabajar sobre tu documento de forma normal.

Realiza cambios sobre un documento ubicado en OneDrive:

1. Una vez abierto el documento desde OneDrive, realiza alguna modificación.
2. Para guardar los cambios, pulsa el botón *Guardar* , que aparece en la zona superior izquierda de Word.
3. El documento se sincroniza automáticamente en la nube.

CLAVES Y CONSEJOS

Para comprobar que estás trabajando con un documento en la nube, fíjate en que el icono de *Guardar* de la barra de herramientas de acceso rápido adquiere esta forma:

Si estamos trabajando con un documento local, el icono de *Guardar* de la barra de herramientas de acceso rápido aparece de esta forma:

ACTIVIDADES

14. Investiga en Internet y crea un documento nuevo de Word donde harás un listado de otros programas que ofrezcan el servicio de guardar en la nube. Añade una pequeña descripción y una tabla con los pros y los contras que encuentras para su uso.

9.2. Compartir un documento en OneDrive

Con OneDrive es posible que varios usuarios tengan permiso de edición sobre un documento. La coautoría se produce cuando varios usuarios pueden trabajar sobre un mismo archivo de Office (Office Word, Office Excel, Office PowerPoint) en tiempo real.

CASO PRÁCTICO 14

Compartir documentos en OneDrive.

Vamos a compartir un documento de Word en OneDrive dando permiso de edición a un usuario o usuarios determinados. Con la sesión iniciada en Word y un documento abierto de OneDrive, ejecutamos los siguientes pasos:

1. Pulsamos sobre el botón *Compartir*, ubicado en la zona superior derecha de Word. Se abre el panel *Compartir*.
2. En el panel *Compartir*, escribimos el correo electrónico en el cuadro *Invitar a personas* para indicar las personas con las que deseamos compartir el documento. Si son más de una, separamos las direcciones de correo mediante punto y coma.
3. Seleccionamos la opción *Puede editar*, para darle permisos de edición.
4. Escribimos un mensaje para el destinatario y pulsamos sobre *Compartir*.
5. Una vez que se ha compartido un documento en OneDrive, automáticamente se envía un *e-mail* a los destinatarios. En dicho *e-mail* se encuentra un enlace que lleva al documento *(Ver en OneDrive)*. El destinatario deberá pulsar dicho enlace para abrir el documento en el navegador web predeterminado. Tendrá la opción de editarlo en Word o en el explorador, mediante Word Online (Fig. 5.54).

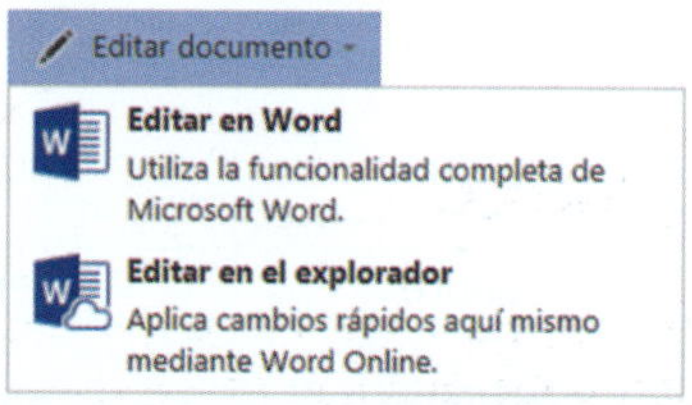

Fig. 5.54. Opciones de edición de documentos.

6. A su vez, al compartir un documento con otros usuarios, en el panel *Compartir* se muestran las personas con las que lo hemos compartido y los permisos que tiene cada usuario sobre el documento. Observa las opciones disponibles a la hora de compartir los cambios automáticamente cuando varios usuarios trabajen con el documento simultáneamente (Tabla 5.1).

Opción	Significado
Preguntarme	Word pregunta si queremos compartir los cambios.
Siempre	Word no pregunta si queremos compartir los cambios; automáticamente los usuarios ven los cambios.
Nunca	Word no pregunta si queremos compartir los cambios; los usuarios no ven los cambios.

Tabla 5.1. Opciones para compartir cambios automáticamente.

7. También podemos obtener un vínculo del documento a través del enlace *Obtener un vínculo para compartir*. Al pulsar sobre el enlace, nos da la posibilidad de crear un enlace de edición o modificación, el cual podremos enviar a quien deseemos.

Solución:

Se muestran los usuarios con los que hemos compartido el documento (Fig. 5.55).

Fig. 5.55. Cuadro de diálogo Guardar como.

9.3. Dejar de compartir un documento

Cuando ya no deseemos compartir un documento con un usuario específico, es posible dejar de compartirlo. Veamos cómo hacerlo.

ACTIVIDAD GUIADA 12

Deja de compartir documentos en OneDrive:

1. Inicia sesión en Word y abre un documento de OneDrive.
2. Haz clic sobre el botón *Compartir*. Se muestra el panel *Compartir*.
3. Haz clic con el botón secundario del ratón sobre el usuario.
4. Selecciona la opción *Quitar usuario* de la lista de opciones. En este punto, también puedes cambiar el permiso sobre el documento, si ese es el objetivo.
5. Observa cómo ha desaparecido el usuario de la lista. El documento ya no está siendo compartido con este usuario.

KEYWORDS

1. Check out the most common vocabulary in English. How many words did you previously know and how many did not?

English	Spanish	English	Spanish	English	Spanish
column	columna	permission	permiso	to delete	eliminar
developer	programador	row	fila	to divide	dividir
diagram	diagrama	screenshot	captura de pantalla	to group	agrupar
dictionary	diccionario	shadow	sombreado	to merge	combinar
border	borde	shape	forma	to omit	omitir
equation	ecuación	spreadsheet	hoja de cálculo	to organize	ordenar
failure	error	style	estilo	to record	grabar
gallery	galería	table	tabla	to run	ejecutar
graphic	gráfico	tag	etiqueta	to save	guardar
grid	cuadrícula	to add	agregar	to share	compartir
high	alto	to align	alinear	tool	herramienta
image	imagen	to create	crear	width	ancho

2. Link these words with their definitions in your notebook:

shape	displays information and compares it
table	instant everything you see on the screen at any given time
graphic	set of grids in which you can enter information
screenshot	figure of predesigned free format, as a line, an arrow

3. What is this? Write the solutions in your notebook.

a)

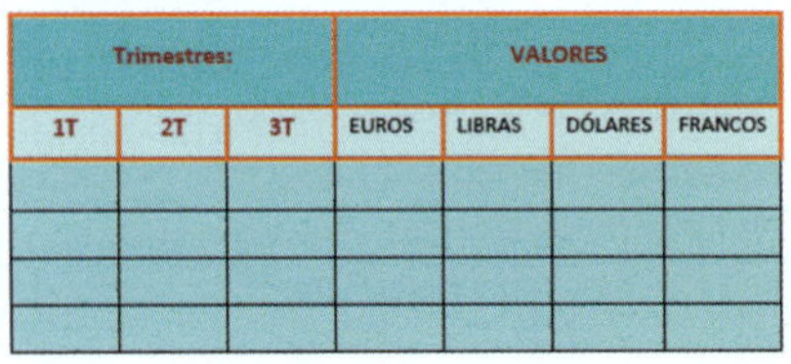

b)

$$x = \frac{\sqrt{3y}}{25\,y}$$

c)

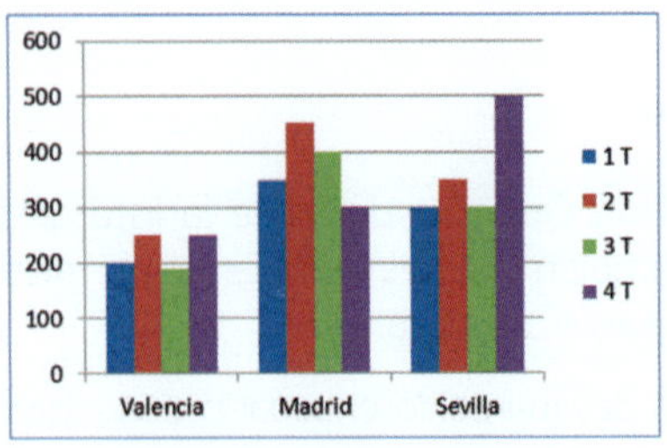

d)

4. Which of these buttons belong to the Mailings tab of Word 2016?

   a) Button *Labels.*
   b) Button *Mails.*
   c) Button *Text Box.*
   d) Button *Rules.*
   e) Button *Select Recipients.*
   f) Button *Increase indentation.*
   g) Button *Finish and Merge.*
   h) Button *Images.*
   i) Button *Preview Results.*

SÍNTESIS Procesadores de texto: operaciones avanzadas

Plantillas
- Instaladas
- En línea
- Personalizadas

Secciones y saltos
- Saltos de sección
- Saltos de página

Encabezados y pies de página

Tablas
- Insertar y alinear tablas
- Combinar y dividir celdas
- Estilos de tablas
- Ordenación de tablas
- Operaciones matemáticas en tablas

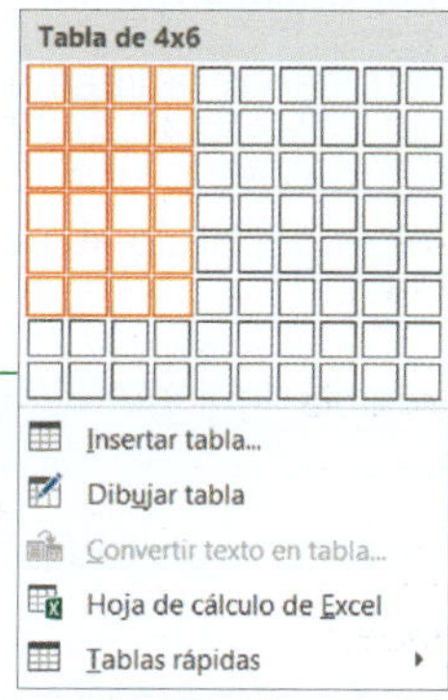

Formularios

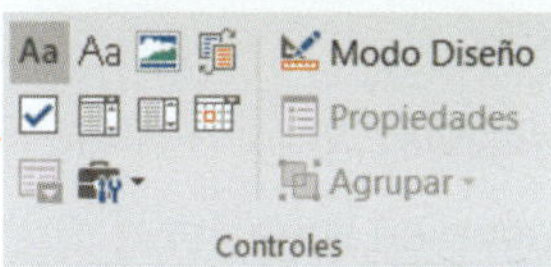

Ilustraciones

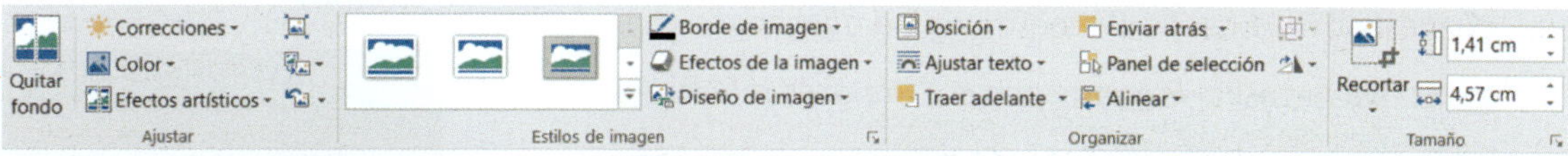

Combinar correspondencia

Trabajar con documentos extensos
- Estilos con jerarquía
- Tablas de contenido y tablas de ilustraciones

Compartir documentos
- Guardar, acceder y modificar un documento en OneDrive
- Compartir un documento en OneDrive

Utiliza una plantilla y modifica un formulario.

1. Busca la plantilla en línea llamada *Encuesta de cliente* y crea un documento a partir de ella.

a) Añade al final el siguiente texto y los controles de formulario de tipo contenido de casilla:

Interesado/a en:

☐ Viajes ☐ Museos
☐ Informática ☐ Cine

b) Guarda el documento con el nombre *Mi encuesta.docx*.

Establece secciones y saltos en un documento.

2. Abre el archivo U5_Tipos de contratos.docx y establece los saltos que se indican a continuación.

a) Un salto de sección continua en la línea vacía que hay bajo el título.

b) Un salto de página al inicio del título «La comunicación de la contratación...».

c) Un salto de sección a página siguiente al inicio del título «Convenios Colectivos».

d) Visualiza las secciones y saltos insertados con el botón *Marcador* ¶.

Establece encabezados y pies de página.

3. Busca la plantilla en línea llamada *Encuesta de cliente*, añade un encabezado de página y modifica el pie de página. Observa los siguientes pasos:

a) Sitúate al final del documento. Pulsa la tecla ***Enter*** hasta crear 5 páginas más.

b) Inserta un encabezado de página en blanco.

c) Desactiva la casilla *Primera página diferente*.

d) Activa la casilla *Páginas pares e impares diferentes*.

e) Establece un encabezado de página para las páginas impares a una distancia desde el margen superior de 1,2 cm. Tendrá el aspecto siguiente:

---------------- ENCUESTA ----------------

Fig. 5.56. Encabezado página impar.

f) Establece el siguiente encabezado en las páginas pares:

---------------- ENCUESTA ----------------

Fig. 5.57. Encabezado página par.

g) El pie de todas las páginas llevará el siguiente formato:

Fig. 5.58. Pie de página.

Trabaja con columnas.

4. Abre el fichero U5_Formación profesional.docx y aplica el siguiente formato de columnas. Para la imagen, descarga una imagen en línea relacionada con libros. Guarda el fichero con el nombre *Formación.docx*.

La Formación Profesional para el Empleo dirigida a personas desempleadas

La dirección general de Formación Profesional para el Empleo de la Consejería de Empleo, Empresa y Comercio es quien, en coordinación con el Servicio Andaluz de Empleo define las actuaciones formativas a desarrollar para mejorar la empleabilidad de las personas desempleadas.

En 2017 la Consejería ha puesto en marcha una plataforma de búsqueda de acciones formativas que permite a las personas en búsqueda activa de empleo localizar aquellos cursos que mejor se adapten a sus aspiraciones profesionales y perfil laboral, pudiendo optar entre diferentes modalidades de impartición y siendo conducentes gran parte de la oferta formativa conducente a la obtención de un certificado de profesionalidad. La mayoría de estas actuaciones son de carácter gratuito, si bien algunas son impartidas por centros privados que ofrecen formación reconocida por la Junta de Andalucía, pero cuya realización puede tener algún coste para el usuario.

Puedes consultar la oferta de formación para personas desempleadas en el buscador de la dirección general de Formación Profesional para el Empleo.

Conviene saber que, durante la realización de un curso de Formación Profesional para el Empleo destinado a personas desempleadas, la persona demandante debe estar inscrita como tal en el servicio público de empleo en el momento de presentar la solicitud de inscripción en la actividad formativa y en el de inicio de la actividad. Además, está exenta de la obligación de renovar la demanda, que se halla en "suspensión", pero debe informar a su oficina si desea seguir recibiendo ofertas de empleo. En el momento de la finalización del curso, debe acudir a la oficina y darse de alta, ya que con la terminación del curso finaliza también la situación de suspensión.

Fig. 5.59. Texto formateado.

Inserta elementos en una tabla.

5. Elabora una tabla similar a la siguiente. Ten en cuenta que se han utilizado los elementos:

- Texto.
- Ecuación.
- Imagen en línea.
- Forma.
- Símbolos (Wingdings).
- WordArt.

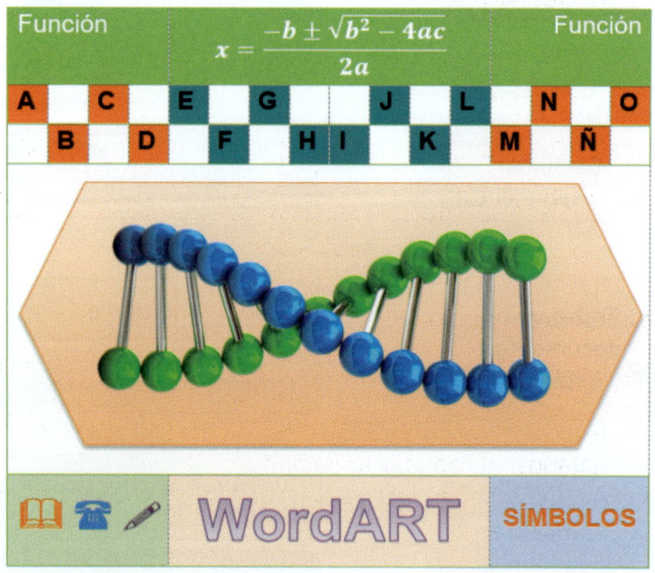

Fig. 5.60. Tabla con elementos gráficos.

Crea gráficos y diagramas.

6. Crea el siguiente diagrama SmartArt aplicando un estilo y cambiando formas y colores:

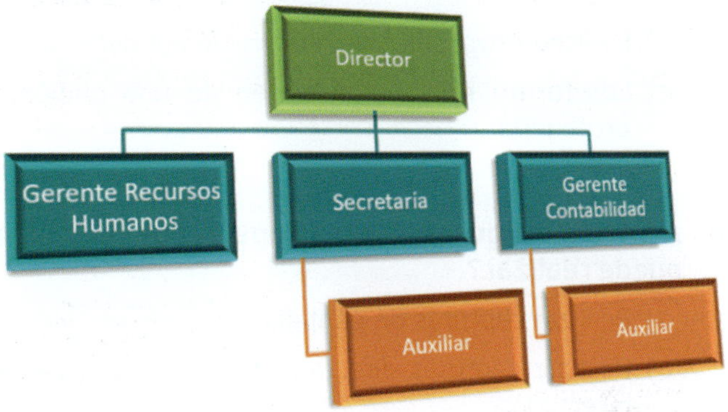

Fig. 5.61. Gráfico SmartArt.

7. Crea un gráfico de líneas a partir de los siguientes datos:

	Unidad C	Unidad D
01-ene	346	344
01-feb	466	564
01-mar	56	456
01-abr	346	340
01-may	677	544
01-jun	234	212

Fig. 5.62. Datos para gráfico de líneas.

8. Crea un gráfico circular 3D a partir de los siguientes datos:

Sistema Operativo	Ventas (%)
Android	80,7
iOS	17,7
Windows	1,1
BlackBerry	0,2
Others OS	0,2

Fig. 5.63. Datos para gráfico circular.

Combina correspondencia.

9. La empresa en la que trabajas dirige una comunicación a sus clientes ofreciendo las ofertas especiales para el próximo trimestre. Utiliza la carta de ejemplo y, como destinatarios, utiliza la lista llamada U5_Lista clientes.mdb del CEO. Debes insertar el nombre de cliente detrás de «Señor/a:».

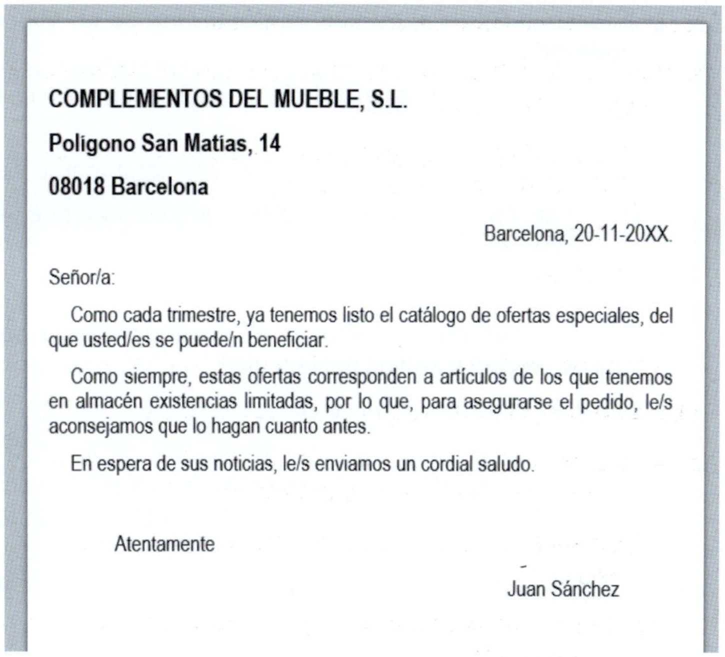

COMPLEMENTOS DEL MUEBLE, S.L.

Polígono San Matías, 14

08018 Barcelona

Barcelona, 20-11-20XX.

Señor/a:

Como cada trimestre, ya tenemos listo el catálogo de ofertas especiales, del que usted/es se puede/n beneficiar.

Como siempre, estas ofertas corresponden a artículos de los que tenemos en almacén existencias limitadas, por lo que, para asegurarse el pedido, le/s aconsejamos que lo hagan cuanto antes.

En espera de sus noticias, le/s enviamos un cordial saludo.

Atentamente

Juan Sánchez

Fig. 5.64. Carta para combinar correspondencia.

Trabaja con documentos extensos.

10. Abre el archivo U5_Documento sin jerarquía.docx del CEO y realiza las siguientes operaciones:

   a) Aplica estilos a los distintos apartados del documento para dotar de jerarquía a los títulos. Recuerda que deben estar basados en:

   Título 1, el primer estilo, Título 2, el segundo, y así sucesivamente.

   b) Utiliza la vista *Esquema* o *Borrador* para visualizarlo. Observa los títulos que aparecen en el panel izquierdo. Si seleccionas uno de ellos, aparece su contenido en el panel derecho.

   c) Inserta al final del documento la tabla de contenido.

Comparte en la nube.

11. Abre el fichero U5_Tipos de contratos.docx y guárdalo en la nube de Microsoft (OneDrive).

12. Comparte el documento con una persona. Establece permisos de visualización para que no se pueda modificar.

13. Comparte el documento con otra persona. Establece permisos de edición para que el usuario pueda modificarlo.

TEST DE REPASO

1. Al trabajar con plantillas de documentos en Word, podemos:

- (a) Utilizar y guardar la plantilla posteriormente en cualquier formato.
- (b) Utilizar las plantillas de Word en línea gratuitamente.
- (c) Crear únicamente las nuestras propias, ya que las plantillas en línea son de pago.

2. En un documento de Word, ¿es posible insertar saltos de página y saltos de sección?

- (a) Solo es posible insertar saltos de sección, pero no de página.
- (b) Sí y, además, la existencia de más de una sección dentro de un documento nos permite establecer distintas opciones de formato.
- (c) Sí, pero en una misma página no puede haber más de un salto de sección.

3. Al insertar encabezados y pies de página en un documento:

- (a) No pueden ser distintos en las páginas impares y en las pares.
- (b) No se puede cambiar el espacio superior entre el encabezado y el borde de la página.
- (c) Se pueden insertar imágenes en línea.

4. En relación a combinar/dividir celdas de una tabla, ¿qué afirmación es la correcta?

- (a) La operación de combinar celdas convierte una celda en varias.
- (b) La operación de dividir celdas convierte varias celdas en una sola.
- (c) La operación de combinar celdas convierte varias celdas en una sola.

5. En una tabla, ¿cómo se inserta una nueva fila?

- (a) Pulsando la tecla ***Enter*** en cualquier celda.
- (b) Pulsando la tecla ***Tab*** en la última celda de la última fila.
- (c) Pulsando la tecla ***Tab*** en cualquier celda.

6. ¿Cuál es el resultado de la ordenación ascendente dentro de una tabla de Word?

- (a) Ordena del 0 al 9 y de la A a la Z.
- (b) Ordena de la A a la Z, sin tener en cuenta valores numéricos.
- (c) Ordena del 9 al 0 y de la Z a la A.

7. Señala la afirmación correcta de las siguientes, referidas a los formularios:

- (a) Para editar un formulario, debemos activar el *Modo de diseño.*
- (b) La ficha *Programador* está visible por defecto.
- (c) Los formularios no disponen de una opción para protegerlos.

8. A través del grupo *Ilustraciones*, ¿qué operación se puede realizar?

- (a) Realizar capturas de pantalla.
- (b) Realizar capturas directamente desde una cámara e insertarlas.
- (c) Agrupar imágenes y formas para crear una única imagen mediante el botón *Agrupar.*

9. ¿Desde qué origen es posible insertar vídeos en un documento de Word?

- (a) Pueden insertarse vídeos únicamente desde YouTube.
- (b) Pueden insertarse vídeos únicamente a través del buscador de Bing.
- (c) Pueden insertarse vídeos a través de YouTube, a través del buscador de Bing o desde un sitio web.

10. Para combinar correspondencia, es necesario:

- (a) Un documento principal y una tabla de datos con las direcciones, denominado origen de datos.
- (b) Utilizar el *Asistente para combinar correspondencia.*
- (c) Activar la ficha *Referencias* de la *Cinta de opciones.*

11. Al insertar una tabla de contenido en un documento extenso:

- (a) Es necesario que los títulos estén dotados de jerarquía previamente.
- (b) No es necesario que los títulos estén dotados de jerarquía en ningún momento.
- (c) Se podrá insertar de forma automática una tabla de ilustraciones posteriormente.

12. Para utilizar OneDrive, ¿qué es necesario?

- (a) Tener dicho programa instalado en nuestro PC.
- (b) Tener un ordenador, *smartphone* o *tablet* con conexión a Internet y, además, poseer una cuenta de correo Microsoft.
- (c) Poseer una cuenta de correo de cualquier compañía.

Crea tus propias plantillas de albarán

Realiza el siguiente modelo de albarán aplicando todo lo estudiado en esta unidad:

Utiliza una imagen como logo, bien diseñada por ti o elegida en línea.

Inventa un eslogan para la empresa.

Utiliza elementos rápidos para la zona de remesa.

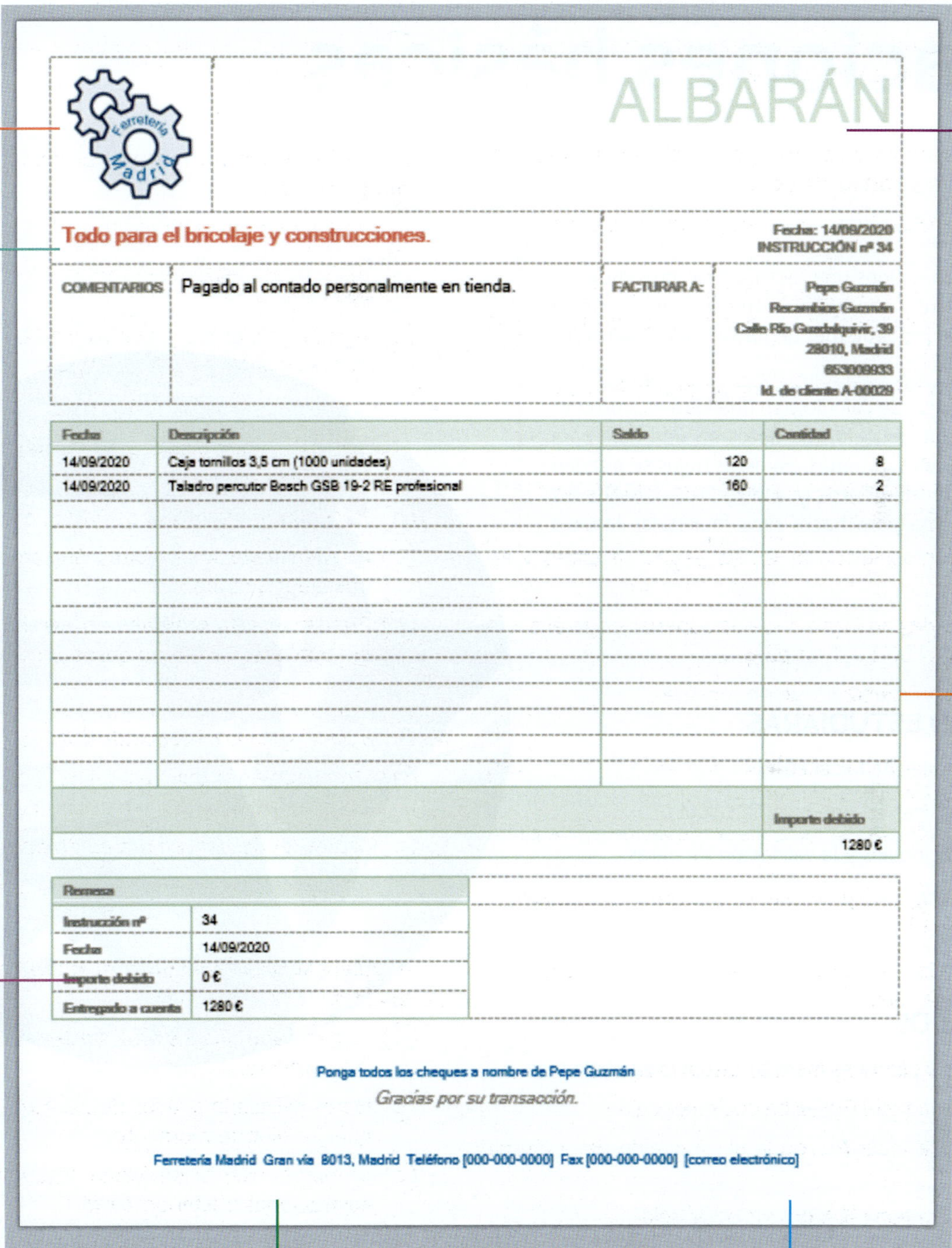

ALBARÁN

Todo para el bricolaje y construcciones.

Fecha: 14/09/2020
INSTRUCCIÓN nº 34

COMENTARIOS: Pagado al contado personalmente en tienda.

FACTURAR A:
Pepe Guzmán
Recambios Guzmán
Calle Río Guadalquivir, 39
28010, Madrid
653009933
Id. de cliente A-00029

Fecha	Descripción	Saldo	Cantidad
14/09/2020	Caja tornillos 3,5 cm (1000 unidades)	120	8
14/09/2020	Taladro percutor Bosch GSB 19-2 RE profesional	160	2
			Importe debido
			1280 €

Remesa	
Instrucción nº	34
Fecha	14/09/2020
Importe debido	0 €
Entregado a cuenta	1280 €

Ponga todos los cheques a nombre de Pepe Guzmán

Gracias por su transacción.

Ferretería Madrid Gran vía 8013, Madrid Teléfono [000-000-0000] Fax [000-000-0000] [correo electrónico]

La cabecera está compuesta por una tabla con bordes discontinuos, combinación y división de celdas, fuentes con distinto formato y alineación.

El cuerpo está compuesto por otra tabla.

Rellena el albarán con datos coherentes y relacionados con el tipo de empresa.

Aplica bordes y sombreados a la tabla.

Guarda el archivo como plantilla para reutilizarla posteriormente.

Guarda el documento en la nube y compártelo con, al menos, dos usuarios, con permisos de escritura para un usuario y de lectura para otro.

6
UNIDAD

Hojas de cálculo: operaciones básicas

¿Sabías que cuando recibes una factura o un presupuesto, aunque sea para arreglar el baño de tu casa, se muestran unos cálculos que probablemente hayan sido realizados con Excel?

Son las llamadas hojas de cálculo y su finalidad es, como su nombre indica, la introducción de datos en una hoja para obtener cálculos finales. Además, en estas hojas se pueden incluir multitud de elementos y utilizar funcionalidades propias del programa para hacer más fáciles las labores de cálculo.

EN ESTA UNIDAD ESTUDIARÁS

1. Los aspectos generales de Excel 2016.
2. Las operaciones básicas en una hoja de cálculo.
3. Los formatos condicionales y la validación de datos.
4. Las plantillas de Excel.
5. La impresión de hojas de cálculo.

Y SERÁS CAPAZ DE

Elaborar documentos y plantillas manejando opciones de la hoja de cálculo tipo.

1. Aspectos generales de Excel 2016

Una **hoja de cálculo** es una aplicación que nos permite introducir datos en hojas cuadriculadas, con estructura de filas y columnas, para realizar operaciones con ellos y obtener, en un tiempo reducido, los resultados deseados.

Las más conocidas son Microsoft Office Excel, LibreOffice Calc, OpenOffice Calc y Lotus 1-2-3. En esta unidad, utilizaremos Microsoft Office Excel 2016, la más usada en Windows.

El **libro** de trabajo es un conjunto de hojas de cálculo agrupadas en un mismo archivo que, generalmente, encierra información relacionada con un tema determinado.

ABC VOCABULARIO

Hoja. Tpo de documento que permite introducir, manipular y calcular datos. Cada hoja se compone de celdas, que se corresponden con filas y columnas.

Libro. Archivo compuesto por una o varias hojas, entre las que pueden realizarse cálculos.

CASO PRÁCTICO 1

Ejecutar Excel en Windows 10, crear un libro en blanco y examinar su ventana principal.

1. Hacemos clic en el menú *Inicio*, desplazándonos hasta la letra «E», y elegimos Excel 2016. Se abre el programa con su pantalla inicial, donde se muestran los libros abiertos recientemente o las plantillas disponibles para crear otros nuevos.
2. Seleccionamos *Libro en blanco*.

Solución:

Como resultado, se abre Excel con un libro en blanco (Fig. 6.1), con las distintas zonas de su espacio de trabajo.

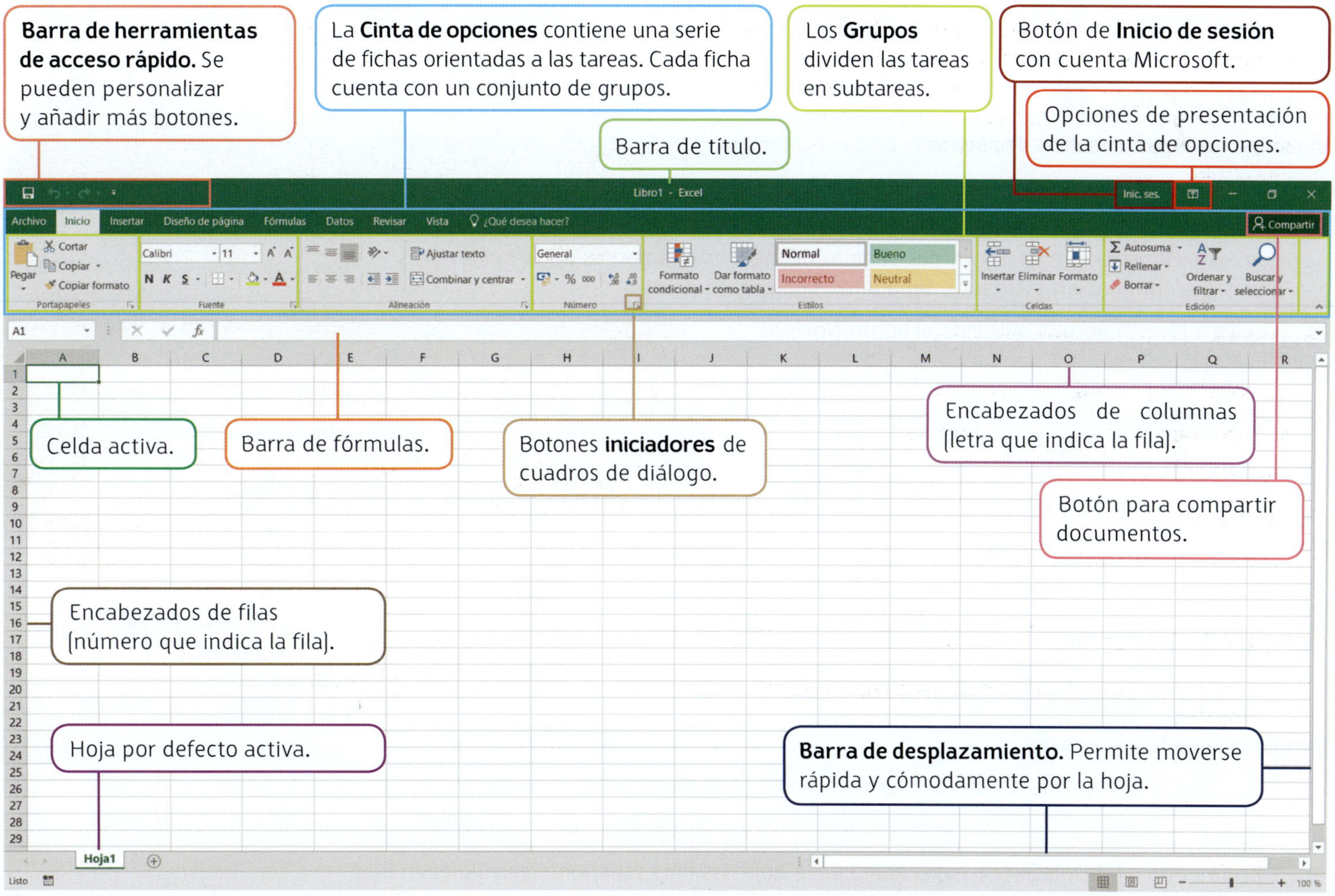

Fig. 6.1. Ventana de Office Excel 2016.

ACTIVIDADES

1. Inspecciona la cinta de opciones de Excel y describe brevemente el uso de sus fichas.

2. Operaciones básicas en una hoja de cálculo

CLAVES Y CONSEJOS

Puedes anclar Office Excel a la zona *Inicio* de Windows 10. Para ello, haz clic en el botón *Inicio* de Windows, desplázate a la letra «E» para encontrar *Excel 2016*. Haz clic con el botón derecho sobre *Excel 2016* y selecciona *Anclar a Inicio*.

Dentro de Microsoft Excel pueden realizarse multitud de operaciones. A través de este epígrafe estudiaremos las más importantes.

2.1. Visualizar hojas

Excel dispone de una ficha interesante llamada *Vista* (Fig. 6.2), que ofrece opciones variadas para visualizar hojas. En la siguiente figura se describen los grupos de esta ficha.

Vistas de libro. Ofrece varias opciones para visualizar las hojas de un libro. Crea vistas personalizadas.

Mostrar. Visualiza u oculta elementos como la regla, la barra de fórmulas, las líneas de cuadrícula que delinean las celdas y los encabezados de hoja.

Zoom. Amplía o aumenta la hoja activa o zonas concretas. También es posible crear un zoom personalizado, con un porcentaje determinado.

Ventana. Dispone de opciones para organizar los libros Excel abiertos en ese momento. Inmoviliza la primera fila, la columna o la fila actual.

Macros. Automatiza acciones a través de este botón.

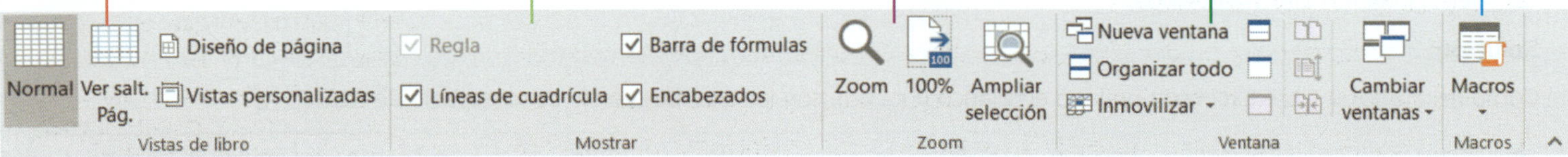

Fig. 6.2. Ficha Vista *de Excel.*

ACTIVIDAD GUIADA 1

Visualiza un libro con saltos de página:

1. Abre el libro U6_Libro I+D.xlsx. y activa la ficha *Vista*.
2. Sitúate sobre el grupo *Vistas de libro* y haz clic sobre el botón *Ver saltos de página* (Fig. 6.3). Observa que aparecen dos páginas delineadas con bordes azules exteriores y líneas discontinuas en el interior, separando una página de otra.
3. Vuelve a la vista normal pulsando el botón *Normal*.

Fig. 6.3. Botón Ver saltos de página *del grupo* Vistas de libro.

Oculta las líneas de cuadrícula y la barra de fórmulas:

1. Dentro del grupo *Mostrar*, desactiva la casilla de verificación *Líneas de cuadrícula*.
2. A continuación, desactiva la casilla *Barra de fórmulas*.
3. Muestra nuevamente los elementos ocultados, activando las casillas de nuevo.

Muestra la hoja con un zoom del 75 %:

1. Sitúate sobre el grupo *Zoom* y presiona el botón *Zoom*.
2. Selecciona la opción 75 % del cuadro de diálogo *Zoom* y pulsa *Aceptar*.
3. Observa que el tamaño de la hoja disminuye un 25 %, ya que, por defecto, las hojas se muestran a un tamaño del 100 %.

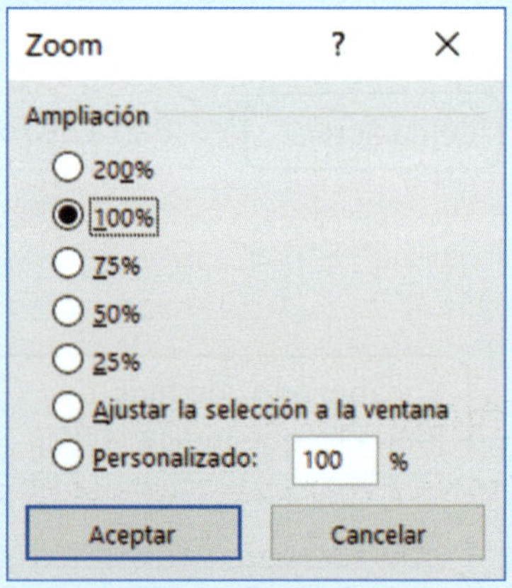

Fig. 6.4. Cuadro de diálogo Zoom.

Inmoviliza una fila de una hoja:

1. Selecciona la fila 6, haciendo clic directamente sobre el número correspondiente de fila.
2. Presiona el botón *Inmovilizar* del grupo *Ventana* y, de las opciones resultantes, selecciona el botón *Inmovilizar paneles*.
3. Observa que, al desplazarnos hacia abajo de la hoja, las filas superiores permanecen fijas.

ACTIVIDADES

2. ¿Qué sucede al desactivar la casilla *Encabezados* de la ficha *Vista*?

3. Abre el libro U6_Libro I+D.xlsx en dos ventanas y visualízalas en paralelo.

2.2. Introducir datos en celdas

Excel permite introducir una gran variedad de información en las celdas de una hoja de cálculo: valores numéricos, texto, fechas, horas, fórmulas, hipervínculos, imágenes, etc.

Un **valor numérico** puede ser un número entero, un decimal, una fracción entera, etc. Excel los alinea de forma predeterminada a la derecha de la celda.

Si deseas que los tome como texto, escribe delante del valor una comilla simple. En este caso, su alineación cambia a la izquierda.

2.3. Tipos de datos

Cada tipo de dato dentro de cada celda puede tener un determinado formato que podemos configurar según nos convenga.

ABC VOCABULARIO

Rango de celdas. Conjunto de celdas. Se define con la primera y la última celda, separadas por dos puntos (:).

Por ejemplo, en la Figura 6.6 se ha seleccionado el rango de celdas C1:C4.

CASO PRÁCTICO 2

Introducir una fecha en una celda dándole el formato «miércoles, 14 de marzo de 2012» y hacer uso del autorrelleno.

1. Buscamos la intersección de la fila 2 y la columna B y hacemos clic en dicha celda.
2. Introducimos una fecha con formato simple: «3/6/2020» y pulsamos ***Enter.***
3. Hacemos clic derecho sobre la celda y elegimos la opción *Formato de celdas* de las opciones del menú contextual. Se abre el cuadro de diálogo *Formato de celdas.*
4. Seleccionamos *Fecha* de la lista de *Categoría.* En *Tipo*, elegimos «miércoles, 14 de marzo de 2012» y hacemos clic en *Aceptar.*
5. Situamos el cursor en la esquina inferior derecha de la celda hasta que aparezca el símbolo +. Una vez se muestre el símbolo, hacemos clic y arrastramos el puntero hasta la celda B5.

Solución:

Observa cómo se han autoincrementado los días automáticamente en el resultado (Fig. 6.5).

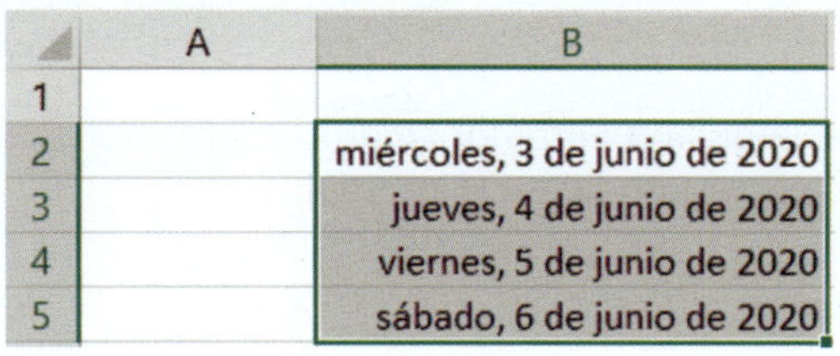

Fig. 6.5. Resultado de autorrelleno de celdas.

TRUCO

En Excel, es posible seleccionar varios rangos a la vez, que no sean contiguos. Para ello, selecciona los rangos mientras mantienes pulsada la tecla ***Ctrl.***

Por ejemplo: A1:A4;C1:C4.

RECUERDA

Borrar el contenido de una celda y eliminar una celda no son la misma operación.

Para borrar el contenido de una celda se debe pulsar la tecla ***Supr***.

Para eliminar una fila o columna se debe pulsar el botón *Eliminar* del grupo *Celdas*.

ACTIVIDAD GUIADA 2

Introduce valores numéricos en celdas, aplica formato de euro y suma valores:

1. Introduce en el rango de celdas C1:C4 las siguientes cantidades, respectivamente: 1.514,50; 2.000; 175,535; 1.200.
2. Selecciona el rango de celdas (Fig. 6.6).
3. Pulsa la opción € *Español (España),* del menú desplegable del botón *Formato de número de contabilidad* del grupo *Número* (Fig. 6.7) de la ficha *Inicio.* Con el rango seleccionado, muestra un decimal más pulsando el botón *Aumentar decimales* situado en grupo *Número.*
4. Activa la celda C5 y escribe la fórmula =C1+C2+C3+C4. Como resultado, debe aparecer la suma de los valores (4.890,035 €).
5. Para modificar la fórmula, haz doble clic sobre la celda C5, o bien modifica la fórmula directamente desde la *Barra de fórmulas,* situada bajo la cinta de opciones de Excel.

Fig. 6.6. Selección de rango de celdas.

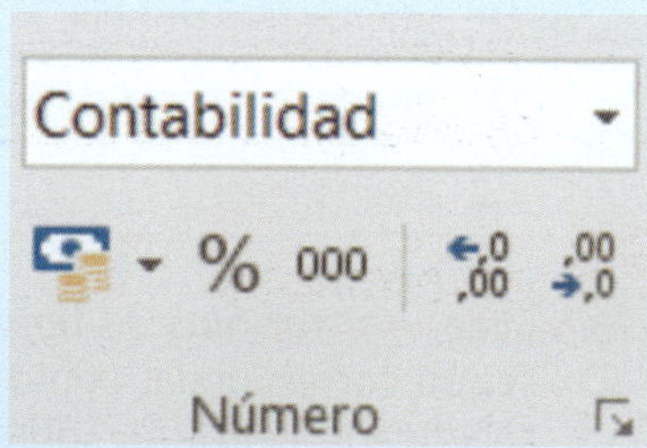

Fig. 6.7. Grupo Número.

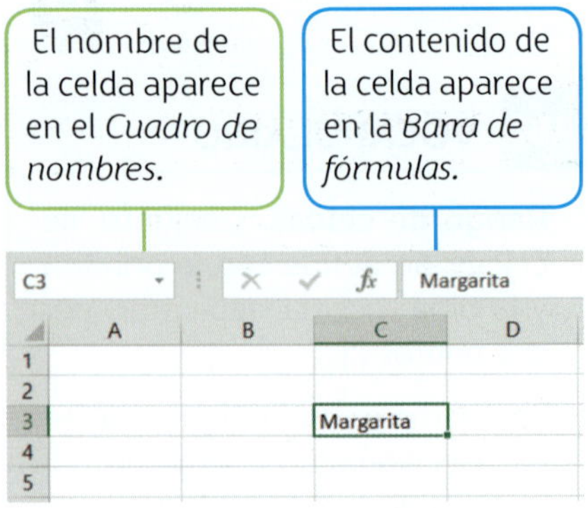

Fig. 6.8. El Cuadro de nombres *y la* Barra de fórmulas.

2.4. Desplazarse por la hoja de cálculo

En la celda activa, se introduce toda la información que se escribe y, sobre ella, se realizan las operaciones de las fórmulas.

La longitud máxima del contenido de una celda es de 32.767 caracteres; de ellos, solo se muestran 1.024, pues el resto se visualiza en la *Barra de fórmulas*. En Excel, el indicador de posición es el puntero del ratón, que adopta la forma de una cruz gruesa.

Para desplazarnos por las distintas celdas de una hoja, se puede hacer uso de las teclas ***Tab*** y ***Enter*** y de las flechas de desplazamiento del teclado arriba, abajo, izquierda y derecha.

El nombre de la celda seleccionada aparece en el *Cuadro de nombres* y su contenido se ve en la *Barra de fórmulas* (Fig. 6.8). Para nombrar una celda, sitúate en el *Cuadro de nombres*, edítala y pulsa ***Enter.***

Un libro Excel, por defecto, contiene una hoja (Fig. 6.9), pero pueden crearse más hojas pulsando el botón *Hoja nueva* ⊕.

Fig. 6.9. Hoja por defecto en Excel 2016.

2.5. Operaciones con columnas y filas

Las columnas tienen habitualmente un ancho predeterminado: 10,71 (80 píxeles), y las filas presentan un alto preestablecido: 12,75 (17 píxeles). El usuario puede cambiar estas medidas para ajustarlas a sus necesidades, así como insertar o eliminar filas y columnas.

ACTIVIDAD GUIADA 3

Ajusta columnas y filas modificando sus medidas:

1. Abre un nuevo libro en blanco de Excel.
2. Introduce en la celda B1 las palabras «Texto dentro de celda».
3. Cambia el ancho de la columna para que se muestre todo el texto insertado. Para ello, con la celda seleccionada, activa la ficha *Inicio*, abre el menú del botón *Formato*, en el grupo *Celdas*, y haz clic en la opción *Ancho de columna*. Aparece el cuadro de diálogo del mismo nombre (Fig. 6.10).

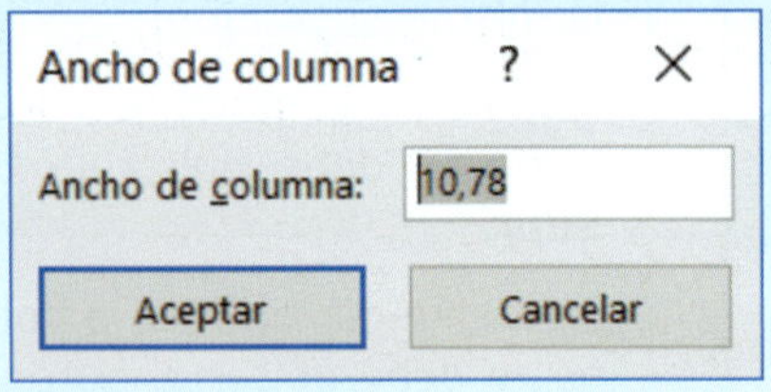

Fig. 6.10. Cuadro de diálogo Ancho de columna.

4. Escribe el valor de la nueva anchura y pulsa *Aceptar*.

Inserta filas y columnas observando las siguientes pautas:

1. Selecciona una celda.
2. Abre el menú del botón *Insertar* del grupo *Celdas* de la ficha *Inicio* (Fig. 6.11).

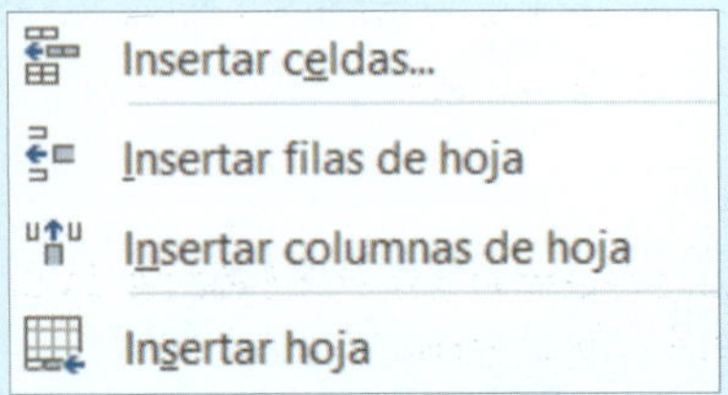

Fig. 6.11. Menú del botón Insertar.

3. Elige *Insertar filas de hoja* o *Insertar columnas de hoja*, según corresponda. Como alternativa, pulsa con el botón secundario del ratón sobre la cabecera de la fila o de la columna y elige la opción *Insertar* del menú contextual.

Elimina celdas, filas y columnas realizando los siguientes pasos:

1. Para eliminar una fila, selecciona una celda.
2. Abre el menú del botón *Eliminar* (Fig. 6.12) del grupo *Celdas*, en la ficha *Inicio*.

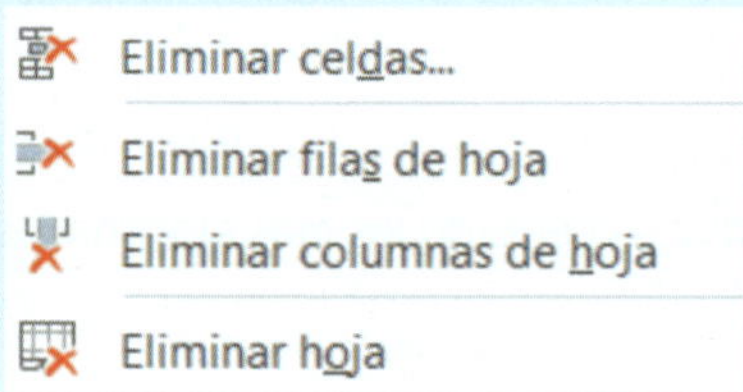

Fig. 6.12. Menú del botón Eliminar.

3. Elige la opción *Eliminar celdas*. Aparece el cuadro de diálogo correspondiente (Fig. 6.13).

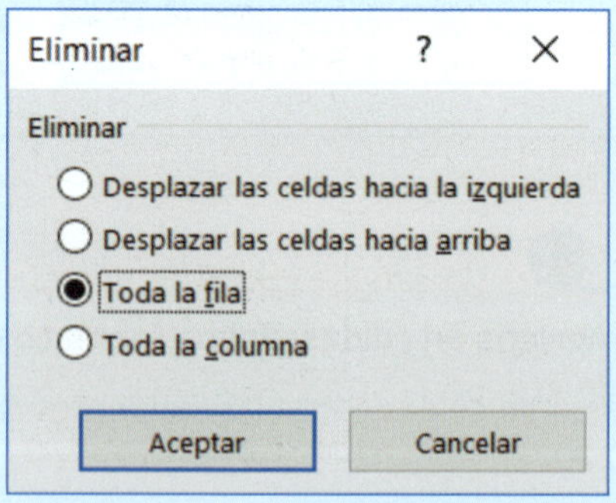

Fig. 6.13. Cuadro de diálogo Eliminar celdas.

4. Activa el botón de opción *Toda la fila* y pulsa *Aceptar*.
5. Para eliminar una columna, haz clic sobre la cabecera de una columna y pulsa la opción *Eliminar* de su menú contextual.
6. Para eliminar más de una fila o columna de forma rápida, selecciona las celdas mientras mantienes pulsado el botón izquierdo del ratón. A continuación, selecciona *Eliminar* de las opciones del menú contextual, activa la opción que más te convenga y pulsa *Aceptar*.

2.6. El Portapapeles y el pegado especial

Existe la posibilidad de duplicar o mover el contenido de las celdas mediante las opciones de *Copiar* y *Pegar* del *Portapapeles*. Si se elige la opción *Pegar*, se copiarán, además del contenido de la celda, el formato y los comentarios.

Para copiar solo alguna de las características, se deberá elegir la que corresponda del menú del botón *Pegar* o la opción *Pegado especial*. Dentro de las opciones de *Pegado especial* se encuentra la opción *Transponer*, que copia el contenido de un rango seleccionado convirtiendo las filas en columnas y viceversa.

CASO PRÁCTICO 3

Realizar un pegado de valores y un pegado especial de formatos.

Con el archivo U6_Para practicar.xlsx, vamos a realizar funciones de pegado, siguiendo estos pasos:

1. Una vez abierto el fichero, seleccionamos la celda B6 y pulsamos el botón *Copiar* del grupo *Portapapeles*, en la ficha *Inicio*.
2. Activamos la celda D5 y abrimos el menú del botón *Pegar* (Fig. 6.14).
3. Elegimos la opción *Pegar valores*. Como resultado, en la celda D5 aparece el mismo valor (sin formato), pero si activas la celda, en la *Barra de fórmulas* no aparece la fórmula.
4. La celda B6 contiene un formato distinto a las demás, pues posee un borde y un sombreado. Copiamos el formato de la celda B6 a las celdas B2, B3, B4 y B5.
5. Con la celda B6 seleccionada, pulsamos el botón *Copiar*.
6. A continuación, seleccionamos el rango de celdas B2:B5.
7. Abrimos el menú del botón *Pegar* y elegimos *Pegado especial*.

A través de la opción *Operación*, se realizan cálculos con el valor de la celda origen y la celda receptora. Las operaciones son: sumar, restar, multiplicar, dividir o ninguna.

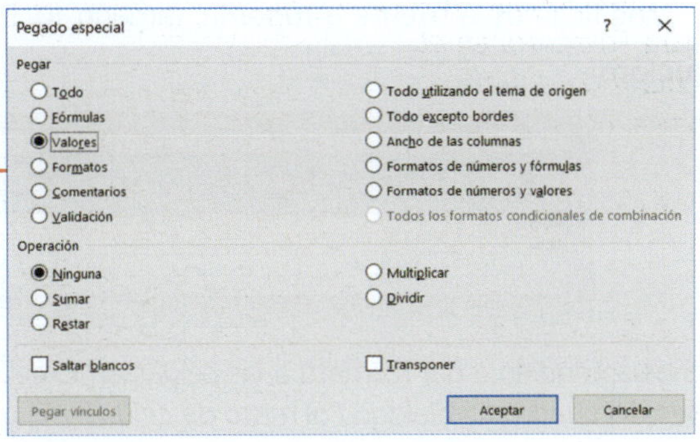

Fig. 6.15. Cuadro de diálogo Pegado especial.

8. En el cuadro de diálogo *Pegado especial* (Fig. 6.15), activamos la opción *Formatos* y pulsamos el botón *Aceptar*.

Solución:

Observa la diferencia entre realizar un pegado de valores y un pegado de formato.

	A	B	C	D
1	GASTOS	TELÉFONO		
2	Primer trimestre	314,00 €		
3	Segundo trimestre	215,00 €		
4	Tercer trimestre	275,00 €		
5	Cuarto trimestre	284,00 €		1088
6	TOTALES	1.088,00 €		

Fig. 6.16. Resultado de los pegados.

IMPORTANTE

La extensión del Libro de Office Excel 2016 es ***.xlsx.**

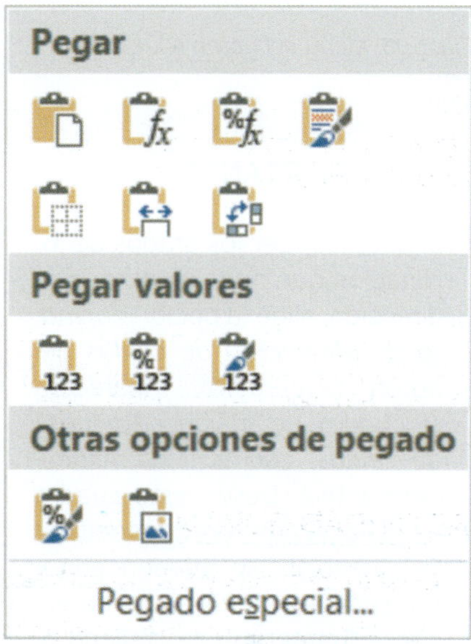

Fig. 6.14. Opciones del botón Pegar.

IMPORTANTE

En Excel, es posible restablecer celdas y eliminar el formato y el contenido. Para ello, puedes utilizar la opción *Borrar todo* (Fig. 6.17), del grupo *Edición* de la ficha *Inicio*.

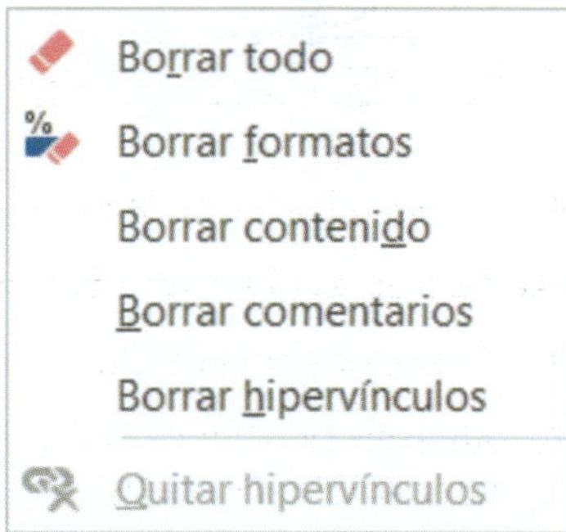

Fig. 6.17. Opciones del botón Borrar.

ACTIVIDAD GUIADA 4

Realiza una transposición siguiendo estos pasos:

1. Descarga y abre el archivo U6_Para practicar.xlsx.
2. Una vez abierto el archivo, selecciona el rango de celdas A1:B6 y haz clic en el botón *Copiar*.
3. Activa la celda A10 y elige la opción *Pegado especial* del menú contextual.
4. En el cuadro de diálogo *Pegado especial*, activa la opción *Todo utilizando el tema de origen*.
5. Activa la casilla *Transponer*.
6. Pulsa *Aceptar*. Las columnas se convierten en filas y las filas en columnas.

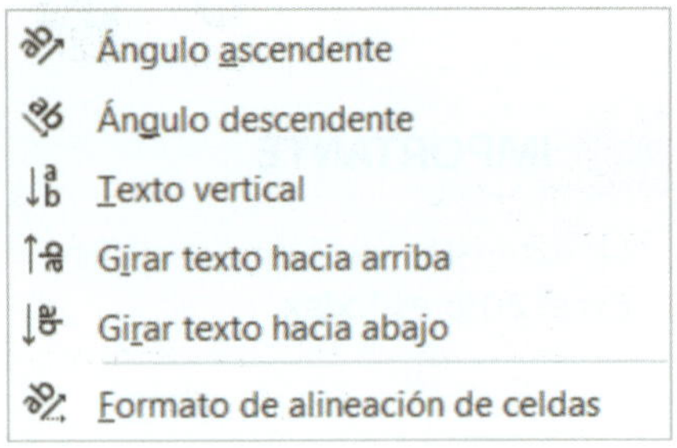

Fig. 6.18. Menú del botón Alineación.

IMPORTANTE

Si deseas saber los grados de inclinación que tiene el texto, o su dirección, elige la opción *Formato de alineación de celdas* del botón *Orientación*. Aparecerá el cuadro de diálogo *Formato de celdas*, con la ficha *Alineación* activa. Desde este cuadro de diálogo, además de modificar la alineación, se pueden editar propiedades de formatos de valores, fuente, borde, relleno y protección de celdas.

2.7. Bordes, rellenos y alineaciones

A la hora de presentar una información, puede ser crucial dar un formato sugerente a la hoja de cálculo. Vamos a practicar cómo dar este formato en Excel.

CASO PRÁCTICO 4

Alinear texto y aplicar bordes y relleno sobre las celdas en Excel.

1. Introducimos los días de la semana con la función de autorrelleno; el lunes se ubicará en la celda B2 y el domingo en la celda H2. Activamos la ficha *Inicio* y, en el grupo *Alineación*, hacemos clic en el botón *Orientación* (Fig. 6.18). Elegimos la opción *Ángulo descendente* y observamos el resultado.
2. Introducimos los textos para indicar el turno en las celdas A2, A3 y A4.
3. Seleccionamos el rango de celdas B2:H2 y pulsamos sobre el botón iniciador del grupo *Alineación*. Se abre el cuadro de diálogo *Formato de celdas,* donde activamos la ficha *Borde*. En la zona *Línea*, aplicamos el estilo de línea doble. En el área *Color*, elegimos *Azul*. En la zona *Preestablecidos*, hacemos clic en *Contorno* y en los botones borde diagonal descendente [ ] e interior [ ]. Pulsamos *Aceptar*.
4. Seleccionamos los rangos A2:A4 y A3:H4 simultáneamente, con ayuda de la tecla ***Ctrl***, y repetimos el proceso de colocar bordes; en este caso, las celdas se disponen sin orientación, con un estilo de línea interior discontinua de color naranja y un estilo de línea doble azul para el contorno. Pulsamos *Aceptar*.
5. Seleccionamos las celdas que contendrán los turnos (rango A3:H4) y hacemos clic en la ficha *Relleno* del cuadro de diálogo *Formato de celdas*. Pulsamos en el botón *Efectos de relleno* y establecemos un degradado en color amarillo claro y blanco y con estilo *Desde el centro*. Pulsamos *Aceptar* dos veces. Aplicamos un color de relleno azul y gris al resto de celdas.
6. Modificamos la fuente a *Tahoma*, tamaño 10. Establecemos la alineación oportuna.

Solución:

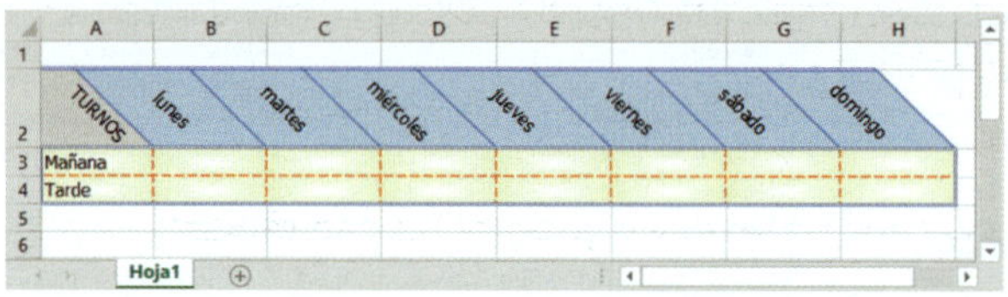

Fig. 6.19. Hoja de cálculo con formatos.

Hemos aprendido a dar formato a las celdas en Excel y a alinear texto de manera sencilla, a través del cuadro de diálogo *Formato de celdas* y el grupo *Alineación*.

2.8. Estilos de las hojas de cálculo

En Excel, se pueden aplicar estilos rápidos a una celda o rango de celdas con el grupo *Estilos* de la ficha *Inicio*. También se pueden generar nuevos estilos.

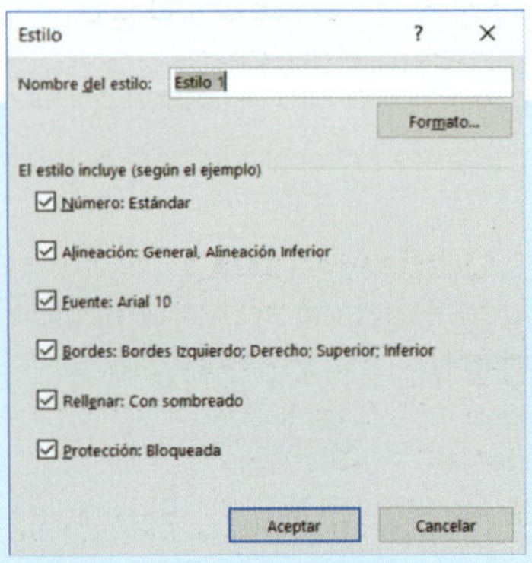

Fig. 6.20. Cuadro de diálogo Estilo.

ACTIVIDAD GUIADA 5

Genera un nuevo estilo de celda:

1. Abre un nuevo libro en Excel. Establece sobre la celda A1 las siguientes opciones de formato desde el grupo *Fuente* de la ficha *Inicio*:
   - Color de relleno Naranja, Borde exterior grueso, Fuente Arial Black, Tamaño 12, Color Azul y estilo Negrita.
2. Con la celda seleccionada, abre el menú del botón *Estilos de celda* del grupo *Estilos*. Pulsa en *Nuevo estilo de celda*. Aparece el cuadro de diálogo *Estilo* (Fig. 6.20). Pulsa *Aceptar*.
3. Abre otra vez el menú del botón *Estilos de celda* y, al desplegarlo, observa que el nuevo estilo se ha añadido a la lista.

2.9. Autorrelleno y series

El procedimiento más sencillo para introducir datos repetidos o incrementados es utilizar la función *Autorrelleno*. Esta técnica está diseñada para controlar la mayor parte de las tareas de copia dentro de la hoja de cálculo.

El ***Controlador de llenado,*** o cuadro de relleno, se encuentra en la esquina inferior derecha de la celda activa o del rango de celdas seleccionado (Fig. 6.21).

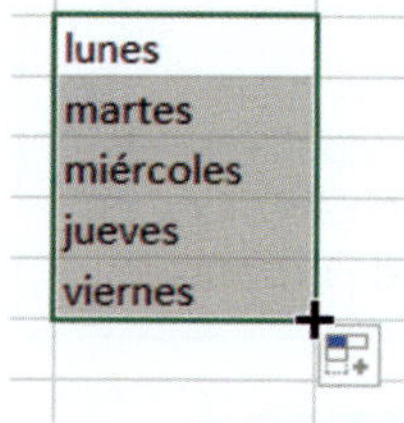

Fig. 6.21. Controlador de llenado.

ACTIVIDAD GUIADA 6

Utiliza la función *Autorrelleno* para introducir los días de la semana:

1. Sitúate en la primera celda de la serie, por ejemplo, la celda B2. Escribe el primer día de la semana, «lunes».
2. A continuación, colócate en la esquina inferior derecha de la celda, sobre el *Controlador de llenado* (presenta la forma de una fina cruz negra). Arrastra el controlador hacia la derecha hasta la celda F2. También puedes arrastrar el controlador hacia abajo.
3. Libera el botón del ratón y aparecerán escritos todos los días de la semana. Excel identifica así que la palabra lunes corresponde a la serie de los días de la semana.

Utiliza la orden *Rellenar* escribiendo y copiando la palabra «Matemáticas» en un rango de celdas:

1. Activa la celda B6 y escribe «Matemáticas». Selecciona el rango B6:F6.
2. Activa la ficha *Inicio* y, en el grupo *Edición*, abre el menú del botón *Rellenar* Rellenar (Fig. 6.22). Elige *Hacia la derecha.* El resultado es que, como Excel no identifica la palabra «Matemáticas» con ninguna serie, la copia en las celdas seleccionadas.

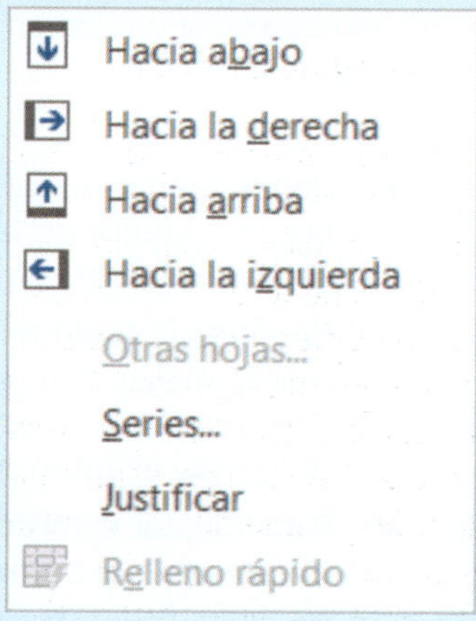

Fig. 6.22. Menú del botón Rellenar.

Crea una serie con los días laborables del mes de enero del año 2025:

1. Escribe en la celda B2 el primer día laborable de enero: 02-01-2025.
2. Con la celda seleccionada, abre el cuadro de diálogo *Series* (Fig. 6.23); para ello, elige la opción *Series* del botón *Rellenar*, del grupo *Edición* de la ficha *Inicio*.
3. En *Series en,* haz clic en *Columnas*. En *Tipo*, haz clic en *Cronológica*. En *Unidad de tiempo,* haz clic en el botón *Día laborable.*
4. Escribe en la opción *Límite*: 31/01/2025. Y pulsa el botón *Aceptar*.

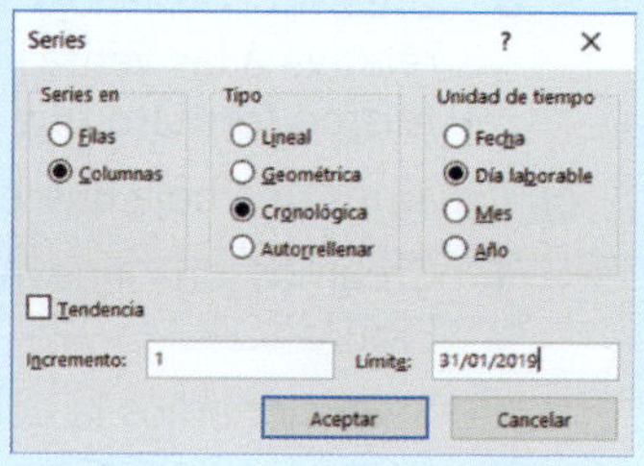

Fig. 6.23. Cuadro de diálogo Series.

Crea una serie personalizada con la lista de las provincias españolas:

1. Haz clic en *Archivo* y pulsa sobre *Opciones*.
2. Pulsa el botón *Modificar listas personalizadas* de la categoría *Avanzadas* dentro del apartado *General*. Aparece el cuadro de diálogo *Listas personalizadas* (Fig. 6.24).
3. En la zona *Entradas de lista,* escribe las provincias españolas pulsando ***Enter*** después de cada entrada.
4. Haz clic en el botón *Agregar*. El nuevo listado se añade a los existentes en el área izquierda. Pulsa *Aceptar* dos veces para cerrar los cuadros de diálogo.
5. Prueba el funcionamiento de la nueva serie. Sitúate en la celda B2, escribe el nombre de una de las provincias de la lista y arrastra hacia abajo con la ayuda del controlador de llenado hasta la celda B10.

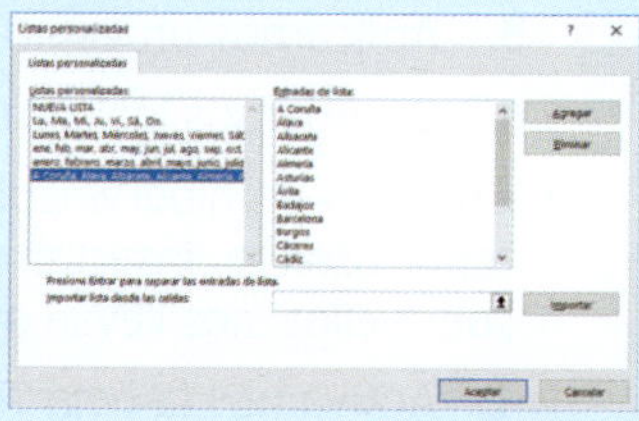

Fig. 6.24. Cuadro de diálogo Listas personalizadas.

ACTIVIDADES

4. Navega por las distintas fichas de Excel y responde las siguientes cuestiones:

a) ¿Desde cuál de ellas es posible introducir funciones predefinidas?

b) ¿Qué es el *Cuadro de nombres* en Excel y dónde se sitúa?

c) ¿Cómo se aplica formato a una celda?

ABC VOCABULARIO

Serie. Una serie es un conjunto de valores que guardan una ordenación uniforme.

Excel permite crearlas de forma rápida a través de la orden *Series* del botón *Rellenar*.

CLAVES Y CONSEJOS

Fíjate que, al establecer un vínculo, la notación ! acompaña siempre al nombre de una hoja. Es una pista de que se trata de un vínculo.

2.10. Vínculos e hipervínculos

Un libro Excel puede contener vínculos e hipervínculos que pueden hacer referencia a una celda o rango concreto dentro del libro, una página web, una dirección de correo electrónico u otro archivo. Su finalidad principal es crear accesos rápidos a la información de origen y llevarnos a ella. Dependiendo del tipo de vínculo, al hacer clic sobre él pueden ocurrir varias cosas. Por ejemplo, un vínculo a una página web abrirá el navegador web predeterminado abriendo la dirección indicada al pulsar sobre él.

CASO PRÁCTICO 5

Vincular hojas de un mismo libro y aplicar formato a la tabla.

a) Vamos a crear un libro en el que anotaremos las ventas de cada semestre en dos hojas y en el que sumaremos, en una tercera hoja, el importe total de ambas.

1. Creamos un libro con el nombre *Ventas semestrales.xlsx.*
2. Renombramos la Hoja1. Pulsamos con el botón secundario del ratón sobre la etiqueta de la Hoja1 y elegimos *Cambiar nombre.* Escribimos el nombre «Primer semestre».
3. Creamos la tabla relativa a las ventas semestrales durante los seis primeros meses (Fig. 6.25). Utilizamos fórmulas para las columnas *IVA* y *Total* (en D4: =C4*0,21; en E4: =C4+D4). Establecemos la misma fórmula, utilizando el autorrelleno de Excel.
4. Para adoptar el mismo estilo, aplicamos un estilo a la tabla desde la ficha *Inicio* y con el botón *Dar formato como tabla.* Seleccionamos el estilo *Naranja, Estilo de tabla medio 10.*
5. Eliminamos las opciones de filtrado. En la ficha *Inicio*, desplegamos las opciones del botón *Ordenar y filtrar* y desactivamos el botón *Filtro.*
6. Creamos otra hoja llamada «Segundo semestre» y realizamos la tabla relativa a las ventas durante los meses restantes (Fig. 6.26). Aplicamos el mismo formato que el de la tabla de la hoja *Primer semestre.*

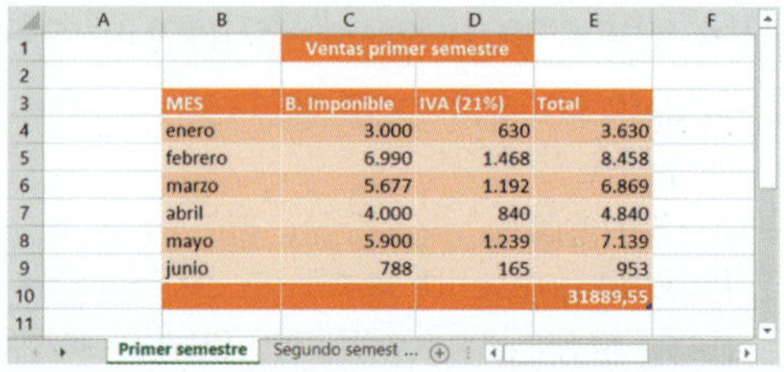

MES	B. Imponible	IVA (21%)	Total
enero	3.000	630	3.630
febrero	6.990	1.468	8.458
marzo	5.677	1.192	6.869
abril	4.000	840	4.840
mayo	5.900	1.239	7.139
junio	788	165	953
			31889,55

Fig. 6.25. Hoja Primer semestre *del libro* Ventas semestrales.

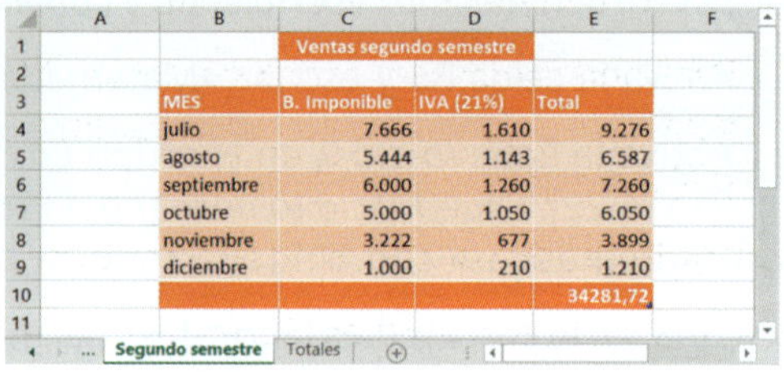

MES	B. Imponible	IVA (21%)	Total
julio	7.666	1.610	9.276
agosto	5.444	1.143	6.587
septiembre	6.000	1.260	7.260
octubre	5.000	1.050	6.050
noviembre	3.222	677	3.899
diciembre	1.000	210	1.210
			34281,72

Fig. 6.26. Hoja Segundo semestre *del libro* Ventas semestrales.

b) Creamos una hoja que contiene vínculos a las hojas semestrales.

1. Creamos una nueva hoja que llamaremos «Totales» con la tabla de la Figura 6.27.
2. Seleccionamos la celda C5 e introducimos: =*Primer semestre!E10.*
3. Seleccionamos la celda C6 e introducimos: =*Segundo semestre!E10.*
4. Seleccionamos la celda C7 e introducimos una fórmula con la suma de C5 y C6.
5. Aplicamos un estilo a la tabla: *Naranja, Estilo de tabla medio 17.*
6. Guardamos los cambios en el libro.

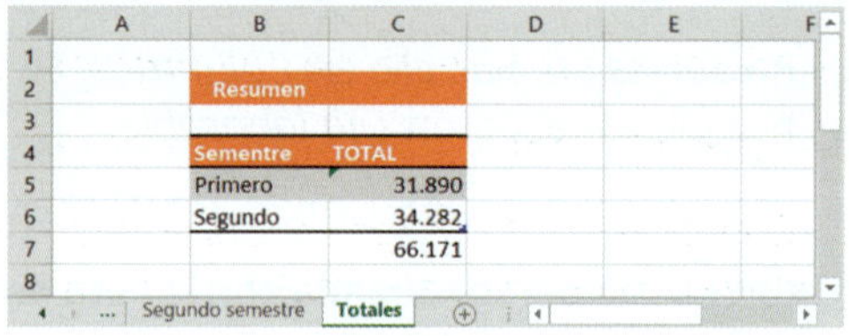

Resumen

Semestre	TOTAL
Primero	31.890
Segundo	34.282
	66.171

Fig. 6.27. Hoja Totales *del libro* Ventas semestrales.

c) Creamos un hipervínculo a una ubicación específica. Siguiendo en el libro anterior abierto, insertamos dos hipervínculos en la hoja *Totales*, que, al pulsar sobre ellos, nos llevan a la hoja correspondiente.

1. Activamos la hoja *Totales.*
2. Seleccionamos la celda B5 y hacemos clic sobre el botón *Vínculo* del mismo grupo situado en la ficha *Insertar.* Aparece el cuadro de diálogo *Insertar hipervínculo* (Fig. 6.28).

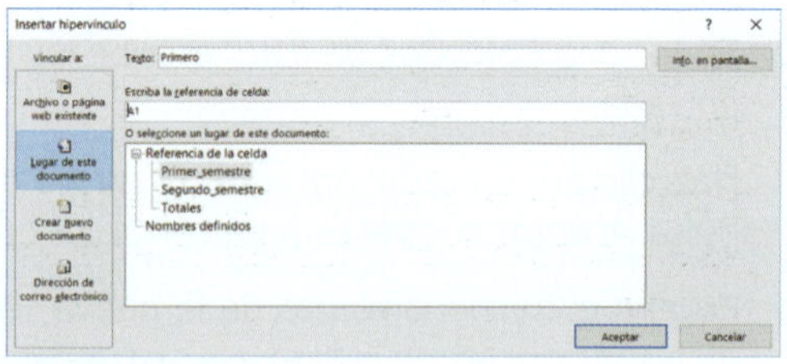

Fig. 6.28. Cuadro de diálogo Insertar hipervínculo.

3. Pulsamos la opción *Lugar de este documento* de la sección *Vincular a.* Hacemos clic sobre la hoja *Primer semestre* y pulsamos el botón *Aceptar.* Repetimos el proceso para la hoja del segundo semestre. Al hacer clic sobre la celda B5 de la hoja *Totales*, el vínculo nos lleva a la hoja *Primer semestre.*

Solución:

a) y *b)* El resultado consiste en obtener las hojas *Primer semestre* (Fig. 6.25) y *Segundo semestre* (Fig. 6.26).

c) Finalmente, obtenemos la hoja *Totales* (Fig. 6.27), que contiene vínculos a celdas de otras hojas e hipervínculos a hojas. En la celda C7 de la hoja *Totales* se suman dichos valores.

Para **borrar un hipervínculo,** haz clic derecho sobre la celda donde se encuentra el vínculo y selecciona la opción *Quitar hipervínculos,* del menú contextual.

2.11. Proteger celdas, hojas y libros

Para que otros usuarios no puedan ver, modificar ni borrar datos de nuestro trabajo, debemos protegerlo. Lo más aconsejable es asegurar todo el archivo del libro con una contraseña, en lugar de proteger sus elementos por separado.

La siguiente actividad guiada recoge en gran medida la casuística respecto a la protección en Excel.

ACTIVIDAD GUIADA 7

Protege y desprotege rangos de celdas con estas indicaciones:

1. Crea un nuevo libro de Excel y selecciona el rango de celdas A1:B10.
2. Activa la ficha *Inicio* y abre el menú del botón *Formato* en el grupo *Celdas*.
3. Elige la opción *Bloquear celda.*
4. Activa la ficha *Revisar* de la cinta de opciones.
5. Haz clic en el botón *Proteger hoja* del grupo *Cambios*. Aparece el cuadro de diálogo *Proteger hoja* (Fig. 6.29).
6. Escribe la contraseña y confírmala. Intenta escribir sobre la celda A1. Como resultado, no se pueden editar las celdas del rango protegido anteriormente.
7. Para poder editar el rango de celdas, activa la ficha *Revisar* de la cinta de opciones y pulsa sobre el botón *Desproteger hoja.* Introduce la contraseña y pulsa *Aceptar* en el cuadro de diálogo *Desproteger hoja.*

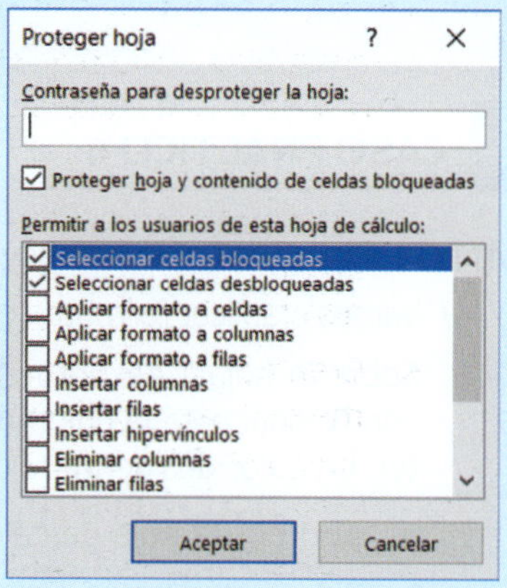

Fig. 6.29. Cuadro de diálogo Proteger hoja.

Protege la estructura de un libro con contraseña:

1. Crea un nuevo libro de Excel.
2. Con el nuevo libro abierto, crea una nueva hoja pulsando la opción *Hoja nueva* ⊕. Se crea la hoja llamada Hoja2.
3. Activa la ficha *Revisar* y pulsa el botón *Proteger libro* del grupo *Proteger.*
4. Aparece el cuadro de diálogo *Proteger estructura y ventanas* (Fig. 6.30).
5. Escribe la contraseña, deja marcada la opción *Estructura* y pulsa *Aceptar.*
6. Confirma la contraseña y pulsa *Aceptar.* Intenta cambiar el nombre de la Hoja2. Observa cómo no es posible cambiar el nombre de las hojas del libro ni su orden.

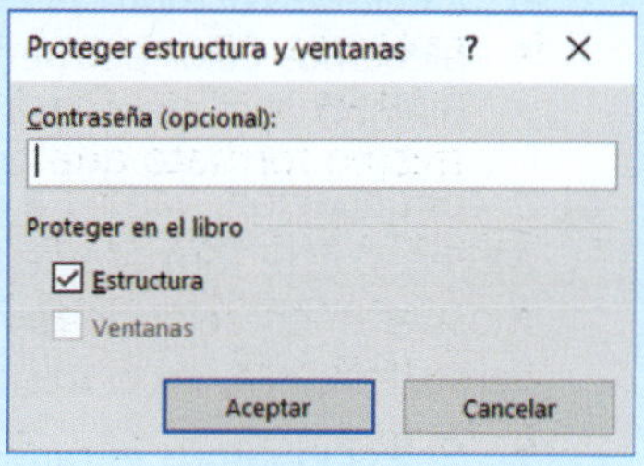

Fig. 6.30. Cuadro de diálogo Proteger estructura y ventanas.

Protege y desprotege una hoja con contraseña:

1. Crea un nuevo libro de Excel y añade una hoja nueva.
2. Haz clic en la etiqueta *Hoja2* para seleccionar dicha hoja y activa la ficha *Revisar.*
3. En el grupo *Proteger,* haz clic en el botón *Proteger hoja.* Aparece el cuadro de diálogo del mismo nombre (Fig. 6.29).
4. Escribe la contraseña y pulsa *Aceptar.* En el cuadro de diálogo *Confirmar contraseña,* vuelve a escribirla. Pulsa *Aceptar.* Intenta escribir en la celda A1 de la Hoja2. Observa que no es posible.

Contraseña de apertura: el libro se abre con permiso de lectura si el usuario conoce la contraseña.

Contraseña de escritura: el libro se abre con permiso de lectura y escritura si el usuario conoce la contraseña.

Protege y desprotege un libro contra apertura y escritura:

1. Abre el libro que deseas proteger. Activa la ficha *Archivo* y elige *Guardar como.*
2. En el cuadro de diálogo *Guardar como,* pulsa el botón *Herramientas.*
3. Haz clic en *Opciones generales.* Aparece el cuadro de diálogo *Opciones generales* (Fig. 6.31). Observa que dispones de la posibilidad de crear una copia de seguridad.
4. Escribe la clave en *Contraseña de apertura y escritura.* Pulsa *Aceptar* y confírmalas.
5. Pulsa *Aceptar* y *Guardar.*
6. Cierra el libro y comprueba que, para abrirlo, debes escribir las claves.
7. Para desprotegerlo, ejecuta los pasos anteriores y, al guardarlo, elimina las contraseñas.

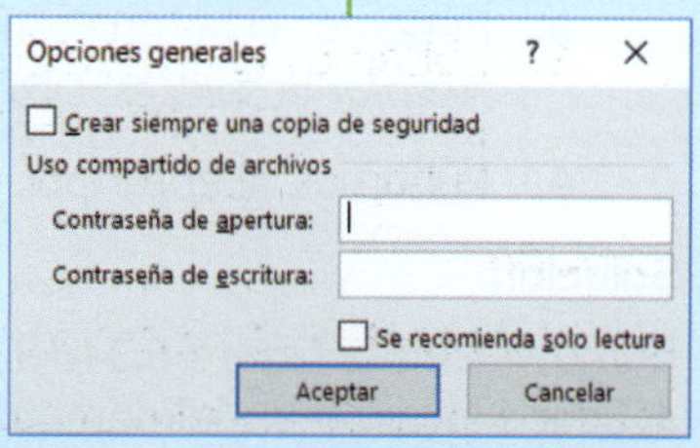

Fig. 6.31. Cuadro de diálogo Opciones generales.

TRUCO

Si deseas ver las reglas de una hoja, haz clic sobre el botón *Formato condicional* y selecciona *Administrar reglas*. A continuación, en el desplegable *Mostrar reglas de formato para*, selecciona *Esta hoja*.

3. Formatos condicionales y validación de datos

En Excel, es posible resaltar celdas que cumplan un criterio o realizar restricciones sobre los datos que introducimos en las celdas. Estas operaciones pueden ser muy útiles para controlar los datos de nuestro libro. Aprende sobre el formato condicional y la validación de datos.

3.1. Formato condicional

El formato condicional en Excel es una utilidad cuya función consiste en aplicar formatos de manera automática a una celda o rango de celdas que cumplan una determinada condición. Así, en Excel se dispone del botón *Formato condicional* del grupo *Estilos*, en la ficha *Inicio*. Estos formatos se copian y se eliminan como los ordinarios.

CASO PRÁCTICO 6

Aplicar formato condicional y administrar reglas de celdas.

a) Vamos a aplicar formato condicional a través de reglas superiores e inferiores.

Sobre la hoja 1 del libro U6_Demografía Andalucía.xlsx, vamos a establecer un formato condicional para la columna *Total*, de tal forma que los valores inferiores al promedio presenten un color de fuente rojo.

1. Abrimos la hoja de cálculo. Seleccionamos el rango E9:E16 y activamos la ficha *Inicio*.
2. Pulsamos el botón *Formato condicional* del grupo *Estilos*.
3. Seleccionamos *Reglas superiores e inferiores* (Fig. 6.32) y elegimos la opción *Por debajo del promedio*. Aparece el cuadro de diálogo *Inferior al promedio*.
4. Elegimos *Formato personalizado*. Se abre el cuadro de diálogo *Formato de celdas*. Establecemos color de fuente rojo y pulsamos *Aceptar* dos veces para cerrar los cuadros de diálogo abiertos.

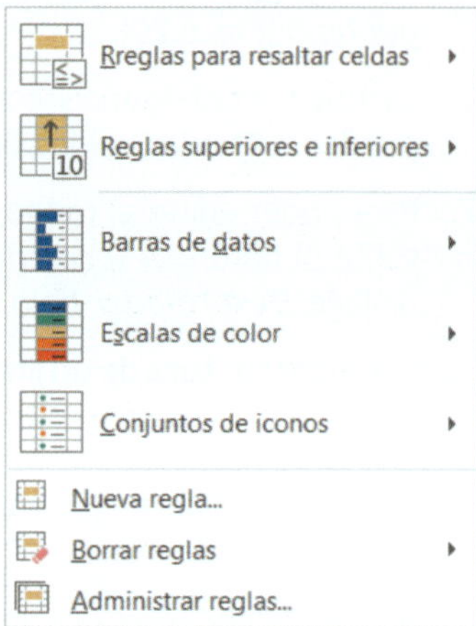

Fig. 6.32. Menú del botón Formato condicional.

b) A continuación, vamos a establecer un formato condicional para las columnas *Hombres* y *Mujeres*. Este formato se basa en que las celdas que no superen los 400.000 habitantes se mostrarán en color de fuente naranja y las celdas que superen los 400.000 se mostrarán en verde. Para ello, en el mismo archivo que tenemos abierto, realizamos estos pasos:

1. Seleccionamos el rango C9:D16 y activamos la ficha *Inicio*.
2. Pulsamos el botón *Formato condicional* del grupo *Estilos*. Elegimos *Administrar reglas*. Aparece el cuadro de diálogo *Administrador de reglas de formato condicional*.
3. Pulsamos el botón *Nueva regla*. Aparece el cuadro de diálogo *Nueva regla de formato*. Seleccionamos la opción *Aplicar formato únicamente a las celdas que contengan*. En la descripción de la regla, establecemos: valor de la celda, menor o igual que, 400000.
4. Pulsamos el botón *Formato* y elegimos color naranja para la fuente y estilo *Negrita*.
5. Seleccionamos *Aceptar* en los dos últimos cuadros de diálogo abiertos.
6. Hacemos clic en *Nueva regla*. En el cuadro de diálogo *Nueva regla de formato*, seleccionamos la opción *Aplicar únicamente a las celdas que contengan*.
7. En la descripción de la regla, establecemos: valor de la celda, mayor que, 400000.
8. Pulsamos el botón *Formato* y elegimos color verde para la fuente y estilo *Negrita*. Pulsamos *Aceptar* dos veces. Observamos cómo aparecen dos reglas (Fig. 6.33).
9. Pulsamos *Aceptar* por última vez y observamos el resultado.

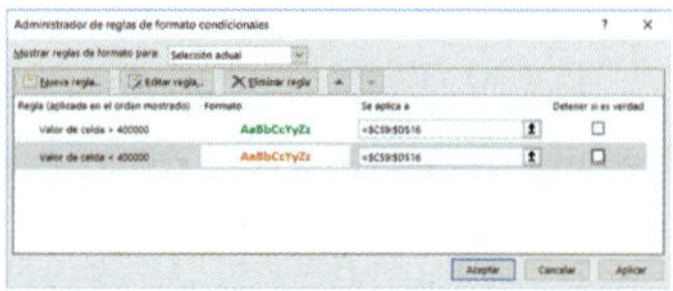
Fig. 6.33. Reglas establecidas.

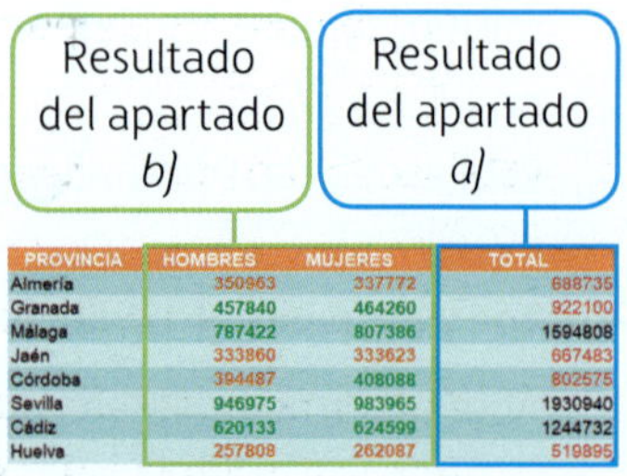

PROVINCIA	HOMBRES	MUJERES	TOTAL
Almería	350963	337772	688735
Granada	457840	464260	922100
Málaga	787422	807386	1594808
Jaén	333860	333623	667483
Córdoba	394487	408088	802575
Sevilla	946975	983965	1930940
Cádiz	620133	624599	1244732
Huelva	257808	262087	519895

Fig. 6.34. Resultado al aplicar formatos condicionales.

Solución:

Como ves en la Figura 6.34, el contenido de las celdas ha adoptado el formato que hemos elegido en las reglas. Esto nos puede ayudar a localizar visualmente más rápido los valores que cumplen los criterios.

Para **borrar reglas** de celdas selecciona las columnas que contengan la regla, excepto la cabecera, y activa la ficha *Inicio*. Pulsa el botón *Formato condicional* del grupo *Estilos*. Selecciona la opción *Borrar reglas* y elige *Borrar reglas* de las celdas seleccionadas.

3.2. Validación de datos

La herramienta *Validación de datos* de Excel permite que no se introduzcan datos incorrectos o no deseados en las celdas de una hoja. De esta forma, es posible controlar la introducción de valores en las celdas.

ACTIVIDAD GUIADA 8

Configura distintas opciones de validación.

a) En la casilla *Fecha de contrato* debe aparecer una fecha posterior al 15 de mayo del 2009:

1. Descarga y abre el archivo U6_Validación.xlsx.
2. Selecciona la celda C7. Activa la ficha *Datos,* pulsa el botón *Validación de datos* del grupo *Herramientas de datos* y selecciona la opción *Validación de datos* (Fig. 6.35). Aparece el cuadro de diálogo del mismo nombre (Fig. 6.36).

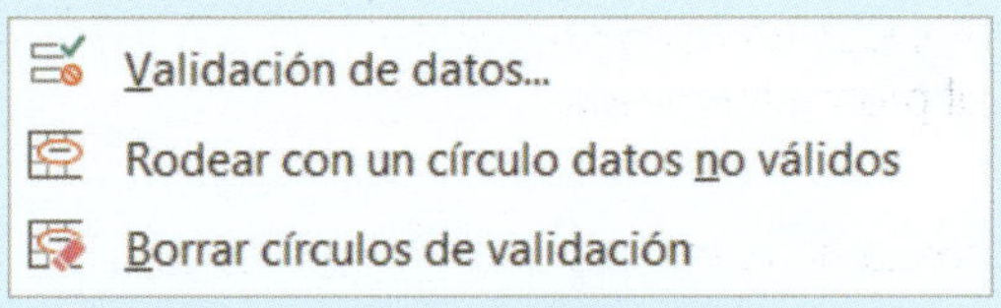

Fig. 6.35. Menú del botón Validación de datos.

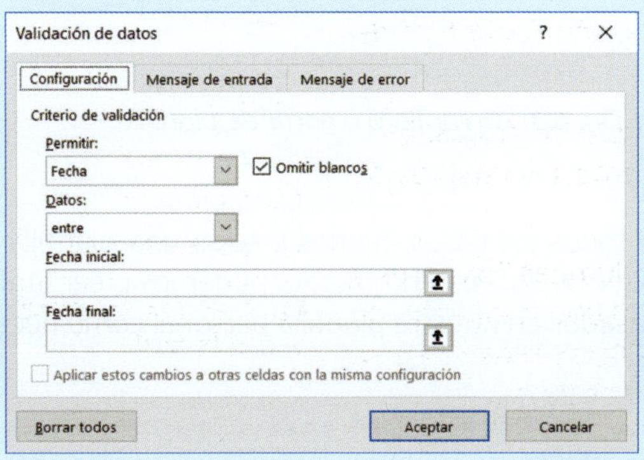

Fig. 6.36. Cuadro de diálogo Validación de datos.

3. En el cuadro *Permitir,* elige la opción *Fecha.* En el cuadro *Datos*, selecciona *mayor que*. En *Fecha inicial*, introduce 15/04/2009. Pulsa *Aceptar.*
4. Introduce en la celda C7 la fecha 10/04/2009 y comprueba que no es posible. A continuación, introduce la fecha 16/04/2009.

b) Establece un mensaje de entrada:

1. Selecciona la celda C7 y muestra nuevamente el cuadro de diálogo *Validación de datos.*
2. Activa la ficha *Mensaje de entrada.* Marca la casilla *Mostrar mensaje al seleccionar la celda.* En el cuadro de texto *Mensaje de entrada*, escribe: «Introduzca una fecha posterior a 15/04/2009». Pulsa *Aceptar.*
3. Selecciona la celda C7 y comprueba que aparece el mensaje emergente que has definido.

c) Establece un mensaje de error si la edad introducida en la celda C9 no está entre 18 y 65:

1. Selecciona la celda C9.
2. Abre el cuadro de diálogo *Validación de datos.*
3. Selecciona *Número entero* en la lista desplegable *Permitir.* En *Datos*, elige *Entre*. Escribe, como valor mínimo, 18 y, como máximo, 65. Pulsa *Aceptar.*
4. Activa la ficha *Mensaje de error.* En el cuadro de texto *Mensaje de error*, escribe: «La edad debe estar entre 18 y 65». Pulsa el botón *Aceptar.* Introduce en la celda C9 una edad; por ejemplo, 15.

d) Establece en la celda C11 una validación que permita seleccionar de una lista las distintas opciones disponibles de categoría profesional:

1. Muestra el cuadro de diálogo *Validación de datos.*
2. En el cuadro *Permitir*, elige la opción *Lista.* En el cuadro *Origen*, pulsa el botón para seleccionar las categorías. Selecciona el rango de celdas B17:B20 y haz clic en el botón para introducir el rango. Pulsa el botón *Aceptar.*
3. Al activar la celda C11, aparece una flecha en el extremo derecho de la celda. Esta flecha contiene la lista de categorías y, si se selecciona una de ellas, se traslada como dato válido para la celda marcada.

e) Localiza las celdas que contienen validación de datos:

1. Activa la ficha *Inicio* y abre el menú del botón *Buscar y seleccionar.*
2. Elige *Ir a Especial.* Aparece el cuadro de diálogo del mismo nombre.
3. Activa la opción *Celdas con validación de datos* y deja activada la opción *Todos.* Pulsa *Aceptar.* Observa cómo se seleccionan las celdas que poseen alguna validación.
4. Guarda y cierra el archivo.

Para **eliminar una validación** de celda, localiza la celda o rango de celdas y selecciónalas. A continuación, abre el cuadro de diálogo *Validación de datos* y selecciona la opción *Cualquier valor,* del cuadro *Permitir.* Pulsa *Aceptar.*

ACTIVIDADES

5. ¿Cómo se visualizan las reglas de una hoja?

4. Plantillas en Excel

> Una **plantilla** es un libro de trabajo que se utiliza como punto de partida para crear otros, con la posibilidad de que este siga intacto para utilizarlo posteriormente.

Se pueden usar las plantillas predefinidas o crear unas propias. De una forma u otra, se generan nuevos documentos con la peculiaridad de que no se parte de cero.

CASO PRÁCTICO 7

Crear plantillas de Excel y utilizarlas.

Vamos a crear una plantilla que sirva para generar facturas.

1. Abrimos una hoja nueva y diseñamos nuestra factura.
2. Utilizamos WordArt para insertar el nombre.
3. En la columna *Descripción artículo*, combinamos las celdas de cada fila. Para ello, seleccionamos fila a fila y abrimos el menú del botón *Combinar y centrar* del grupo *Alineación* en la ficha *Inicio*. También podemos realizar el cambio en una fila y después copiar y pegar el formato.
4. Escribimos en la celda H15 la primera fórmula de la factura, que debe recoger el producto de la cantidad por el precio unitario. La fórmula es: =B15*G15.
5. Una vez anotada la fórmula en la celda H15, seleccionamos y arrastramos desde el extremo inferior derecho. Así se extenderá a toda la columna.
6. En la celda H29, escribimos una fórmula para sumar todas las celdas anteriores, o bien utilizamos *Autosuma* $\sum$; en este último caso, seleccionamos la celda H29 y abrimos el menú del botón *Autosuma* del grupo *Biblioteca de funciones*, en la ficha *Fórmulas*; elegimos la opción *Suma*. Aparece destacado el rango de celdas H15:H28. Pulsamos ***Enter***.
7. En la celda H31, introducimos otra fórmula que calcule la *Base imponible*: =H29-H30 (total bruto – descuento).
8. Por otra parte, en la celda H32 calculamos el IVA que, en este caso, es el 21 %. Para ello, insertamos la fórmula: =H31*0,21.
9. En la celda H33, calculamos el *Recargo de equivalencia* que, en este caso, es del 5,2 %. Introducimos la fórmula siguiente: =H31*0,052.
10. Después, en la celda H34 sumamos la base imponible con el IVA y el recargo de equivalencia. Usamos el botón *Autosuma*.
11. Aplicamos bordes a las celdas y dos decimales a las columnas *Precio unitario* e *Importe*.
12. Una vez terminado el diseño de la factura, activamos la ficha *Archivo* y elegimos *Guardar como*. Aparece el cuadro de diálogo *Guardar como*.
13. Como nombre de archivo, escribimos *Factura Imprenta;* como tipo de archivo, seleccionamos *Plantilla de Excel (*.xltx)*. Hacemos clic en el botón *Guardar*. La plantilla se guardará por defecto en: **C:\Users\TuUsuariodeWindows\Documents\Plantillas personalizadas de Office**.
14. Para crear un libro basado en la plantilla, iniciamos Excel 2016 y seleccionamos *Personal*. Hacemos clic sobre la plantilla *Factura Imprenta* (Fig. 6.37).

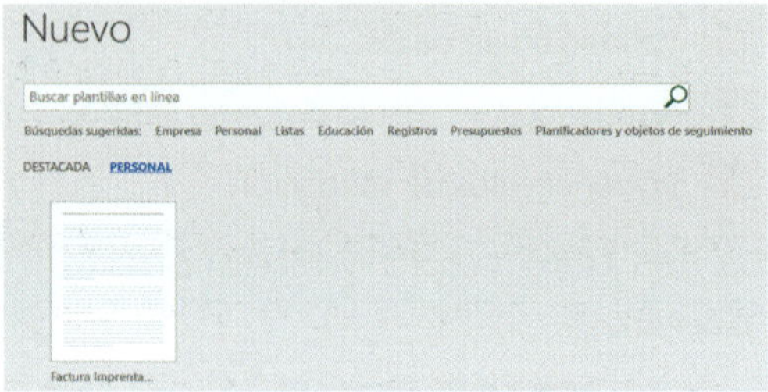

Fig. 6.37. Crear libro a partir de plantilla.

Solución:

Siguiendo todos los pasos, hemos creado una plantilla similar a la de la Figura 6.38. Posteriormente, podemos crear tantos documentos basados en nuestra plantilla personal como necesitemos.

Fig. 6.38. Plantilla para factura.

RECUERDA

Es posible guardar un libro como: *Plantilla de Excel* (*.xlsx), *Plantilla de Excel habilitada para macros* (*.xltm), *Plantilla de Excel 97-2003* (*.xlt).

ACTIVIDADES

6. Descarga la plantilla *Informe de gastos* de Excel y responde:

   a) ¿Qué pasos seguirías para adaptar el documento a tu empresa y reutilizarlo posteriormente?

   b) ¿Qué extensión debe tener para que la plantilla sea compatible con Excel 2003?

5. Impresión de hojas de cálculo

En la impresión, por defecto, se imprime la hoja de cálculo entera. Sin embargo, en la mayoría de los casos solo se necesita imprimir una parte. Para ello, se procede a delimitar primero el área de impresión y, a continuación, se imprime dicha área. Una hoja puede tener varias áreas de impresión, las cuales se imprimirán en hojas de forma independiente.

ACTIVIDAD GUIADA 9

Establece un área de impresión:

1. Abre la hoja de cálculo U6_Demografía Andalucía.xlsx.
2. Selecciona el rango de celdas A1:F20. Activa la ficha *Diseño de página.*
3. Abre el menú del botón *Área de impresión*, del grupo *Configurar página.*
4. Pulsa en la opción *Establecer área de impresión*. El área queda marcada con una línea fina (Fig. 6.39).
5. Si el límite del área de impresión excede al de la página, se muestra una línea discontinua delimitando la zona. Esto significa que el documento se imprimirá en más de una página; en este caso, para evitarlo, se puede establecer la opción *Horizontal* del botón *Orientación*.

Fig. 6.39. Línea que marca el área de impresión.

Establece márgenes personalizados y centra el documento en la página:

1. Abre el menú de *Márgenes* y haz clic en *Márgenes personalizados*. Aparece el cuadro de diálogo *Configurar página.*
2. Introduce los valores correspondientes a cada margen de la página: Superior: 4; Encabezado: 2; Izquierdo: 2; Derecho: 2; Inferior: 3; Pie de página: 2.
3. En la zona *Centrar en la página,* activa las casillas de verificación *Horizontalmente* y *Verticalmente*.
4. Haz clic en el botón *Vista preliminar* para ver el resultado. Pulsa el botón *Atrás* para salir de *Vista preliminar.*

Personaliza encabezados y pies de página:

1. Haz clic en el botón iniciador del grupo *Configurar página.*
2. Activa la ficha *Encabezado y pie de página* del cuadro de diálogo *Configurar página* y haz clic en el botón *Personalizar encabezado.*
3. En el cuadro de diálogo *Encabezado* (Fig. 6.40), activa la sección central.
4. Pulsa el botón *Aplicar formato al texto* A y establece fuente *Verdana,* tamaño *10*, color *azulado*, estilo *Negrita Cursiva* y *Subrayado doble*. Presiona *Aceptar.*
5. Escribe «ESTUDIO DEMOGRÁFICO EN ANDALUCÍA» y pulsa *Aceptar.*
6. Haz clic en el botón *Personalizar pie de página* y activa la sección derecha.
7. Elige *Insertar número de página* y pulsa *Aceptar.*
8. Pulsa el botón *Vista preliminar* y, seguidamente, cierra esta vista. Pulsa *Aceptar.*

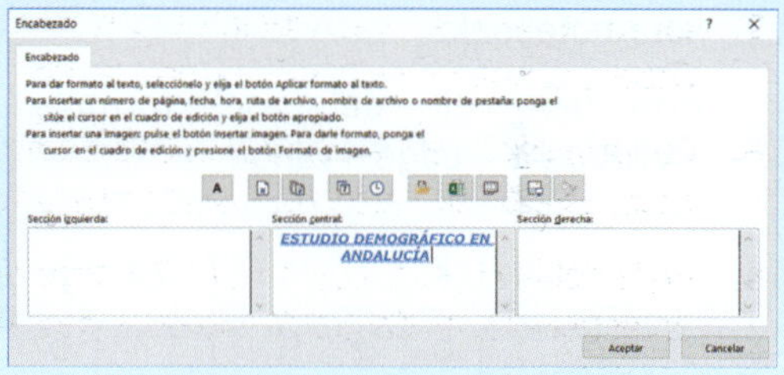

Fig. 6.40. Cuadro de diálogo Encabezado.

Imprime el documento:

1. En el cuadro de diálogo *Configurar página,* haz clic en el botón *Imprimir.*
2. Pulsa el botón *Imprimir*. Cierra el archivo.

ACTIVIDADES

7. Determina si las siguientes afirmaciones son verdaderas o falsas:

a) Dentro de una celda de Excel, es posible insertar vínculos a otros documentos externos.

b) Las plantillas personales, por defecto, se guardan en: **C:\Users\TuUsuariodeWindows\Templates\Excel.**

c) Al imprimir en Excel se pueden delimitar varias áreas de impresión, que se imprimirán en la misma página.

KEYWORDS

1. Review the essential vocabulary terms of this unit in English. Did you already know all of them? Did you learn new vocabulary?

English	Spanish	English	Spanish	English	Spanish
alignment	alineación	greater than	mayor que	rule	regla
between	entre	header	cabecera/ encabezado	series	serie
book	libro	hyperlink	hipervínculo	spreadsheet	hoja de cálculo
cell	celda	less than	menor que	subtraction	resta
clipboard	portapapeles	link	vínculo	sum	suma
database	base de datos	margin	margen	table	tabla
division	división	multiplication	multiplicación	template	plantilla
edge	borde	number	número	to combine	combinar
footer	pie de página	operation	operación	to divide	dividir
format	formato	orientation	orientación	to fill	rellenar
formula	fórmula	print area	área de impresión	to move	desplazar
formula bar	barra de fórmulas	report	informe	validation	validación

2. Find these words in this word square and write them in your notebook:

hyperlink – cell – database – formula – equal - sum – serie – clipboard – edge – range

c	e	j	k	i	c	f	g	h	c	k	l	l	h
a	d	i	b	g	h	j	i	o	l	d	d	f	e
t	y	b	n	m	c	l	i	p	b	o	a	r	d
x	s	i	v	e	d	i	u	n	p	k	t	o	g
e	e	o	b	b	e	w	r	d	f	g	a	b	e
s	r	v	y	u	r	o	t	a	c	e	b	p	q
w	i	y	u	i	i	q	f	c	n	d	a	e	r
t	e	q	u	a	l	h	o	q	s	g	s	u	m
l	g	t	u	d	s	s	r	a	i	r	e	g	e
r	o	c	x	y	q	d	m	i	e	d	g	i	n
r	n	n	f	n	c	k	u	l	t	y	d	k	v
r	y	h	y	p	e	r	l	i	n	k	r	o	k
t	h	h	k	a	l	i	a	k	b	c	s	w	z
e	j	i	s	p	l	r	r	d	s	y	y	e	t

3. Complete the sentences with the right words:

spreadsheet – cell – rule – password – formula

a) A _________ is composed of rows and columns.

b) The _________ contents appear in the formula bar.

c) To create conditional format, it is necessary to create a _________.

d) In Microsoft Excel is possible to protect a book with a _________.

e) A _________ begins with the equal sign.

4. True or false?

Write them in your notebook:

a) The cell name is indicated in the name box.

b) The cell contents appear in the name box.

c) The rules are used to customize lists.

d) In an excel cell you can insert a link to a webpage.

SÍNTESIS Hojas de cálculo: operaciones básicas

Entorno de trabajo de Excel

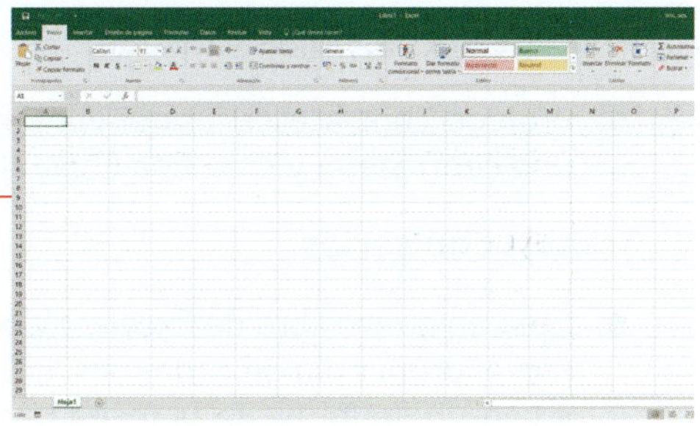

Operaciones básicas del libro de Excel

- Tipos de datos en celdas
  - Texto
  - Valores numéricos
  - Fórmulas
  - Valores Fecha/Hora
  - Hipervínculos
  - Imágenes
  - Tablas
  - Gráficos
  - Símbolos
  - Objetos
  - Formas
  - WordArt
- Desplazamiento por la hoja de cálculo
- Portapapeles y pegado especial

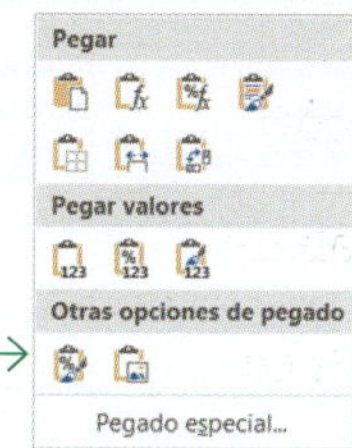

- Proteger celdas, hojas y libros

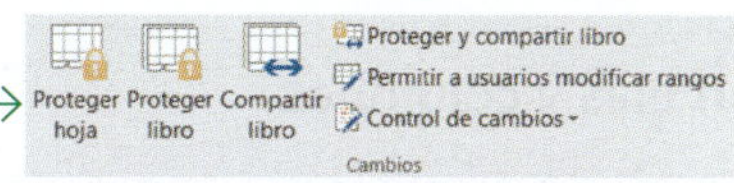

- Autorrelleno y series
  - Predeterminadas
  - Personalizadas

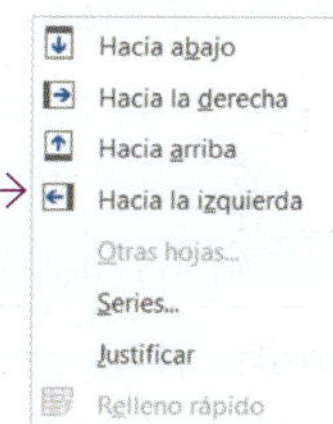

- Bordes, tramas y alineaciones
- Estilos

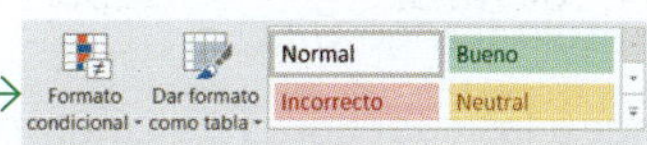

Formato condicional

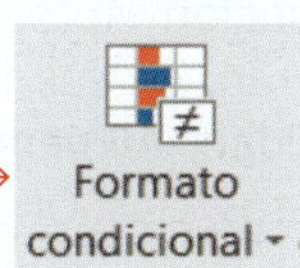

Validación de datos

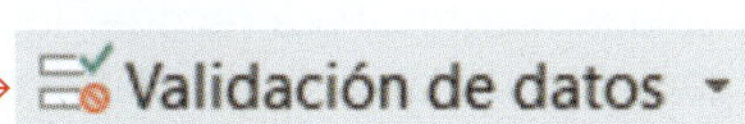

- Validación de datos...
- Rodear con un círculo datos no válidos
- Borrar círculos de validación

Hipervínculos

Plantillas

- Predefinidas o en línea
- Personalizadas

Impresión

- Establecer área de impresión
- Borrar área de impresión
- Agregar al área de impresión

Introduce distintos tipos de datos en las hojas de cálculo.

1. Cita tres funciones de las hojas de cálculo.

2. Elabora la hoja de cálculo que se puede observar en la Figura 6.41. Establece las fórmulas adecuadas en la columna *Total*. Guarda la hoja con el nombre *Cursos*.

Curso	Inicio	Fin	Duración (en días)	Cantidad	Precio	Total
Estrategia Marketing	01/05/2018	20/05/2018	19	3	390,00 €	1.170,00
Comunicación	15/08/2018	15/09/2018	31	5	200,00 €	1.000,00
Contabiliad	03/05/2018	22/05/2018	19	4	280,00 €	1.120,00
Informática Avanzada	01/09/2018	15/10/2018	44	7	300,00 €	2.100,00
					TOTAL en Euros	5.390,00

Previsión Gastos - Cursos 2018 (Hoja1)

Fig. 6.41. Hoja de cálculo Cursos.

Realiza operaciones con filas y columnas.

3. Abre la hoja de cálculo U6_Demografía Andalucía.xlsx del CEO y, sobre ella, haz las siguientes modificaciones:

a) Elimina las filas 9, 10 y 11.

b) Elimina el rango de celdas E8:E13.

c) Establece un formato con color de fondo y borde para la celda que contiene el título (rango C2:D2).

d) Pega el formato anterior a las cabeceras de columna utilizando el botón *Copiar formato.*

e) Inserta una fila debajo de las cabeceras de columna de la tabla que contiene los datos.

f) Activa el autofiltro a las cabeceras.

g) Cierra el libro sin guardar los cambios.

Utiliza el pegado con la opción *Imagen vinculada.*

4. Abre el archivo U6_Libro I+D.xlsx y realiza un pegado especial en la hoja de un nuevo libro, utilizando la opción *Imagen vinculada.*

Protege libros, hojas y celdas.

5. Protege contra escritura el libro U6_Libro I+D.xlsx con una contraseña y crea una copia de seguridad.

Trabaja con series.

6. Crea un nuevo libro de Excel y elabora una serie cronológica con el primer día de cada mes, que comience el 01/01/2019 y con un límite hasta la fecha 01/12/2021. Guárdalo con el nombre *Serie.xlsx.*

Emplea formatos condicionales.

7. En el libro U6_Libro I+D.xlsx, establece un formato condicional en el rango B6:B24 que muestre un sombreado de celda en color rojo sobre los gastos internos que superen o sean igual a 500.000.000 € y un sombreado en color verde sobre los menores de 500.000.000 €.

Imprime una hoja de cálculo.

8. Establece el área de impresión que abarque los rangos A5:A24, D5:D24 y F5:F24 en el libro U6_Libro I+D.xlsx.

Formatea celdas, vincula hojas de cálculo y establece hipervínculos.

9. Abre un libro nuevo y guárdalo con el nombre *Gestión gastos hogar.*

En la Hoja1, recoge los gastos mensuales de una economía doméstica. Las filas estarán constituidas por los 12 meses del año (utiliza la función *Autorrelleno*) y los trimestres. Las columnas recogerán, en sus títulos, los siguientes conceptos: Mes, Electricidad, Alimentación y Hogar, Teléfono, Comunidad e Impuestos, Gas, Otros.

Inmoviliza las cabeceras de las columnas para realizar los desplazamientos. Para recoger los totales de cada columna y cada fila, utiliza el botón *Autosuma.*

Nombra la hoja como *Gastos*. Podría tener el aspecto de la Figura 6.42.

Trimestre	Mes	Electricidad	Alimentación y Hogar	Teléfono	Comunidad e Impuestos	Gas	Otros	TOTAL
1er Trimestre	Enero							0
	Febrero							0
	Marzo							0
2º Trimestre	Abril							0
	Mayo							0
	Junio							0
3er Trimestre	Julio							0
	Agosto							0
	Septiembre							0
4º Trimestre	Octubre							0
	Noviembre							0
	Diciembre							0
TOTALES		0	0	0	0	0	0	0

Fig. 6.42. Hoja Gastos.

Crea una nueva hoja llamada *Ingresos* en el libro *Gestión gastos hogar.* Realiza el diseño de la hoja basándote en la hoja *Gastos* y copia y pega el rango de celdas de una a otra hoja. A continuación, realiza los cambios que consideres oportunos. Dentro de la hoja, constarán los siguientes conceptos:

- Los ingresos mensuales de nómina que entran en el hogar.
- Los ingresos obtenidos por el alquiler de una vivienda.

La hoja *Ingresos* podría tener el aspecto de la Figura 6.43:

	A	B	C	D	E	F
1	Trimestre	Mes	Ingresos nómina	Ingresos alquiler	TOTAL	
2	1er Trimestre	Enero			0	
3		Febrero			0	
4		Marzo			0	
5	2º Trimestre	Abril			0	
6		Mayo			0	
7		Junio			0	
8	3er Trimestre	Julio			0	
9		Agosto			0	
10		Septiembre			0	
11	4º Trimestre	Octubre			0	
12		Noviembre			0	
13		Diciembre			0	
14	TOTALES		0	0	0	
15						

Gastos | Ingresos

Fig. 6.43. Hoja Ingresos.

Crea una nueva hoja en el mismo libro llamada *Resultado* que recoja la diferencia entre los ingresos y los gastos.

Establece vínculos entre las hojas *Gastos* (Fig. 6.42), *Ingresos* (Fig. 6.43) y *Resultado* (Fig. 6.44), de tal manera que la hoja *Resultado* se calcule de forma automática.

Realiza el diseño de la hoja basándote en la hoja *Gastos* y copia y pega el rango de celdas de una a otra hoja. A continuación, realiza los cambios que consideres oportunos.

Aplica a las celdas de la última columna un formato condicional de tipo *Escalas de color.*

La hoja *Resultado* podría tener el aspecto de la Figura 6.44:

	A	B	C	D	E	F
1	Trimestre	Mes	Ingresos	Gastos	TOTAL	
2	1er Trimestre	Enero	2300	2450	-150	
3		Febrero	2300	1580	720	
4		Marzo	2300	1500	800	
5	2º Trimestre	Abril	2300	1750	550	
6		Mayo	2300	1679	621	
7		Junio	3300	2000	1300	
8	3er Trimestre	Julio	2400	1450	950	
9		Agosto	2400	1200	1200	
10		Septiembre	2400	1110	1290	
11	4º Trimestre	Octubre	2400	1300	1100	
12		Noviembre	2400	1300	1100	
13		Diciembre	3400	2780	620	
14	TOTALES		30200	20099	10101	
15						
16						

... | Ingresos | Resultado

Fig. 6.44. Hoja Resultado.

Valida datos.

Abre o crea la hoja *Cursos* de la Figura 6.41.

10. Establece en la columna *Curso,* del libro *Cursos,* una validación de datos para elegir el curso de una lista.

Trabaja con plantillas.

11. Realiza las operaciones necesarias para guardar el libro *Cursos* (Fig. 6.41) como plantilla, sin eliminar las fórmulas.

Guarda la plantilla con el nombre *Cursos.*

12. Realiza este presupuesto (Fig. 6.45) y conviértelo en una plantilla de Excel para tenerlo disponible siempre que se necesite.

Ten en cuenta estas indicaciones:

- Introduce las fórmulas necesarias en la columna *Total.*
- Valora el presupuesto:

a) Introduce en una celda la fórmula adecuada para que sume la columna *Total.*

b) En otra celda, introduce una fórmula que calcule el IVA del 21 % sobre la suma de la columna *Total.*

Comercial Ramoso, S.L.

C/ Mayor, 37 28035 Madrid
C.I.F.: B11100022
Tel: 656434300

PRESUPUESTO

Madrid, 25 de mayo de 20xx

Sr. D. Luís García Matas
C/ Algaida, 25
20005 MÁLAGA

Asunto: Presupuesto.

Señor:

Acabamos de recibir su comunicación en la que nos solicita presupuesto de algunos artículos. A continuación le detallamos referencias, medidas y precios de los artículos correspondientes:

REFERENCIA	ARTÍCULO	MEDIDA	CANTIDAD	PRECIO	TOTAL
9097	Cinta decorativa	100 m	25	5,21	130,25
9573	Gran lazo splendene	50 m	50	3,22	161,00
9796	Rejilla	10 m	50	4,26	213,00
9105	Organdí	50 m	30	6,12	183,60
9074	Gran lazo organza	100 m	90	3,12	280,80

Le recordamos que las condiciones de pago no han cambiado, por lo que el total de la factura se abonará dentro de los 30 días fecha factura.

Pendientes de sus noticias, le saludamos atentamente.

Fdo.: Luís Ibáñez
Jefe sección Ventas

Fig. 6.45. Presupuesto.

TEST DE REPASO

1. Al introducir texto en una celda de Excel, ocurre que:

a) Por defecto, el texto se alinea en las celdas, a la izquierda.

b) No se admite la inserción de texto en una celda. Únicamente se puede introducir texto en una celda si va precedido por el carácter de apóstrofe (').

c) Para que Excel reconozca un valor numérico como texto basta anteponerle un guion.

2. De las siguientes afirmaciones referidas a la operativa de filas y columnas, señala la correcta:

a) Borrar el contenido de una celda y borrar una celda son la misma operación.

b) El usuario puede cambiar las medidas de las filas y las columnas para ajustarlas a sus necesidades.

c) Una columna no se puede ajustar al texto contenido en una de sus celdas.

3. En Excel, el *Portapapeles* ofrece opciones de pegado especial donde:

a) La opción *Transponer* convierte las filas en columnas y las columnas en filas.

b) La opción *Pegar valores* copia las fórmulas en las celdas de destino.

c) La opción *Pegado especial* muestra el panel *Portapapeles*.

4. Señala la afirmación correcta de las siguientes, referidas a las opciones de protección en Excel:

a) Lo más aconsejable es proteger todo el archivo del libro con una contraseña, en lugar de proteger sus elementos por separado.

b) Se puede proteger una hoja y un libro, pero no un rango de celdas.

c) Lo más aconsejable es proteger las hojas de un libro por separado, en lugar de proteger todo el libro con una contraseña.

5. Elige la opción más adecuada. La función *Autorrelleno*...

a) Rellena las series predeterminadas y las registradas por medio del cuadro de diálogo *Listas enlazadas*.

b) Posee un elemento denominado *Controlador de llenado*, situado en la esquina inferior izquierda de las celdas.

c) Presenta el *Controlador de llenado* en la esquina inferior derecha de las celdas.

6. Sobre los estilos en Excel, ¿qué afirmación de las siguientes es la correcta?

a) El grupo *Edición* de la ficha *Inicio* contiene opciones para aplicar estilos a celdas o a tablas.

b) Excel no dispone de estilos rápidos de celda, pero sí de tabla.

c) Si se establecen opciones de formato en una celda, es posible crear un estilo nuevo de celda, una vez seleccionada esta.

7. Cuando se aplica un formato condicional a una celda o rango de celdas en Excel...

a) Se aplica el estilo que cumpla la condición o condiciones automáticamente sobre las celdas seleccionadas.

b) No se puede establecer formato condicional sujeto a más de dos reglas o condiciones.

c) No es posible copiarlo con la función de autorrelleno.

8. El objetivo de la validación de datos en Excel es:

a) Rodear con un círculo los datos no válidos y proponer varias opciones para su resolución.

b) Controlar los datos que se introducen en las celdas.

c) Corregir automáticamente los datos erróneos que se introducen en las celdas.

9. Indica la afirmación correcta respecto a las plantillas en Excel:

a) Si son predefinidas, pueden servir como punto de partida para crear plantillas personalizadas.

b) Si son predefinidas, no es posible guardarlas posteriormente como plantillas personalizadas.

c) En Excel no se pueden crear plantillas personalizadas, solamente pueden usarse las predeterminadas.

10. A la hora de imprimir una hoja de cálculo, ¿qué se aconseja?

a) Establecer el área de impresión, pero puede hacerse después de dar la orden de imprimir.

b) Establecer un encabezado y pie de página desde el cuadro de diálogo *Configurar página*.

c) Establecer primero el área de impresión, pues, por defecto, Excel imprime la hoja entera.

Crea tu propio libro Excel

Realiza el siguiente libro compuesto por varias hojas aplicando todo lo estudiado en esta unidad.

El libro debe tener 3 hojas, en las que se van a registrar las compras totales, las ventas totales y el resultado anual.

Tanto en la hoja *Compras Totales* como en la hoja *Ventas Totales* debe aparecer el importe diario de cada compra o venta, según corresponda. Las columnas de importe estarán totalizadas por trimestres. Esos totales son lo que se muestran en la hoja *RESULTADO ANUAL*.

Utiliza la imagen del logo llamada LogoClimaCold.png o crea el tuyo propio.

Haz referencia en algún lugar de la hoja al año.

Para las tablas resumen de compras y ventas hemos utilizado formatos de tabla predefinidos y, posteriormente, se han realizado modificaciones.

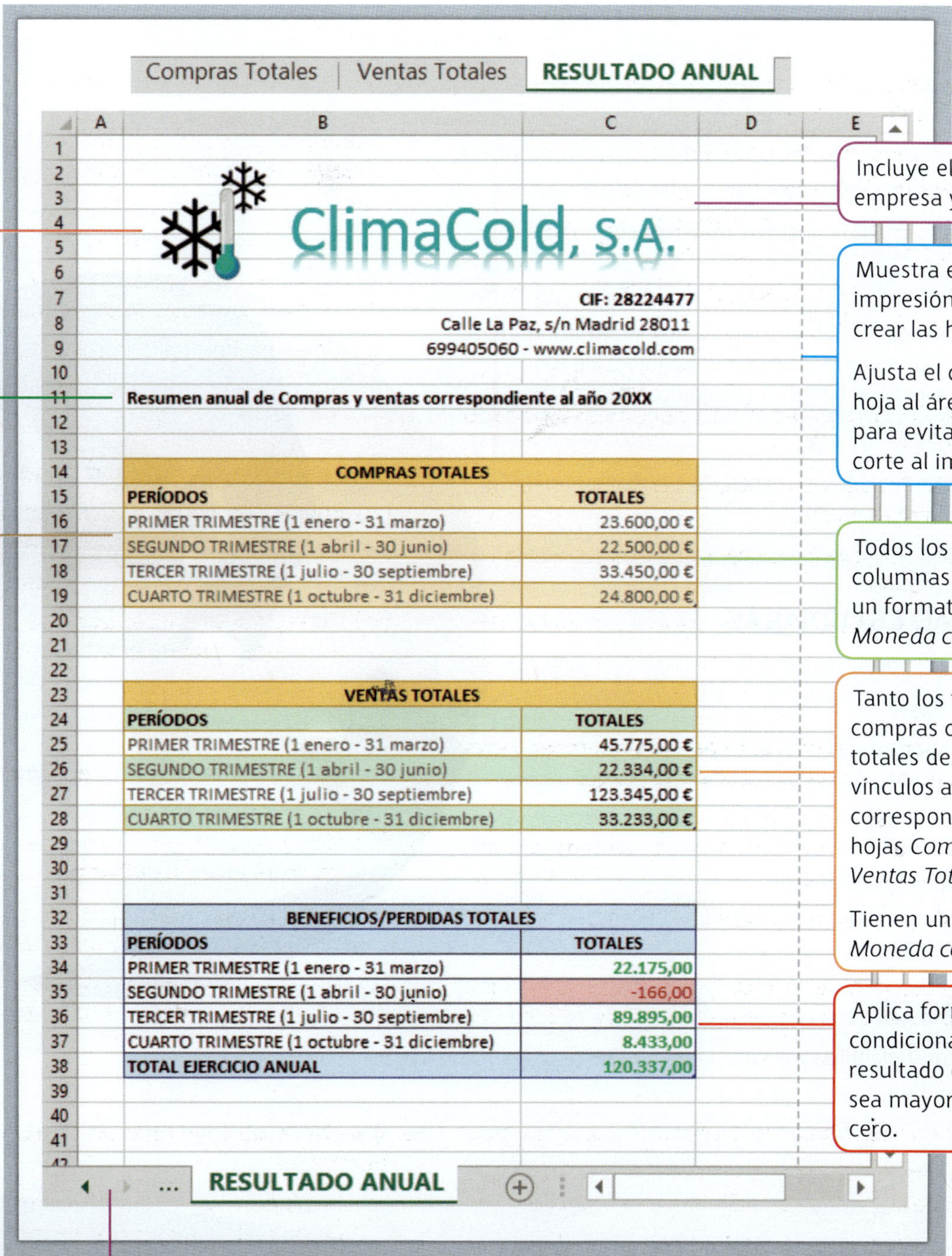

Incluye el nombre de la empresa y un membrete.

Muestra el área de impresión a la hora de crear las hojas.

Ajusta el contenido de la hoja al área de impresión para evitar que la hoja se corte al imprimir.

Todos los valores de las columnas totales tienen un formato de tipo *Moneda con decimales*.

Tanto los totales de compras como los totales de ventas son vínculos a las celdas correspondientes de las hojas *Compras Totales* y *Ventas Totales*.

Tienen un formato de tipo *Moneda con decimales*.

Aplica formato condicional y diferencia el resultado cuando el total sea mayor o menor que cero.

Una vez realizado el libro, puedes guardarlo como *Plantilla* para tenerlo disponible cada vez que tengas que calcular el resultado anual de compras y ventas.

7
UNIDAD

Hojas de cálculo: operaciones avanzadas

¿Te gustaría generar un gráfico para representar datos?

¿Necesitas realizar cálculos financieros, matemáticos o trigonométricos?

Microsoft Office Excel dispone de las herramientas que necesitas para crear tus propios gráficos y representar información de manera atractiva. Aprende a utilizar la biblioteca de funciones de Excel y a generar informes con gráficos de aspecto profesional.

EN ESTA UNIDAD ESTUDIARÁS

1. La importación y exportación de datos.
2. Las fórmulas en Excel.
3. Las funciones predefinidas.
4. Los gráficos.
5. La administración de listas de datos.
6. Las tablas y los gráficos dinámicos.
7. Los subtotales.

Y SERÁS CAPAZ DE

Elaborar documentos y plantillas manejando opciones de la hoja de cálculo tipo.

1. Importar y exportar datos

La importación y exportación de datos es muy frecuente al trabajar con hojas de cálculo. Por ejemplo, a la hora de crear un gráfico, es necesario un origen de datos y estos pueden ser importados desde otras fuentes. Si deseamos exportar un libro de Excel a un formato más estándar, podemos convertirlo a PDF.

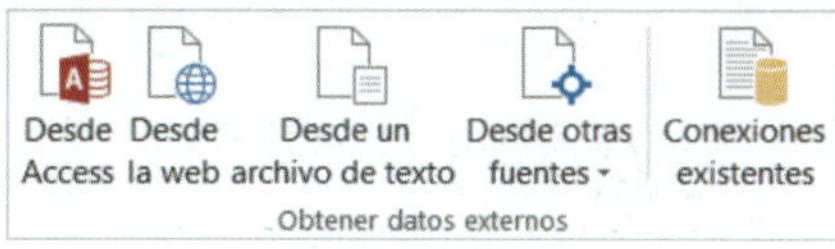

Fig. 7.1. Menú del botón Obtener datos externos.

1.1. Importar datos externos

Excel permite importar datos a través del portapapeles, de ficheros o de otras fuentes. Mediante el botón *Obtener datos externos* del grupo *Obtener y Transformar* de la ficha *Datos*, observamos las opciones de importación (Fig. 7.1).

ACTIVIDAD GUIADA 1

Importa tablas desde Microsoft Word utilizando el portapapeles:

1. Selecciona una tabla de Word. Pulsa el botón *Copiar* del grupo *Portapapeles*.
2. Activa la celda de Excel donde deseas comenzar a pegar la tabla.
3. Pulsa el botón *Pegar* del grupo *Portapapeles* de la ficha *Inicio*. Aparecerá la tabla.

Importa tablas desde Microsoft Access:

1. Una vez abierto un libro de Excel, activa la ficha *Datos* y abre el menú de la opción *Obtener datos externos* (Fig. 7.1). Elige *Desde Access*.
2. Localiza el archivo U7_Lista origen.mdb y haz doble clic sobre él.
3. En el cuadro de diálogo *Importar datos,* elige las opciones *Tabla* y *Hoja de cálculo existente* (Fig. 7.2).
4. Pulsa *Aceptar* para ver la tabla.

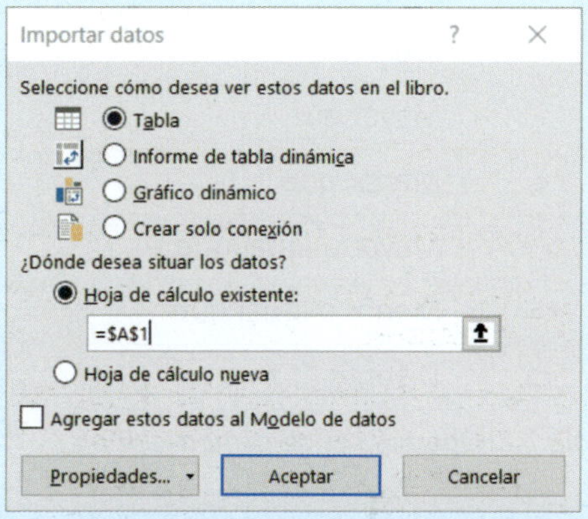

Fig. 7.2. Cuadro de diálogo Importar datos.

1.2. Exportar desde Excel

A la hora de exportar datos de Excel, la información se guarda en otros tipos de documentos, como pueden ser: *Página web (*.htm; *.html), Datos XML (*.xml), Texto (*.txt), PDF (*.pdf),* etc. En Excel, existe la opción *Exportar*, que se encuentra en las opciones de la ficha *Archivo*.

ACTIVIDAD GUIADA 2

Exporta tablas a Word, PowerPoint o Access utilizando el portapapeles:

1. Selecciona la tabla de Excel y pulsa el botón *Copiar* del grupo *Portapapeles*.
2. Sitúa el punto de inserción en un documento de Word, una diapositiva de PowerPoint o una tabla de Access en modo *Vista Hoja de datos* y pulsa *Pegar*.
3. Los datos deben aparecer con formato de tabla, ya sea en Access, Word o PowerPoint.

Convierte a PDF:

1. Activa la ficha *Archivo* y selecciona *Guardar como*.
2. Elige tu directorio de trabajo como destino y selecciona la opción PDF (*.pdf) de la lista de ficheros disponibles (Fig. 7.3). Pulsa *Guardar*.
3. Como resultado, se abre el documento PDF.

Convierte a HTML (formato de página web):

1. Activa la ficha *Archivo* y selecciona *Guardar como*.
2. Elige tu directorio de trabajo como destino, da un nombre y selecciona la opción *Página web (*.htm, *.html)*. Pulsa *Guardar*.
3. Observa que, en la ubicación elegida, se crea el documento guardado y, aparte, se ha creado un directorio con el mismo nombre y terminado en «_archivos». Dentro del directorio, se encuentran, entre otros, los estilos del libro y las hojas del libro, pero transformados a formato web.

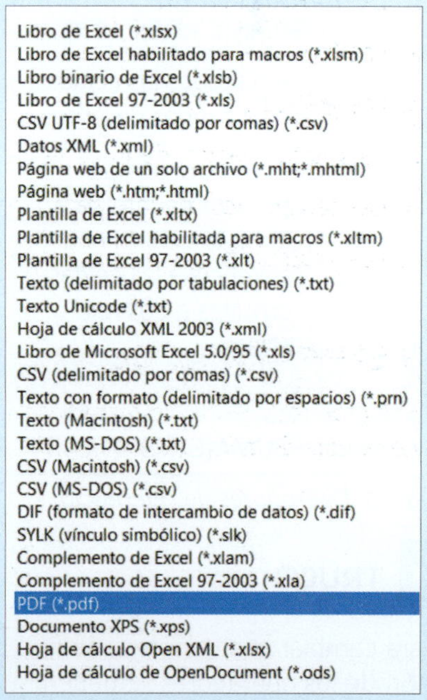

Fig. 7.3. Tipos de documentos en los que guardar un libro de Excel.

Operadores aritméticos	
+	Suma
–	Resta
*	Multiplicación
/	División
%	Porcentaje
^	Exponente

Tabla 7.1. Operadores aritméticos.

Operadores de comparación	
=	Igual
>	Mayor que
<	Menor que
>=	Mayor o igual que
<=	Menor o igual que
<>	Distinto

Tabla 7.2. Operadores de comparación.

Operadores de referencia	
: (dos puntos)	Rango. Se utilizan para definir el rango que va entre dos celdas. Ejemplo: C3:D5
; (punto y coma)	Unión. Se utiliza para unir varios rangos en la misma operación. Ejemplo: SUMA(C3:D5;F4:F8). Suma todas las celdas de los rangos descritos.
Espacio	Intersección. Es un operador de intersección que genera una referencia a las celdas comunes a dos referencias. Ejemplo: =SUMA(C1:E3 D1:E4)

Tabla 7.3. Operadores de referencia.

TRUCO

Para cambiar el orden de evaluación de los operadores se deben incluir uno o más paréntesis dentro de la fórmula.

2. Fórmulas en Excel

Una **fórmula** es una ecuación que calcula un nuevo valor a partir de otros valores.

Aparte de crear fórmulas simples con operaciones elementales como sumas, restas, multiplicaciones, divisiones y potencias, Excel permite manejar fórmulas de mayor complejidad, como cálculo de valores estadísticos y financieros, análisis de datos, etc.

2.1. Los operadores

En las fórmulas, debemos tener en cuenta algunos aspectos elementales:

- Empiezan con el signo igual (=).
- Todas las fórmulas utilizan uno o varios operadores aritméticos (Tabla 7.1) para combinar los números o las referencias a las celdas.
- Si en una fórmula se usan varios operadores aritméticos, se deben incluir paréntesis para especificar la manera de evaluarla.
- Cuando se utilizan funciones dentro de las fórmulas, no son necesarios los operadores aritméticos.

Además, en Excel se pueden utilizar operadores de comparación y de referencia (Tablas 7.2 y 7.3).

Cuando se introduce más de un operador aritmético, Excel sigue las reglas algebraicas para determinar qué cálculos se llevan a cabo en primer lugar dentro de la fórmula. Estas reglas constituyen el orden de evaluación y determinan lo siguiente:

- Las operaciones de potenciación se efectúan en primer lugar.
- Los cálculos de multiplicación y división, en segundo lugar.
- La adición y la sustracción, en último lugar.
- Si hay más de un cálculo en la misma categoría, Excel los evalúa de izquierda a derecha.

2.2. Errores en fórmulas

Si una fórmula introducida en una celda no contiene valores correctos que den un resultado, se produce un error. Existen varios tipos de errores que se representan en las celdas de la siguiente forma: #¿NOMBRE?, #¡REF!, #¡DIV/0!, #¡VALOR!, #¡NUM!, #¡NULO!, #N/A.

Sitúa el puntero del ratón sobre el botón emergente de error, para mostrar más información:

Haz clic sobre el botón emergente de error para ver las opciones disponibles que ofrece Excel (Fig. 7.4) e intentar solucionarlo.

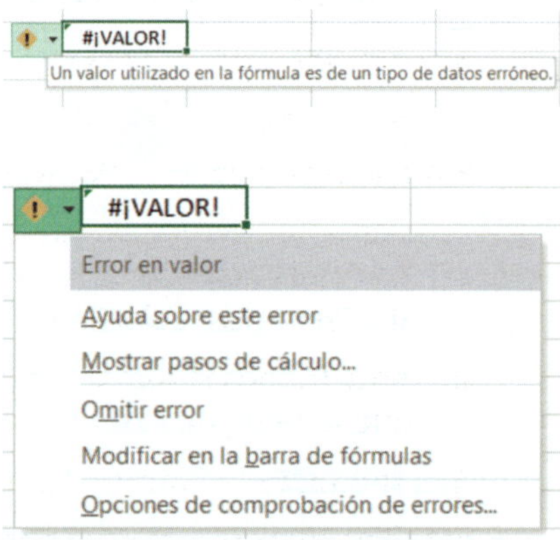

Fig. 7.4. Opciones de Error.

CASO PRÁCTICO 1

Aplicar orden de evaluación utilizando los operadores aritméticos.

Introducimos en las celdas A1 y C1 las fórmulas que se indican y observamos el resultado:

- En la celda A1: =6 – 5 + 3 * 4.
- En la celda C1: =6 – (5 + 3) * 4.

Solución:

- En la celda A1 el resultado será 13.
- En la celda C1 el resultado será –26.

2.3. Fórmulas con referencias

Las referencias identifican una celda o un grupo de celdas en una hoja de cálculo. Con ellas, se indica a Excel las celdas en las que debe buscar los valores que se utilizarán en la fórmula. Hay cuatro tipos de referencias: relativas, absolutas, mixtas y entre hojas. Por defecto, en Excel las fórmulas son relativas.

En una referencia relativa, los valores se adaptan a su nueva situación cuando son copiados a otro lugar.

En las referencias absolutas, no cambian los valores y siempre son constantes. Aunque copiemos a otro lugar una fórmula con referencias absolutas, esta siempre apuntará a la misma celda o rango de celdas.

Las referencias mixtas son muy útiles para el trabajo contable. Su principal característica es que, cuando la expresión en la que se encuentra se copia a otra posición, únicamente se modifica el número de fila o la letra de la columna. En las referencias mixtas, una parte de la fórmula cambia y la otra no. La parte fija es la que va precedida del signo dólar $. La parte variable se escribe directamente, sin $.

Para realizar referencias a los datos de otra hoja, es necesario anteponer el signo de cerrar admiración (!) al nombre de la hoja. Con la referencia 3D, se analiza la misma celda o rango de celdas en varias hojas de un mismo libro, simultáneamente. Ej: =SUMA(Hoja1:Hoja2!B2).

CASO PRÁCTICO 2

Practicar con referencias relativas, mixtas y entre hojas.

***a)* Establecemos referencias relativas.**

1. Creamos un nuevo libro y copiamos en la Hoja1 los datos de la Figura 7.5, excepto los valores numéricos de la fila 6 y el rango D2:D5.
2. Activamos la celda B6 y hacemos clic sobre el botón *Autosuma* Σ del grupo *Edición*, en la ficha *Inicio*. Automáticamente, se selecciona el rango B2:B5. Pulsamos ***Enter.***
3. Seleccionamos de nuevo la celda B6, acercamos el puntero del ratón a su extremo inferior derecho y, cuando el cursor del ratón adopta la forma de una cruz negra, arrastramos hasta la celda D6. La fórmula ha quedado copiada.
4. Hacemos clic en la celda D2 e introducimos =B2*C2. Pulsamos ***Enter.***
5. Arrastramos la fórmula introducida en la celda D2 hasta la celda D5.

***b)* Establecemos referencias mixtas.**

1. Copiamos en una nueva hoja los datos de la Figura 7.6, excepto los de la columna C y la fila 4 de totales. Seleccionamos la celda C2 e introducimos la fórmula siguiente para calcular el IVA: =(B2*B6)+B2. Pulsamos ***Enter.***
2. Arrastramos la fórmula introducida en la celda C2 hasta la celda C3. Observamos que la celda que contiene el símbolo de dólar (B6) no se modifica.
3. Aplicamos la función *Autosuma* en la celda C4, que abarque el rango C2:C3.

***c)* Establecemos referencias entre hojas.**

1. Abrimos un libro nuevo de Excel. En la celda B5 de la Hoja1 escribimos 20.
2. Creamos y activamos la Hoja2 y en la celda B5 escribimos 30.
3. Creamos una nueva hoja llamada Hoja3, activamos la celda A1 y escribimos =.
4. Activamos la Hoja1 y hacemos clic sobre la celda B5. Pulsamos el signo + del teclado, activamos la Hoja2 y hacemos clic sobre su celda B5. Pulsamos ***Enter.***

Solución:

a) El resultado de las fórmulas introducidas se muestra en la Figura 7.5.

b) El resultado de las fórmulas introducidas se muestra en la Figura 7.6.

c) El resultado de la fórmula es 50 y la expresión en la *Barra de fórmulas* es la siguiente: *=Hoja1!B5+Hoja2!B5.*

CLAVES Y CONSEJOS

En ocasiones, es muy útil asignar un nombre a una celda a través del cuadro de nombres. Así, posteriormente se puede utilizar ese nombre para incluirlo en fórmulas.

Recuerda que, para eliminar un nombre de celda, debes ejecutar los siguientes pasos:

- Activa la ficha *Fórmulas*.
- Haz clic sobre *Administrador de nombres*.
- Selecciona el nombre.
- Haz clic en el botón *Eliminar*.

D2 | =C2*B2

	A	B	C	D
1	Curso	Cantidad	Precio	Total
2	Estrategia Marketing	3	390,00 €	1.170,00
3	Comunicación	5	200,00 €	1.000,00
4	Contabiliad	4	280,00 €	1.120,00
5	Informática Avanzada	7	300,00 €	2.100,00
6	Informática Avanzada	19	1.170,00 €	5.390,00
7				

Fig. 7.5. Hoja de cálculo con referencias relativas.

C2 | =(B2*B6)+B2

	A	B	C	D
1	Producto	Precio	Total	
2	Portátil ideapad 700	850,00 €	1.028,50	
3	Ratón inalámbrico NGS	13,00 €	15,73	
4	TOTAL		1.044,23	
5				
6	Tipo IVA aplicado	21%		

Fig. 7.6. Hoja de cálculo con referencias mixtas.

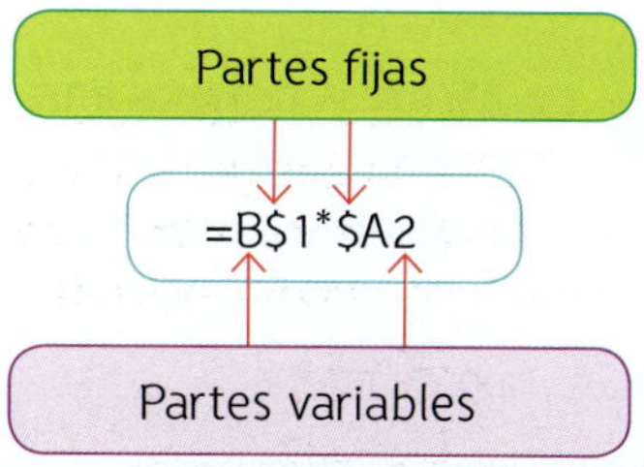

Fig. 7.7. Ejemplo de referencia mixta.

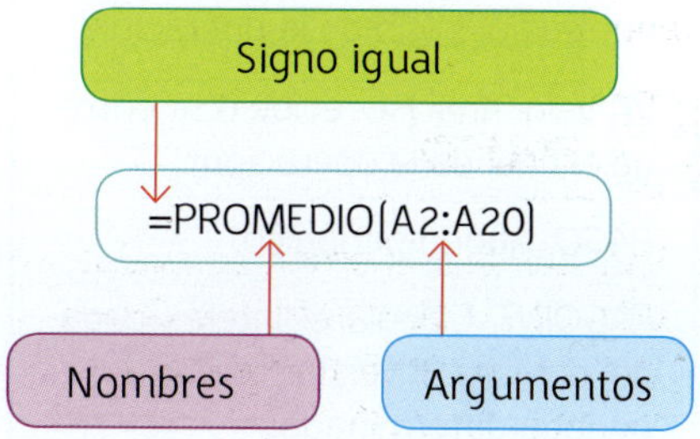

Fig. 7.8. Partes de una función.

TRUCO

Para iniciar e introducir manualmente una fórmula en una celda podemos seleccionar la celda y pulsar la tecla **+** del teclado. Al validar la fórmula, el signo + cambiará automáticamente por =.

Fig. 7.10. Botón Insertar función *del grupo* Biblioteca de funciones.

3. Funciones predefinidas

Excel permite añadir cálculos predefinidos a las fórmulas utilizando funciones. Las funciones requieren argumentos (datos de diversa índole o celdas que los contienen). Estas se encuentran en la ficha *Fórmulas*, más concretamente en el grupo *Biblioteca de funciones* (Fig. 7.9).

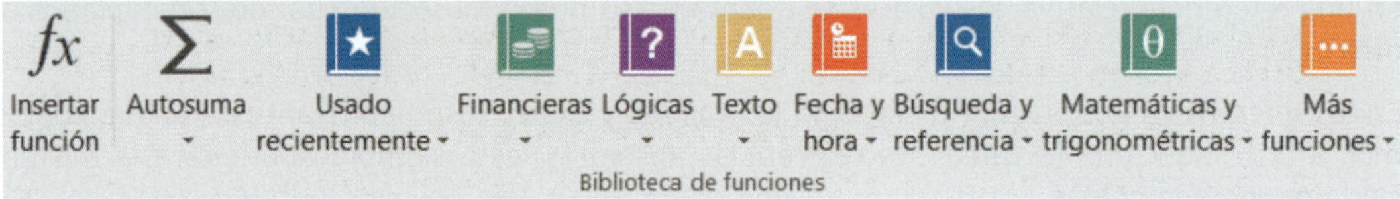

Fig. 7.9. Grupo Biblioteca de funciones *de la ficha* Fórmulas.

3.1. Funciones de fecha y hora

Esta clase de funciones nos permiten insertar la fecha y la hora, además de realizar operaciones. Algunos tipos son: *AHORA, AÑO, FECHA, HOY, DIAS360,* etc.

ACTIVIDAD GUIADA 3

Inserta la fecha y hora del sistema con la función AHORA, siguiendo estas pautas:

1. Abre un libro nuevo de Excel y activa la celda C3 de la Hoja1.
2. En la ficha *Fórmulas*, pulsa el botón *Fecha y hora* del grupo *Biblioteca de funciones.*
3. Selecciona la función *Ahora* y pulsa el botón *Aceptar.*

Utiliza la función *DIAS360* y calcula en la celda A3 el número de días que hay entre los días 3 y 23 de enero ejecutando los siguientes pasos:

1. Escribe en la celda A1 la fecha 10/10/19 y, en la celda A2, 10/12/19.
2. Activa la celda A3 y pulsa el botón *Insertar función* (Fig. 7.10) de la ficha *Fórmulas.* Aparecerá el cuadro de diálogo *Insertar función* (Fig. 7.11). Selecciona la categoría *Fecha y hora.*
3. Haz clic en *DIAS360* y pulsa el botón *Aceptar.* Aparece el cuadro de diálogo *Argumentos de función* (Fig. 7.12) para introducir los datos.
4. Como fecha inicial, introduce A1 y, como fecha final, introduce A2.
5. Pulsa el botón *Aceptar.* Se mostrará el número de días de diferencia.

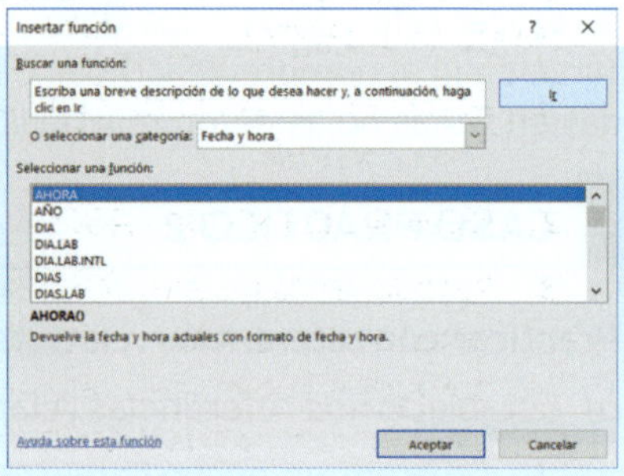

Fig. 7.11. Cuadro de diálogo Insertar función.

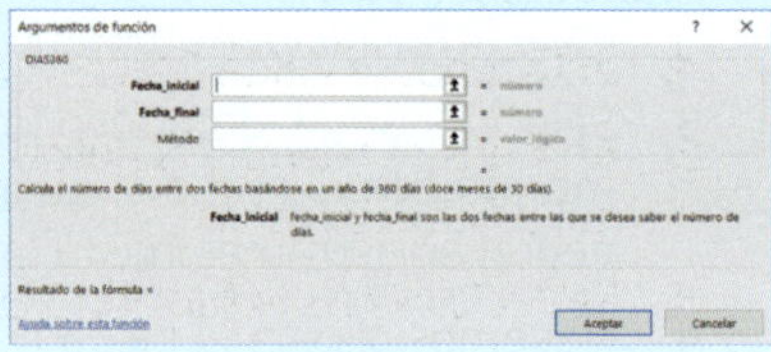

Fig. 7.12. Cuadro de diálogo Argumentos de función.

3.2. Funciones financieras

Permiten solucionar cuestiones financieras como el valor actual de un préstamo, el tipo de interés, el valor futuro de una inversión, el plazo de la inversión, etc.

CLAVES Y CONSEJOS

Estos argumentos son comunes a muchas funciones financieras:

TASA. Tipo de interés.

NPER. Plazo de la inversión.

VA. Valor actual (se recibe o se entrega al inicio de la operación).

VF. Valor final (se recibe o se entrega al final de la operación).

PAGO. Abono periódico.

PAGOINT. Calcula el interés pagado por una inversión durante un periodo determinado.

CASO PRÁCTICO 3

Calcular el valor final con la fórmula VF de forma manual.

1. Usamos la fórmula *VF* de una inversión para calcular el valor final de esta, al cabo de 7 años, si el capital invertido es 4.000 € y el tipo de interés del 6 % nominal anual.
2. La fórmula que debemos emplear es: $VF = VA \ (1 + i)^n$, donde *VF* es el capital final, *VA* el capital inicial o valor actual, *i* el tipo de interés anual y *n* el número de años.
3. Hacemos clic en la celda A3 e introducimos la expresión: =4000*(1+0,06)^7. El signo ^ significa «elevado a» y se inserta pulsando las siguientes teclas: [⇧] + [^ ` []. Pulsamos ***Enter.***

Solución:

El valor final en la celda A3 es 6014,521036 € y en la barra de fórmulas aparece =4000*(1+0,06)^7. Hemos realizado un cálculo mediante una función de forma manual.

CASO PRÁCTICO 4

Practicar con las funciones financieras VF, PAGO y TASA.

Hay que tener en cuenta que, en los casos reales, los datos introducidos como argumentos de función normalmente son referencias a celdas.

***a)* Calculamos el valor final con la función financiera *VF* al cabo de 7 años, donde el capital invertido es 4.000 € y el tipo de interés del 6 % nominal anual.**

1. Activamos la ficha *Fórmulas* y seleccionamos la celda A4.
2. Abrimos el menú del botón *Financieras* del grupo *Biblioteca de funciones.*
3. Elegimos la función *VF* de la lista e introducimos los argumentos en el cuadro de diálogo *Argumentos de función* (Fig. 7.13). Hay que tener en cuenta que el valor actual *(VA)* se introduce como argumento con signo negativo, porque es la cantidad que se invierte; es decir, la cantidad que el inversor entrega.

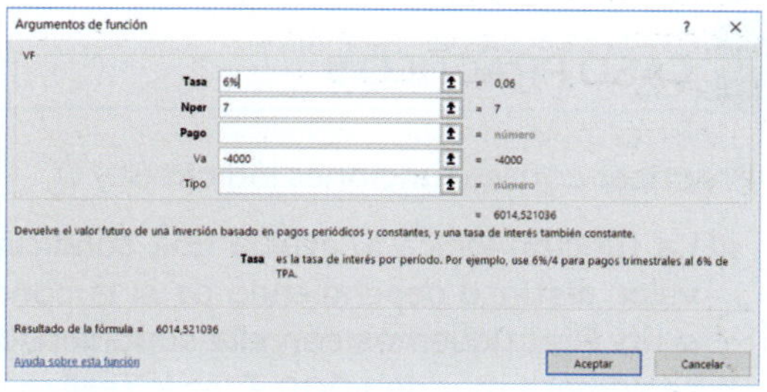

Fig. 7.13. Argumentos de la función VF *(valor final).*

***b)* Calculamos qué cuota anual habrá que pagar para amortizar un crédito de 10.000 €, en 12 años, al 7 % nominal anual utilizando la función financiera *PAGO*.**

1. Activamos la celda B2 de la hoja de cálculo y pulsamos *Insertar función* de la ficha *Fórmulas.*
2. Elegimos la función *PAGO* de la categoría *Financiera* y pulsamos *Aceptar.*
3. Introducimos los argumentos (Fig. 7.14) y pulsamos el botón *Aceptar.* Hay que tener en cuenta que el resultado del ejercicio se muestra con signo negativo, porque es la cantidad que la persona que solicita el crédito debe entregar en cada periodo para amortizarlo.

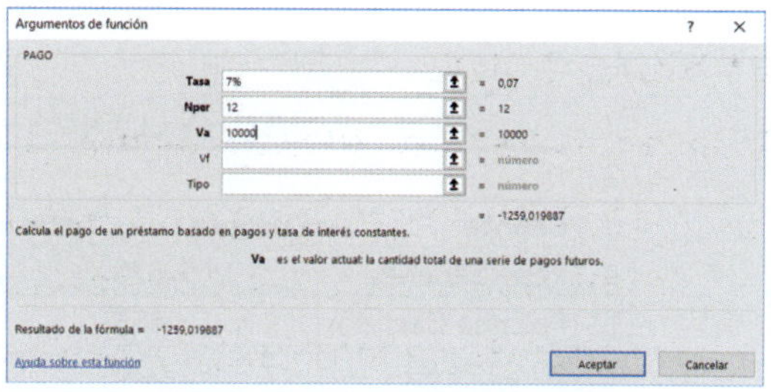

Fig. 7.14. Argumentos de la función PAGO.

***c)* Calculamos el tipo de interés a pagar al recibir un préstamo de 3.500 € que hay que devolver en 6 cuotas anuales de 620 €. Utiliza la función financiera *TASA*.**

1. Activamos la celda D2 de la hoja de cálculo.
2. Abrimos el menú del botón *Financieras* del grupo *Biblioteca de funciones,* en la ficha *Fórmulas.*
3. Seleccionamos la función *Tasa* y pulsamos el botón *Aceptar.*
4. Introducimos los argumentos (Fig. 7.15) y hacemos clic de nuevo en el botón *Aceptar.* Fijémonos en el argumento *Pago;* como es la cantidad que deberemos entregar cada mes, lleva signo negativo.
5. Aplica formato de porcentaje con dos decimales a la celda D2.

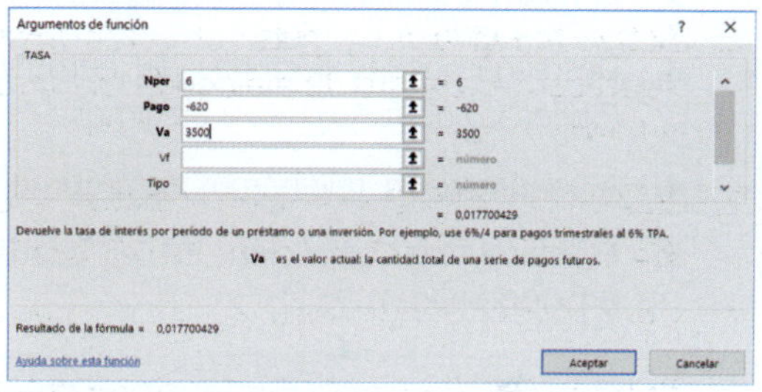

Fig. 7.15. Argumentos de la función TASA.

Solución:

a) En la barra de fórmulas, se muestra la función **=VF(6%;7;;-4000)** y el resultado de la función es **6.014,52 €.**

b) En la barra de fórmulas, se muestra la función **=PAGO(7%;12;10000)** y el resultado de la función es **-1.259,02 €.**

c) En la barra de fórmulas, se muestra la función **=TASA(6;-620;3500)** y el resultado de la función es **1,77 %.**

ACTIVIDADES

1. Crea un nuevo libro de Excel e importa los datos del fichero U7_Población activa.txt a una hoja, teniendo en cuenta que la información está delimitada por tabulaciones y que partiremos de la celda A1 para realizar la importación. Después, realiza los siguientes cálculos u operaciones ayudándote del autorrelleno:

   a) Aplica un estilo predefinido a la tabla teniendo en cuenta el rango A5:G25.

   b) Calcula los totales en la última fila utilizando el botón *Autosuma* Σ. ¿Qué observas?

   c) Calcula los totales en la última columna a través de la fórmula *SUMA* utilizando las celdas para realizar la operación, y no un rango. ¿Qué observas? Modifica el título de la nueva cabecera creada y ponle el nombre Totales.

   d) Elimina la fila 6 y guarda el archivo como un nuevo libro con el nombre «Total Población.xlsx».

3.3. Funciones lógicas

Esta clase de funciones analizan condiciones o ecuaciones establecidas como argumentos. Existen las siguientes: *FALSO, NO, O, SI, SI.ERROR, SI.ND, VERDADERO, XO, Y.*

CASO PRÁCTICO 5

Practicar con las funciones lógicas SI y O.

a) **La función lógica *SI* evalúa una condición y devuelve un valor distinto dependiendo de si la condición se cumple o no. Practiquemos con ella suponiendo que, si un cliente compra más de 1.000 €, se le realiza un descuento del 10 %. Observamos las siguientes indicaciones para calcular la columna *Total con descuento:***

1. Copiamos la tabla de la Figura 7.16 en la hoja de un libro.

	A	B	C
1	VENTAS CLIENTES		
2			
3	**Cliente**	**Compra**	**Total con descuento**
4	Pepe Sánchez	5.670	
5	Paloma Garrido	456	
6	Jesús Pérez	1.020	
7			

Fig. 7.16. Tabla para función lógica SI.

2. Activamos la celda C4 y la ficha *Fórmulas*.
3. Desplegamos las opciones del botón *Lógicas* del grupo *Biblioteca de funciones* y elegimos *SI*.
4. A continuación, rellenamos los argumentos de la función.
5. Escribimos la condición en el cuadro *Prueba_lógica*: B4>1000 (Fig. 7.17).

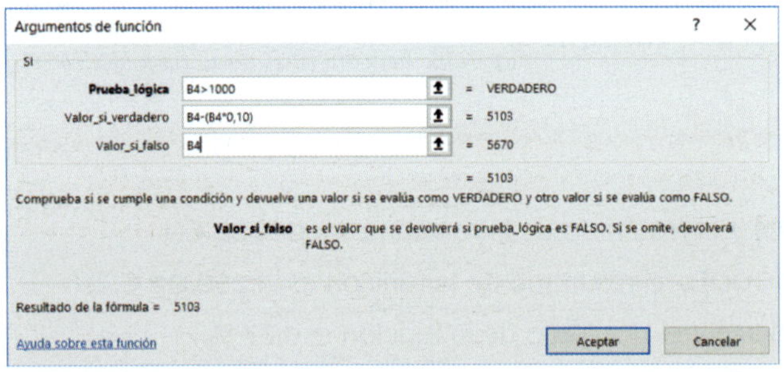

Fig. 7.17. Argumentos de función lógica SI.

6. Introducimos la consecuencia al cumplirse la condición del cuadro Valor_si_verdadero: B4 – (B4*0,10).
7. En el cuadro Valor_si_falso, escribimos B4. Pulsamos el botón *Aceptar*. En la barra de fórmulas queda la siguiente expresión: =SI(B4>1000;B4-(B4*0,1);B4).
8. Arrastramos la fórmula hasta la celda C6.

b) **La función *O* evalúa una o varias condiciones, devolviendo *VERDADERO* cuando al menos una de las condiciones se cumple, y *FALSO* si ninguna condición se cumple. Tomando como base la tabla de la Figura 7.18, vamos a indicar con la función *O* si es cierta la afirmación de que alguna de las ventas supera los 5.000 €. Para ello, seguimos estas indicaciones:**

1. Sobre la celda A8, pulsamos en *Insertar función* y seleccionamos la función *O*.
2. Introducimos los argumentos (Fig. 7.18). Pulsamos *Aceptar*.

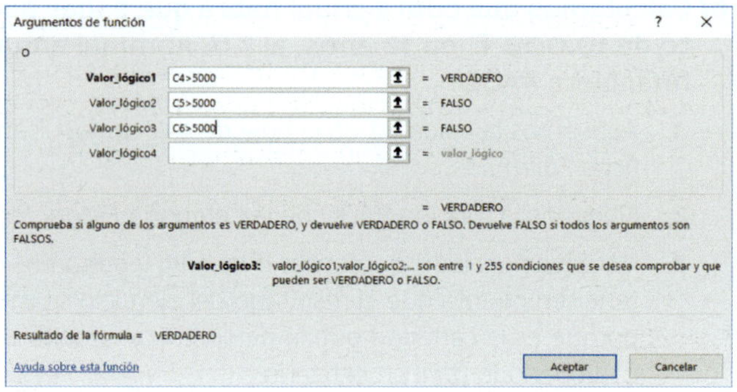

Fig. 7.18. Argumentos de función lógica O.

Solución:

a) Finalmente, obtenemos el resultado de la Figura 7.19.

	A	B	C
1	VENTAS CLIENTES		
2			
3	**Cliente**	**Compra**	**Total con descuento**
4	Pepe Sánchez	5.670	5.103
5	Paloma Garrido	456	456
6	Jesús Pérez	1.020	918
7			

Fig. 7.19. Tabla para función lógica SI.

b) El resultado en la celda A8 es *VERDADERO* porque una de las condiciones se cumple. En la barra de fórmulas, queda la siguiente expresión: **=O(C4>5000;C5>5000;C6>5000).**

TRUCO

Si queremos modificar los parámetros de una función financiera, puede hacerse de dos formas:

- Seleccionando la celda y modificando directamente la función en la barra de fórmulas.
- Seleccionando la celda (con la ficha *Fórmulas* activada), desplegando las opciones del botón *Usado recientemente* del grupo *Biblioteca de funciones* y seleccionando *Insertar función*. De esta forma, se abre el cuadro de diálogo *Argumentos de función*.

3.4. Funciones matemáticas y trigonométricas

En la categoría *Matemáticas y trigonométricas* se distinguen varios tipos, que se muestran dentro del cuadro de diálogo *Insertar función* o en el menú del botón *Matemáticas y trigonométricas* del grupo *Biblioteca de funciones*, en la ficha *Fórmulas*. Las más conocidas son: *LOG10, LOG, POTENCIA, RADIANES, RAIZ, RESIDUO, SENO, COS, TAN.*

CASO PRÁCTICO 6

Practicar con las funciones estadísticas LOG y SUMAR.SI.

a) **Calculamos el logaritmo en base 20 del número 300 a través de la función *LOG*.**

1. Activamos una celda de la hoja de cálculo y pulsamos *Insertar función*.
2. Seleccionamos *LOG*, de la categoría *Matemáticas y trigonométricas*, y pulsamos *Aceptar*.
3. Se abre el cuadro de diálogo *Argumentos de función*. Introducimos 300 en el cuadro *Número* y 20 en el cuadro *Base*. Pulsamos el botón *Aceptar*.

b) **Sumamos valores si son números positivos utilizando la función *SUMAR.SI*. Como base, introducimos los valores 13, -40, 36, -2 en el rango A10:D10.**

1. Activamos la celda F10 y pulsamos el botón *Insertar función*.
2. Seleccionamos *SUMAR.SI* (categoría *Matemáticas y trigonométricas*) y pulsamos *Aceptar*.
3. Escribimos el rango A10:D10 y, en el cuadro *Criterio* ">0", hacemos clic en *Aceptar*.

Solución:

a) El resultado que aparece en la celda es **1,90396937** y la fórmula utilizada es: **=LOG(300;20)**.

b) El resultado de la celda F10 es **49** y la fórmula resultante es: **=SUMAR.SI(A10:D10;">0")**.

CLAVES Y CONSEJOS

Funciones matemáticas y trigonométricas más frecuentes:

- *LOG10.* Calcula el logaritmo en base 10 de un número.
- *LOG.* Devuelve el logaritmo de un número en la base especificada.
- *POTENCIA.* Halla el resultado de elevar un número a una potencia.
- *RADIANES.* Convierte grados en radianes.
- *RAIZ.* Halla la raíz cuadrada de una cifra.
- *RESIDUO.* Devuelve el resto de una división.
- *SENO, COS, TAN.* Calculan el seno, el coseno y la tangente de un ángulo en radianes.

3.5. Funciones de búsqueda y referencia

Existe una lista de funciones relacionadas con la búsqueda de determinada información y referencias. Entre ellas se encuentran: *BUSCAR, BUSCARV, BUSCARH, COINCIDIR*, etc.

CLAVES Y CONSEJOS

Función *BUSCARV*. Localiza un valor en la primera columna de una tabla y devuelve un valor desde la columna que se le indique.

ACTIVIDAD GUIADA 4

Utiliza la función *BUSCARV*:

1. Abre un libro nuevo y realiza la hoja de cálculo de la Figura 7.20. Se trata de un listado de criptomonedas con su clave y nombre. El objetivo es que, al escribir en la celda E2 la clave, se autocomplete el nombre en la celda E3 utilizando la función *BUSCARV*.
2. Activa la celda E3 y pulsa el botón *Insertar función*.
3. Elige *BUSCARV*, de la categoría *Búsqueda y referencia*, y pulsa *Aceptar*.
4. *Valor_buscado* es el valor a buscar. En este caso, es una clave de criptomoneda. Escribe E2 o introduce su referencia (Fig. 7.21).
5. Para *Matriz_buscar_en,* selecciona el rango de celdas A3:B6, referente a la tabla origen donde se va a realizar la búsqueda.
6. Escribe 2 en *Indicador_columnas,* porque los nombres de las monedas están en la segunda columna de las seleccionadas.
7. *Ordenado.* Se trata de un valor lógico. Si se desea encontrar la coincidencia más cercana en la primera columna (ordenada ascendentemente), se escribirá =VERDADERO o se omitirá; para encontrar la coincidencia exacta se indicará =FALSO. En este caso, introduce FALSO.
8. Pulsa el botón *Aceptar*. Introduce en la celda E2 la clave de una moneda y observa que se completa su nombre.

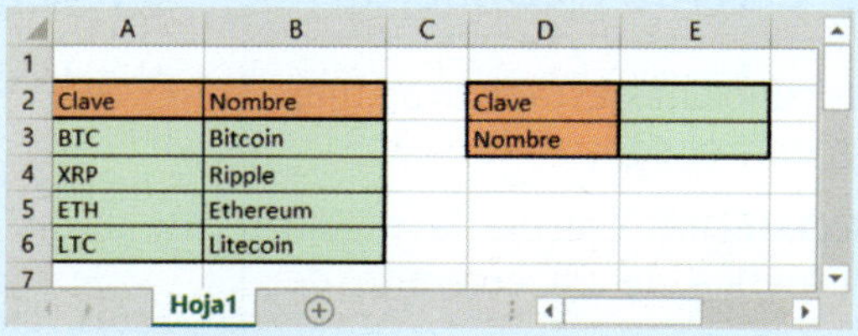

Fig. 7.20. Listado de criptomonedas.

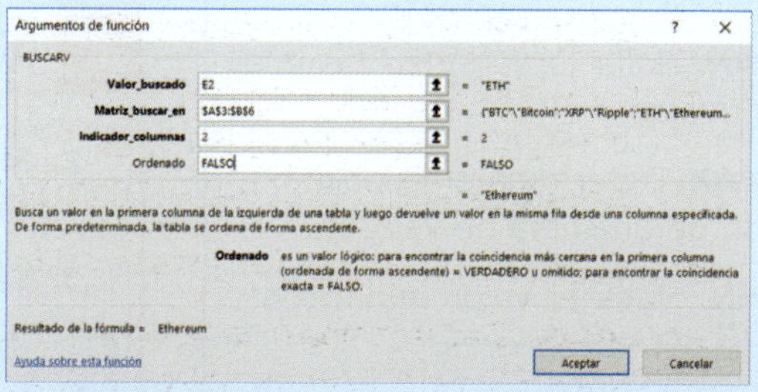

Fig. 7.21. Cálculo de la función BUSCARV.

3.6. Funciones de texto

Estas funciones operan sobre texto que se encuentra en las hojas de un libro. Algunas funciones útiles son: *CONCATENAR, ESPACIOS, DECIMAL, IGUAL, MAYUSC, MINUSC, SUSTITUIR*, etc.

CASO PRÁCTICO 7

Practicar con las funciones de texto *CONCATENAR* y *LARGO*.

***a)* Concatenamos el texto de dos celdas en otra utilizando la función *CONCATENAR* y tomando la información de la Figura 7.22 como referencia:**

	A	B	C
1	Nombre	Apellidos	Nombre y Apellidos
2	Rosario	Núñez Arroyo	
3	Teresa	Gallardo Pérez	
4	José Manuel	Pérez Ríos	
5			

Fig. 7.22. Opciones del botón Más funciones.

1. Una vez copiada la tabla, activamos la celda C2 y mostramos la ficha *Fórmulas*.
2. Hacemos clic sobre el botón *Texto* del grupo *Biblioteca de funciones*. Hacemos clic en la función *CONCATENAR*. Se abre el cuadro de diálogo *Argumentos de función*.
3. En el cuadro Texto1, introducimos A2 y, en el cuadro Texto2, introducimos un espacio entre comillas: " ". En Texto3, introducimos B2. Pulsamos *Aceptar*.
4. Aplicamos la misma fórmula al resto de celdas, con la ayuda del autorrelleno.

***b)* Calculamos el número de caracteres de una celda a través de la función *LARGO*.**

1. Sobre la Figura 7.23, añadimos otra columna llamada *Caracteres*.

	A	B	C
1	Nombre	Apellidos	Nombre y Apellidos
2	Rosario	Núñez Arroyo	Rosario Núñez Arroyo
3	Teresa	Gallardo Pérez	Teresa Gallardo Pérez
4	José Manuel	Pérez Ríos	José Manuel Pérez Ríos
5			

Fig. 7.23. Opciones del botón Más funciones.

2. Activamos la celda D2 y la ficha *Fórmulas*.
3. Hacemos clic sobre el botón *Texto* del grupo *Biblioteca de funciones*. Hacemos clic en la función *LARGO*.
4. Seleccionamos la celda C2 y pulsamos *Aceptar*. Aplicamos la misma fórmula al resto de celdas, con la ayuda del autorrelleno.

Solución:

a) Como resultado, obtenemos una tabla como la que aparece en la Figura 7.23. En la barra de fórmulas, seleccionando la celda C2 se muestra la siguiente expresión: **=CONCATENAR(A2;" ";B2).**

b) Obtendremos una tabla como la que se aprecia en la Figura 7.24. En la barra de fórmulas, al seleccionar la celda D2, se muestra la siguiente expresión: **=LARGO(C2).**

	A	B	C	D
1	Nombre	Apellidos	Nombre y Apellidos	Caracteres
2	Rosario	Núñez Arroyo	Rosario Núñez Arroyo	20
3	Teresa	Gallardo Pérez	Teresa Gallardo Pérez	21
4	José Manuel	Pérez Ríos	José Manuel Pérez Ríos	22
5				

Fig. 7.24. Opciones del botón Más funciones.

CLAVES Y CONSEJOS

Las funciones estadísticas más frecuentes son:

PROMEDIO. Calcula la media aritmética de un conjunto de valores.

MEDIANA. Devuelve el número central de un conjunto de números.

VAR. Halla la varianza de una muestra.

MAX. Determina el valor máximo de una lista de valores.

MIN. Halla el valor mínimo de una lista de valores.

MEDIA.GEOM. Calcula la media geométrica de un conjunto de valores.

3.7. Más funciones

Al seleccionar el botón *Más funciones*, aparece una lista (Fig. 7.25) con funciones para realizar cálculos estadísticos, de ingeniería, de cubo, informativos, de compatibilidad y web.

Estas funciones no son frecuentes, pero es importante conocer dónde se ubican por si alguna vez necesitaras usarlas.

Fig. 7.25. Opciones del botón Más funciones.

ACTIVIDADES

2. Identifica a qué categoría de la biblioteca de Excel pertenecen las siguientes funciones: *DURACION - BASE - IZQUIERDA - XO - MES - VALORCUBO - TAN - DELTA.*
3. Al introducir en celdas los siguientes datos, ¿cuál es el resultado?

   a) (4*5-100)*400/2

   b) =(4*5+100)*400/0

   c) '=5*50-(2^4)

CASO PRÁCTICO 8

Practicar con las funciones estadísticas *MEDIANA, MAX* y *PROMEDIO.SI*.

Introducimos los valores 10, 30, 16, 28, 90, 55 en el rango A1:F1 de una hoja de Excel.

***a)* Calculamos la mediana del rango A1:F1.**

1. Activamos la celda A2 y activamos la ficha *Fórmulas*.
2. Hacemos clic sobre el botón *Más funciones* del grupo *Biblioteca de funciones.* Seleccionamos *Estadísticas* y, del listado resultante, elegimos *MEDIANA*.
3. Seleccionamos o introducimos el rango en el cuadro Número1 (Fig. 7.26) y pulsamos *Aceptar*.

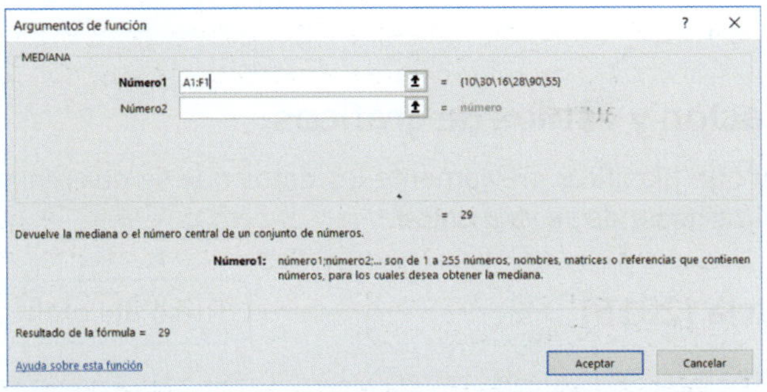

Fig. 7.26. Argumentos de función estadística MEDIANA.

***b)* Calculamos el valor máximo del rango A1:F1.**

1. Activamos la celda A3 y pulsamos el botón *Insertar función.*
2. Hacemos clic sobre la función *MAX*, de la categoría *Estadísticas*, y pulsamos *Aceptar*.
3. Seleccionamos o introducimos el rango en el cuadro Número 1 y pulsamos *Aceptar*.

***c)* Calculamos el promedio del rango A1:F1 si todos los valores son mayores a cero.**

1. Activa la celda A4 y pulsa el botón *Insertar función.*
2. Haz clic sobre la función *PROMEDIO.SI*, de la categoría *Estadísticas*, y pulsa *Aceptar*.
3. Selecciona o introduce el rango A1:F1 en el cuadro *Rango*.
4. En el cuadro *Criterio*, introduce ">0". Pulsa *Aceptar*.

Solución:

a) En la celda A2, el resultado de la función es: **29.**

En la barra de fórmulas se muestra la siguiente expresión: **=MEDIANA(A1:F1).**

b) En la celda A3, el resultado de la función es: **90.**

En la barra de fórmulas se muestra la siguiente expresión: **=MAX(A1:F1).**

c) En la celda A4, el resultado de la función es: 38,1666667.

En la barra de fórmulas se muestra la siguiente expresión: **=PROMEDIO.SI(A1:F1;">0").**

3.8. Anidar fórmulas y funciones

Se dice que una función está anidada cuando forma parte del argumento de otra función. Una fórmula puede contener hasta siete niveles de funciones anidadas.

ACTIVIDAD GUIADA 5

Utiliza funciones con segundo nivel de anidamiento:

1. Abre el archivo U7_Lista impresoras.xlsx y calcula en la celda G3 la media de la columna *Precio (€)* si la suma del rango de celdas D4:D10 es menor que 1.900; en caso contrario, escribe la expresión «no se ha cumplido la condición».
2. Activa la celda G3 y escribe la fórmula siguiente: =SI(SUMA(D4:D10)<1900;PROMEDIO(D4:D10);"no se ha cumplido la condición"). Pulsa ***Enter.***
3. En esta expresión, las funciones *SUMA* y *PROMEDIO* están anidadas dentro de la función *SI* y se encuentran en el segundo nivel de anidamiento.

TRUCO

Si queremos volver a emplear una función que hemos utilizado en un espacio de tiempo corto, podemos desplegar una lista donde se muestran las últimas utilizadas. Para ello, pulsa el botón *Usado recientemente*, ubicado dentro del grupo *Biblioteca de funciones* de la ficha *Fórmulas* (Fig. 7.27).

Fig. 7.27. Botón Usado recientemente.

3.9. Ver la ayuda sobre funciones

Si tenemos dudas a la hora de usar una función, podemos ver más información sobre su uso en:

- El cuadro de diálogo *Insertar función*, donde se muestra una breve descripción. Dentro de este cuadro de diálogo, podemos ver ayuda en línea pulsando sobre el enlace *Ayuda sobre esta función*.
- En la ayuda de Excel, buscando a través del cuadro de información ¿Qué desea hacer?.

4. Gráficos

En Excel, un gráfico es la representación visual de los datos de una hoja de cálculo. Los valores de las celdas aparecen en forma de líneas, barras, columnas, sectores, etc. Las distintas series de valores se diferencian entre sí por su color o su diseño.

Entre los diferentes tipos de gráficos, podemos elegir el que más se adapte a nuestras necesidades. Los más habituales son:

- **Columna** o **barra.** Se emplea para observar la evolución de una serie de datos independientemente del resto. Interesan las cifras individuales.
- **Línea.** Refleja la evolución en el tiempo de las diferentes series de valores.
- **Circular.** Se utiliza para mostrar proporciones totales de datos.

MÁS DATOS

Existen otros tipos de gráficos menos comunes, pero también interesantes. Son los siguientes:

- De **áreas.** Se puede utilizar de forma similar al de líneas.
- De **dispersión.** Sirve para representar la relación entre dos clases de datos.
- De **superficie.** Son gráficos en tres dimensiones que buscan las combinaciones óptimas entre dos variables con respecto a una tercera.

4.1. Elementos de un gráfico

Vamos a distinguir algunos elementos esenciales en las diferentes partes de un gráfico. Para ello, observa la Figura 7.28.

4.2. Creación, modificación y estilos de gráficos

Antes de crear un gráfico, hay que planificar previamente los datos que se quieren representar, qué tipo de gráfico se va a utilizar y dónde se va a ubicar.

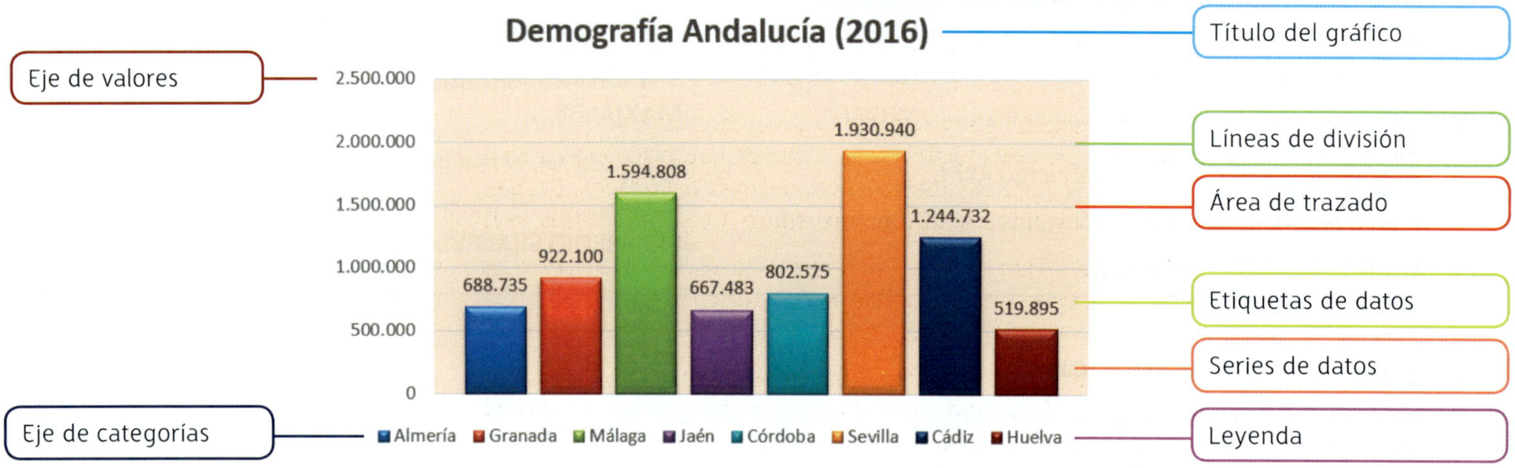

Fig. 7.28. Elementos de un gráfico.

CASO PRÁCTICO 9

Insertar un gráfico.

Vamos a elaborar un gráfico tomando como base los datos de la hoja de cálculo. Para ello, seguimos los pasos que se describen a continuación:

1. Abrimos el archivo U7_Viviendas Madrid.xlsx.
2. Seleccionamos las columnas *Municipio* y *Viviendas familiares,* incluyendo las cabeceras (rango B3:C9).
3. Activamos la ficha *Insertar* y hacemos clic en el botón iniciador del grupo *Gráficos.* Se abre el cuadro de diálogo *Insertar gráfico* (Fig. 7.29).
4. Activamos la ficha *Todos los gráficos.*
5. Hacemos clic en la categoría *Columna,* en el panel izquierdo de la ventana, y elegimos el tipo *Columna agrupada 3D.* Pulsamos *Aceptar.*

Solución:

Aparece el gráfico (Fig.7.30), con los datos de origen que corresponden al libro.

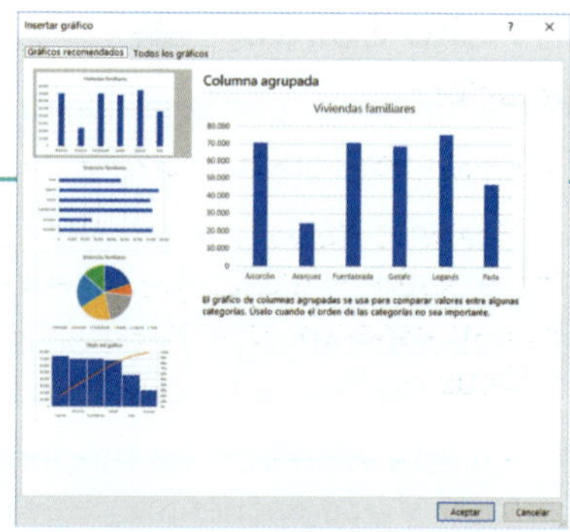

Fig. 7.29. Insertar gráfico.

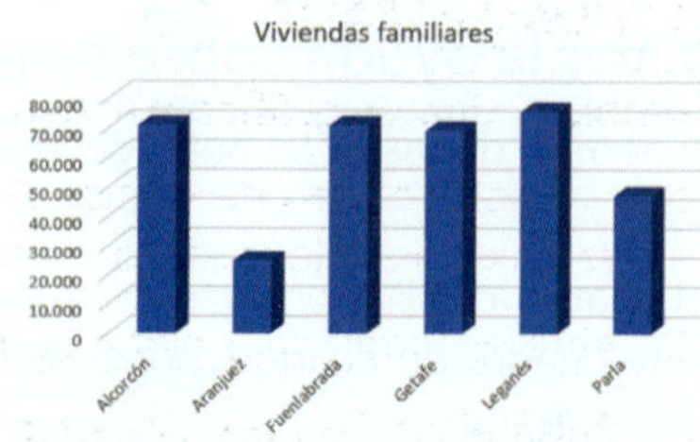

Fig. 7.30. Resultado gráfico.

CASO PRÁCTICO 10

Modificar un gráfico.

Después de insertar un gráfico, este se puede modificar y podemos aplicar un diseño a nuestro gusto. Para ello, Excel dispone de las *Herramientas de gráficos*, que aparecen cuando se selecciona el gráfico. También pueden usarse el menú contextual de cada elemento y los paneles de edición específicos, que se muestran haciendo doble clic sobre el elemento.

Vamos a modificar el gráfico del libro llamado U7_Gráfico Madrid.xlsx. Realizaremos los cambios que se indican a continuación:

1. Seleccionamos el gráfico, nos situamos sobre una de las líneas de división, hacemos clic con el botón secundario del ratón y elegimos la opción *Formato de líneas de división*. Se abre el panel *Dar formato a las líneas de división principales.*
2. Aplicamos una línea de color naranja claro de 2 puntos de ancho.
3. Cerramos el panel *Dar formato a las líneas de división principales.*
4. Seleccionamos el gráfico y hacemos clic sobre el botón *Elementos de gráfico* +. Activamos la casilla *Etiquetas de datos.*
5. Aplicamos al texto de las etiquetas de datos una fuente de tamaño 10, en negrita y tipo Arial. Para ello, seleccionamos una etiqueta para seleccionarlas todas. A continuación, aplicamos el estilo desde el grupo *Fuente* de la ficha *Inicio.* Desplazamos ligeramente las etiquetas para separarlas de las barras.
6. Seleccionamos el título y lo editamos como *Viviendas familiares Madrid.* Marcamos el título y elegimos un color naranja desde el grupo *Fuente* de la ficha *Inicio.*
7. Aplicamos un giro 3D de 30 grados al eje horizontal de las categorías y al eje vertical de valores. Para ello, hacemos clic con el botón secundario del ratón sobre el gráfico y elegimos la opción *Giro 3D*. Se abre el panel *Formato del área del gráfico.* Desplegamos las opciones de *Giro 3D* y aplicamos 30 grados a *Giro X* y 30 grados a *Giro Y.*
8. Cambiamos el color de las series. Para ello, seleccionamos una de ellas y observamos cómo se seleccionan todas. A continuación, aplicamos un color verde oliva desde la ficha *Formato* de las *Herramientas de gráficos* mediante el botón *Relleno de forma.*
9. Aplicamos un color azul claro al área del gráfico. Para ello, hacemos clic con el botón secundario del ratón y elegimos la opción *Formato del área del gráfico.* Se abre el panel *Formato del área del gráfico.* Desplegamos las opciones de *Relleno* y aplicamos un color azul claro.

Solución:

El gráfico debe quedar como en la Figura 7.31.

La finalidad de esta actividad es crear un gráfico basado en datos y, posteriormente, modificar su aspecto gracias a las herramientas de gráficos.

Fig. 7.31. Gráfico Viviendas familiares Madrid *modificado.*

CLAVES Y CONSEJOS

Al seleccionar un gráfico, aparecen en la zona derecha superior los siguientes botones:

+ Muestra u oculta elementos del gráfico.

Aplica un estilo predeterminado de forma rápida.

Modifica la visibilidad de los datos que se muestran.

ACTIVIDAD GUIADA 6

Cambia el tipo de gráfico y aplica un estilo predeterminado:

Vas a cambiar el tipo de gráfico del libro llamado U7_Gráfico Madrid.xlsx. Para ello, ejecuta los siguientes pasos:

1. Abre el libro y selecciona el gráfico.
2. Pulsa el botón *Cambiar tipo de gráfico* (Fig. 7.32), del grupo *Tipo* de la ficha *Diseño* de las *Herramientas de gráficos.*
3. Selecciona *Barra* y elige la muestra 2 del gráfico de barras (con barras multicolor). Pulsa *Aceptar.*
4. Con el gráfico seleccionado, despliega los estilos del grupo *Estilos de diseño* y selecciona *Estilo 3.*

Fig. 7.32. Botón Cambiar tipo de gráfico.

5. Administrar listas de datos

Una **lista de datos** es una tabla de datos almacenados en una hoja de cálculo. Se utiliza cuando se trabaja habitualmente con gran cantidad de información. Las listas están estructuradas en **filas** y **columnas.**

A cada fila se le da el nombre de **registro,** que contiene información sobre un elemento de una lista. Cada columna se denomina **campo,** que es una de las partes de la información de un registro. Las columnas contendrán en su interior el mismo tipo de información, sin que existan filas o columnas en blanco.

ACTIVIDAD GUIADA 7

Ordena listas por una o varias columnas:

1. Abre el archivo U7_Totales.xlsx y clasifica la lista por el criterio *Localidad* y, como algunas entradas son idénticas, toma un segundo criterio basado en la columna *Cliente*, para ordenar ascendentemente.
2. Activa una celda de la tabla.
3. Activa la ficha *Datos* y pulsa el botón *Ordenar*, del grupo *Ordenar y filtrar* (Fig. 7.33). Aparece el cuadro de diálogo *Ordenar* (Fig. 7.34).
4. En la opción *Columna*, abre la lista *Ordenar por* y elige *Localidad*.
5. En la opción *Ordenar según*, elige *Valores*. Como *Criterio de ordenación*, selecciona *A a Z*.
6. Pulsa en *Agregar nivel* y en la opción *Luego por*, elige *Cliente*. Ordénalos según sus valores y de modo ascendente.
7. Pulsa el botón *Aceptar*. La ordenación queda realizada; observa que las localidades están ordenadas de la A a la Z. Dentro de cada localidad, también están ordenados los clientes de la misma forma.

Fig. 7.33. Grupo Ordenar y filtrar *de la ficha* Datos.

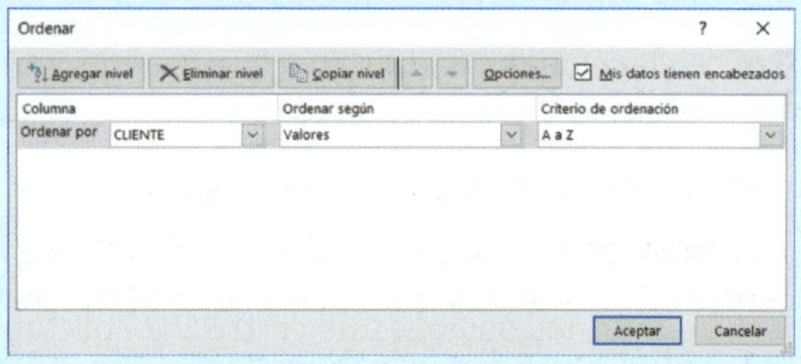

Fig. 7.34. Cuadro de diálogo Ordenar.

5.1. Ordenaciones personalizadas

A veces es necesario realizar ordenaciones diferentes a las de las estrictas reglas alfabéticas; por ejemplo, los días de la semana, los meses del año, por regiones, por colores, etc. Para ello, puedes crear tus propios criterios de ordenación.

CASO PRÁCTICO 11

Crear un nuevo criterio de ordenación.

Vamos a realizar una ordenación en la columna *Marca del libro* U7_Lista impresoras en la que aparecerán las impresoras ordenadas por marcas en el siguiente orden: *HP, Brother, Epson* y *Canon*.

1. Abrimos el libro y seleccionamos el rango de celdas que abarca la tabla A3:D10.
2. Presionamos el botón *Ordenar y filtrar* del grupo *Edición* de la ficha *Inicio*.
3. De la lista de opciones que aparecen, seleccionamos la opción *Orden personalizado.*
4. Aparece el cuadro de diálogo *Ordenar*. Si existiese algún criterio de ordenación, lo eliminamos pulsando el botón *Eliminar nivel.*
5. En la opción *Columna*, abrimos la lista *Ordenar por* y elegimos *Marca*.
6. En *Criterio de ordenación*, elegimos *Lista personalizada*. Se abre su cuadro de diálogo (Fig. 7.35).

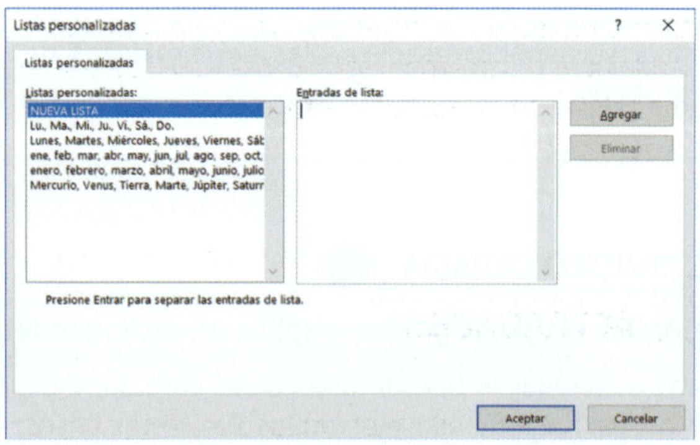

Fig. 7.35. Cuadro de diálogo Listas personalizadas.

CASO PRÁCTICO 11 *(continúa)*

7. En el cuadro de diálogo *Listas personalizadas,* y con *NUEVA LISTA* seleccionada, escribimos las entradas de la lista: *HP, BROTHER, EPSON, CANON* y pulsamos ***Enter*** después de cada entrada.
8. Hacemos clic en *Agregar* y la nueva lista aparece junto a las demás. Pulsamos *Aceptar*.
9. Hacemos clic en *Aceptar* en el cuadro de diálogo *Ordenar*.

Solución:

La tabla queda ordenada según el nuevo criterio (Fig. 7.36).

	A	B	C	D
1		LISTA IMPRESORAS		
2				
3	COD. ARTICULO	DESCRIPCIÓN	MARCA	PRECIO (€)
4	M12a	Láser HP Laserjet Pro M12a	Hp	90
5	M402DW	IMPRESORA HP LASERJET PRO M402DW	Hp	316
6	HL-L2300	Láser Brother HL-L2300D	Brother	76,45
7	HL-2365	Láser Brother HL-L2365DW	Brother	139
8	WF-100W	Epson WorkForce WF-100W con WiFi Dire	Epson	234
9	LBP252DW	Láser Monocromo - Canon i-SENSYS LBP252DW	Canon	229
10	LBP351	Canon i-SENSYS LBP351x 1200 x 1200DPI A4	Canon	700
11				

Fig. 7.36. Lista ordenada por orden personalizado.

5.2. Filtrado de datos

Excel ofrece la posibilidad de activar un filtro automático a las tablas de Excel mediante el botón *Filtro,* ubicado en el grupo *Ordenar y filtrar* de la ficha *Datos*. Al activar el filtrado, se muestra en cada cabecera de columna una flecha desplegable que contiene opciones de búsqueda. Podemos utilizar varios criterios a la vez para filtrar la información. Para desactivar el filtrado, debemos pulsar el mismo botón.

CASO PRÁCTICO 12

Filtrar datos por uno o más campos.

A continuación, vamos a realizar un filtro para mostrar la población activa en Madrid, Andalucía y Cataluña de edades comprendidas entre 25 y 34 años y que supere las 700 mil personas. Trabajaremos con el libro U7_Población activa.xlsx. Sigue estas indicaciones:

1. Abrimos el libro de Excel y seleccionamos el rango de datos A5:G25.
2. Con la ficha *Datos* activa, pulsamos el botón *Filtro* del grupo *Ordenar y filtrar* (Fig. 7.33). Se muestran las cabeceras de las tablas con opciones para filtrar.
3. Abrimos la flecha desplegable de la columna *Comunidad*, desactivamos la casilla *Seleccionar todo* y activamos las casillas: *Cataluña, Comunidad de Madrid* y *Andalucía*. Pulsamos *Aceptar*.
4. Abrimos la flecha desplegable de la columna *De 25 a 34 años* y ejecutamos *Filtros de número, Mayor que...* Se abre el cuadro de diálogo *Autofiltro personalizado* (Fig. 7.37).
5. Escribimos *700* en el cuadro situado a la derecha del criterio y pulsamos *Aceptar*.

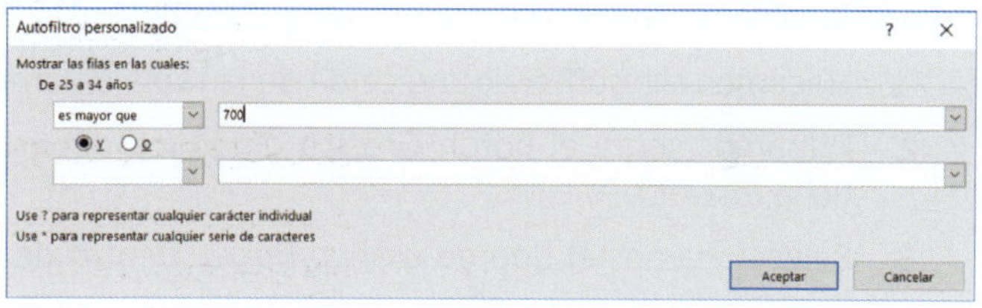

Fig. 7.37. Cuadro de diálogo Autofiltro personalizado.

Solución:

Como resultado se muestran las comunidades de Andalucía y Cataluña (Fig. 7.38), ya que son las que cumplen con los criterios introducidos.

	A	B	C	D	E	F	G
5	Comunidad	De 16 a 19 años	De 20 a 24 años	De 25 a 34 años	De 35 a 44 años	De 45 a 54 años	55 y más años
8	Andalucía	51,4	232,3	896,6	1.175,90	1.025,40	580,5
16	Cataluña	46,5	218,7	751,4	1.144,90	1.006,00	601,4

Fig. 7.38. Resultado filtrado por varios criterios.

ACTIVIDADES

4. Descarga y abre el archivo U7_Población activa.xlsx. Opera con filtros para responder a las siguientes preguntas:

   a) ¿Qué comunidades poseen una población activa total mayor de 3.000.000?

   b) ¿Qué comunidades poseen una población activa comprendida entre los 16 y los 19 años por debajo de 10.000?

   c) ¿Cómo se eliminan los filtros?

6. Tablas y gráficos dinámicos

Son tablas interactivas cuya estructura, respecto a filas, columnas y contenido, puede diseñarse constantemente. Para crearlas, Excel dispone del grupo *Tablas* en la ficha *Insertar*. A partir de una tabla dinámica, es posible crear un gráfico dinámico.

CASO PRÁCTICO 13

Trabajar con tablas y gráficos dinámicos.

***a)* Creamos una tabla dinámica.**

Vamos a elaborar una tabla dinámica que recoja los productos *Uvas, Peras* y *Naranjas* como columnas, la referencia de los artículos como filas y el total como datos de la tabla. Seguimos estas indicaciones:

Fig. 7.39. Grupo Tablas.

1. Descargamos y abrimos el archivo U7_Ventas frutería.xlsx.
2. Seleccionamos el rango B7:F14 de la Hoja1.
3. Activamos la ficha *Insertar* y pulsamos el botón *Tabla dinámica,* en el grupo *Tablas* (Fig. 7.39). Aparece el cuadro de diálogo *Crear tabla dinámica* (Fig. 7.40), donde se ve el rango de celdas seleccionadas de la tabla, en el cuadro *Tabla o rango*. También se muestra activada la opción *Nueva hoja de cálculo,* referida al lugar donde deseamos colocar el informe de la tabla dinámica.
4. Hacemos clic en *Aceptar*. En la nueva hoja (Hoja2) se muestra el panel *Campos de tabla dinámica* (Fig. 7.41), para elegir los campos que llevará la tabla.
5. Arrastramos el campo *Producto* hasta la zona de *Columnas, Referencia* hasta la zona de *Filas* y *Total* hasta la zona *Valores*.
6. Cambiamos el texto de la celda A4 e introducimos *Referencia*. Cambiamos también el texto de la celda B3 por *Producto*. Pulsamos la tecla ***Tab.***
7. Abrimos la lista desplegable del elemento *Producto* y deseleccionamos la casilla de verificación *Seleccionar todo*.
8. Activamos las casillas de *Uvas, Peras* y *Naranjas*. Pulsamos *Aceptar*.

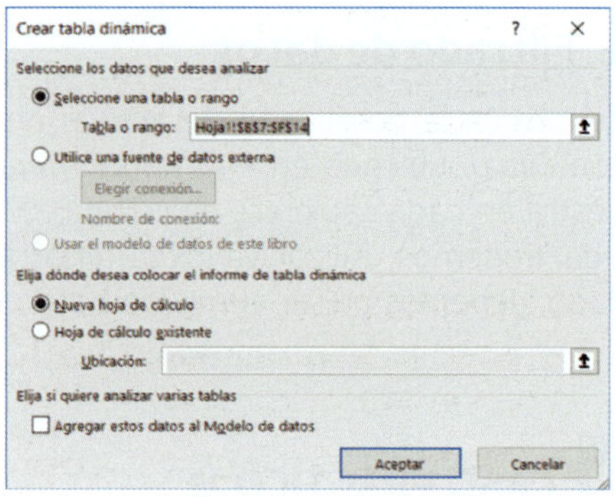

Fig. 7.40. Cuadro de diálogo Crear tabla dinámica.

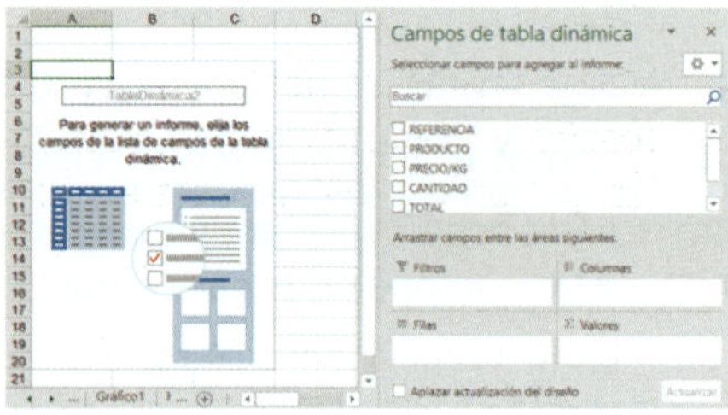

Fig. 7.41. Cuadro de diálogo Autofiltro personalizado.

***b)* Creamos un gráfico dinámico.**

Creada la tabla dinámica, elaboramos un gráfico dinámico siguiendo estos pasos:

1. Hacemos clic sobre alguna celda de la tabla dinámica.
2. Pulsamos sobre el botón *Gráfico dinámico* del grupo *Gráficos* (Fig. 7.42) de la ficha *Insertar*.
3. Seleccionamos el tipo de gráfico *Barra*. Dentro de los gráficos de barra, elegimos *Barra 3D agrupada*.
4. Pulsamos *Aceptar*.
5. Comprobamos que el gráfico se actualiza correctamente. Para ello, vamos a la Hoja1 y modificamos el precio de las peras. Volvemos a la Hoja2, hacemos clic sobre la tabla dinámica y pulsamos el botón *Actualizar* del grupo *Datos* (Fig. 7.43) de la ficha *Analizar*.

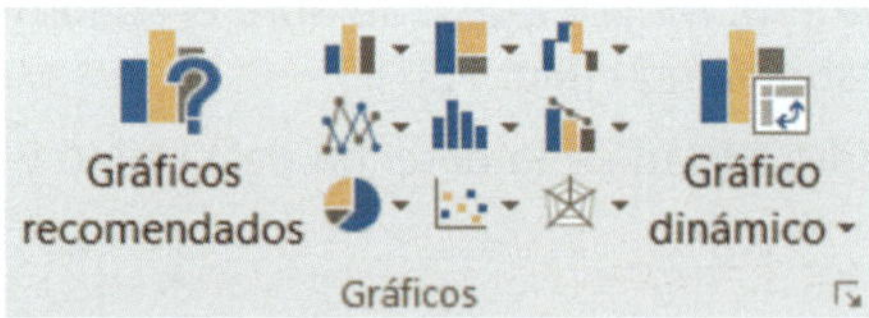

Fig. 7.42. Grupo Gráficos *de la ficha* Insertar.

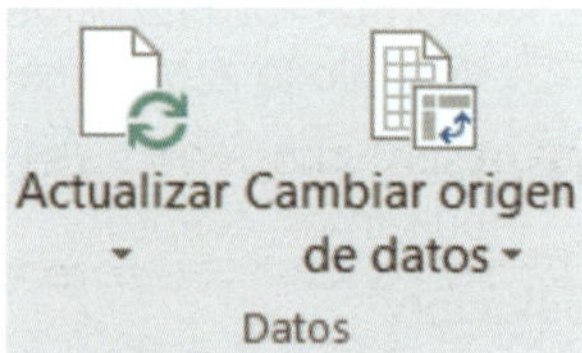

Fig. 7.43. Grupo Datos *de la ficha* Analizar.

Solución:

a) Se crea una nueva hoja (Hoja2) y se muestra la tabla dinámica como la de la Figura 7.44.

b) El gráfico queda como en la Figura 7.45.

El objetivo final es obtener un gráfico dinámico que se actualice al modificar los datos de origen.

	A	B	C	D	E
1					
2					
3	Suma de TOTAL	Producto			
4	Referencia	Naranjas	Peras	Uvas	Total general
5	F-10			65,79	65,79
6	F-13		23,001		23,001
7	F-14	57,86			57,86
8	Total general	57,86	23,001	65,79	146,651

Fig. 7.44. Cuadro de diálogo Autofiltro personalizado.

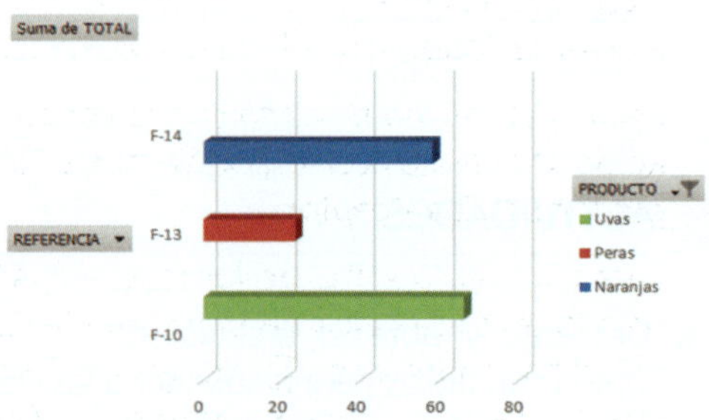

Fig. 7.45. Gráfico dinámico.

7. Subtotales

Calcular subtotales consiste en organizar los elementos de una lista por grupos para utilizar una función con ellos: *SUMA, PRODUCTO, PROMEDIO*, etc.

CASO PRÁCTICO 14

Calcular subtotales.

A continuación, vamos a calcular subtotales para que los elementos se agrupen por provincias y se calcule la suma de la columna *Importe*.

1. Abrimos el archivo U7_Lista de consumibles.xlsx, activamos la ficha *Datos* y hacemos clic sobre una celda de la columna *Provincia*.
2. Presionamos el botón *Ordenar de A a Z* del grupo *Ordenar y filtrar*.
3. Hacemos clic sobre el botón *Subtotal* del grupo *Esquema* (Fig. 7.46). Se muestra el cuadro de diálogo *Subtotales* (Fig. 7.47). Observemos las opciones:
   - En la lista *Para cada cambio en*, se encuentran las cabeceras de columna. Esta especificación se usará para indicar la columna que contiene los elementos necesarios para realizar el subtotal.
   - En la lista *Usar función* se selecciona la operación que se va a realizar con el subtotal.
   - *Agregar subtotal a* permite indicar las columnas en las que se aplicará la función elegida.
4. Mantenemos las opciones que aparecen por defecto en el cuadro de diálogo *Subtotales* y presionamos *Aceptar*. Si deseamos eliminar posteriormente los subtotales, pulsamos nuevamente el botón *Subtotal* y presionamos el botón *Quitar todos*.

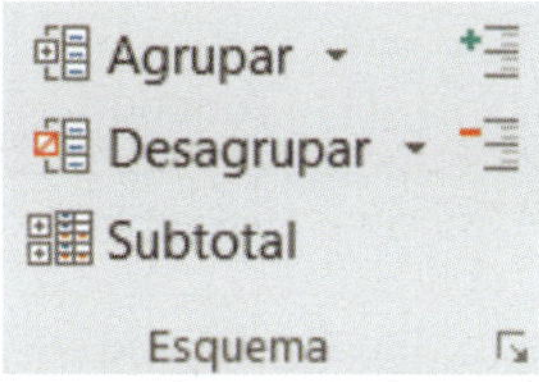

Fig. 7.46. Grupo Esquema *de la ficha* Datos.

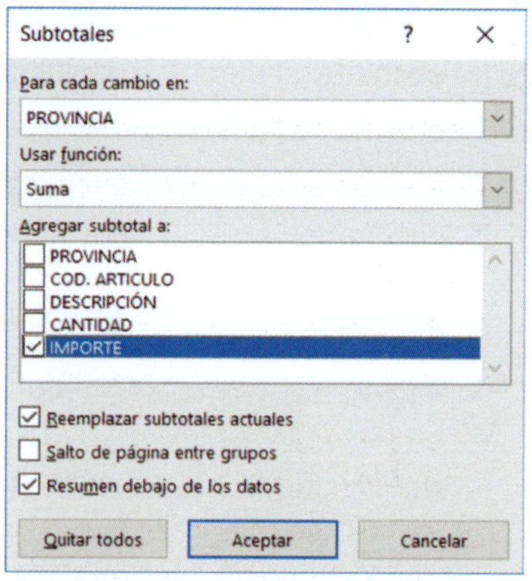

Fig. 7.47. Cuadro de diálogo Subtotales.

Solución:

En la Figura 7.48 se muestra la información en modo de esquema, en el que se pueden expandir y contraer los diferentes niveles de resumen.

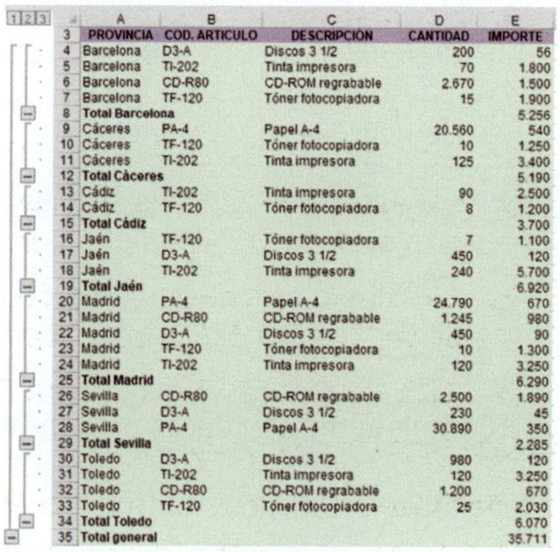

	A	B	C	D	E
3	PROVINCIA	COD. ARTICULO	DESCRIPCION	CANTIDAD	IMPORTE
4	Barcelona	D3-A	Discos 3 1/2	200	56
5	Barcelona	TI-202	Tinta impresora	70	1.800
6	Barcelona	CD-R80	CD-ROM regrabable	2.670	1.500
7	Barcelona	TF-120	Tóner fotocopiadora	15	1.900
8	**Total Barcelona**				5.256
9	Cáceres	PA-4	Papel A-4	20.560	540
10	Cáceres	TF-120	Tóner fotocopiadora	10	1.250
11	Cáceres	TI-202	Tinta impresora	125	3.400
12	**Total Cáceres**				5.190
13	Cádiz	TI-202	Tinta impresora	90	2.500
14	Cádiz	TF-120	Tóner fotocopiadora	8	1.200
15	**Total Cádiz**				3.700
16	Jaén	TF-120	Tóner fotocopiadora	7	1.100
17	Jaén	D3-A	Discos 3 1/2	450	120
18	Jaén	TI-202	Tinta impresora	240	5.700
19	**Total Jaén**				6.920
20	Madrid	PA-4	Papel A-4	24.790	670
21	Madrid	CD-R80	CD-ROM regrabable	1.245	980
22	Madrid	D3-A	Discos 3 1/2	450	90
23	Madrid	TF-120	Tóner fotocopiadora	10	1.300
24	Madrid	TI-202	Tinta impresora	120	3.250
25	**Total Madrid**				6.290
26	Sevilla	CD-R80	CD-ROM regrabable	2.500	1.890
27	Sevilla	D3-A	Discos 3 1/2	230	45
28	Sevilla	PA-4	Papel A-4	30.890	350
29	**Total Sevilla**				2.285
30	Toledo	D3-A	Discos 3 1/2	980	120
31	Toledo	TI-202	Tinta impresora	120	3.250
32	Toledo	CD-R80	CD-ROM regrabable	1.200	670
33	Toledo	TF-120	Tóner fotocopiadora	25	2.030
34	**Total Toledo**				6.070
35	**Total general**				35.711

Fig. 7.48. Resultado de Subtotales.

ACTIVIDAD GUIADA 8

Aplica la función *Subtotales* a los filtros:

1. Abre el fichero U7_Lista de consumibles.xlsx, activa una celda de la lista y pulsa el botón *Filtro* del grupo *Ordenar y filtrar* de la ficha *Datos*.
2. Despliega los filtros de la columna *Provincia*, desactiva la casilla *Seleccionar todo*, activa la casilla *Barcelona* y pulsa *Aceptar*.
3. Realiza el mismo proceso con la columna *Descripción*; en este caso, activa las casillas correspondientes a *Tinta impresora* y *Tóner fotocopiadora*. Pulsa *Aceptar*.
4. Para calcular la suma de los resultados hasta ahora filtrados, sitúate bajo la primera celda en blanco de la columna *Importe* (E28) y pulsa el botón *Autosuma* del grupo *Edición* en la ficha *Inicio*. Verás que aparece la función *Subtotales*. Como primer argumento, presenta el número 9 que corresponde a la función *Suma* (Tabla 7.4). Pulsa ***Enter***.

N.º función (incluye valores ocultos)	N.º función (no incluye valores ocultos)	Función
1	101	PROMEDIO
2	102	CONTAR
3	103	CONTARA
4	104	MAX
5	105	MIN
6	106	PRODUCTO
7	107	DESVEST
8	108	DESVESTP
9	109	SUMA
10	110	VAR
11	111	VARP

Tabla 7.4. Números de funciones.

KEYWORDS

1. Review the essential vocabulary terms of this unit in English. Did you already know all of them? Did you learn new vocabulary?

English	Spanish	English	Spanish	English	Spanish
absolute	absoluta	formula	fórmula	percentage	porcentaje
area	área	function	función	reference	referencia
arithmetic	aritmético	graphic	gráfico	relative	relativa
average	promedio	legend	leyenda	douhnut	anillo
axis	eje	line	línea	search	búsqueda
bar	barra	list	lista	sector	sector
cell	celda	logic	lógica	statistics	estadística
column	columna	maximum	máximo	surface	superficie
dispersal	dispersión	median	mediana	to change	modificar
element	elemento	minimum	mínimo	to create	crear
exponent	exponente	mixed	mixta	to order	ordenar
filter	filtro	operator	operador	remainder	residuo

2. Complete the sentences with these words in your notebook:

relative – statistics – button – charts – sort

a) Excel has a _________ called Recently used.

b) A _________ formula doesn't contain the dollar symbol.

c) The function AVERAGE is a _________ function.

d) The button _________ is in the Sort and filter group.

e) Excel lets you apply predetermined styles to _________.

3. Link with arrows and write them in your notebook:

a) AVERAGE	1) Statistical
b) COS	2) Logical
c) IF	3) Math and trigonometry
d) LARGE	4) Financial
e) NPER	5) Text

4. Relate in your notebook the group to the tab to which it belongs:

a)

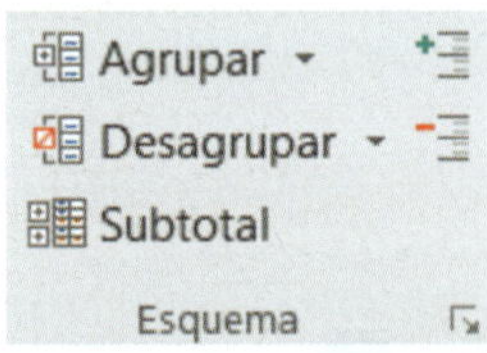

b)

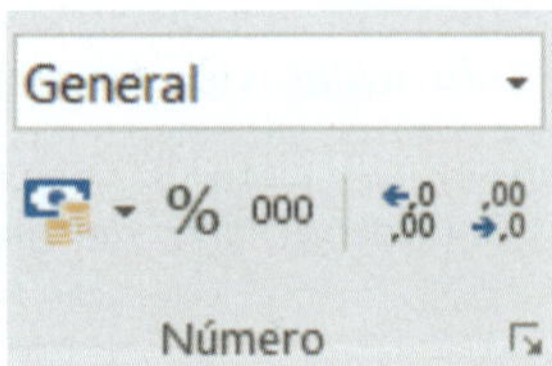

c)

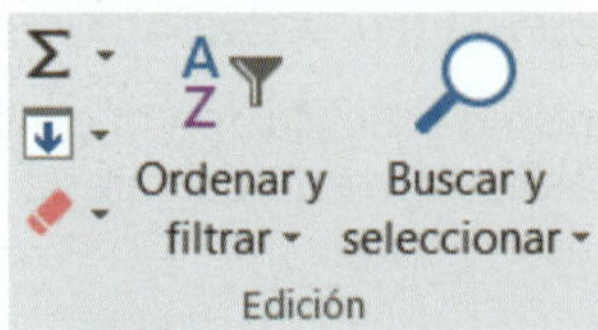

d)

SÍNTESIS Hojas de cálculo: operaciones avanzadas

Obtener datos externos →

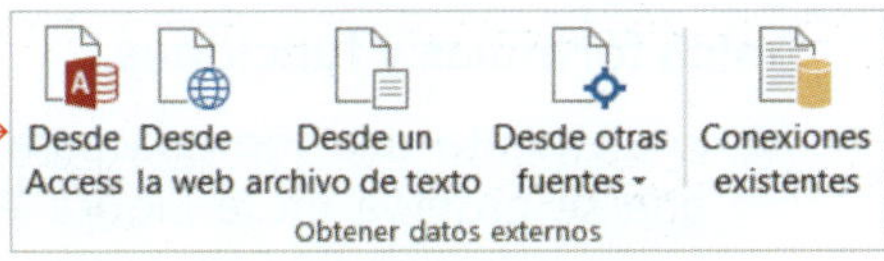

Operadores en fórmulas →

- Aritméticos →

+	Suma
−	Resta
*	Multiplicación
/	División
%	Porcentaje
^	Exponente

- Referencia →

:	Definición
;	Unión
Espacio	Intersección

- Comparación →

=	Igual
>	Mayor que
<	Menor que
>=	Mayor o igual que
<=	Menor o igual que
<>	Distinto

Referencias en fórmulas →

- Relativas → =A5, =D3+D4, =C5*H7
- Absolutas → =B2*D2
- Mixtas → =$B1*D2
- Entre hojas → =Hoja1!B3+Hoja2!B4

Funciones predefinidas →

Gráficos →

Administrar listas de datos →

Subtotales →

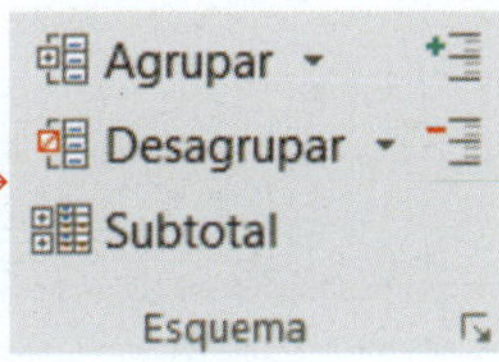

→

N.º función (incluye valores ocultos)	N.º función (no incluye valores ocultos)	Función
1	101	PROMEDIO
2	102	CONTAR
3	103	CONTARA
4	104	MAX
5	105	MIN
6	106	PRODUCTO
7	107	DESVEST
8	108	DESVESTP
9	109	SUMA
10	110	VAR
11	111	VARP

Obtén datos externos.

1. Abre un nuevo libro de Excel y realiza las operaciones siguientes para obtener datos externos de Excel e importarlos a hojas del libro:

   a) Localiza el archivo U7_Ventas online.docx e importa con ayuda del *Portapapeles* la tabla «Ventas online tercer trimestre» a la Hoja1.

   b) Crea una nueva hoja llamada Hoja2, localiza el archivo U7_Base datos Clientes.mdb e importa la tabla «Clientes» a la Hoja2.

   c) Crea una nueva hoja llamada Hoja3, localiza el archivo U7_Totales para importar.txt e importa la información a la Hoja3, teniendo en cuenta que está delimitada por tabulaciones.

Exporta hojas de cálculo.

2. Abre el archivo U7_Ventas.xlsx y expórtalo a los formatos que se indican:

   a) Formato PDF.

   b) Texto Unicode (*.txt).

Maneja fórmulas en Excel.

3. Elabora la estructura de la hoja de cálculo que aparece en la Figura 7.49. Para ello, ejecuta los siguientes puntos:

   a) Aplica nombres de celda a las celdas *IVA* (B10) y *DESCUENTO* (B9).

   b) La columna *Total* se calcula multiplicando la cantidad por el precio.

   c) La columna *Descuento* se calcula aplicando el descuento (10 %) al total.

   d) La columna *Base imponible* se calcula restando el importe del descuento al total.

   e) La columna *IVA* se calcula aplicando el IVA (21 %) a la base imponible.

   f) La columna *Total a pagar* se calcula sumando la base imponible y el IVA.

Anida fórmulas y funciones.

4. Implementa una fórmula para resolver la hoja de cálculo que se observa en la Figura 7.50. Debes obtener el total a pagar (rango E9:E11), teniendo en cuenta que según el precio final se aplicará un descuento u otro.

   Como pista, en la fórmula debes usar la función matemática *RESTAR* y la función lógica *SI*.

	A	B	C	D	E	F
1						
2		TABLA DESCUENTOS				
3		PRECIO	DESCUENTO			
4		1000	10%			
5		1500	16%			
6		Más de 2000	22%			
7						
8		COD. ARTÍCULO	CANTIDAD	PRECIO/UNIDAD	TOTAL A PAGAR	
9		A001	1.000,00	2,00		
10		B340	1.500,00	5,00		
11		D44	3,00	300,00		
12						

Hoja1

Fig. 7.50. Aplicación de funciones lógicas.

Utiliza las funciones predefinidas.

5. Efectúa los siguientes cálculos utilizando funciones *Financieras* de Excel:

   a) El número de periodos necesarios para amortizar un préstamo de 60.000 € a un interés del 12 % nominal anual si se desea pagar una cantidad mensual de 750 €. Para realizar este ejercicio ten en cuenta que el interés anual se debe dividir entre 12.

   b) La cantidad mensual que se debe pagar por un préstamo de 5.560 € a 10 años si el tipo de interés es el 12 % nominal anual.

   c) El capital que se tendrá dentro de 10 años si cada final de mes se realiza una inversión de 200 € al 5 % nominal anual.

   d) La tasa de un préstamo de 5.430 € a 15 años con pagos anuales de 450 €.

   e) El valor final de un plan de pensiones a 30 años si se desembolsan a principio de cada trimestre 1.000 € a un interés del 8 % nominal anual y se entregó una cantidad inicial de 1.500 €.

	A	B	C	D	E	F	G	H
1	COD. ARTÍCULO	CANTIDAD	PRECIO/UNIDAD	TOTAL	DESCUENTO	BASE IMPONIBLE	IVA	TOTAL A PAGAR
2	A001	200,00	2,00	400,00	40,00	360,00	75,60	435,60 €
3	B340	67,00	54,00	3.618,00	361,80	3.256,20	683,80	3.940,00 €
4	A004	3,00	123,00	369,00	36,90	332,10	69,74	401,84 €
5	C554	56,00	630,00	35.280,00	3.528,00	31.752,00	6.667,92	38.419,92 €
6	D456	20,00	35,00	700,00	70,00	630,00	132,30	762,30 €
7								
8								
9	TIPO DESCUENTO	10%						
10	IVA	21%						
11								

Hoja1

Fig. 7.49. Hoja de cálculo Facturación.

COMPRUEBA TU APRENDIZAJE

6. Función *BUSCARV* y función lógica *SI*. Diseña una hoja Excel como la siguiente (Fig. 7.51) y ten en cuenta las siguientes pautas para dar solución a la celda F3, donde aparecerá el resultado:

a) Introduce un nombre del rango B3:B6 en la celda F2.

b) En la celda F3, introduce una fórmula que cumpla lo siguiente:

En la celda F3 debe aparecer el texto «Mayor de edad» si la edad de la persona introducida es mayor de 18. Si corresponde a una persona menor de 18 años, se debe mostrar «Menor de edad».

c) Observa que si se inserta un nombre no válido o no se introduce nada en la celda F2 se muestra «N/A» en la celda F3. Intenta controlar con otra función *SI* que no se evalúe nada si no se introduce ningún nombre en la celda F2; por el contrario, que se evalúe el nombre introducido.

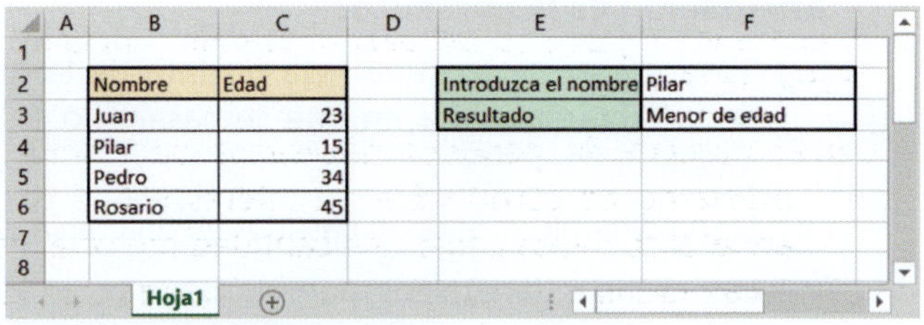

	A	B	C	D	E	F
1						
2		Nombre	Edad		Introduzca el nombre	Pilar
3		Juan	23		Resultado	Menor de edad
4		Pilar	15			
5		Pedro	34			
6		Rosario	45			
7						
8						

Fig. 7.51. Funciones predefinidas y anidadas.

Crea y modifica gráficos.

7. Abre la hoja de cálculo denominada U7_Recambios MotorSur.xlsx y realiza las siguientes operaciones.

a) Crea un primer gráfico en la Hoja1 ejecutando estos pasos:

1. Selecciona los rangos de celdas A4:E7 y A9:E14 ayudándote de la tecla ***Ctrl.***
2. Inserta un gráfico de tipo *Columna agrupada 3D.*
3. Nombra la hoja como Gráfico1.

b) Visualiza el Gráfico1 y realiza estas modificaciones:

1. Muestra en el gráfico su título: «Recambios Sáfex».
2. Cambia el color de las líneas de división principales a color naranja.
3. Aplica un color azul aguamarina claro para el fondo del *Área del gráfico.*
4. Aumenta el tamaño de *Fuente* del eje horizontal a 10.
5. Modifica el color de las series y elimina de la leyenda *Ingresos y Gastos.*
6. Muestra un título vertical primario y cambia el nombre a «Totales en €».

8. Genera un gráfico de tipo *Barra 3D agrupada* a partir de la hoja de cálculo denominada U7_Población activa.xlsx y aplica un estilo rápido *Estilo 3.*

El gráfico debe mostrar:

a) La población activa de las siguientes comunidades: Andalucía, Canarias, Extremadura, Galicia y Madrid.

b) La población activa comprendida entre 35 y 44 años.

9. Genera un gráfico de tipo *Circular* a partir de la hoja de cálculo denominada U7_Población activa.xlsx y aplica un estilo rápido *Estilo 5.*

El gráfico debe mostrar:

a) La población activa de todas las comunidades.

b) La población activa de 16 años en adelante.

Administra listas de datos.

10. Abre el archivo U7_Ventas online 4T.xlsx y realiza las siguientes ordenaciones:

a) Alfabética de la A a la Z, según la columna *Provincia.*

b) Numérica de mayor a menor cantidad, según la columna *Importe* y, dentro de cada importe, por *Provincia* de la A a la Z.

c) Alfabética de la A a la Z, según la columna *Provincia* y alfabética de la Z a la A por *Forma de pago.*

11. Sobre el archivo U7_Ventas online 4T.xlsx, realiza las siguientes operaciones de filtrado:

a) Muestra todos los datos de los pagos realizados con tarjeta.

b) Muestra todos los datos de las provincias cuyo nombre comience por A.

c) Realiza un autofiltro para ver los importes vendidos en Madrid y Barcelona a través de tarjeta.

d) Elimina los filtros.

Usa la función *Subtotales.*

12. Con el archivo U7_Lista de consumibles.xlsx, realiza los siguientes filtros:

a) De los artículos consumidos en Barcelona, suma todos los importes superiores a 1.000 €.

b) La cantidad de consumibles (que no sean papel) que se han consumido en Sevilla.

c) Indica la provincia que presenta el importe mínimo, de las que han consumido artículos en cantidad inferior a 300 unidades y cuyo importe sea superior a 1.200 €.

TEST DE REPASO

1. **Indica la opción correcta. A la hora de importar datos a Excel, se pueden obtener desde:**
   - ⓐ SQL Server, entre otras fuentes.
   - ⓑ Únicamente desde el *Portapapeles*.
   - ⓒ Todas las aplicaciones de la compañía Microsoft.

2. **A la hora de exportar datos desde Excel:**
   - ⓐ Los archivos de Excel se pueden guardar en *.pdf.
   - ⓑ Los archivos de Excel no se pueden guardar en *.txt.
   - ⓒ Para exportar una tabla de Excel a Word o Access no se puede utilizar el *Portapapeles*.

3. **Completa la siguiente frase: en Excel...**
   - ⓐ ...cada registro va en una columna.
   - ⓑ ...cada registro va en una fila.
   - ⓒ ...cada campo va en una fila.

4. **Señala la afirmación correcta de las siguientes, referidas a los operadores:**
   - ⓐ Para cambiar el orden de evaluación de los operadores se deben incluir llaves dentro de la fórmula.
   - ⓑ Cuando se crea una fórmula, siempre se escribe en primer lugar el signo igual (=).
   - ⓒ En una fórmula, con el uso de los paréntesis no son necesarios los operadores.

5. **Indica qué frase es la correcta de las siguientes, referidas a las referencias en fórmulas:**
   - ⓐ Una referencia absoluta siempre se refiere a la misma celda o rango de celdas.
   - ⓑ Una referencia absoluta solo es aplicable a una celda.
   - ⓒ No se pueden utilizar nombres de celda o nombres de rango como referencia.

6. **En Excel existen numerosas funciones predefinidas, donde (señala la opción correcta):**
   - ⓐ La función *VF* pertenece a la categoría de las funciones financieras.
   - ⓑ La función *LOG* pertenece a la categoría de las funciones estadísticas.
   - ⓒ La función *ASA* es una función matemática.

7. **¿Excel dispone del botón *Usado recientemente*?**
   - ⓐ Sí, se encuentra en la ficha *Datos*.
   - ⓑ No.
   - ⓒ Sí, se encuentra en la ficha *Fórmulas*.

8. **En las funciones de búsqueda y referencia (indica la afirmación correcta):**
   - ⓐ La función *BUSCARV* realiza búsquedas horizontales en la primera columna de una tabla.
   - ⓑ La función *COLUMNA* devuelve el número de columna de una referencia.
   - ⓒ La función *BUSCAV* requiere que la lista principal esté ordenada de forma descendente.

9. **Las funciones anidadas (completa la frase con la continuación correcta):**
   - ⓐ Contienen fórmulas dentro de otras.
   - ⓑ Se pueden realizar con un máximo de cinco anidamientos.
   - ⓒ Forman parte del argumento de otra función.

10. **Respecto a los gráficos dinámicos en Excel, ¿qué afirmación es la correcta?**
    - ⓐ Si se presentan en una hoja distinta de la ubicación de la tabla dinámica en que se basan, no se pueden modificar.
    - ⓑ Si son dinámicos, estarán basados en una tabla dinámica.
    - ⓒ Los gráficos dinámicos pueden basarse en cualquier tabla.

11. **Para ordenar de la A a la Z los valores de una columna en Excel, puede realizarse mediante:**
    - ⓐ El botón A↓Z, ubicado en el grupo *Ordenar* de la ficha *Inicio*.
    - ⓑ El botón A↓Z, que se encuentra en el grupo *Edición* de la ficha *Ordenar*.
    - ⓒ El botón A↓Z, ubicado en el grupo *Ordenar y filtrar* de la ficha *Datos*.

12. **Indica la frase correcta en cuanto a los filtros en Excel:**
    - ⓐ No son acumulativos; es decir, no se puede tomar el resultado de un filtro para calcular otro.
    - ⓑ No se pueden combinar con la función *Subtotales*.
    - ⓒ Permiten búsquedas elaboradas y complejas.

13. **Mediante la función *Subtotales* (señala la afirmación correcta):**
    - ⓐ Es posible organizar los elementos de una lista por grupos para usar una función con ellos.
    - ⓑ No se pueden organizar elementos si provienen de un filtro.
    - ⓒ Podemos usar numerosas funciones, entre ellas: *COS, TAN, LOG*.

Crea tus propios informes de datos

Genera un documento PDF a partir de una hoja Excel, aplicando los conocimientos que has adquirido en esta unidad.

Incluye el nombre de la empresa y una breve descripción de lo que contiene el informe.

Utiliza una imagen como logo diseñada por ti, elige una imagen en línea o utiliza la imagen U7_ LogoHotel.png.

HOTEL CORAL BEACH

HOTEL CORAL BEACH

Informe Ventas anuales totales.
Los datos se desglosan en servicios y semestres correspondientes al año 20XX.

Servicios	Primer semestre	Segundo semestre	Totales
Alojamiento	187.780,00 €	170.500,00 €	358.280,00 €
Alojamiento M.P	167.899,00 €	170.450,00 €	338.349,00 €
Alojamiento P.C	70.499,00 €	50.900,00 €	121.399,00 €
Servicio Habitaciones	560,00 €	1.350,00 €	1.910,00 €
Cafetería	55.000,00 €	45.690,00 €	100.690,00 €
Excursiones	20.400,00 €	25.000,00 €	45.400,00 €
SPA	43.200,00 €	45.400,00 €	88.600,00 €
TOTALES	545.338,00 €	509.290,00 €	1.054.628,00 €

Introduce una tabla con información relacionada con los ingresos de la empresa. Esta información será la base para crear tus informes.

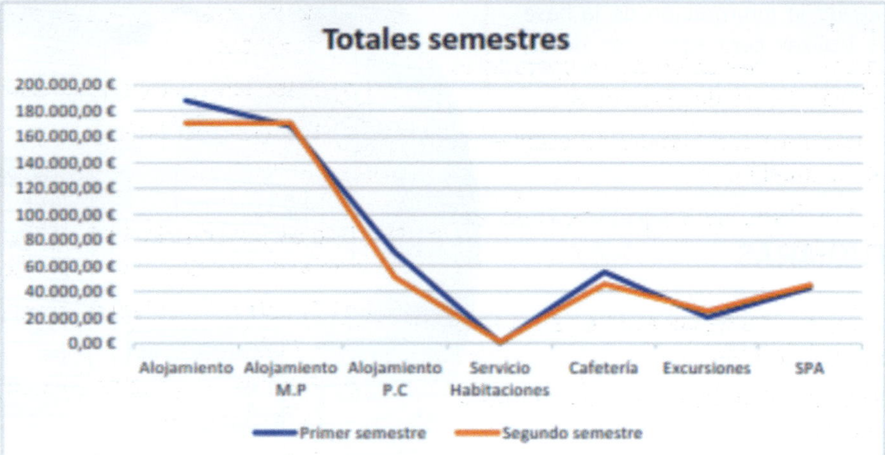

Crea un informe basado en los datos de la tabla. En este caso, se ha utilizado un gráfico de tipo *Línea*, en el que se muestran las ventas de cada semestre.

Aplica un estilo al gráfico.

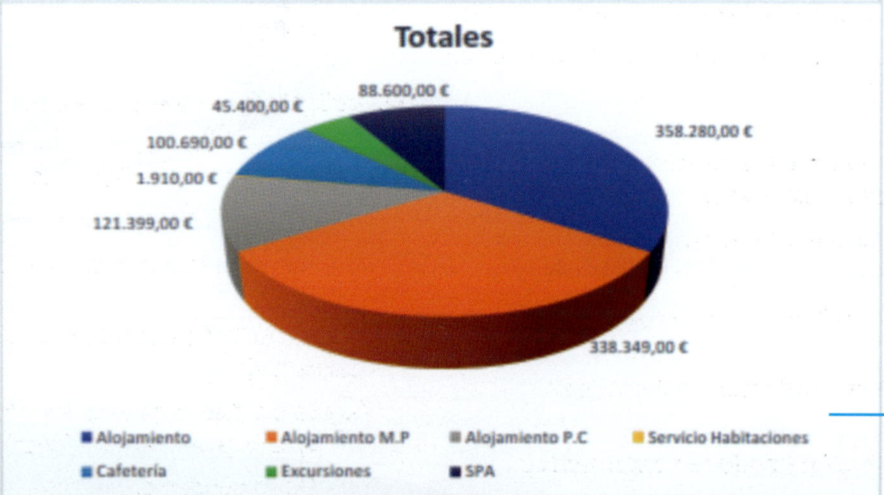

Crea otro informe basado también en los datos de la tabla. En este caso, se ha utilizado un gráfico de tipo *Circular*, en el que se muestran los ingresos totales de los dos semestres.

Aplica un estilo al gráfico.

www.coralbeach.com

Una vez terminada tu hoja Excel, expórtala a un documento PDF.

8
UNIDAD

Bases de datos: operaciones básicas

¿Sabías que todas las empresas necesitan guardar información de gran importancia, como los datos de los clientes, los artículos que poseen en *stock*, las facturas emitidas en un periodo de tiempo...?

En la actualidad, la forma de almacenar toda esta información de gran relevancia se realiza a través de un sistema informático llamado base de datos.

Aprende a diseñar tu propia base de datos relacional a través de Microsoft Access 2016. Esta aplicación permite almacenar, modificar y extraer la información de la base de datos, la cual podrás utilizar para comparar datos, filtrarlos, etc.

EN ESTA UNIDAD ESTUDIARÁS

1. Los aspectos generales de Access 2016.
2. La creación de tablas.
3. Las propiedades de los campos.
4. Los índices y las relaciones.
5. La inserción de registros en las tablas.
6. La importación y exportación.
7. La ordenación y filtración de la información.

Y SERÁS CAPAZ DE

Realizar operaciones de manipulación de datos en bases de datos ofimáticas tipo.

1. Aspectos generales de Access 2016

En el mundo laboral, dedicamos buena parte del tiempo a recopilar, intercambiar y recuperar datos, de ahí que sea tan necesario disponer de herramientas que permitan almacenar cantidades considerables de información que pueda consultarse y gestionarse con la mayor eficacia y rapidez posibles. Las bases de datos cumplen con este cometido.

> Una **base de datos** es un conjunto de información almacenada de forma ordenada.

Existen varios tipos de bases de datos y cada empresa deberá utilizar la que más se adapte a sus necesidades. Los tipos de bases de datos más importantes son:

- **Base de datos relacional.** Hoy en día, es la más utilizada en el mundo empresarial. Su característica principal es que existen relaciones entre las tablas por medio de campos.
- **Base de datos jerárquica.** Su estructura tiene forma de árbol, en el que un nodo padre puede tener varios hijos y un nodo hijo puede tener un único padre.
- **Base de datos de red.** Tiene una estructura parecida a la base de datos jerárquica, pero con la diferencia de que un nodo hijo puede tener varios padres.
- **Base de datos documental.** Se utiliza para almacenar y gestionar grandes cantidades de información procedente de documentos de forma organizada.

Entre los programas de bases de datos destacan Microsoft Office Access, LibreOffice Base y OpenOffice Base. En esta unidad elegimos Office Access 2016 de Microsoft para su estudio.

TRUCO

Puedes anclar Office Access a la zona *Inicio* de Windows 10. Para ello, haz clic en el botón *Inicio* de Windows y desplázate a la letra «A» para localizar *Access 2016*. Haz clic con el botón derecho sobre *Access* 2016 y selecciona *Anclar a Inicio*.

VOCABULARIO

Nodo. En el ámbito de las bases de datos, un nodo puede definirse como una fila de una tabla (registro) que representa un objeto único.

1.1. Crear una nueva base de datos en blanco

Antes de que la base de datos pueda gestionar la información es necesario diseñarla; puesto que una base de datos en blanco no contiene tablas, formularios ni objetos de ningún tipo, es necesario crearlos, incluyendo las tablas con las que se trabajará.

CASO PRÁCTICO 1

Ejecutar Access y crear una base de datos.

1. Hacemos clic en el menú *Inicio*, nos desplazamos hasta la letra «A» y elegimos Access 2016. Se abre el programa con su pantalla inicial, donde se muestran los archivos recientes o las plantillas disponibles para crear nuevas bases de datos.
2. Seleccionamos *Base de datos en blanco*. Asignamos el nombre «DentiPlus.accdb» y presionamos la opción *Crear*.

Solución:

Observa cómo se muestra la ventana principal de la aplicación Access (Fig. 8.1).

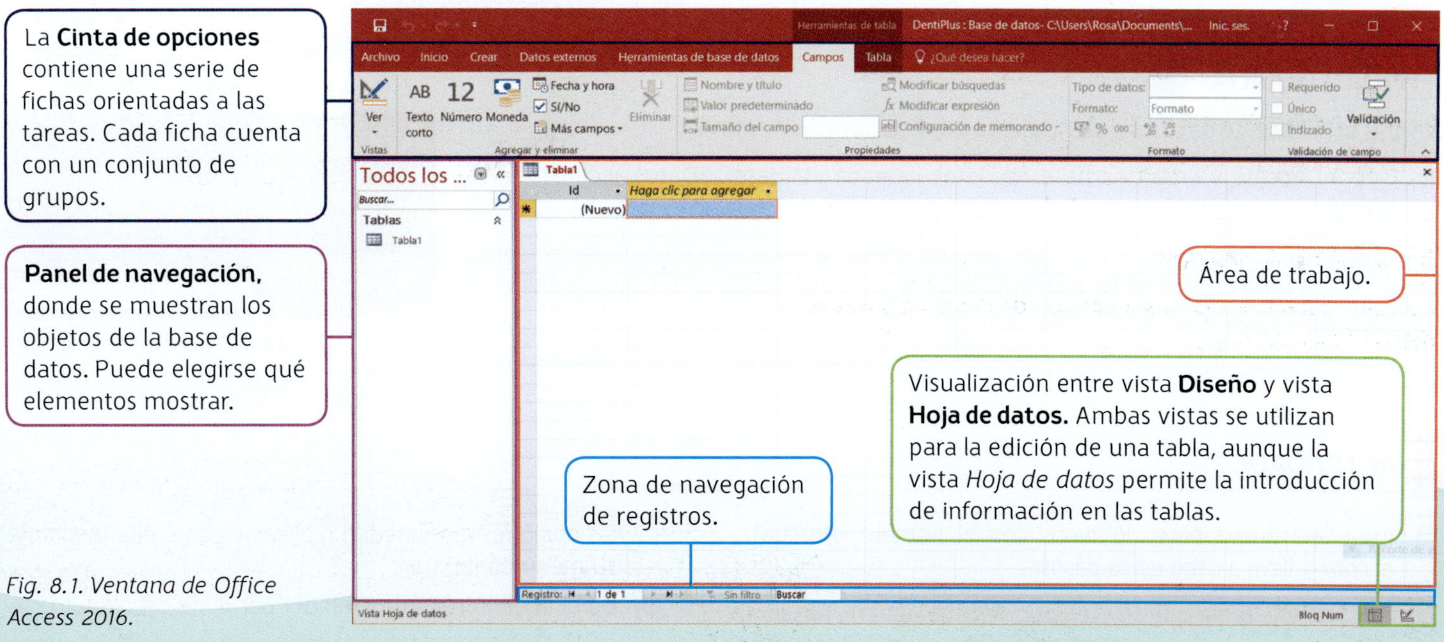

Fig. 8.1. Ventana de Office Access 2016.

TRUCO

Al crear nuevos elementos en Access 2016, estos se localizan en el panel de navegación. Para realizar operaciones sobre ellos, haz clic con el botón derecho sobre un elemento y muestra su menú contextual para elegir una opción (Fig. 8.2).

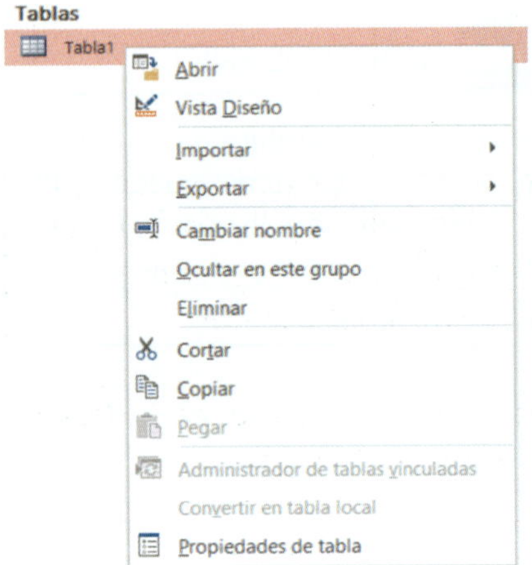

Fig. 8.2. Opciones del menú contextual Tabla1.

1.2. Elementos de una base de datos

En el *Panel de navegación* de la Figura 8.1, el único objeto que aparece por defecto es una tabla (Tabla1). No obstante, una base de datos puede contar con más elementos:

Tabla	Conjunto de datos recogidos en filas y columnas, que constituyen los cimientos de la base de datos, ya que esta es la información que se utilizará para trabajar.
Formulario	Presentación para manejar los datos en la pantalla. Entre otras tareas, permite introducir datos en las tablas con sencillez y comodidad. Es posible trabajar con datos de distintas tablas en un único formulario.
Informe	Relación de datos extraídos de las tablas o consultas. Permite imprimir información en un formato legible y atractivo.
Consulta	Búsqueda de datos mediante preguntas específicas. Se utiliza para recuperar información específica almacenada en las tablas.
Macro	Secuencia de operaciones que se ejecutan en un solo paso.
Módulo	Aplicación que automatiza las tareas en una base de datos. Se trata de colecciones de procedimientos escritos en lenguaje de programación Visual Basic para Aplicaciones (VBA).

Tabla 8.1. Elementos de una base de datos.

A la hora de crear nuevos elementos, se hará a través de la ficha *Crear* (Fig. 8.3).

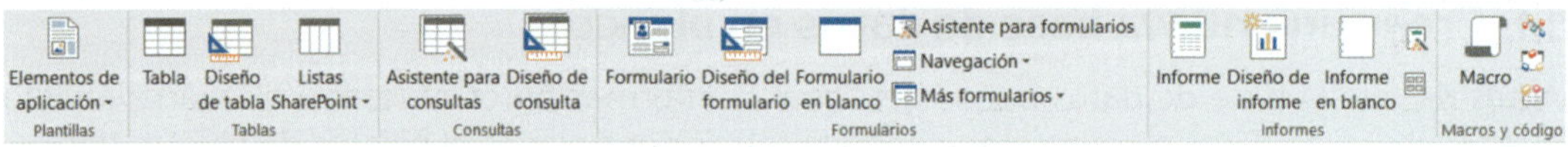

Fig. 8.3. Ficha Crear *de Access 2016.*

1.3. Salir de Access

Para salir de Access, podemos optar por uno de estos procedimientos:

- Seleccionar la orden *Cerrar* de la ventana principal.
- Pulsar la combinación de teclas **[Alt + F4]**.

1.4. Eliminar una base de datos

Cuando una base de datos ha quedado obsoleta y carece de utilidad, lo más común es eliminarla. Para ello, habrá que localizarla, seleccionar el archivo *.accdb con un clic y pulsar la tecla ***Supr***. Previamente nos aseguraremos de que es el archivo correcto.

ACTIVIDAD GUIADA 1

Elimina una base de datos siguiendo estas indicaciones:

1. Ejecuta Access y crea una base de datos llamada «MiBaseDeDatos.accdb». Cierra Access.
2. Localiza la base de datos. Para ello, ejecuta Access y verás que en la zona izquierda de elementos *Recientes* se muestra la base de datos «MiBaseDeDatos.accdb». Sitúate sobre ella para ver su ubicación (Fig. 8.4).
3. Ya en Windows, dirígete al directorio, selecciona la base de datos y pulsa la tecla ***Supr***.

Fig. 8.4. Muestra la ubicación de la base de datos.

ACTIVIDADES

1. Crea una nueva base de datos con el nombre «Prueba1.accdb» y lleva a cabo estos pasos:

a) Sobre la tabla que se crea por defecto (Tabla1), observa las opciones que pueden realizarse sobre ella mediante su menú contextual.

b) Cambia el nombre de «Tabla1» por el de «Socios».

1.5. Vistas de elementos

Según el tipo de elemento con el que estemos trabajando en ese momento, Access ofrece varias vistas desde la ficha *Inicio* y el botón *Ver* del grupo *Vistas* (Fig. 8.5). A continuación se citan las distintas vistas que ofrecen los elementos (*Macros* y *Módulos* no disponen de ninguna vista):

Elemento	Vistas
Tabla	Vista *Hoja de datos*, vista *Diseño*.
Formulario	Vista *Formulario*, vista *Presentación*, vista *Diseño*.
Informe	Vista *Informes*, vista *Preliminar*, vista *Presentación*, vista *Diseño*.
Consulta	Vista *Hoja de datos*, vista *SQL*, vista *Diseño*.

Tabla 8.2. Vistas de los elementos de una base de datos.

Fig. 8.5. Grupo Vis*tas de la ficha* Inicio.

1.6. Tipos de datos

Las tablas se componen de campos, que pueden contener los siguientes tipos de datos:

Tipos de datos	Definición	Ejemplos
Texto corto (conocido como «Texto»)	Conjunto de datos alfanuméricos (es decir, no solo letras, sino también números) con los que no se realizarán cálculos. Algunos campos, a pesar de estar compuestos solo por números, serán de tipo *Texto*. Se pueden almacenar 255 caracteres.	*Nombre, Domicilio, Código Postal.*
Texto largo (conocido como «Memo»)	Conjunto de datos similar al tipo *Texto*, pero con mayor capacidad de almacenamiento. Admite hasta 65.535 caracteres en cada campo con características de texto enriquecido.	*Observaciones, Historial médico, etc.*
Número	Valores numéricos con los que se pueden realizar operaciones matemáticas. Alberga el rango de $-(2^{31})$ a $(2^{31})-1$.	*Estatura, Precio, Descuento, etc.*
Número grande	Valores numéricos largos con los que se pueden realizar operaciones matemáticas. Alberga el rango de $-(2^{63})$ a $(2^{63})-1$.	*Resultado de función, Suma totales, etc.*
Fecha/hora	Estructura utilizada para introducir fechas y horas en los registros.	*Fecha de nacimiento, Fecha de factura, etc.*
Moneda	Tipo asignado a los valores monetarios. Similar a *Número*, permite además añadir el símbolo de la moneda a cualquier cifra que contenga el campo en cuestión.	*Salario, IVA, Importe, Beneficio Bruto, Total factura, Salario Neto, etc.*
Autonumeración	Valor numérico único que se inserta de manera automática al crear un nuevo registro. Por defecto, aumenta de uno en uno. Se utiliza en campos que serán una clave principal.	*Número de cliente, Número de factura, Número de registro.*
Sí/No	Estructura utilizada para valores afirmativos o negativos, verdaderos o falsos, etc.	*Casado, Pagado, Trabaja, etc.*
Objeto OLE	Objeto vinculado o incrustado en una tabla de Microsoft Access. Puede contener información que provenga de otras aplicaciones.	*Tabla de Excel, Documento de Word, Imagen.*
Hipervínculo	Combinación alfanumérica almacenada como texto y utilizada como dirección de hipervínculo. Se utiliza para enlazar objetos integrados en Internet.	*www.google.es, mario@hotmail.com.*
Datos adjuntos	Estructura concebida para almacenar todos los tipos de documentos de la base de datos sin necesidad de aumentar el tamaño. Office Access 2007 comprime de forma automática los datos adjuntos, cuando resulta posible, a fin de minimizar el uso de espacio.	*Facturación.pdf (dato adjunto), Cuadrante.jpg (dato adjunto).*
Calculado	Valor resultante de una operación que se realiza con campos de la misma tabla. Al elegir el tipo de campo, se muestra el cuadro de diálogo *Generador de expresiones*, donde introduciremos la operación.	*Cálculo de los campos: [Cantidad]* [Precio Unitario].*
Asistente para búsquedas	Aplicación que crea un campo para elegir un valor de otra tabla, una consulta o una lista de valores, mediante un cuadro de lista o un cuadro combinado. Establece el tipo de datos basándose en los valores seleccionados.	*Color, Día de la semana, Trimestre, etc.*

Tabla 8.3. Tipos de datos de Access.

2. Creación de tablas

A la hora de diseñar una base de datos, se deben cumplir dos requisitos principales:

- Evitar la información duplicada.
- Procurar que la información sea correcta y completa.

Si se desarrollan varias tablas en las condiciones óptimas para una base de datos, se ahorrará espacio en el disco y se podrá buscar la información de una manera más fácil y segura.

> Una **tabla** es un conjunto de datos, ordenados por filas y columnas, que tienen relación con un tema determinado. Cada fila constituye un **registro** y cada columna un **campo**.

2.1. Creación de tablas con distintas vistas

Al crear una tabla, existe la posibilidad de hacerlo a través del botón *Tabla* (donde se activa la vista *Hoja de datos*) o mediante *Diseño de tabla* (donde se activa la vista *Diseño*), que se encuentran en el grupo *Tablas* de la ficha *Crear*. Aunque la forma más común y cómoda es crearla desde la vista *Diseño*.

CASO PRÁCTICO 2

Crear una tabla en una base de datos con la vista *Diseño*.

Vamos a aprender a usar la vista *Diseño*.

1. Creamos una base de datos llamada «DentiPlus.accdb» si no existe.
2. Para crear la tabla, activamos la ficha *Crear* de la *Cinta de opciones* y presionamos el botón *Diseño de tabla* del grupo *Tablas* (Fig. 8.6).

Fig. 8.6. Grupo Tablas *de la ficha* Crear.

3. Aparece la estructura *Vista Diseño.* Completamos la tabla con la información que aparece en la Figura 8.7, teniendo en cuenta que el tipo de datos se selecciona de una lista.
4. Cuando hayamos introducido todos los campos, pulsamos el botón *Guardar,* situado en la zona superior izquierda de Access. Aparece el cuadro de diálogo *Guardar como* (Fig. 8.8).

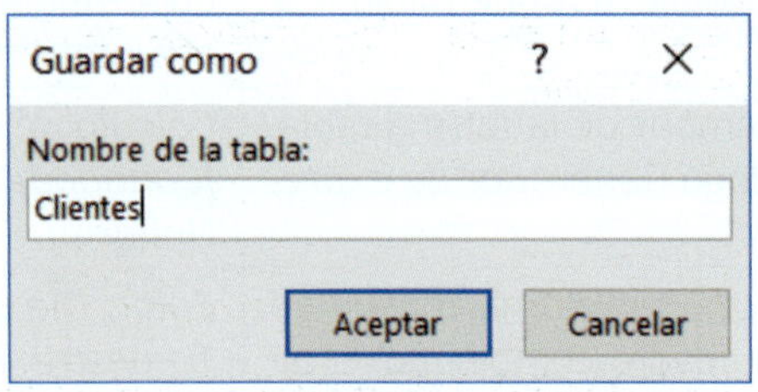

Fig. 8.8. Cuadro de diálogo Guardar como.

5. Escribimos *Clientes,* como nombre de la tabla, y pulsamos el botón *Aceptar.* Contestamos negativamente a la propuesta de crear una clave principal.

Solución:

Clientes

Nombre del campo	Tipo de datos	Descripción (opcional)
DNICliente	Texto corto	DNI de cliente
NombreCliente	Texto corto	Nombre de cliente
Apellidos	Texto corto	Apellidos de cliente
Domicilio	Texto largo	Domicilio del cliente
CP	Texto corto	Código postal
Poblacion	Texto corto	Población del cliente
Provincia	Texto corto	Provincia del cliente
Telefono	Texto corto	Número de teléfono
Movil	Texto corto	Número de teléfono móvil
Email	Texto corto	Dirección de correo electrónico

Fig. 8.7. Diseño de la tabla Clientes.

Como resultado, obtenemos una tabla en *Vista Diseño,* donde aparece el nombre del campo, el tipo de dato utilizado y una descripción.

Observación sobre la tabla *Clientes:* en este caso, el nombre de los clientes está repartido en dos campos distintos dentro de una tabla de datos, el campo *NombreCliente* y el campo *Apellidos.* No obstante, puede haber casos en los que exista un único campo para el nombre, ya que los clientes pueden estar constituidos como personas jurídicas (sociedades) bajo un único campo: *NombreCliente.*

Los nombres de los campos no llevarán espacios en blanco, acentos ni caracteres especiales, para que la base de datos sea compatible con otros sistemas. De este modo, Access trabajará de forma interna con estos nombres para los campos. Sin embargo, cuando se expliquen las propiedades de los campos, se aplicará la propiedad *Título* a todos ellos, de manera que el nombre que se muestra en tablas, informes y formularios aparezca escrito correctamente.

CASO PRÁCTICO 3

Crear una tabla en una base de datos con la vista *Hoja de datos*.

1. Creamos una base de datos llamada «DentiPlus.accdb» si no existe.
2. Creamos una tabla llamada *Proveedores*. Para crear dicha tabla, activamos la ficha *Crear* de la *Cinta de opciones* y hacemos clic en el botón *Tabla* del grupo *Tablas* (Fig. 8.6). Aparece la estructura *Vista Hoja de datos* (Fig. 8.9).
3. Completamos la estructura de la tabla como en la Figura 8.10. Para modificar el nombre del campo o eliminar campos utilizamos las opciones *Cambiar nombre de campo* o *Eliminar campo* del menú contextual, que aparecen al hacer clic derecho sobre el campo que se crea por defecto, llamado *Id*. (Fig. 8.11). Utilizamos la opción *Haga clic para agregar* (Fig. 8.9) pulsando sobre esta columna para añadir nuevos campos y elegimos el tipo de dato que contendrá el campo.
4. Cuando terminemos de introducir todos los campos, guardamos la tabla. Hacemos clic derecho sobre la pestaña de la tabla (Tabla1) y presionamos *Guardar*.
5. Escribimos «Proveedores» como nombre de la tabla y pulsamos el botón *Aceptar*.

Solución:

El resultado final se muestra como el de la Figura 8.10. Al visualizar la tabla en *Vista Diseño*, se mostrará una tabla como la de la Figura 8.12.

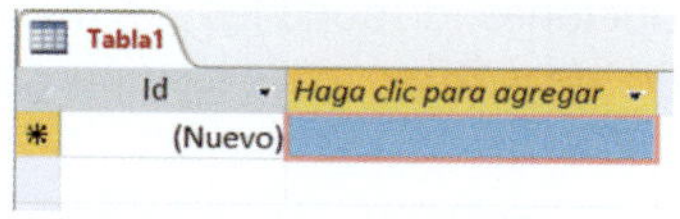

Fig. 8.9. Vista Hoja de datos.

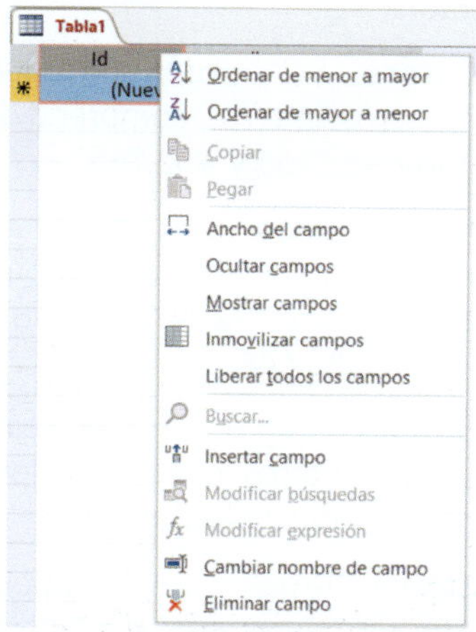

Fig. 8.11. Menú contextual del campo Id.

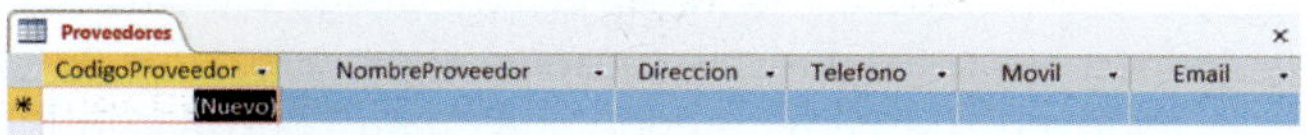

Fig. 8.10. Tabla Proveedores.

Proveedores

Nombre del campo	Tipo de datos
CodigoProveedor	Autonumeración
Nombre	Texto corto
Direccion	Texto largo
Telefono	Texto corto
Movil	Texto corto
Email	Texto corto

Fig. 8.12. Vista Diseño.

2.2. La clave principal

Se conoce como **clave principal** a la característica que se añade al campo de una tabla para identificar de forma única cada fila. La clave principal puede estar constituida por más de un campo.

Los campos clave (Fig. 8.13) se utilizan para establecer relaciones entre las tablas. La clave principal también define la naturaleza de dichas relaciones. Mediante los campos clave, Access crea de forma automática un índice para facilitar y acelerar la búsqueda de valores.

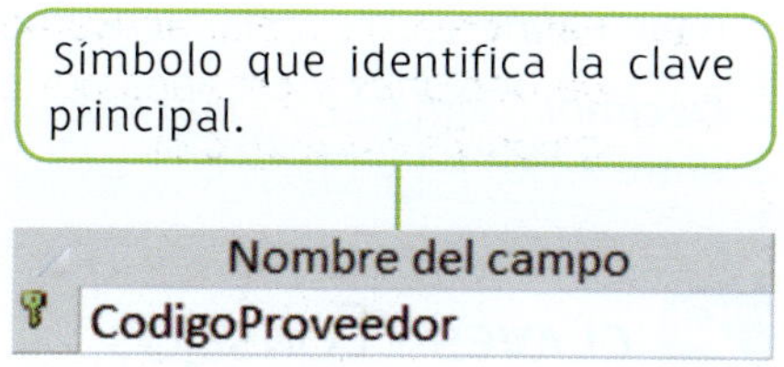

Fig. 8.13. Campo con clave principal.

¿Cuál será la clave principal? Uno o más campos que reúnan estos requisitos:

- Que no se repita en ninguno de los registros.
- Que no adquiera un valor nulo.

ACTIVIDAD GUIADA 2

Asigna una clave principal a una tabla siguiendo estas indicaciones:

1. Crea una base de datos llamada «DentiPlus.accdb» si no existe.
2. Crea una tabla llamada *Productos* en *Vista Diseño* con los campos que se muestran en la Figura 8.14.
3. Selecciona el nombre del campo *ReferenciaProducto*.
4. Pulsa el botón *Clave principal* del grupo *Herramientas*, en la *Cinta de opciones* de las *Herramientas de diseño de tablas*. Observa cómo aparece a la izquierda del nombre del campo el símbolo de una llave.

Productos

Nombre del campo	Tipo de datos	Descripción (opcional)
ReferenciaProducto	Texto corto	Referencia de producto
Articulo	Texto corto	Nombre de producto
Descripcion	Texto largo	Descripción de producto
CodigoProveedor	Número	Código de proveedor
FechaCompra	Fecha/Hora	Fecha de compra
PrecioCompra	Moneda	Precio de compra

Fig. 8.14. Diseño de la tabla Productos.

ACTIVIDADES

2. Responde sobre la clave principal: ¿Es posible que una tabla contenga más de un campo como clave principal? ¿Qué pasos llevarías a cabo para que un campo fuese clave principal? ¿Y para eliminarla?

3. Propiedades de los campos

Al abrir una tabla en el modo *Vista Diseño*, podrá verse en la parte inferior la ficha *General* (Fig. 8.15), donde se muestran las propiedades de los campos.

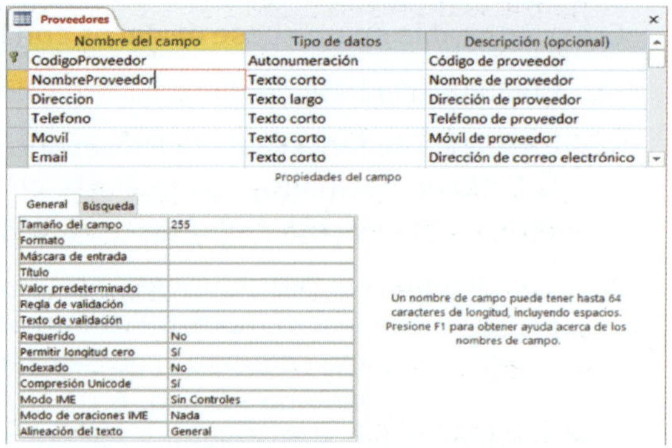

Fig. 8.15. Ficha General*, donde se muestran las propiedades de los campos.*

Como es habitual, el documento se presenta con unos valores preestablecidos que se pueden modificar. Basta con hacer clic en cada campo e introducir los nuevos datos.

Cada tipo de campo mostrará unas determinadas propiedades configurables. A continuación, se muestran las características más comunes que están presentes en la mayoría de los campos:

- **Tamaño del campo.** Indica el número máximo de caracteres que pueden introducirse. En el caso de que el campo sea numérico, existe una lista desplegable (observa en el margen el listado).
- **Formato.** Determina el formato del campo (tipo de fuente, tamaño, color, formato de número, decimales, etc.) para establecer el modo en que aparecen los datos en la pantalla o al imprimirlos.
- **Máscara de entrada.** Controla la forma de introducir la información. Obliga a introducir los datos en un formato estándar y reduce la posibilidad de cometer algún error. Se pueden crear máscaras propias, aunque se incluyen máscaras predefinidas para controlar la introducción de ciertos datos (*NIF, Teléfono, Código postal,* etc.). Estas máscaras se asignan a través del asistente para máscaras de entradas, que se hace visible al pulsar el botón [...].
- **Título.** Es una etiqueta que aparecerá en formularios e informes. Conviene distinguir entre el nombre que se asigna a un campo cuando se crea y el título que queremos que después aparezca a la hora de presentar la tabla. Por ejemplo, al crear el campo *Teléfono*, no podemos escribirlo con el acento; este problema se arregla escribiendo «Telefono» en el nombre del campo y «Teléfono» en la propiedad *Título*.
- **Valor predeterminado.** Es el valor que toma el campo de manera predeterminada. Access escribirá el valor asignado automáticamente en dicho campo en el momento de rellenar los registros de la tabla.
- **Regla de validación.** Expresión que limita los valores para el campo. En otras palabras, podemos indicar cuáles son los valores válidos para el campo y cuáles no. La *Regla de validación* es una propiedad importante, ya que sirve para censurar los registros porque no cumplen los requisitos de entrada.
- **Texto de validación.** Es el mensaje que aparece cuando introducimos un valor no válido; es decir, que no cumple la regla de validación.
- **Requerido.** Al seleccionar *Sí*, Access exigirá que se introduzca obligatoriamente algún dato en ese campo; es decir, que nunca quede vacío.
- **Permitir longitud cero.** Guarda cadenas de longitud cero. Esta propiedad solo está disponible para campos de texto e hipervínculos.
- **Indexado.** Acelera la búsqueda y ordenación de datos, así como las consultas que se hagan en el campo, aunque requiere más espacio para la información.
- **Compresión Unicode.** Es un estándar mundial para las comunicaciones entre ordenadores. Si se activa la opción *Sí*, los datos se almacenarán comprimidos. Esta propiedad solo está disponible para campos de texto e hipervínculos.
- **Modo IME.** Controla la conversión de caracteres en las versiones asiáticas de Windows.
- **Modo de oraciones IME.** Controla la conversión de oraciones en las versiones asiáticas de Windows.
- **Alineación del texto.** Muestra opciones de alineación del texto a la hora de insertar información en los campos (en la vista *Hoja de datos*). Las opciones a elegir son: *General, Izquierda, Centro, Derecha, Distribuir.*

! IMPORTANTE

Opciones disponibles de *Tamaño de campo* para campos numéricos:

Byte. Tan solo admite números enteros comprendidos entre 0 y 255.

Entero. Se pueden introducir números enteros comprendidos entre –32.768 y +32.768.

Entero largo. Únicamente admite números enteros comprendidos entre –2.147.483.648 y +2.147.483.648.

Simple. Acepta números reales (tanto enteros como fraccionarios con decimales).

Doble. Igual que la opción *Simple*, pero con cantidades superiores.

Id. de replicación. También denominado GUID (*Global Unique Identifier,* Identificador global único), se trata de un identificador exclusivo utilizado en la replicación.

Decimal. Almacena números entre $-(10^{38})-1$ y $(10^{38})-1$.

CLAVES Y CONSEJOS

Veamos unos ejemplos de máscaras:

Máscara >LL\-0, donde un valor permitido puede ser BB-1:

El signo > convierte las letras en mayúsculas.

LL obliga a escribir dos letras cualesquiera.

\- hace que el guion salga escrito de forma automática.

0 obliga a escribir un número cualquiera.

Máscara 000"/20"00, donde un valor permitido puede ser 015/2019:

000 obliga a escribir tres números.

"/20" introduce lo que hay entre comillas.

00 obliga a escribir dos números.

3.1. La propiedad Máscara de entrada

Una **máscara de entrada** es una serie de caracteres (patrón) que deben cumplir los valores de un campo de una tabla. Su uso facilita la entrada de datos en las tablas.

Una máscara de entrada consta de tres partes separadas por punto y coma (Fig. 8.16):

a) La primera es obligatoria y especifica la máscara propiamente dicha. En la Tabla 8.4 se describe el significado de los símbolos más utilizados.

b) La segunda es opcional. Si se introduce 0, Access almacena en el campo los datos, incluyendo los caracteres de la máscara. Si se introduce 1 o vacío, se muestra la máscara de entrada, pero no se almacena nada.

c) La tercera indica el carácter que Access muestra como marcador de posición.

Definición máscara de entrada:

90000000>L;;_

Introducción valores:

Fig. 8.16. Ejemplo de definición de máscara de entrada e introducción de valores para el campo NIF.

Símbolo	Descripción
0	Dígito (0 a 9, entrada obligatoria, signos más [+] y menos [–] no permitidos).
9	Dígito o espacio (entrada no obligatoria, signos más [+] y menos [–] no permitidos).
L	Letra (A a Z, entrada obligatoria).
?	Letra (A a Z, entrada opcional).
A	Letra o dígito (entrada obligatoria).
a	Letra o dígito (entrada opcional).
&	Cualquier carácter o un espacio (entrada obligatoria).
C	Cualquier carácter o un espacio (entrada opcional).
<	Hace que todos los caracteres se conviertan a minúsculas.
>	Hace que todos los caracteres se conviertan a mayúsculas.
!	Hace que la máscara de entrada se muestre de derecha a izquierda, en lugar de mostrarse de izquierda a derecha.
\	Hace que el carácter siguiente se muestre como un carácter literal (por ejemplo, \A se muestra solo como A).

Tabla 8.4. Símbolos más utilizados en las máscaras de entrada.

ACTIVIDAD GUIADA 3

Establece máscaras de entrada en los campos de una tabla:

1. Crea una base de datos llamada «DentiPlus.accdb» si no existe.
2. Crea una tabla llamada *Productos* si no existe, con los campos que muestra la Figura 8.17.
3. A continuación, establece las siguientes máscaras a los campos señalados:

Campo	Máscara
ReferenciaProducto	>LLL\-00
FechaCompra	00/00/0000;0;_

4. Selecciona el campo *ReferenciaProducto*, haz clic sobre la propiedad *Máscara de entrada* y escribe la expresión correspondiente.
5. Repite el paso anterior para el campo *FechaCompra.*
6. Guarda los cambios.
7. Visualiza la tabla en *Vista Hoja de datos* e introduce valores válidos en esos campos, teniendo en cuenta los símbolos de la Tabla 8.4.

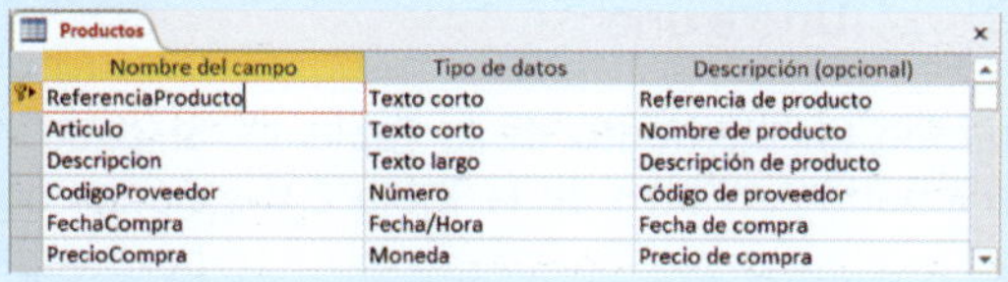
Productos

Nombre del campo	Tipo de datos	Descripción (opcional)
ReferenciaProducto	Texto corto	Referencia de producto
Articulo	Texto corto	Nombre de producto
Descripcion	Texto largo	Descripción de producto
CodigoProveedor	Número	Código de proveedor
FechaCompra	Fecha/Hora	Fecha de compra
PrecioCompra	Moneda	Precio de compra

Fig. 8.17. Tabla Productos.

ACTIVIDADES

3. ¿Qué diferencia existe entre la propiedad texto de validación y la propiedad regla de validación?

4. ¿Es posible activar compresión Unicode a un campo numérico?

5. ¿Qué sucede si un campo de tipo *Hipervínculo* contiene direcciones de *e-mail* y visualizamos la tabla en *Vista Hoja de datos?*

4. Índices y relaciones

> En una base de datos, un **índice** es una estructura de datos que se corresponde con un registro. Mediante el uso de índices, se mejora el rendimiento en las tablas.

Los índices se utilizan para clasificar alfabética o numéricamente el contenido de sus tablas.

Los registros de una tabla se graban por el orden en que se introducen. La ordenación mediante índices no recoloca los registros, sino que crea un fichero con la secuencia adecuada.

Es recomendable establecer un índice sobre un campo clave, ya que los datos de ese campo no se repiten.

Para indexar un campo, basta con seguir estos pasos:

1. Abre la tabla que contenga el campo para indexar en *Vista Diseño.*
2. Selecciona el campo y haz clic en la propiedad *Indexado.*
3. Abre la lista desplegable y elige una de las dos opciones: *Sí (con duplicados),* si se admite que pueda existir más de un valor igual en ese campo, o *Sí (sin duplicados),* para que no haya valores repetidos.
4. Cierra la tabla guardando los cambios.

4.1. Relaciones entre las tablas

TRUCO

Al crear una relación en Access, los nombres de los campos de las tablas relacionadas pueden ser distintos, pero no su tipo de datos.

El hecho de separar la información repetida de la base de datos presenta algunas ventajas:

- Se ahorra tiempo, pues permite introducir la misma información en los distintos registros.
- La base de datos será más pequeña, con el consiguiente ahorro de espacio.
- Se reduce el número de errores en la entrada de datos.

Access determinará el tipo de relación del siguiente modo:

- Si el campo común en ambas tablas está definido como *Clave principal* o tiene un índice único se creará una relación *Uno a uno.*
- Si el campo común solo es *Clave principal* o tiene índice único solo en una de las tablas será de *Uno a varios.*
- Y, si el campo común no es *Clave principal* o no tiene índice común en ninguna de las tablas, se creará una relación no definida, de *Varios a varios.*

Access nos permitirá gestionar relaciones entre dos tablas, siempre que cuenten con un campo del mismo tipo de datos. A continuación se muestran las relaciones posibles entre tablas:

Uno a uno	Uno a varios	Varios a varios
Se da cuando un elemento de la Tabla 1 está relacionado con otro de la Tabla 2 y viceversa. Ejemplo: • Tabla 1: nombrePersonas. • Tabla 2: DNIPersonas. Es decir, a cada persona le corresponde un DNI y viceversa.	Si cada elemento de la Tabla 1 se relaciona con varios elementos de la Tabla 2, pero cada elemento de la Tabla 2 solo lo está con un elemento de la Tabla 1. Ejemplo: • Tabla 1: ayuntamientos. • Tabla 2: personas. Cada ayuntamiento tiene varias personas empadronadas, pero cada persona está empadronada en un solo ayuntamiento.	En este caso, cada elemento de la Tabla 1 se encuentra relacionado con varios de la Tabla 2 y viceversa. Ejemplo: • Tabla 1: cuentasBancarias. • Tabla 2: titularesCuentas. Cada titular posee varias cuentas y cada cuenta puede tener varios titulares.

Tabla 8.5. Tipos de relaciones.

CASO PRÁCTICO 4

Agregar tablas y crear relaciones.

Vamos a agregar las tablas de la base de datos llamada ClinicaDental.accdb a la ficha *Relaciones*, para luego crear relaciones entre tablas.

a) Agregar las tablas para crear relaciones.

1. Descargamos y abrimos el archivo de Access llamado U8_ClinicaDental.accdb.
2. Activamos la ficha *Herramientas de base de datos* y hacemos clic en el botón *Relaciones* del grupo *Relaciones* (Fig. 8.18). Aparecerá el cuadro de diálogo *Mostrar tabla* que contiene el nombre de todas las tablas de la base de datos ClinicaDental.

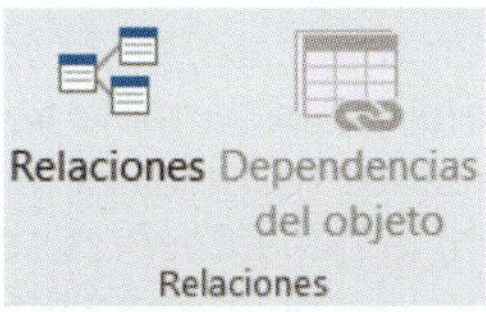

Fig. 8.18. Grupo Relaciones.

3. Seleccionamos todas las tablas y pulsamos el botón *Agregar*. Cerramos el cuadro de diálogo. Otra opción para agregar las tablas a la ficha *Relaciones* es arrastrarlas desde el *Panel de navegación* a dicha ficha.
4. En la ventana *Relaciones*, reorganizamos las tablas para que se muestren como en la Figura 8.19.

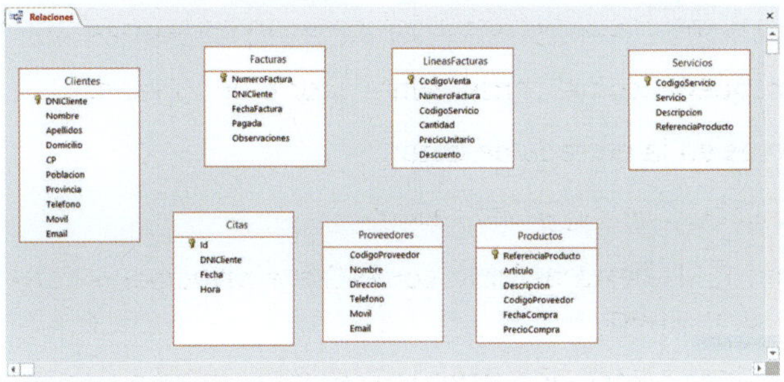

Fig. 8.19. Ficha Relaciones.

b) Relacionar las tablas *Clientes* y *Facturas*.

1. Hacemos clic sobre el campo *DNICliente* de la tabla *Clientes* y arrastramos hasta el campo *DNICliente* de la tabla *Facturas*. Se visualiza el cuadro de diálogo *Modificar relaciones* (Fig. 8.20).

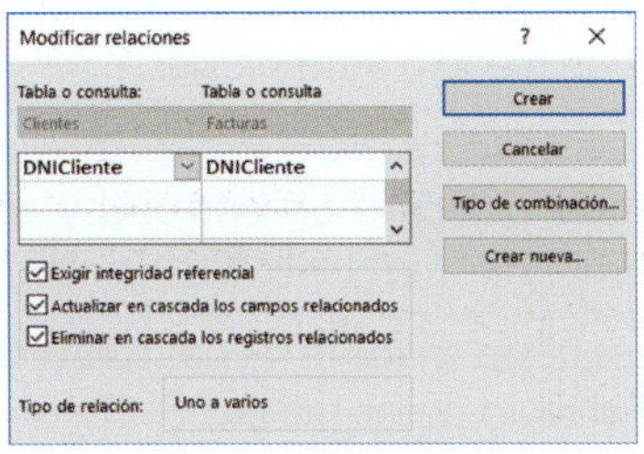

Fig. 8.20. Cuadro de diálogo Modificar relaciones.

2. Activamos la casilla de verificación *Exigir integridad referencial*. Access impedirá que se introduzca un registro en la tabla *Facturas* si antes no se ha dado de alta al cliente que la debe pagar. Tampoco se podrá eliminar una factura si previamente no se han eliminado los registros relacionados.
3. Marcamos *Actualizar en cascada los campos relacionados*. De este modo, se actualizan todas las tablas si se realiza un cambio en una de ellas.
4. Seleccionamos *Eliminar en cascada los registros relacionados*. Si se elimina un registro, se eliminarán los registros relacionados en otras tablas.
5. En este cuadro podemos ver que el tipo de relación que estamos creando es *Uno a varios*. Esto significa que cada cliente, al realizar sus compras, puede tener varias facturas a su nombre.
6. Pulsamos el botón *Crear*. Resultado de ello es que en la ventana *Relaciones* ha aparecido una flecha que une las dos tablas. La relación se ha ejecutado correctamente.

c) Relacionar el resto de tablas.

1. Relacionamos el resto de tablas activando las casillas *Exigir integridad referencial, Actualizar en cascada los campos relacionados y Eliminar en cascada los registros relacionados,* del cuadro de diálogo *Modificar relaciones.*
2. Guardamos los cambios.

Solución:

a) Tras añadir las tablas y reorganizarlas, estas quedan disponibles para poder relacionarlas.

b) Las tablas quedan relacionadas a través de una relación de uno a varios (Fig. 8.21).

c) Finalmente, las relaciones deben quedar como en la Figura 8.22, donde se muestran las relaciones (de *Uno a varios*) entre las tablas.

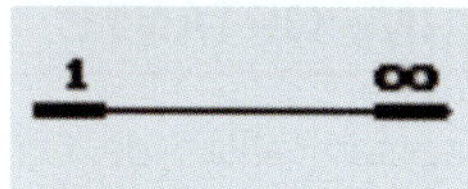

Fig. 8.21. Relación Uno a Varios.

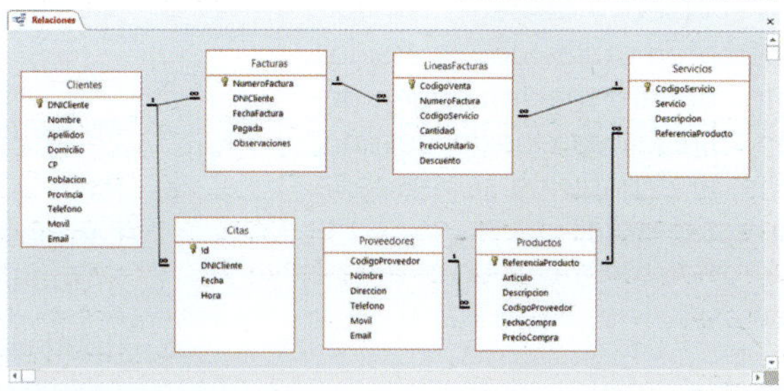

Fig. 8.22. Ficha Relaciones.

ACTIVIDADES

6. Indica cómo modificarías o eliminarías una relación entre dos tablas.

7. Describe la función del botón *Borrar diseño* de la ficha *Diseño* de las *Herramientas de relaciones.*

5. Inserción de registros en las tablas

Una vez diseñadas las tablas, definidas las propiedades de los campos y establecidas las relaciones, se insertan los registros. Para ello, habrá que seguir un orden que depende de las relaciones entre las tablas.

La introducción de datos en las tablas puede hacerse manualmente en *Vista Hoja de datos*, ayudándonos de formularios o importando los datos de otra aplicación.

TRUCO

A partir de la visualización de la ficha *Relaciones* puedes generar un informe para, posteriormente, imprimirlo o exportarlo a PDF.

Para ello, con la ficha *Relaciones* activa, debes hacer clic sobre el botón *Informe de relación*, que se encuentra en el grupo *Herramientas*.

ACTIVIDAD GUIADA 4

En esta actividad vas a insertar registros en la base de datos U8_GestiónComercial.accdb en un orden determinado. En este caso, en la ventana *Relaciones* de la base de datos *Gestión Comercial* (Fig. 8.23), indica que la tabla *Ventas* se debe rellenar después de las tablas *Facturas* y *Productos*, ya que los registros de aquella dependen de las dos tablas mencionadas. Por esa misma razón, la tabla *Clientes* se rellenará antes que la tabla *Facturas*, y la tabla *Proveedores* antes que la tabla *Productos*. Teniendo en cuenta lo explicado, el orden correcto para rellenar las tablas sería el siguiente:

- En primer lugar, rellenarás las tablas *Clientes* y *Proveedores*.
- En segundo lugar, la tabla *Productos*.
- Por último, las tablas *Facturas* y *Ventas*.

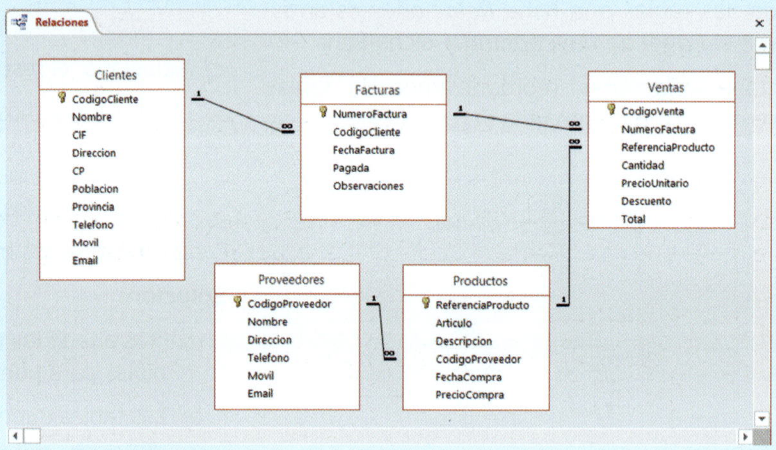

Fig. 8.23. Ficha Relaciones.

Inserta registros en *Vista Hoja de datos*:

1. Descarga y abre la base de datos U8_GestiónComercial.accdb.
2. Abre la tabla *Clientes*, haciendo doble clic sobre ella. Observa cómo se abre la tabla en *Vista Hoja de datos*.
3. Haz clic sobre el campo *Nombre* y escribe el primer registro. Recuerda que el campo *CódigoCliente* es autonumérico y Access lo introducirá de manera automática.
4. Pasa al campo *CIF* y escribe su valor. Rellena el resto de campos. Observa que los campos *CP*, *Telefono* y *Movil* tienen la propiedad *Máscara de entrada* y obligan a introducir valores correctos.
5. Continúa introduciendo registros en la tabla *Clientes* hasta añadir al menos tres registros. El mismo procedimiento se utilizaría para completar el resto de las tablas.

IMPORTANTE

Al copiar tablas de Office Word con el objetivo de pegar la información en tablas de Access, los datos de información origen deben coincidir con los del destino; si no, el pegado no se realizaría correctamente.

Importa registros con el *Portapapeles* desde una tabla de Office Word:

1. Abre el archivo U8_RegistrosProveedores.docx y selecciona toda la tabla (incluyendo la primera columna vacía), excepto la cabecera.
2. Pulsa el botón *Copiar*. Abre la tabla *Proveedores* y selecciona el primer registro.
3. Pulsa el botón *Pegar*. Observa cómo se ha completado la tabla. Responde afirmativamente para pegar los tres registros.

CASO PRÁCTICO 5

Insertar registros mediante un formulario.

Vamos a trabajar con la base de datos U8_GestiónComercial.accdb para personalizar un formulario con el que introducir datos en la tabla *Facturas*. Para añadir registros a esta tabla, el resto de las tablas deben estar rellenas, con al menos un registro cada una. Si no es el caso, insertamos algunos registros en las tablas siguiendo este orden:

- En primer lugar, rellenamos las tablas *Clientes* y *Proveedores*.
- En segundo lugar, la tabla *Productos*.
- Por último, las tablas *Facturas* y *Ventas* (no es necesario insertar registros en estas tablas, ya que podemos añadir registros desde los formularios que crearemos).

Una vez insertados algunos registros, vamos a crear un formulario sencillo para la tabla *Facturas*. Para ello, seguimos estos pasos:

1. Abrimos la base de datos U8_GestiónComercial.accdb. Abrimos la tabla *Facturas* y activamos la ficha *Crear*.
2. Sobre el grupo *Formularios*, seleccionamos *Formulario*. Aparecerá una nueva ficha llamada *Facturas*, que corresponde al nuevo formulario. Observamos que aparecen los campos del formulario en la zona superior y una tabla en la parte inferior, que corresponde a la tabla *Ventas* (que serán las líneas correspondientes a esa factura).
3. Guardamos el formulario con el nombre «Formulario Facturas». Observa que se muestra en el *Panel de navegación* (Fig. 8.24) con un icono distinto al de la tabla *Facturas*.

Fig. 8.24. Formulario Facturas.

4. A continuación, vamos a insertar un registro a través del formulario *Facturas* y dos registros o líneas de factura en la tabla *Ventas*. Para ello, seleccionamos la opción *Vista Formulario* del botón *Ver* del grupo *Vistas*.
5. Guardamos los cambios. Para visualizar los datos insertados en las tablas presionamos el botón *Actualizar todo* de la ficha *Inicio*.

Solución:

El objetivo es añadir registros en las tablas *Facturas* y *Ventas* (Fig. 8.25) a través de un formulario. Observa cómo el campo *Total* aparece automáticamente, ya que es un campo calculado ([Cantidad]*[PrecioUnitario])–([Cantidad]*[PrecioUnitario]*[Descuento]/100).

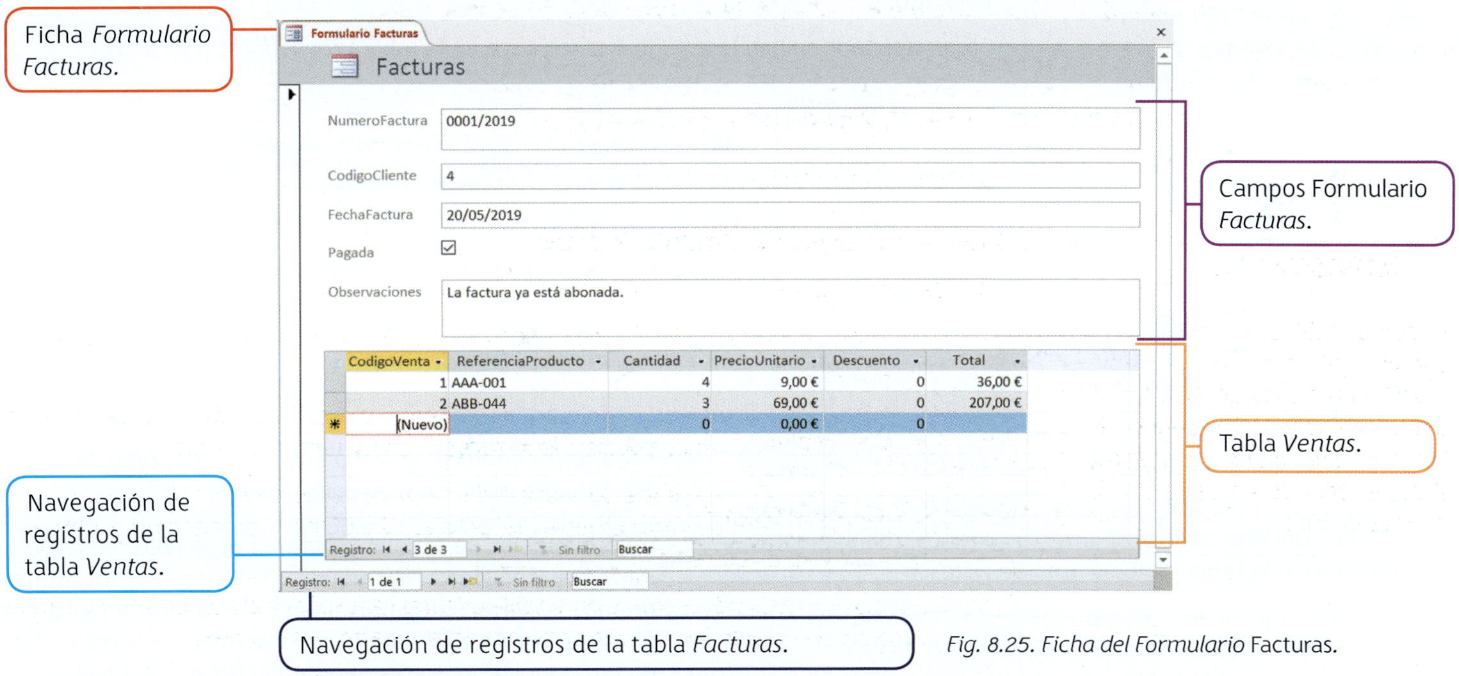

Fig. 8.25. Ficha del Formulario Facturas.

ACTIVIDADES

8. Investiga si es posible cambiar el formato de un formulario e indica los pasos a seguir para ello.

6. Importación y exportación

TRUCO

Si deseas ver las importaciones guardadas sobre una base de datos puedes visualizarlas desde el botón *Importaciones guardadas* del grupo *Importar y vincular*, dentro de la ficha *Datos externos*.

La versión de Office Access 2016, al igual que las versiones anteriores, cuenta con una ficha dedicada al tratamiento de datos llamada *Datos externos* (Fig. 8.26), que dispone de los grupos *Importar y vincular* y *Exportar*. La aplicación es compatible con un gran número de formatos (SQL, XML, HTML, carpetas de Outlook, archivos de texto, archivos de Excel, etc.).

Fig. 8.26. Ficha Datos externos.

CASO PRÁCTICO 6

Importar datos de una hoja de Excel.

1. Descargamos el libro de Excel llamado U8_Proveedores.xlsx.
2. Abrimos la base de datos U8_GestiónComercial.accdb.
3. Activamos la ficha *Datos externos* y pulsamos sobre *Nuevo origen de datos* del grupo *Importar y vincular*. De las opciones disponibles, elegimos *Desde un archivo > Excel*.
4. Aparece el cuadro de diálogo *Obtener datos externos: Hoja de cálculo Excel*, donde seleccionamos el archivo U8_Proveedores.xlsx y activamos la opción *Anexar una copia de los registros a la tabla*. Seleccionamos la tabla *Proveedores*. Pulsamos *Aceptar*.
5. A continuación, seguimos los pasos del asistente, pulsamos *Siguiente* dos veces consecutivas y *Finalizar*.

   Por último, Access nos realiza una pregunta para guardar los pasos de la importación.

Solución:

Como resultado se han insertado tres registros en la tabla *Proveedores* (Fig. 8.27).

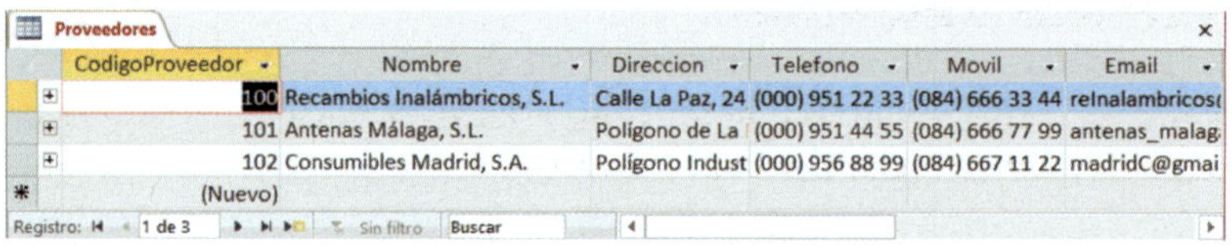

Proveedores

	CodigoProveedor	Nombre	Direccion	Telefono	Movil	Email
+	100	Recambios Inalámbricos, S.L.	Calle La Paz, 24	(000) 951 22 33	(084) 666 33 44	relnalambricos(
+	101	Antenas Málaga, S.L.	Polígono de La	(000) 951 44 55	(084) 666 77 99	antenas_malag
+	102	Consumibles Madrid, S.A.	Polígono Indust	(000) 956 88 99	(084) 667 11 22	madridC@gmai
*	(Nuevo)					

Registro: 1 de 3 Sin filtro Buscar

Fig. 8.27. Resultado de la importación en la tabla Proveedores.

IMPORTANTE

Al importar datos a una tabla en la que existan campos clave con la propiedad de *Autonumérico* pueden existir incoherencias, ya que los datos origen de importación pueden tener esos campos con clave.

En ese caso, Access nos advierte, y nosotros decidiremos si queremos continuar la importación.

ACTIVIDAD GUIADA 5

Exporta una tabla de base de datos Access y envíala por correo en formato PDF:

1. Abre la base de datos U8_GestiónComercial.accdb.
2. Selecciona la tabla *Proveedores*, que debe tener registros. Si no contiene registros, inserta algunos manualmente mostrando la tabla en *Vista Hoja de datos*.
3. Una vez que te has asegurado de que la tabla tiene registros, pulsa el botón *Enviar por correo electrónico* del grupo *Exportar* de la ficha *Datos externos*.
4. Se abre el cuadro de diálogo *Enviar objeto como*. Selecciona *Formato PDF (*.pdf)* y pulsa *Aceptar*.
5. A continuación se abre el programa de correo predeterminado con el fichero PDF adjunto. Si no tienes ningún programa de correo predeterminado, exporta el archivo con la opción *PDF* o *XPS* del grupo *Exportar*, guárdalo en tu equipo y, posteriormente, adjunta el fichero vía web.

ACTIVIDADES

9. Investiga la aplicación Access y señala desde qué lugares de la aplicación es posible importar y exportar datos, sin tener en cuenta la ficha *Datos externos*. ¿Es posible importar formularios e informes?

7. Ordenar y filtrar información

Al abrir una tabla, Access muestra de manera predeterminada (en *Vista Hoja de datos*) los registros según el orden de entrada o el guardado cuando se organizó por última vez. La aplicación permite modificar el orden de los registros de varios modos. La forma más sencilla para ordenar los datos consiste en seleccionar una sola columna de información y organizar después los registros.

En ciertas ocasiones, se aplica una restricción a una tabla para que aparezca solo un conjunto de registros y facilitar así su lectura y evaluación. A la hora de establecer un filtro, conviene decidir los criterios que permitirán que un dato se muestre o no.

IMPORTANTE

Finalidades de los filtros:

- Conocer qué registros contienen un dato determinado.
- Trabajar con unos registros en concreto.
- Imprimir solo los registros que nos interesen.

ACTIVIDAD GUIADA 6

Descarga y abre U8_GestiónComercialRegistros.accdb para realizar las siguientes actividades sobre ordenación y filtrado en esta base de datos.

Ordena por el nombre y de manera ascendente los registros de la tabla *Clientes*.

1. Abre la tabla *Clientes* y selecciona la columna *Nombre* haciendo clic sobre la cabecera.
2. Pulsa el botón *Ascendente* del grupo *Ordenar y filtrar* (Fig. 8.28) de la ficha *Inicio*.

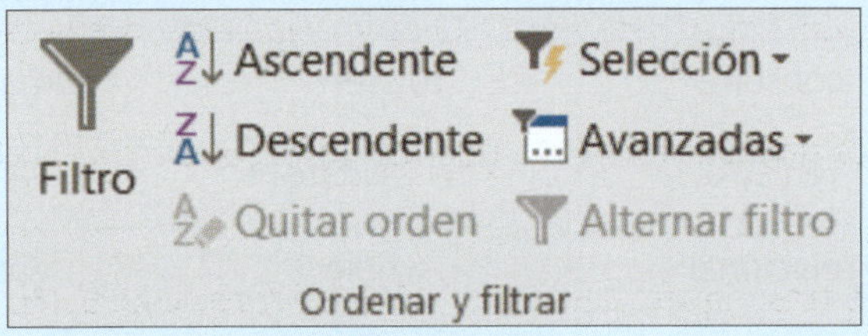

Fig. 8.28. Grupo Ordenar y filtrar.

Ordena por la fecha los registros de la tabla *Facturas* para que aparezcan en primer lugar las más recientes:

1. Abre la tabla *Facturas* y selecciona la columna *Fecha factura* haciendo clic sobre la cabecera.
2. Pulsa el botón *Descendente* del grupo *Ordenar y filtrar* de la ficha *Inicio*.

Elabora un filtro en la tabla *Clientes* para que solo aparezcan los clientes de la provincia de Madrid:

1. Abre la tabla *Clientes*.
2. Haz clic en la palabra *Madrid* dentro del campo *Provincia*.
3. Despliega el menú del botón *Selección* del grupo *Ordenar y filtrar,* y selecciona la opción *Igual a Madrid.* Aparecerán todos los clientes de dicha localidad con sus datos correspondientes.
4. Pulsa el botón *Alternar filtro* para volver a la tabla.

Obtén un listado de los productos comprados a Antenas Málaga, S. L.:

1. Abre la tabla *Productos* y pulsa sobre el campo *CodigoProveedor* donde se encuentra el código correspondiente a Antenas Málaga, S. L., que en este caso es 17.
2. Haz clic derecho sobre el valor *17* y selecciona *Igual a 17.*
3. Pulsa el botón *Alternar filtro* para volver a la tabla.

Obtén un listado de las facturas emitidas desde el 02/02/2020 y que se encuentren pagadas:

1. Abre la tabla *Facturas* y haz clic derecho sobre un campo de factura pagada.
2. De la lista desplegable, selecciona *Es – 1* (verdadero).
3. A continuación, sitúate sobre la fecha 02/02/2020 y selecciónala.
4. Despliega el menú del botón *Selección* del grupo *Ordenar y filtrar,* y selecciona la opción *En o después de 02/02/2020.*
5. Pulsa el botón *Alternar filtro* para volver a la tabla.

ACTIVIDADES

10. Aparte de realizar ordenaciones desde el grupo *Ordenar* y *filtrar* ¿qué otra alternativa existe?

11. Para entender su funcionamiento, reflexiona sobre el filtrado de datos:

a) ¿Qué finalidad crees que tiene el botón *Alternar filtro?*

b) ¿Qué sucede al presionar el botón *Filtro?*

TRUCO

Operadores estándar para filtros:

> (mayor)
< (menor)
= (igual)
<= (menor o igual)
>= (mayor o igual)
<> (distinto)

KEYWORDS

1. Review the essential vocabulary terms of this unit in English. Did you already know all of them? Did you learn new vocabulary?

English	Spanish	English	Spanish	English	Spanish
assistant	asistente	filter	filtro	relationship	relación
attachment	datos adjuntos	form	formulario	report	informe
column	columna	invoice	factura	sales	ventas
control	control	management	gestión	search	búsqueda
criterion	criterio	mask	máscara	security	seguridad
data base	base de datos	module	módulo	simple	simple
decimal	decimal	null	nulo	table	tabla
design view	vista diseño	operation	operación	title	título
digit	dígito	primary key	clave principal	to delete	eliminar
documentary	documental	property	consulta	to insert	insertar
double	doble	question	consulta	to store	almacenar
expression	expresión	registration	registro	to validate	validar
field	campo	relational	relacional	whole	entero

2. True or false? Write them in your notebook:

   a) In Office Access there are only two types of relations.

   b) Through an Office Access form isn't possible to insert records.

   c) A table can have only one primary key.

   d) If you create a table in Access, an autonumeric field called ID is created by default.

3. Link with arrows the relation with the image in your notebook:

   a) One to several — 1) 1 ——— 1

   b) Several to several — 2) 1 ——— ∞

   c) One to one — 3) ∞ ——— ∞

4. Relate the data type with definition:

   a) OLE Object.

   b) Yes/No.

   c) Hyperlink.

   d) Calculated.

   e) Currency.

   f) Autonumber.

   1. A link address to a document or file on the Internet, on an intranet, on a local area network (LAN), or on your local computer.
   2. Pictures, graphs, or other ActiveX objects from another Windows-based application.
   3. You can create an expression that uses data from one or more fields. You can designate different result data types from the expression. Note, the Calculated data type isn't available in MDB file formats.
   4. Boolean (true/false) data; Access stores the numeric value zero (0) for false, and –1 for true.
   5. This fields are often used as the primary key.
   6. Monetary data, stored with 4 decimal places of precision.

SÍNTESIS Bases de datos: operaciones básicas

Elementos de la ventana principal de Access

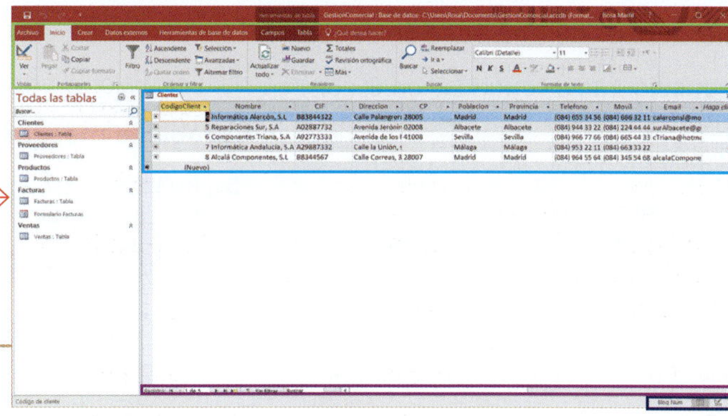

- Fichas y cinta de opciones
- Tabla
- Panel de navegación
- Navegación de registros
- Vistas disponibles

Creación de tablas

- Campos
- Tipos de datos
- Propiedades de los campos

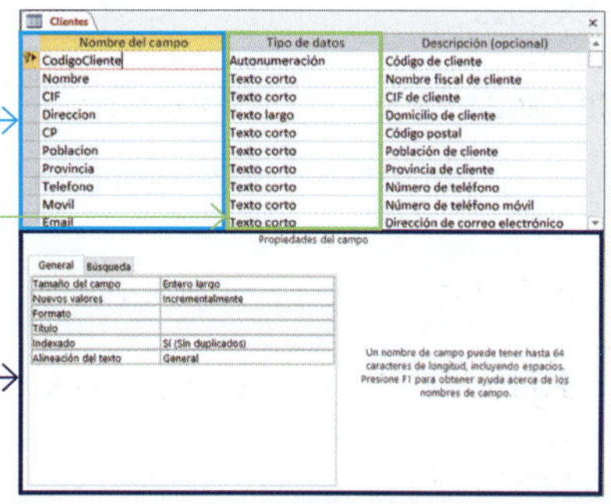

Referencias en fórmulas

Requisitos

- Que no se repita en ninguno de los registros.
- Que no adquiera un valor nulo.

Relaciones entre tablas

Tipos

1 — 1 **Uno a uno.** El campo común entre ambas tablas es clave principal en las dos.

1 — ∞ **Uno a varios.** El campo común a ambas tablas es clave principal en una de ellas.

∞ — ∞ **Varios a varios.** El campo común a ambas tablas no es clave principal en ninguna.

Inserción de registros en tablas

Orden de inserción. Depende de las relaciones entre las tablas; primero se introducen los datos de las tablas que no dependen de otras.

- Inserción en tablas de forma manual.
- Inserción en tablas a través de un formulario.

Importación y exportación de datos

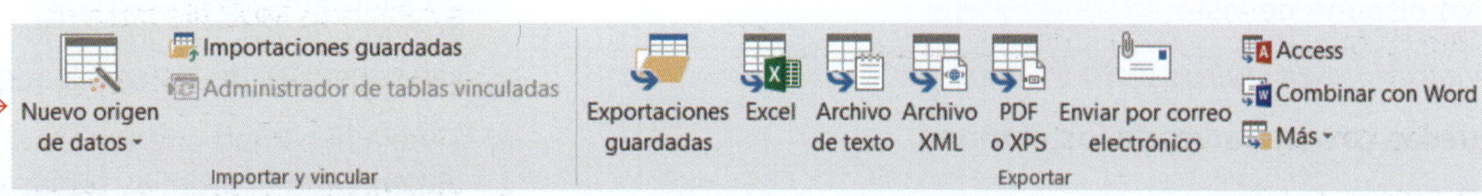

Ordenar y filtrar datos

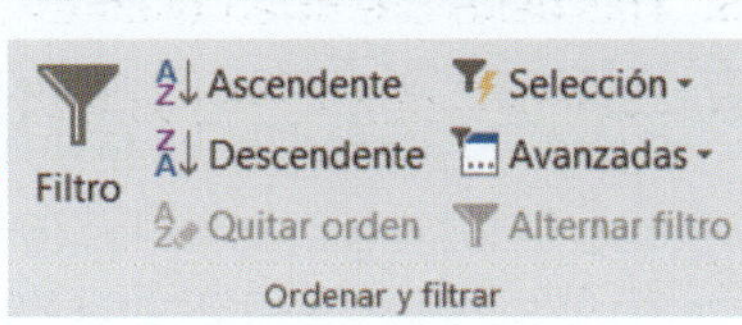

COMPRUEBA TU APRENDIZAJE

Distingue las funciones y elementos de una base de datos.

1. Asigna a cada frase de las que figuran a continuación el concepto correcto de los siguientes: *campo – base de datos – registro – tabla – clave principal.*

a) Guarda los datos de un cliente.

b) Guarda los datos del almacén.

c) Guarda el nombre de cada cliente.

d) Identifica un campo o campos de una tabla de forma unívoca.

e) Guarda la cantidad de cada artículo.

f) Guarda los datos de los proveedores.

g) Guarda toda la información importante de la empresa.

h) Guarda los datos de los clientes.

2. Identifica los elementos de Access que figuran a continuación con su concepto correspondiente: *tabla – formulario – informe – consulta – macro – módulo.*

a) Nos ofrece información sobre la base de datos cuando formulamos preguntas.

b) Consta de datos organizados en columnas y filas.

c) Es una colección de procedimientos escritos en lenguaje de programación Visual Basic.

d) Nos permite introducir datos en las tablas y operar con los registros de varias de ellas.

e) Sirve para imprimir los datos de la base de datos con un formato atractivo.

f) Permite realizar operaciones repetitivas en una única acción.

Visualiza los elementos de una base de datos.

3. Señala las posibles vistas que ofrecen los siguientes elementos de una base de datos Access: *tabla – formulario – informe – consulta – macro – módulo.*

a) Vista Hoja de datos, Vista SQL, Vista Diseño.

b) Vista Formulario, Vista Presentación, Vista Diseño.

c) Vista Informes, Vista Preliminar, Vista Presentación, Vista Diseño.

d) No dispone de vista.

e) Vista Hoja de datos, Vista Diseño.

Distingue las propiedades de los campos.

4. Indica el uso de las siguientes propiedades en un campo:

a) Tamaño del campo.

b) Título.

c) Requerido.

d) Máscara de entrada.

e) Valor predeterminado.

Establece máscaras de entrada.

5. Realiza máscaras de entrada para controlar la inserción de los siguientes valores en un campo:

a) A29445678 (CIF).

b) 650 33 43 45 (Teléfono móvil).

c) ES11 0182 2232 3349 5546 2009 (Cuenta bancaria).

d) 00023/2021 (Número factura).

e) 01/05/2020 (Fecha).

f) 01:30 (Hora).

g) AAA-001 (Referencia convertida en mayúsculas).

Crea una base de datos en blanco.

Diseña tablas y aplica propiedades a los campos.

Identifica campos que pueden ser clave principal.

Establece relaciones correctas entre las tablas.

Inserta registros en las tablas.

Realiza filtros y ordenaciones.

Importa y exporta datos desde Microsoft Access.

6. El dueño de una franquicia de comida asiática posee diversos locales en distintas poblaciones. En cada uno hay varios empleados, dependiendo del número del aforo del local.

Las existencias de alimentos y bebidas se guardan en una tabla común. Cada local tiene sus propias existencias.

Para mejorar la organización, ha decidido crear una base de datos denominada *SushiJapón*; esto permitirá gestionar con rapidez y eficacia toda la información necesaria para el buen funcionamiento del negocio.

a) Prepara las tablas que aparecen en la página siguiente, en *Vista Diseño.* Al crear los campos, establece el tipo de datos que consideres conveniente en cada uno de ellos. Añade una descripción si lo crees necesario.

b) Aplica la propiedad *Título* en los campos que lo necesiten.

c) Establece la propiedad *Tamaño de campo* en todos los campos con tamaño fijo.

d) Agrega una máscara de entrada para facilitar la introducción de los códigos de los alimentos, la ID de los locales y el DNI de los empleados.

e) Señala el campo que tendrá la categoría de clave principal en cada una de las tablas de la página siguiente.

f) Relaciona las tablas de la página siguiente teniendo en cuenta lo aprendido en la unidad.

g) Inserta los registros de las tablas atendiendo al contenido que figura en la página siguiente.

h) Realiza las siguientes ordenaciones y filtros sobre distintas tablas de la base de datos *SushiJapón*.

- Ordena la tabla *Empleados* por el campo *Nombre* en *orden ascendente*.
- Elabora un filtro en la tabla *Locales* para que solo aparezcan los de *Fuengirola*.
- Elabora un filtro en la tabla *Existencias* para saber de qué alimento hay existencias inferiores a 100.
- Ordena la tabla *Locales* por el campo *Población* en *orden descendente*.
- Elabora un filtro en la tabla *Existencias* para obtener las que posee el local SJ-FUEN2.

i) Exporta la tabla *Empleados* a Excel.

Las tablas de la base de datos *SushiJapón* son las siguientes:

Empleados						
DNI	**N.º SS**	**Nombre**	**Domicilio**	**Teléfono**	**ID Local**	**Salario base**
24222111H	2934341111	Ana Isabel Ortega García	Benalmádena	650 12 12 12	SJ-MA	1.470,00
24222125A	2934341252	Alberto Sánchez Blas	Fuengirola	677 46 46 46	SJ-FUEN1	980,80
24222126B	2934341263	Sandra Cortés Sainz	Fuengirola	653 58 58 58	SJ-FUEN2	1.275,00
24222213G	2934342131	Antonio Bonilla García	Torremolinos	699 34 34 34	SJ-BEN	1.490.00
24222222J	2934342222	Graciela Montes Puerto	Marbella	670 13 13 13	SJ-MA	980,00
24222450T	2934344503	Carlos Pérez Galán	Málaga	651 23 23 23	SJ-MA	1.925,80

Tabla 8.6. Registros de la tabla Empleados.

Locales				
ID Local	**Dirección**	**Población**	**Aforo**	**N.º Empleados**
SJ-FUEN1	Paseo Marítimo, 23	Fuengirola	10	2
SJ-BEN	Avda. San Rafael, Local 45	Benalmádena	12	1
SJ-FUEN2	Córdoba, 5	Fuengirola	5	1
SJ-MA	Plaza Mayor, Local 12	Málaga	15	2

Tabla 8.7. Registros de la tabla Locales.

Existencias		
ID Local	**Código Alimento**	**Existencias**
SJ-FUEN1	A4444	50
SJ-FUEN1	A2222	45
SJ-FUEN2	A4444	46
SJ-FUEN2	B4466	58
SJ-MA	A2222	36
SJ-MA	A0043	38
SJ-MA	B0022	127
SJ-BEN	A0043	56
SJ-BEN	B2222	130

Tabla 8.8. Registros de la tabla Existencias.

Alimentos				
Código	**Marca**	**Nombre**	**Descripción**	**Capacidad (kg o cl)**
A4444	ITA-SAN	Arroz sushi	Arroz sushi ITA-SAN	0,5
A2222	Neri	Wasabi en tubo	Neri Wasabi	0,043
A3255	Itamae	Alga Nori	Alga Nori seca Itamae	0,028
A0043	Hakubaku	Fideos Udon	Fideos Udon Eco Hakubaku	0,270
B4466	FUSHIMIZU	Sake	Sake 14% Alc.	30
B2222	Coca Cola	Coca Cola	Coca cola	25
B0022	Lanjarón	Agua	Agua sin gas	50

Tabla 8.9. Registros de la tabla Alimentos.

TEST DE REPASO

1. **De las bases de datos más importantes, la más utilizada en el mundo empresarial es:**
   - (a) La base de datos documental.
   - (b) La base de datos relacional.
   - (c) La base de datos de red.

2. **Indica la afirmación correcta respecto a la creación de una base de datos.**
   - (a) Cuando se crea una base de datos en blanco, esta ya contiene tablas, formularios y otros objetos, pero aún están vacíos.
   - (b) Lo primero que se hace cuando se crea una base de datos en blanco es darle un nombre para, posteriormente, crear elementos.
   - (c) La primera acción al crear una base de datos en blanco es crear las relaciones.

3. **A la hora de visualizar un elemento de una base de datos en Access:**
   - (a) Las macros ofrecen *Vista Diseño* y *Vista Hoja de datos.*
   - (b) Las tablas ofrecen *Vista Diseño* y *Vista Hoja de datos.*
   - (c) Las macros e informes no disponen de ninguna vista.

4. **Señala la afirmación correcta. El tipo de datos...**
   - (a) *Calculado* se inserta automáticamente de forma autoincremental al introducir un registro.
   - (b) *Memo* permite almacenar datos de tipo texto, pero su capacidad de almacenamiento es como máximo 255 caracteres.
   - (c) *Número* se utiliza siempre que los datos estén compuestos por números.

5. **De las siguientes afirmaciones referidas a las propiedades de los campos, señala la correcta:**
   - (a) El formato doble es una propiedad de los campos de tipo *Texto largo.*
   - (b) El *Título* es una etiqueta obligatoria que debe introducirse al crear las tablas.
   - (c) La propiedad *Requerido* es opcional. Por defecto, su valor es *No.*

6. **En relación a la propiedad *Máscara de entrada:***
   - (a) Se compone de dos partes obligatorias.
   - (b) El dígito A debe ser una letra obligatoria.
   - (c) El dígito L debe ser una letra obligatoria.

7. **Marca la opción correcta acerca de la clave principal.**
   - (a) Un campo puede ser clave principal pulsando el botón *Clave principal* de la ficha *Diseño.*
   - (b) Nunca puede adquirir el valor nulo ni repetirse en ninguno de sus registros.
   - (c) Al crear una nueva tabla, por defecto no se crea ninguna clave principal.

8. **Completa la frase. Dos tablas se pueden relacionar...**
   - (a) Si cuentan con un campo común que tenga el mismo nombre.
   - (b) Si cuentan con un campo común con el mismo tipo de datos, aunque una tenga máscara de entrada y otra no.
   - (c) Si cuentan con el mismo número de campos.

9. **Señala la afirmación correcta. En las relaciones:**
   - (a) Si el campo común en ambas tablas está definido como *Clave principal* o tiene un índice único se creará una relación uno a uno.
   - (b) Si el campo común solo es *Clave principal* o tiene índice único solo en una de las tablas será de uno a uno.
   - (c) Si el campo común no es *Clave principal* o no tiene índice común en ninguna de las tablas se creará una relación de varios a varios.

10. **Señala la afirmación correcta respecto al orden lógico a la hora de insertar registros en las tablas.**
    - (a) Se crean las tablas en *Vista Diseño,* se introducen los datos, se establecen las propiedades de los campos y se relacionan.
    - (b) Se crean las tablas en *Vista Diseño,* se establecen las propiedades de los campos, se relacionan y se introducen los datos.
    - (c) Se crean las tablas introduciendo los datos y no es necesario relacionarlas.

11. **A la hora de exportar datos de Access:**
    - (a) La única opción es hacerlo a través del grupo *Exportar* de la ficha *Datos externos.*
    - (b) Una opción es seleccionar el elemento y elegir una de las opciones disponibles de exportación que ofrece el menú contextual.
    - (c) Es posible realizar exportaciones a Excel, a un archivo de texto y a un archivo XML.

12. **Si deseamos realizar un filtrado de datos en una tabla Access:**
    - (a) Podemos realizar un filtrado utilizando el botón *Ordenar y filtrar.*
    - (b) Podemos aplicar un criterio a cada columna.
    - (c) Solo se permite aplicar tres criterios a tres columnas como máximo.

Crea tu propia base de datos relacional

Diseña una base de datos relacional llamada *ClínicaVeterinaria.accdb,* como la que se muestra en la imagen, para la gestión de una clínica veterinaria aplicando todos los conocimientos que has adquirido en esta unidad.

1. Crea las tablas con tipos de campos adecuados. Asigna la clave principal a cada tabla.
2. Aplica unas propiedades adecuadas a los campos.
3. Aplica máscaras de entrada con el objetivo de controlar la inserción de datos.
4. Crea un campo calculado.
5. Relaciona las tablas con el tipo de relación que se indica.

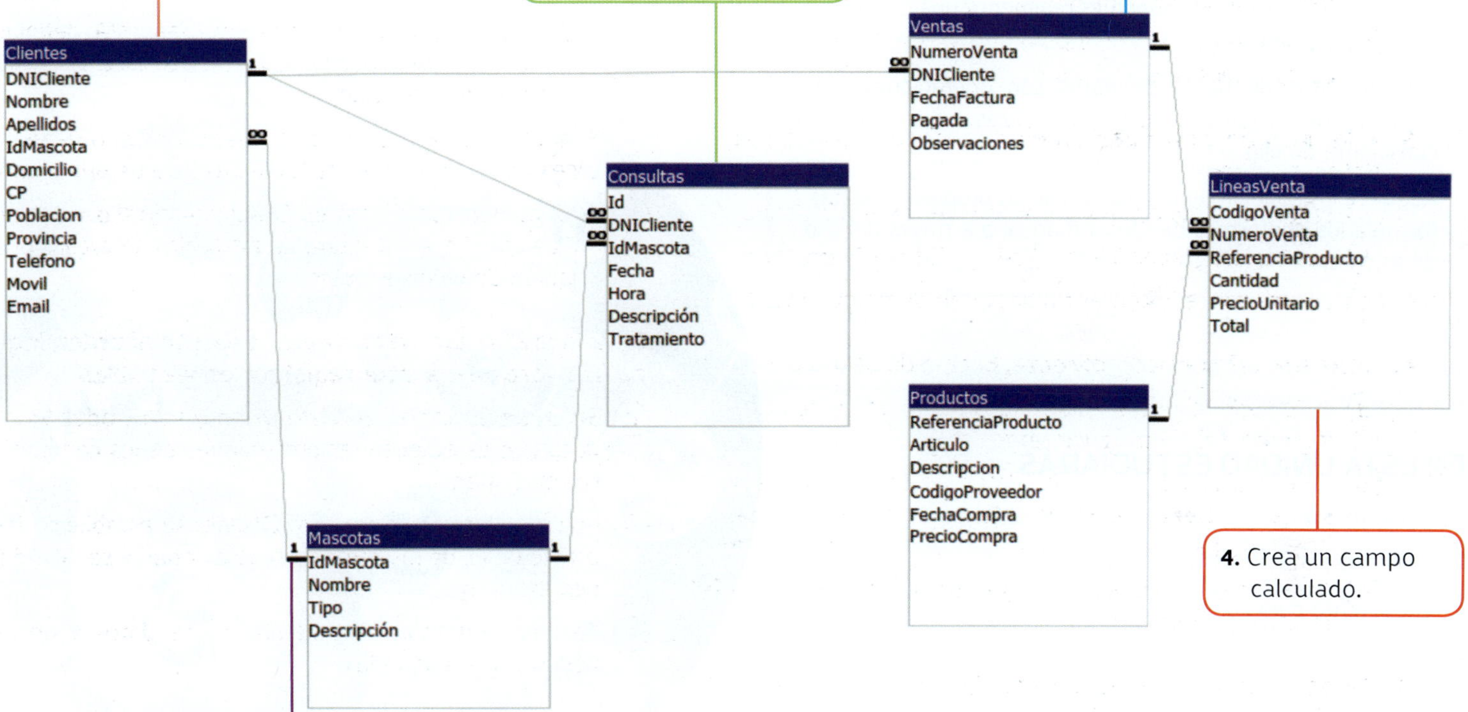

Realiza también las siguientes tareas:

- Rellena las tablas en un orden correcto, introduciendo algunos registros de prueba con valores coherentes.
- Genera un informe de relación y expórtalo a formato PDF, prestando atención a la orientación de la página.
- Exporta los registros de las tablas *Clientes* y *Productos* a una hoja de cálculo Excel.
- Exporta la tabla *Productos* a un documento HTML, con los datos con formato y diseño y abriendo el archivo al finalizar la operación de exportación.

9
UNIDAD

Bases de datos: operaciones avanzadas

¿Sabías que cuando buscas un artículo en una web de compras online, esta búsqueda es realmente una consulta a una base de datos?

Las consultas de bases de datos son operaciones más comunes de lo que piensas y que realizas a diario sin ser consciente de ello.

Adquiere los conocimientos para crear tus propias consultas, formularios o informes de forma manual o a través del uso de asistentes.

EN ESTA UNIDAD ESTUDIARÁS

1. Las consultas.
2. El diseño de una consulta.
3. El asistente para consultas.
4. Los informes.
5. Los formularios.
6. La integración con otras aplicaciones.

Y SERÁS CAPAZ DE

Realizar operaciones de manipulación de datos en bases de datos ofimáticas tipo.

1. Consultas

Una **consulta** en Access es el resultado que se obtiene, en forma de tabla, cuando el usuario selecciona unos criterios determinados que deben cumplir los registros de nuestra base de datos. De este modo, los resultados solo muestran los registros que cumplen nuestros criterios.

Los **criterios** son restricciones (o condiciones) que se imponen en una consulta o un filtro avanzado para identificar los registros con los que se desea trabajar.

1.1. Tipos de consultas

Las consultas se utilizan para ver, modificar o analizar datos y también como origen de datos para formularios, informes, etc. Por eso, es fundamental conocer cómo se realizan y qué tipos de consultas se pueden realizar (Tabla 9.1).

CLAVES Y CONSEJOS

A la hora de crear una consulta, observa las siguientes pautas:

- Analiza la información o el resultado que deseas obtener.
- Localiza las tablas implicadas.
- Elige el tipo de consulta que más se adapte a tus necesidades.
- Ejecuta la consulta y comprueba que el resultado es el esperado.
- Guarda la consulta.

Tipo	Descripción	Consultas
De selección	Son las más habituales. Permiten mostrar los registros y analizarlos. Además, se pueden combinar, de forma automática, campos de dos o más tablas o consultas utilizando los criterios que se especifiquen.	**De selección simple.** Filtran y muestran información según los criterios establecidos. **De búsqueda de duplicados.** Determinan si existen registros duplicados en una tabla o cuáles comparten el mismo valor. **De búsqueda de no coincidentes.** Ayudan a localizar registros en una tabla que no tengan registros relacionados en otra. **De parámetros.** Ofrecen la posibilidad de que el usuario especifique los criterios de búsqueda en el momento de ejecutarlas.
De acción	Se utilizan para realizar cambios a un determinado grupo de registros seleccionados mediante los parámetros especificados.	**Creación de tablas.** Crean una nueva tabla a partir de los registros de otra. **Actualización.** Modifican los registros de una tabla, según los criterios introducidos. **Eliminación.** Eliminan registros que cumplan las condiciones indicadas. **Datos anexados.** Añaden a una tabla registros existentes en otra.
De tablas de referencias cruzadas	Organizan la información según valores de agrupamiento distintos.	Utilizan funciones de agregado (Suma, Max, Cuenta, etc.) y el resultado se muestra en forma de tabla (con filas y columnas) y agrupando la información.
De SQL	Se utiliza el lenguaje estándar SQL (lenguaje de consulta estructurada).	**Unión.** Combinan campos de una o varias tablas en uno solo. **Paso a través.** Ejecutan las consultas SQL en un equipo servidor y no en el local. **Definición de datos.** Cambian la definición de un objeto de la base de datos.

Tabla 9.1. Tipos de consultas.

1.2. Creación de consultas

En Access, tenemos la posibilidad de crear consultas de forma manual en la *Vista Diseño* o utilizar el *Asistente para consultas*. Estas dos posibilidades se encuentran en la ficha *Crear* y en el grupo *Consultas* (Fig. 9.1).

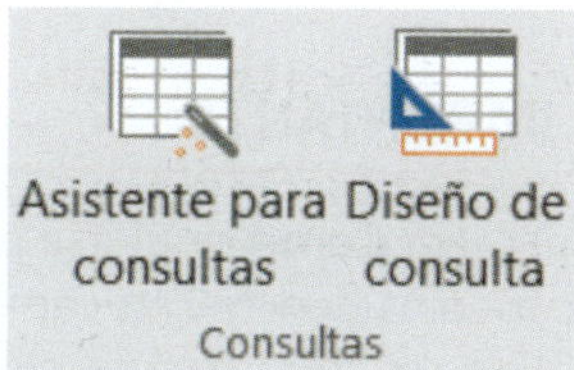

Fig. 9.1. Grupo Consultas.

ACTIVIDADES

1. Responde a estas cuestiones sobre las consultas en Access:

   a) ¿Qué consultas son las más usuales?

   b) ¿Cómo se llaman las consultas que se ejecutan en un equipo servidor?

   c) ¿Es posible crear un formulario que tenga como origen de datos una consulta en lugar de una tabla?

CLAVES Y CONSEJOS

A diferencia de los filtros, que tan solo permiten usar los campos de una misma tabla, con las consultas se pueden combinar varias tablas.

2. Diseño de una consulta

Para diseñar una consulta sin utilizar el asistente se puede hacer uso del botón *Diseño de consulta,* ubicado en el grupo *Consultas* de la ficha *Crear.* Esto da lugar a la aparición del cuadro de diálogo *Mostrar tabla,* donde se seleccionan la tabla o las tablas sobre las que se realiza la consulta, y a la aparición de la ficha *Diseño* (Fig. 9.2), donde se elige el tipo de consulta. Por defecto, al crear una consulta, esta será de selección y se visualizará la *Vista Diseño.*

Fig. 9.2. Grupo Diseño.

2.1. Consultas de selección

Al utilizar este tipo de consultas, debemos preguntar a la base de datos por los registros que almacena en sus tablas. Como respuesta se muestra un conjunto de registros en forma de tabla para su examen.

Los criterios de búsqueda se escriben en la fila *Criterios* de la cuadrícula inferior (Fig. 9.3), que muestra Access en *Vista Diseño,* y los valores han de coincidir con los almacenados en la base de datos.

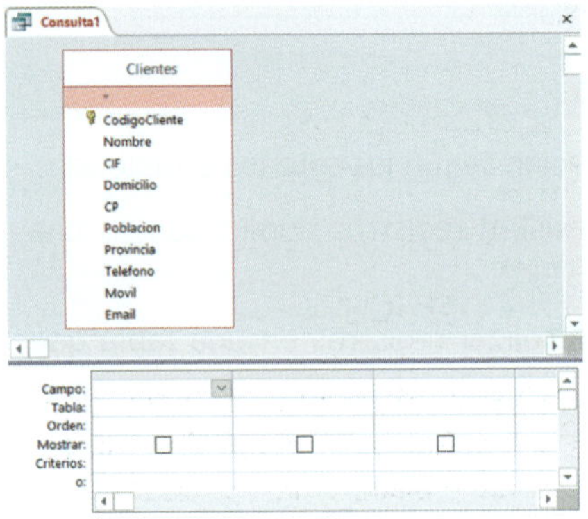

Fig. 9.3. Inserción de criterios de búsqueda.

En la Tabla 9.2 se muestran algunos ejemplos de expresiones utilizadas al establecer los criterios.

Los operadores se utilizan cuando se añaden criterios adicionales para el mismo campo o para campos diferentes. Al incluir criterios en un campo, Access los combina empleando el operador Y (And) y el operador O (Or).

Campo	Expresión	Descripción
Nombre Cliente	Como "S*"	Muestra los clientes cuyo nombre empieza por S.
Nombre Cliente	Como "Sanz L*"	Clientes con Sanz como primera parte del nombre y un segundo nombre que comienza por L.
Nombre Cliente	Como "[A-D]*"	Utilizan funciones de agregado (Suma, Max, Cuenta, etc.), y el resultado se muestra en forma de tabla (con filas y columnas) y agrupando la información.
Nombre Cliente	>="N"	Muestra los clientes cuyo nombre comienza por las letras N a Z.
Provincia	"Jaén"	Muestra los clientes de Jaén.
Provincia	"Madrid" O "Sevilla"	Muestra los clientes de Madrid o Sevilla.
Provincia	NoEs "EE.UU."	Muestra los clientes distintos de EE. UU.
Envío	Es Nulo	Muestra los registros cuyo campo *Envío* está vacío.
Envío	NoEs Nulo	Muestra los registros cuyo campo *Envío* contiene un valor.
Fecha Envío	Entre #9-Ene-2014# Y #15-Ene-2014#	Presenta los envíos realizados no antes del 9-01-2014 ni después del 15-01-2014.
Fecha Envío	#2/12/14#	Aparecen los envíos realizados el 2-12-14.

Tabla 9.2. Ejemplos de expresiones.

IMPORTANTE

El operador **Como** se utiliza para buscar coincidencias en campos de texto. Es muy común el uso del comodín asterisco (*) con el uso de este operador.

El comodín **asterisco** (*) se utiliza para buscar campos que contengan cualquier número de caracteres. Se puede utilizar en cualquier sitio de la cadena de caracteres.

CASO PRÁCTICO 1

Realizar una consulta de selección en *Vista Diseño* con operador O.

Vamos a mostrar los clientes cuya población sea igual a Madrid o Málaga:

1. Abrimos la base de datos U9_GestiónComercialConsultas.accdb.
2. Activamos la ficha *Crear* y hacemos clic sobre el botón *Diseño de consulta.* Aparecerá el cuadro de diálogo *Mostrar tabla.*
3. Seleccionamos la tabla *Clientes*. Pulsamos el botón *Agregar* y, luego, *Cerrar*. Sobre la tabla *Clientes*, hacemos doble clic sobre los campos *Nombre* y *Población*. Se añaden los campos *Nombre* y *Población* a la cuadrícula inferior.
4. En la fila *Criterios* del campo *Población*, escribimos *Madrid O Málaga* y pulsamos ***Enter.*** Como puede verse, Access añade unas comillas a cada criterio.
5. Cerramos la consulta y la nombramos para guardarla: *Clientes Madrid y Málaga.*
6. Localizamos el nombre de la consulta en el *Panel de navegación* y hacemos doble clic sobre ella.

Clientes Madrid y Málaga

Nombre	Población
Informática Alarcón, S.L	Madrid
Informática Andalucía, S.A	Málaga
Alcalá Componentes, S.L	Madrid
*	

Fig. 9.4. Resultado de la ejecución de la consulta.

Solución:

Como resultado, se muestran tres registros que cumplen los criterios de la consulta en *Vista Hoja de datos* (Fig. 9.4).

ACTIVIDAD GUIADA 1

Realiza una consulta por parámetros para mostrar un listado de clientes de la población que se indique:

1. Activa la ficha *Crear* y haz clic en *Diseño de consulta.* En el cuadro de diálogo *Mostrar tabla,* selecciona *Clientes*. Pulsa los botones *Agregar* y *Cerrar.*
2. Añade todos los campos de la tabla, haciendo doble clic en cada uno de ellos sobre la tabla *Clientes*. En la fila *Criterios* del campo *Población*, escribe: *[Introduzca la población:]* y pulsa ***Enter.***
3. Guarda la consulta con el nombre *Parámetro Clientes por población.* Al ejecutarla, Access pedirá el nombre de una población para mostrar el listado de clientes (Fig. 9.5).

   Al ejecutar la consulta, introduce una población y pulsa *Aceptar*. Como resultado, se muestran los clientes de esa población.

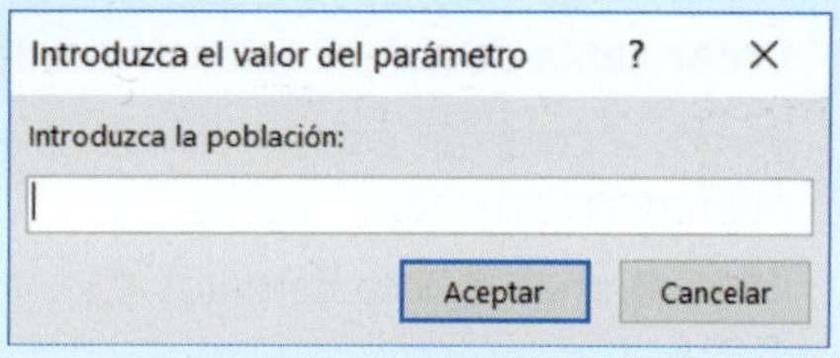

Fig. 9.5. Solicitando parámetro.

TRUCO

Cuando diseñamos una consulta en *Vista Diseño,* es posible ejecutarla previamente sin necesidad de guardarla, a través del botón *Ejecutar* del grupo *Resultados.*

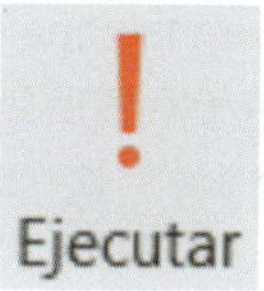

2.2. Consultas de acción

Mientras que las consultas de selección se utilizan para mostrar un conjunto de registros, esta clase de consultas se utilizan para insertar, modificar o eliminar registros de las tablas. También es posible crear nuevas tablas a partir de registros de otra tabla.

CASO PRÁCTICO 2

Crear una tabla a partir de una consulta de creación de tabla.

1. Abrimos la base de datos U9_GestiónComercial Consultas.accdb.
2. Activamos la ficha *Crear* y pulsamos *Diseño de consulta.* En el cuadro de diálogo *Mostrar tabla,* elegimos la tabla *Productos* y pulsamos los campos *Artículo* y *Descripción.*
3. Pulsamos *Crear tabla,* del grupo *Tipo de consultas.*
4. Se abre el cuadro de diálogo *Crear tabla.* En *Nombre de la tabla* escribimos «Resumen Productos» y dejamos activada la opción *Base de datos activa.* Pulsamos *Aceptar.*
5. Hacemos clic en el botón *Ejecutar*. Se mostrará en pantalla un mensaje que indica el número de filas que se pegarán en la tabla. Pulsamos *Sí.*

Solución:

Resulta una nueva tabla que se habrá generado con los datos de otra ya existente, de una consulta o incluso de ambos objetos a la vez (Fig. 9.6).

Resumen Productos

Articulo	Descripcion
Antena Wifi 200Mbps	Antena Wifi 200Mbps Adaptado
Tóner Impresora Láser HP Negro	Cartucho de tóner Original HP L
Tóner Impresora Láser HP Cian	Cartucho de tóner Original HP L
Tóner Impresora Láser HP Blue	Cartucho de tóner Original HP L
Antena Wifi 500Mbps	Antena Wifi 500Mbps Adaptado
AirMax Omni Antena	AirMax Omni AMO-2G13 1 Ante
Antena Parabólica Direccional 12d	Antena Parabólica Direccional 1
*	

Fig. 9.6. Resultado de la tabla Resumen Productos.

TRUCO

Para modificar una consulta ya guardada, localízala en el panel de navegación, haz clic derecho sobre ella y selecciona *Vista Diseño*.

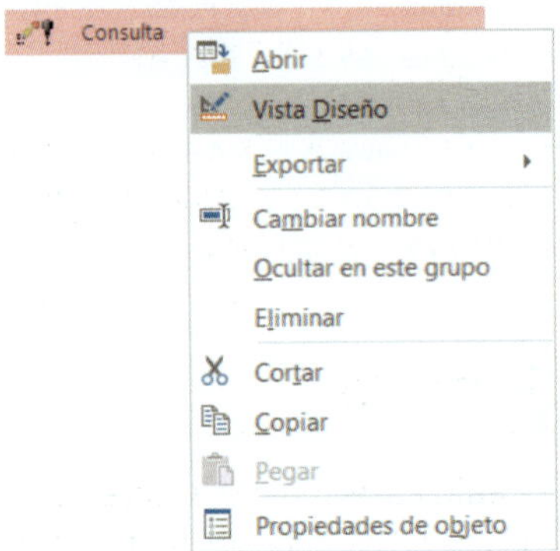

ACTIVIDAD GUIADA 2

Lleva a cabo una consulta de actualización para cambiar la dirección de un cliente:

1. Vas a cambiar la dirección de Reparaciones Sur, S. A. Abre la base de datos U9_GestiónComercialConsultas.accdb, activa la ficha *Crear* y haz clic en *Diseño de consulta.* En la ventana *Mostrar tabla,* selecciona la tabla *Clientes.*

Fig. 9.7. Botón Actualizar.

2. Agrega los campos *CodigoCliente, Nombre* y *Direccion.*
3. Una vez se encuentren los campos en la cuadrícula, haz clic sobre el botón *Actualizar* del grupo *Tipo de consulta* (Fig. 9.7).
4. Indica 5 en la fila *Criterios* del campo *CodigoCliente.* En la fila *Actualizar a* del campo *Direccion,* escribe «Calle Azafrán, 20» (Fig. 9.8).

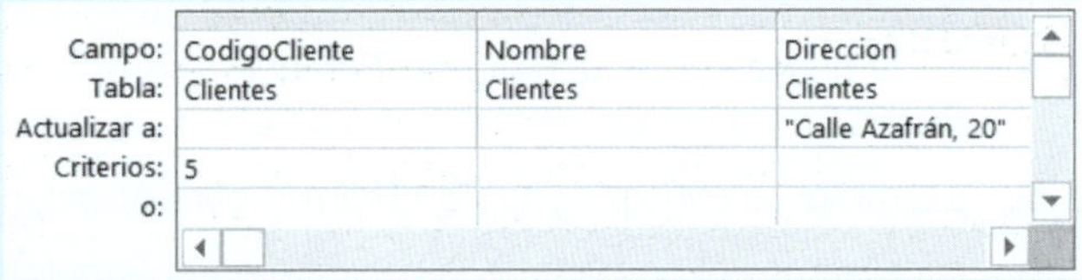

Campo:	CodigoCliente	Nombre	Direccion
Tabla:	Clientes	Clientes	Clientes
Actualizar a:			"Calle Azafrán, 20"
Criterios:	5		
o:			

Fig. 9.8. Cuadrícula de diseño de consulta de actualización.

5. Guarda y cierra la consulta con el nombre *Actualización cliente 5.* En el Panel de navegación aparece la consulta de actualización.
6. Para su ejecución, haz doble clic sobre ella y contesta afirmativamente en los cuadros de diálogo para confirmar la acción.
7. Recupera la tabla *Clientes* y comprueba el resultado.

CLAVES Y CONSEJOS

Todos los elementos de Access que disponen de varias vistas poseen un acceso directo que se encuentra en la zona inferior derecha de la ventana de Access:

2.3. Consultas de referencias cruzadas

Estas consultas permiten visualizar los datos en filas y columnas en forma de tabla y, para su creación, se utilizan tablas o consultas ya existentes que incluyen campos calculados.

CASO PRÁCTICO 3

Crear tabla de referencias cruzadas utilizando campos calculados.

Vamos a crear un campo calculado llamado *Importe* y a realizar una consulta de tabla de referencias cruzadas.

1. Abrimos la base de datos U9_GestiónComercialConsultas.accdb.
2. Pulsamos el botón *Diseño de consulta* de la ficha *Crear,* donde agregamos la tabla *Ventas.*
3. Seleccionamos los campos *NumeroFactura* y *ReferenciaProducto.*
4. Sobre la cuadrícula, nos situamos en la primera celda vacía de la fila *Campo* y escribimos la siguiente expresión para generar el nuevo campo calculado:

   Importe: [Cantidad] [PrecioUnitario]*

5. A continuación, pulsamos sobre el botón *General* (Fig. 9.9), para convertirla en un tipo de consulta de tabla de referencia cruzada.

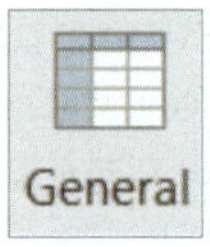

Fig. 9.9. Botón General.

6. Aplicamos las siguientes opciones (Fig. 9.10) en la cuadrícula para agrupar la información por *NumeroFactura* (filas) y *ReferenciaProducto* (columnas). Para el campo calculado, elegimos *Suma* y *Valor.*
7. Pulsamos el botón *Ejecutar.* Cerramos la consulta y asignamos el nombre *Consulta Ref Cruz.*

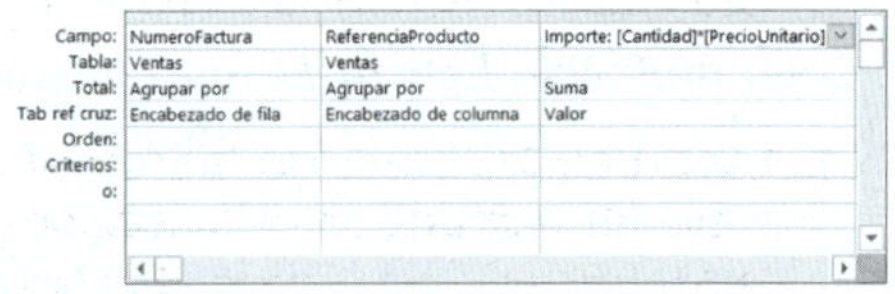

Campo:	NumeroFactura	ReferenciaProducto	Importe: [Cantidad]*[PrecioUnitario]
Tabla:	Ventas	Ventas	
Total:	Agrupar por	Agrupar por	Suma
Tab ref cruz:	Encabezado de fila	Encabezado de columna	Valor
Orden:			
Criterios:			
o:			

Fig. 9.10. Cuadrícula de diseño de consulta de tabla de referencias cruzadas.

Solución:

Tras ejecutar la consulta, se muestra la información agrupada por números de factura y referencias de productos (Fig. 9.11) como se ha establecido en la Figura 9.10.

Consulta1

Número Fact	AAA001	ABB054	ABB055	ABB056	ACA543	ACC765
0001/2019	90,00 €	138,00 €	266,00 €			
0002/2019				325,00 €		
0003/2019						300,00 €
0004/2019		276,00 €			177,00 €	

Fig. 9.11. Resultado tras ejecutar la consulta de tabla de referencias cruzadas.

TRUCO

Para dar formato a un campo calculado, localiza el campo en la cuadrícula en *Vista Diseño,* haz clic con el botón secundario del ratón y selecciona *Propiedades.* Se muestra el panel *Hoja de Propiedades,* donde podemos modificar su formato.

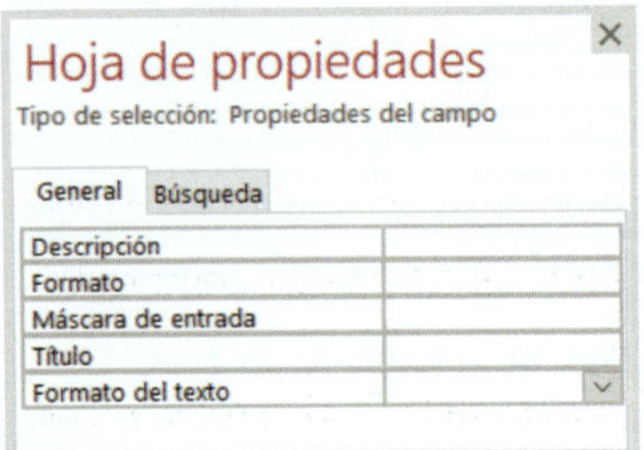

2.4. Consultas SQL

Se basan en instrucciones de texto en las que se utilizan unas cláusulas específicas.

Cláusula	Descripción	Obligatoria
SELECT	Selecciona los campos indicados.	Sí
FROM	Detrás de esta cláusula se indica la tabla.	Sí
WHERE	Se utiliza para especificar criterios a la hora de realizar la selección.	No
ORDER BY	Especifica la forma de ordenar los resultados; por defecto, la ordenación es ascendente.	No
GROUP BY	En una instrucción SQL que contiene funciones de agregado (MAX, SUM, etc.), el resultado se agrupa por la columna indicada.	Solo si existen campos con funciones de agregado.

Tabla 9.3. Cláusulas básicas de SQL.

```
SELECT Productos.*
FROM Productos
ORDER BY Productos.PrecioCompra
```

↓ Se traduce en:

selecciona todos los campos de la tabla *Productos* y ordena por el campo *PrecioCompra.*

TRUCO

Si realizas en Access una consulta en *Vista Diseño,* puedes mostrar cómo sería esa consulta en lenguaje SQL. Para ello, selecciona el botón *Ver* > *Vista SQL* del grupo *Resultados*.

2.5. Generador de expresiones

El **generador de expresiones** es una herramienta que facilita la introducción de expresiones complejas en las consultas de selección.

ACTIVIDAD GUIADA 3

Utiliza el generador de expresiones para crear campos calculados y totaliza el resultado:

1. Abre la base de datos U9_GestiónComercialConsultas.accdb. Vas a realizar una consulta para mostrar un listado en el que aparezca el número de factura, el importe total y el importe total con un 10 % de descuento aplicado.
2. Activa la ficha *Crear* y haz clic en *Diseño de consulta.* En el cuadro de diálogo *Mostrar tabla,* selecciona *Ventas*. Pulsa los botones *Agregar* y *Cerrar.*
3. Haz doble clic sobre el campo *NumeroFactura* para añadirlo a la cuadrícula.
4. Sobre la cuadrícula, sitúate en la primera celda vacía de la fila *Campo* y selecciona el botón Generador, que aparece en el grupo *Configuración de consultas.* Se abre el cuadro de diálogo *Generador de expresiones* (Fig. 9.12). En la zona *Elementos de expresión,* selecciona la tabla *Ventas* de la base de datos U9_GestiónComercialConsultas.accdb. En la zona *Categorías de expresión,* selecciona el campo *Cantidad*, introduce el operador de multiplicar (*) y selecciona el campo *PrecioUnitario*. La expresión final es: *[Ventas]![Cantidad] * [Ventas]![PrecioUnitario].* Pulsa *Aceptar*. Observa que en la cuadrícula se muestra: *Expr1: [Ventas]![Cantidad]* [Ventas]![PrecioUnitario].*

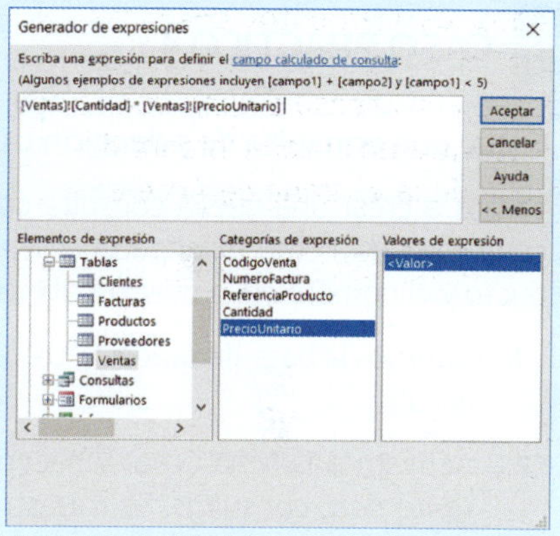

Fig. 9.12. Cuadro de diálogo Generador de expresiones.

5. Cambia la palabra *Expr1* por *Total.*
6. Repite el paso 4, para el siguiente campo vacío de la cuadrícula, donde debe aparecer la siguiente expresión:

   Total con descuento: [Ventas]![Cantidad] [Ventas]![PrecioUnitario]-([Ventas]![Cantidad]* [Ventas]![PrecioUnitario]* 0,1)*

7. A continuación, pulsa el botón *Totales* (Fig. 9.13) del grupo *Mostrar u ocultar.* En la cuadrícula, aparece una nueva fila llamada *Total.* Selecciona *Suma* para las columnas creadas con el generador de expresiones creadas anteriormente. Ejecuta la consulta y observa el resultado.

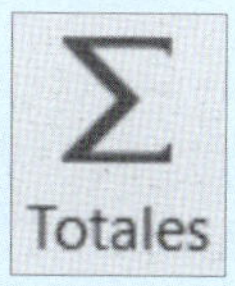

Fig. 9.13. Botón Totales.

ACTIVIDADES

2. Realiza las siguientes consultas sobre U9_GestiónComercialConsultas.accdb y escribe la consulta SQL resultante en tu cuaderno:

a) Muestra todos los productos cuya fecha de compra sea mayor que el 22/01/2018.

b) Muestra el cliente cuyo CIF sea A02887732 o A29887332.

3. Asistente para consultas

Access dispone de una herramienta que nos ayuda a crear consultas de varios tipos: sencillas, de tabla de referencias cruzadas, de búsqueda de duplicados y de búsqueda de no coincidentes.

ACTIVIDAD GUIADA 4

Utiliza el asistente para consultas y realiza una consulta de búsqueda de duplicados:

1. Abre la base de datos U9_GestiónComercialConsultas.accdb. Vas a realizar una consulta para mostrar un listado de los productos duplicados en la tabla *Ventas*. En dicho listado, debe aparecer la referencia del producto y el número de factura.
2. Activa la ficha *Crear* y haz clic en *Asistente para consultas*. Se muestra el cuadro de diálogo *Nueva consulta* (Fig. 9.14).

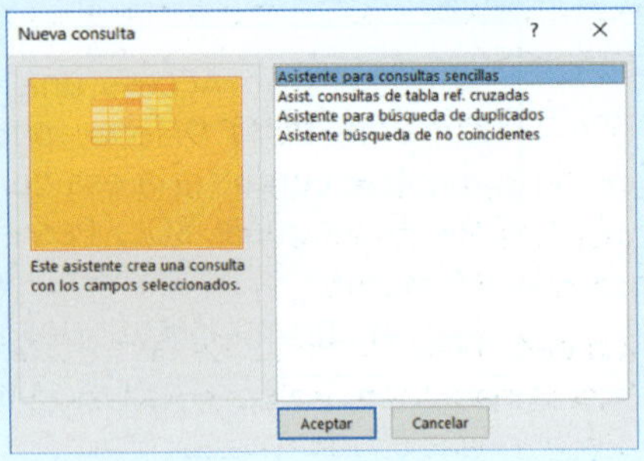

Fig. 9.14. Cuadro de diálogo para crear consultas a través del asistente.

3. Selecciona la opción *Asistente para búsqueda de duplicados* y pulsa *Aceptar*.
4. Elige la tabla *Ventas* y pulsa *Siguiente*.
5. Haz doble clic sobre el campo *ReferenciaProducto*, que es el campo repetido que buscamos, y pulsa *Siguiente*.
6. Por último, haz doble clic sobre el campo *NumeroFactura* para mostrar este campo en el resultado. Pulsa *Finalizar*.
7. Se muestra un listado con los productos duplicados y su factura correspondiente. La consulta se guarda automáticamente y se muestra en el panel de navegación con el nombre *Buscar duplicados por Ventas*.

Si deseas modificar una consulta creada previamente a través del asistente, hay que hacerlo de forma manual mediante la *Vista Diseño* o la *Vista SQL*.

CASO PRÁCTICO 4

Crear una consulta de selección utilizando el asistente.

Vamos a crear una nueva consulta con ayuda del asistente. Esta consulta dará como resultado un listado con el nombre del producto y el nombre del proveedor al que pertenece dicho producto.

1. Abrimos la base de datos U9_GestiónComercialConsultas.accdb.
2. Activamos la ficha *Crear* y hacemos clic sobre el botón *Asistente para consultas*. Se muestra el cuadro de diálogo *Nueva consulta* (Fig. 9.14).
3. Seleccionamos la opción *Asistente para consultas sencillas* y pulsamos *Aceptar*.
4. Seleccionamos la tabla *Productos* de la lista desplegable y hacemos doble clic sobre el campo *Articulo*.
5. Seleccionamos la tabla *Proveedores* de la lista desplegable y hacemos doble clic sobre el campo *Nombre*. Pulsamos *Finalizar*.

Solución:

Observamos que la consulta se guarda automáticamente con el nombre *Productos Consulta*. Se muestra un listado con los productos repetidos y su factura correspondiente (Fig. 9.15).

Productos Consulta

Artículo	Nombre
Antena Wifi 200Mbps	Recambios Inalámbricos, S.L.
Antena Wifi 500Mbps	Antenas Málaga, S.L.
AirMax Omni Antena	Antenas Málaga, S.L.
Antena Parabólica Direccional 12dBi/2.4GHz	Antenas Málaga, S.L.
Tóner Impresora Láser HP Negro	Consumibles Madrid, S.A.
Tóner Impresora Láser HP Cian	Consumibles Madrid, S.A.
Tóner Impresora Láser HP Blue	Consumibles Madrid, S.A.
*	

Fig. 9.15. Resultado de consulta sencilla.

Gracias al uso del asistente es muy fácil mostrar información relacionada entre tablas.

ACTIVIDADES

3. En la base de datos U9_GestiónComercialConsultas.accdb, realiza una consulta de no coincidentes con ayuda del asistente para mostrar los clientes sin factura asociada.
4. ¿Verdadero o falso? Responde en tu cuaderno:

a) Con el asistente de Access es posible realizar una consulta de selección eligiendo otra consulta como origen.

b) Gracias al asistente de consultas de Access es posible crear consultas de eliminación.

4. Informes

> Un **informe** es una relación de datos extraídos de las tablas o consultas y permite mostrar la información en un formato legible y atractivo. Los informes resultan idóneos para trabajar cuando se necesitan copias impresas.

En Access, los informes se pueden crear con las opciones del grupo *Informes* (Fig. 9.16).

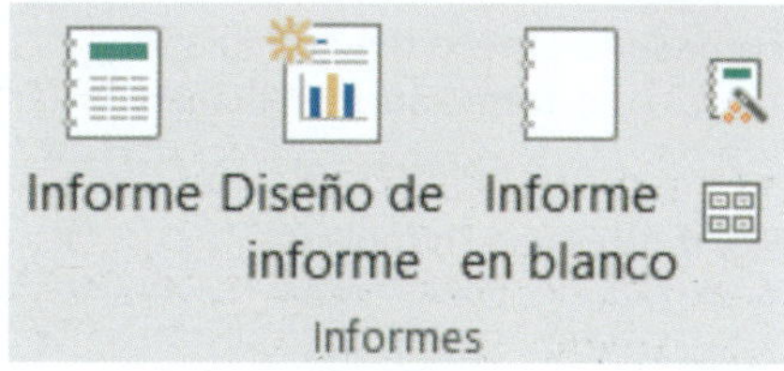

Fig. 9.16. Grupo Informes.

4.1. Autoinformes

Con el botón *Informe,* del grupo *Informes*, se pueden crear informes de forma rápida. En este caso, Access elige por nosotros los datos necesarios y crea un informe sencillo.

CASO PRÁCTICO 5

Realizar un informe sencillo a partir de la tabla *Productos* y modificarlo.

1. Abrimos la base de datos U9_GestiónComercial Consultas.accdb. Seleccionamos la tabla *Productos*, activamos la ficha *Crear* y pulsamos el botón *Informe* del grupo *Informes* (Fig. 9.16).
2. Pulsamos el botón *Vista previa de impresión*. Observamos que la tabla se corta, ya que la información ocupa demasiado espacio.
3. Cambiamos la orientación de la página a horizontal.
4. Visualizamos el informe en *Vista Diseño*.
5. Seleccionamos el componente *Referencia Producto* del *Encabezado de página*. Modificamos el ancho del componente manualmente (Fig. 9.17). Otra opción es mostrar el panel *Hoja de propiedades*, que se obtiene al seleccionar la opción *Propiedades* del menú contextual del componente. Disminuimos el tamaño a 5,7 cm en la propiedad *Ancho*.

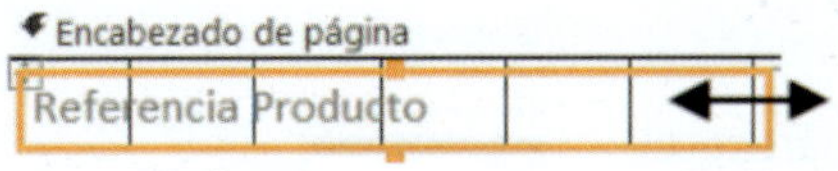

Fig. 9.17. Disminuir tamaño de elemento.

6. Eliminamos el campo que suma los importes, que se ubica en el pie del informe; para ello, seleccionamos el elemento y presionamos la tecla ***Supr***. Visualizamos nuevamente el informe en *Vista previa de impresión*.
7. Eliminamos el elemento donde se muestra la hora.
8. Aumentamos el tamaño de los elementos de fecha y número de página hasta ajustarlos al margen derecho, donde se encuentra el elemento *Precio Compra*.
9. Aplicamos alineación derecha al elemento de número de página; para ello, al seleccionar el elemento, activamos la ficha *Formato* y aplicamos la alineación derecha.
10. Modificamos manualmente el ancho de sección, desplazándonos hasta el final del informe y reduciendo el tamaño de *Encabezado del informe* hasta el elemento *Fecha*.
11. Lo guardamos con el nombre *Informe Productos*.

Solución:

Tras la creación y modificación del informe, el resultado debe quedar como en la Figura 9.18.

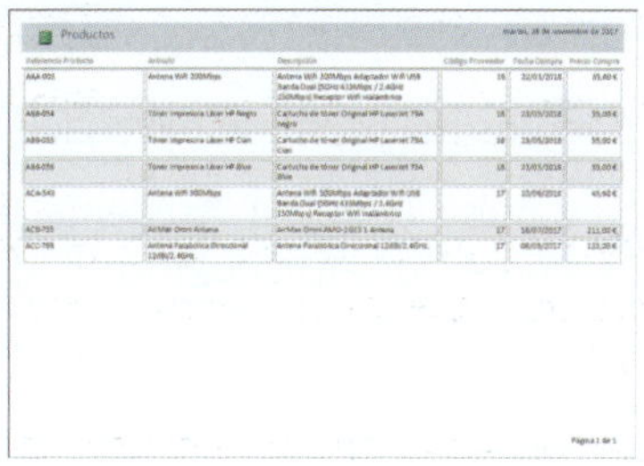

Fig. 9.18. Informe modificado.

4.2. Asistente para informes

El *Asistente para informes* es una herramienta valiosa para la confección de informes con varias tablas y con niveles de agrupamiento. La creación de informes a través del asistente nos permite elegir los campos de las tablas deseadas, para mostrarlos de forma sencilla.

Para su creación, simplemente debes activar la ficha *Crear* y seleccionar el botón Asistente para informes del grupo *Informes*.

ACTIVIDADES

5. Crea un informe que muestre todos los campos de la tabla *Proveedores* de la base de datos U9_GestiónComercial Consultas.accdb, teniendo en cuenta que la orientación de página debe ser horizontal y la ordenación debe ser ascendente por el campo *Nombre*. Ajusta el ancho de las columnas en *Vista Diseño,* si fuese necesario.

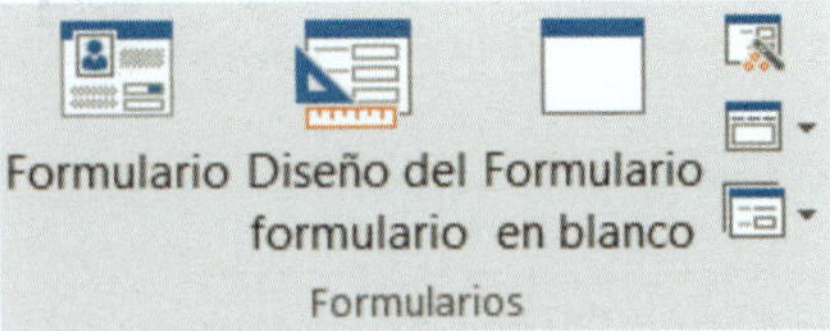

Fig. 9.19. Grupo Formularios.

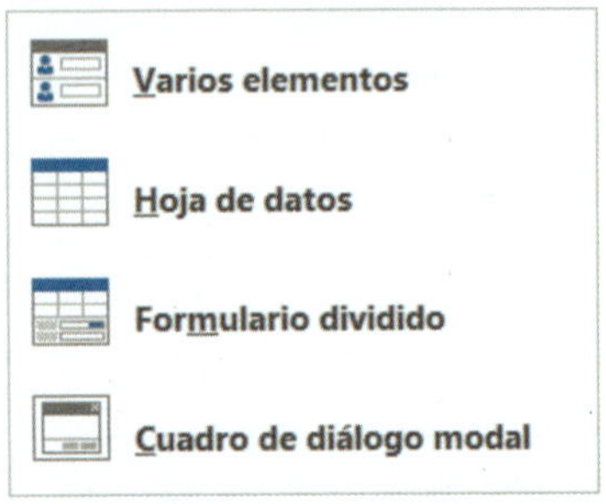

Fig. 9.20. Opciones del botón Más formularios.

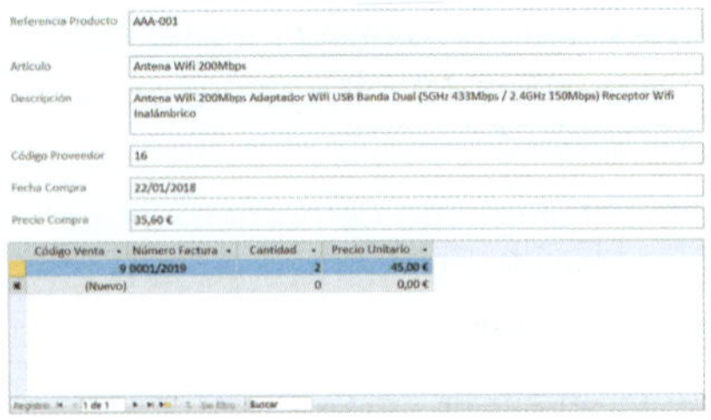

Fig. 9.21. Subformulario generado a partir de las relaciones existentes.

5. Formularios

Los formularios se utilizan para introducir, modificar y presentar la información almacenada en una o más tablas de una base de datos. Access dispone de un grupo específico para trabajar con ellos.

5.1. Creación de formularios

En el grupo *Formularios* (Fig. 9.19), de la ficha *Crear*, aparecen diversas formas para crear formularios a través de los siguientes botones:

Formulario. Crea un formulario correspondiente a los registros de una tabla.

Diseño del formulario. Crea un formulario desde cero en *Vista Diseño.*

Formulario en blanco. Crea un formulario desde cero en *Vista Presentación.*

Asistente para formularios. Crea un formulario a través del asistente de forma sencilla.

Navegación. Proporciona varias opciones para crear formularios que permiten explorar distintos formularios e informes.

Más formularios. Proporciona varias opciones (Fig. 9.21) para mostrar varios registros en el mismo formulario, crear un formulario dividido, crear un cuadro de diálogo, etc.

En ocasiones, al crear un formulario es posible que muestre otro formulario incrustado (subformulario) en forma de tabla. Esto surge debido a las relaciones existentes entre tablas. Observa un ejemplo en la Figura 9.22.

5.2. Asistente para formularios

Con el *Asistente para formularios,* Access nos permite diseñar un formulario personalizado y de forma sencilla.

ACTIVIDAD GUIADA 5

Utiliza el asistente para crear un formulario:

1. Abre la base de datos U9_GestiónComercialConsultas.accdb.
2. Selecciona la tabla *Clientes* del panel de navegación.
3. Activa la ficha *Crear* y pulsa el botón *Asistente para formularios*. Aparece el cuadro de diálogo *Asistente para formularios* (Fig. 9.22).
4. Selecciona la tabla *Clientes* y pulsa el botón >> para añadir todos los campos.
5. Pulsa *Finalizar.* Aparece el formulario *Clientes*. Por defecto, ya se ha guardado y puedes ver que aparece en el *Panel de navegación.*
6. Observa cómo es posible navegar por los distintos registros almacenados en la base de datos a través de las opciones de navegación Registro: 1 de 7 Sin filtrar Buscar. Pulsa el botón *Nuevo registro (vacío)* y añade un nuevo cliente con datos inventados pero coherentes.
7. Comprueba que el cliente aparece en la tabla *Clientes.*

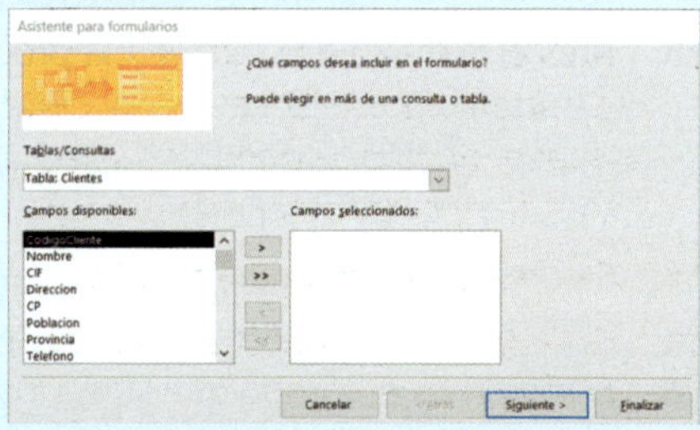

Fig. 9.22. Cuadro de diálogo Asistente para formularios.

ACTIVIDADES

6. Sobre la base de datos U9_GestiónComercialConsultas.accdb, diseña los formularios que se indican y añade en tu cuaderno las observaciones que aprecias:
   a) Formulario de la tabla *Facturas* a través del botón *Diseño del Formulario.*
   b) Formulario dividido de la tabla *Proveedores.*
   c) Formulario de la tabla *Clientes* del tipo *Varios elementos.*
7. ¿Es posible generar un formulario a partir de una consulta?
8. ¿Es posible generar un formulario a partir de un informe?

6. Integración con otras aplicaciones

La integración es muy útil para combinar cartas, sobres, correos electrónicos y demás documentos de correspondencia. Desde Microsoft Word, es posible realizar operaciones de combinación de correspondencia utilizando datos de una tabla o consulta de una base de datos Access. Desde Microsoft Excel, es posible obtener datos almacenados de una tabla o de la consulta de una base de datos Access.

CASO PRÁCTICO 6

Combinar un documento de Word con campos de una tabla Access.

1. Abrimos Word y buscamos en las plantillas en línea el texto «Sobre (Diseño rojo)».
2. Creamos un documento basado en esta plantilla.
3. A continuación, modificamos los datos del remitente, donde debe aparecer: «WifiConnect, S. L., C/ Palangreros, 3-29005 Málaga».
4. Activamos la ficha *Correspondencia*.
5. Hacemos clic sobre *Iniciar combinación de correspondencia* y desplegamos el menú de la opción *Seleccionar destinatarios.*
6. Activamos la opción *Usar lista existente*. Aparecerá el cuadro de diálogo *Seleccionar archivos de origen de datos.*
7. Localizamos el archivo U9_GestiónComercialConsultas.accdb y hacemos doble clic sobre el nombre. Se abrirá el cuadro de diálogo *Seleccionar tabla* (Fig. 9.23).
8. Seleccionamos la tabla *Clientes* y pulsamos el botón *Aceptar.*
9. Borramos la información que aparece por defecto en el sobre. Situamos el punto de inserción donde deben aparecer los datos del cliente (Fig. 9.24).
10. Desplegamos el menú del botón *Insertar campo combinado.* Se muestran los campos de la tabla *Clientes*. Seleccionamos los campos que componen la dirección.
11. Activamos la opción *Vista previa de resultados* y comprobamos cómo queda la combinación con el primer registro de la tabla.
12. Guardamos el documento como *Sobres.docx.*
13. Ahora, pulsamos *Finalizar y combinar,* y elegimos la opción *Editar documentos individuales.* Se abrirá el cuadro de diálogo *Combinar en un documento nuevo,* en el que podemos seleccionar todos los registros o solo algunos. Dejamos la opción *Todos* marcada por defecto. Pulsamos *Aceptar.*
14. Se crea un nuevo documento con el resultado de la combinación.
15. Guardamos la combinación con el nombre *Resultado Combinación sobres clientes.docx.*

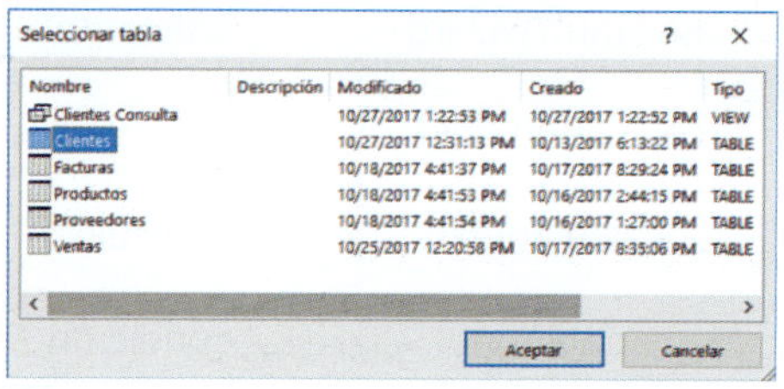

Fig. 9.23. Cuadro de diálogo Seleccionar tabla.

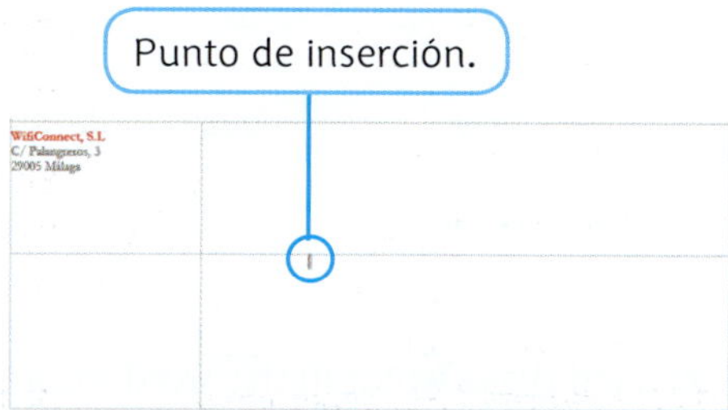

Fig. 9.24. Punto de inserción donde debe aparecer la dirección de cliente.

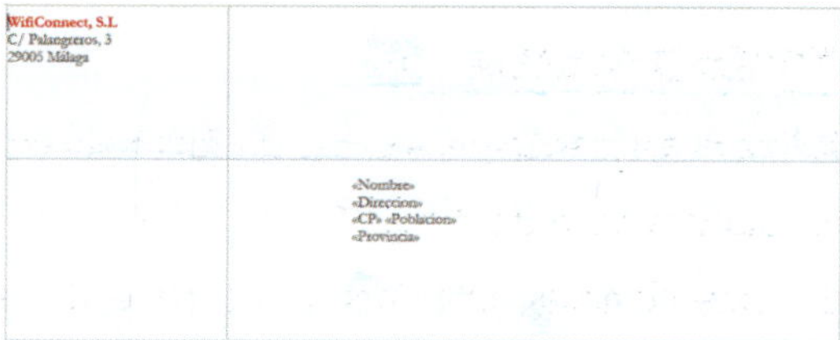

Fig. 9.25. Documento Sobres.docx.

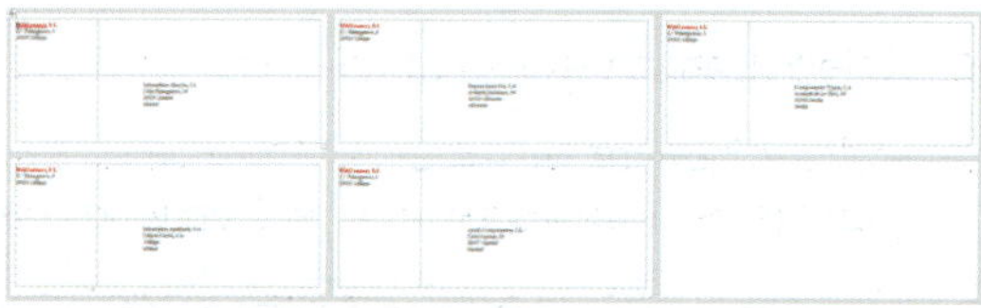

Fig. 9.26. Documento Resultado Combinación sobres clientes.docx.

Solución:

Como resultado, hemos generado dos documentos:

- *Sobres.docx:* documento base para realizar correspondencias con la tabla *Clientes* (Fig. 9.25).
- *Resultado Combinación sobres clientes.docx:* documento de Word en el que aparece el resultado de la combinación de todos los clientes (Fig. 9.26).

ACTIVIDADES

9. Abre Microsoft Excel y, desde la pestaña *Datos*, obtén datos externos desde Access seleccionando la base de datos U9_GestiónComercialConsultas.accdb y la tabla *Facturas.*
10. ¿Es posible crear un gráfico dinámico en Excel siendo su origen de datos una tabla de una base de datos Access?
11. Abre la base de datos U9_GestiónComercialConsultas.accdb y exporta la tabla *Facturas* con formato y diseño a un archivo de texto delimitado por tabulación llamado «Facturas texto.txt».
12. A continuación, abre Excel e importa los datos del fichero de texto.

KEYWORDS

1. Review the essential vocabulary terms of this unit in English. Did you already know all of them? Did you learn new vocabulary?

English	Spanish	English	Spanish	English	Spanish
action	acción	footer	pie	report	informe
assistant/wizard	asistente	grid	cuadrícula	selection	selección
calculated field	campo calculado	header	encabezado	tag	etiqueta
calculation	cálculo	integration	integración	text box	cuadro de texto
condition	condición	null	nulo	to append	anexar
creation	creación	parameter	parámetro	to merge	combinar
cross-reference	referencia cruzada	query	consulta	to store	almacenar
database	base de datos	question	pregunta	union/join	unión
elimination	eliminación	record	registro	update	actualización

2. Find these words in this word square and write them in your notebook:

query – grid – wizard – report – header – union – action – selection

f	y	w	i	z	a	r	d	q	u	p	y
e	h	d	b	o	e	e	r	d	s	y	j
g	l	e	r	t	l	p	f	u	i	q	i
i	c	i	a	e	e	o	n	f	q	p	l
s	h	u	j	d	y	r	g	d	u	a	m
t	r	t	y	p	e	t	a	q	e	c	d
r	g	r	i	d	i	r	y	m	r	s	u
a	e	t	q	a	o	u	p	s	y	u	n
t	f	s	e	l	e	c	t	i	o	n	i
i	o	i	l	e	c	s	a	g	u	i	o
o	o	l	d	r	c	a	c	t	i	o	n
n	t	a	g	y	u	a	s	l	i	d	e

3. Translate these sentences in your notebook:

a) If you want to be more selective about what fields appear on the form, you can use the Form Wizard.

b) With the Reports button of the Reports group, you can create reports quickly.

c) In Access is possible to show a query in SQL language through the SQL View.

d) The External Data Tab is used to Import and Export data from one program to another.

4. Link with arrows the button with the type of element in your notebook:

a)  1) Button Report.

b)  2) Button Form.

c)  3) Button Query Design.

d)  4) Button Report Design.

5. Order these phrases and write them in your notebook:

a) queries / the / Selection / most / are / common.

b) Sql / uses / language / clauses / predefined.

c) wizards for / has / forms / queries / Access / forms / reports / and.

d) have / elements / multiple / views / in / The / most / Access.

SÍNTESIS Bases de datos: operaciones avanzadas

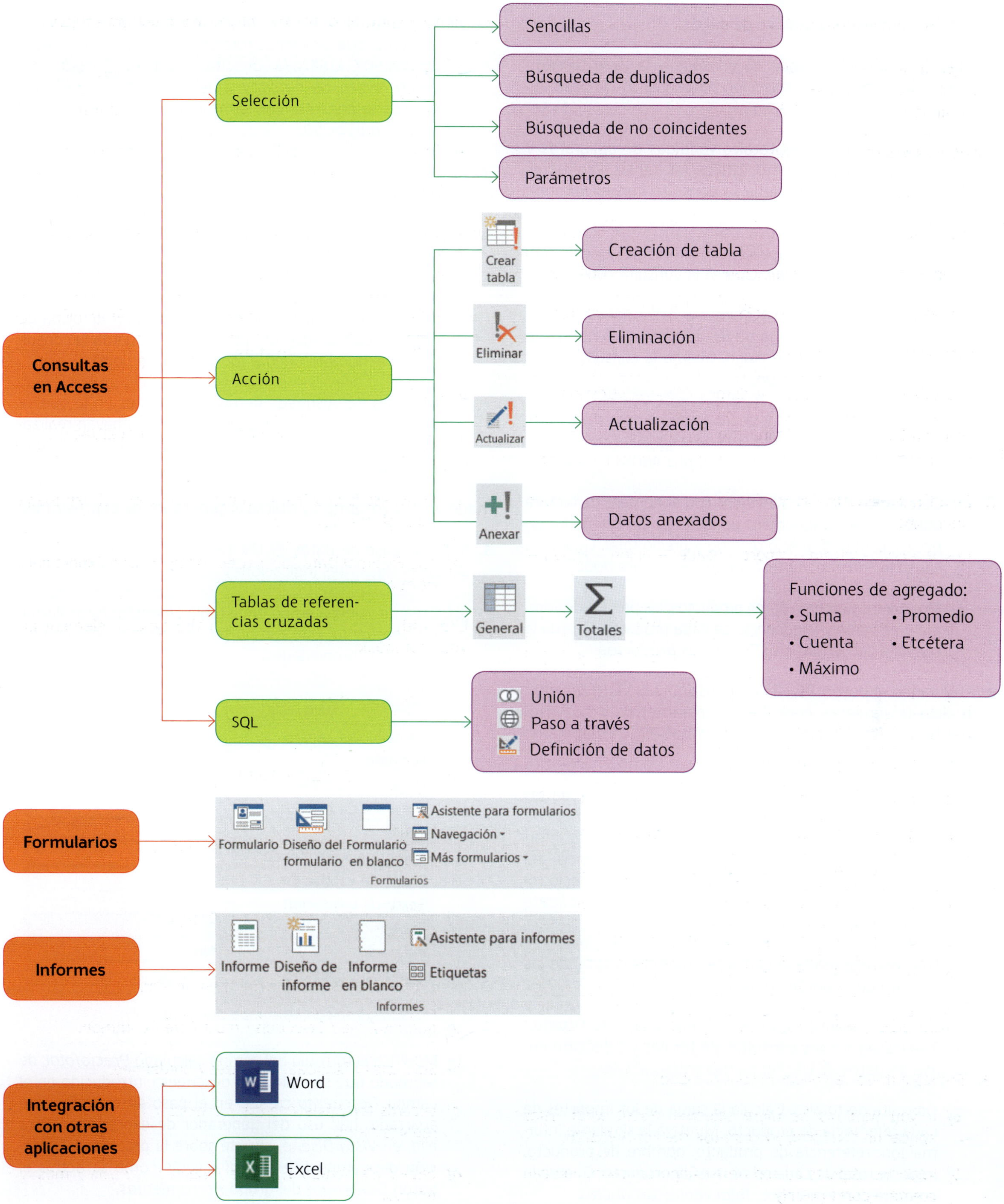

Realiza consultas en una base de datos.

1. Utilizando el botón *Diseño de consulta* y la *Vista Diseño,* efectúa las consultas de selección siguientes con la base de datos U9_Papelería Picasso.accdb:

   a) Mostrar las unidades totales vendidas de bolígrafos y el nombre del producto. Utiliza las tablas *Productos* y *LineasFacturas.* Guarda la consulta con el nombre: *Ventas bolígrafos.*

   b) Obtener el nombre y apellidos de los clientes que no tengan dirección de *e-mail.* Guarda la consulta con el nombre: *Clientes sin email.*

   c) Conocer los productos (a través del campo *Nombre*) que ha comprado el cliente Hugo. Guarda la consulta con el nombre: *Productos Hugo.*

   d) Mostrar la descripción y el precio de compra de los productos *AB0743* y *AA0092.* Guarda la consulta con el nombre: *Descripción y precio de compra AB0743* y *AA0092.*

   e) Obtener los datos relacionados con el número de factura 00003, como son: número de factura, nombre de los artículos, cantidad, precio unitario y precio total. Guarda la consulta con el nombre: *Número de factura 00003.*

   f) Mostrar los nombres de los productos, los precios de compra y de venta y la ganancia de cada producto. Guarda la consulta con el nombre: *Ganancias productos.*

2. Utilizando el botón *Diseño de consulta* y la *Vista Diseño,* realiza la siguiente consulta por parámetros y haz uso del botón *Totales* en la base de datos U9_Papelería Picasso.accdb:

   a) Prepara una consulta que muestre el importe de los productos comprados por un cliente, cuyo nombre se indicará al ejecutarla. Debe aparecer la siguiente información: nombre del cliente, apellidos, referencia del producto, cantidad, precio de venta unitario, precio total. Guarda la consulta con el nombre: *Ventas Cliente parámetro.*

   b) Una vez ejecutada la consulta, muestra el total de las ventas con el botón *Totales.*

3. Utilizando el botón *Diseño de consulta* y la *Vista Diseño,* efectúa las siguientes consultas de totales y selección en la base de datos U9_Papelería Picasso.accdb:

   a) Consulta de totales. Calcula la suma de los importes de cada referencia de producto. Muestra la siguiente información: referencia de producto, nombre de producto, importe total de cada referencia de producto. Guarda la consulta con el nombre: *Total ventas productos.*

   b) Consulta de selección. Muestra un listado de productos, en el que las ventas totales de cada producto superen los 50 €. Utiliza la consulta *Total ventas productos,* como origen de datos, y muestra todos los campos. Guarda la consulta con el nombre: *Subconsulta Total ventas mayor 50.*

Realiza consultas en una base de datos utilizando el asistente.

4. Utiliza la base de datos U9_Papelería Picasso.accdb y realiza las siguientes consultas:

   a) Consulta simple de selección en la que se muestre el nombre del cliente, el número de factura y la forma de pago en que se efectuó dicha factura. Guarda la consulta con el nombre *Cliente factura forma pago.*

   b) Consulta de búsqueda de no coincidentes en la que se muestren el cliente o los clientes que no hayan realizado ninguna compra y, por lo tanto, no tengan ninguna factura.

Añade un nuevo campo y utiliza el generador de expresiones.

5. Sobre la base de datos U9_Papelería Picasso.accdb, observa las siguientes indicaciones:

   a) Crea un nuevo campo en la tabla *LineasFacturas* llamado *Descuento.* Este campo será de tipo *Número* con las siguientes propiedades:

General | Búsqueda

Tamaño del campo	Entero
Formato	Estándar
Lugares decimales	0
Máscara de entrada	
Título	
Valor predeterminado	0
Regla de validación	
Texto de validación	
Requerido	Sí
Indexado	No
Alineación del texto	General

Fig. 9.27. Propiedades campo Descuento.

   b) Modifica la fórmula del campo calculado *PrecioTotal,* de tal modo que se aplique el descuento introducido en el campo *Descuento* creado en el paso anterior. En este apartado, haz uso del generador de expresiones. Para ello, en *Vista Diseño,* sitúate sobre la propiedad *Expresión* del campo *PrecioTotal* y verás cómo se activa el botón *Generador* del grupo *Herramientas.*

COMPRUEBA TU APRENDIZAJE

Crea un formulario para la inserción de clientes.

6. Realiza el siguiente formulario (Fig. 9.28), que muestra varios registros a la vez de la tabla *Clientes* de la base de datos U9_Papelería Picasso.accdb:

a) Ajusta el ancho de columnas en *Vista Presentación* o en *Vista Diseño* para poder visualizar todas las columnas en pantalla.

b) Guarda el formulario con el nombre *Formulario Clientes.*

Clientes

IdCliente	Nombre	Apellidos	DNI	Direccion	CP	Poblacion	Provincia	Movil	Email
1	Alejandro	Pérez Godoy	79445324N	Calle La Paz, 20	28006	Madrid	Madrid	654 33 26 77	agodoy@gmail.es
2	Roberta	Arriaga Blanco	77448321C	Avenida Jerónimo, 34	29007	Málaga	Albacete	654 33 22 78	
3	Hugo	Montero Villa	79884332B	Avenida Andalucía, 20, 5A	21001	Huelva	Huelva		hugo9999@hotmail.com
4	Cristina	Vivas Duarte	75663384G	Calle la Unión, 38, 7C	29007	Málaga	Málaga	653 22 45 66	
5	Sabrina	Arriaga Correa	76448321L	Calle Sevilla, 5, 1A	28007	Madrid	Madrid	676 88 77 43	sabriArriaga@outlook.es
(Nuevo)									

Fig. 9.28. Formulario con varios elementos.

Crea un informe con el asistente.

7. Abre la base de datos U9_Papelería Picasso.accdb y realiza el siguiente informe (Fig. 9.29), que muestra las líneas de pedido de las facturas de cada cliente:

a) Ajusta el ancho de columnas en *Vista Diseño* para poder visualizar todas las columnas en pantalla.

b) Muestra el total de cada línea y da formato *Euro* al resultado.

c) Guarda el informe con el nombre *Informe Clientes Ventas.*

Clientes

Nombre	Apellidos	ReferenciaProducto	Cantidad	PrecioUnitario	PrecioTotal
Alejandro	Pérez Godoy				
		AA5001	2	7,99 €	0,98 €
		AB0002	5	4,75 €	18,75 €
					19,73 €
Roberta	Arriaga Blanco				
		AB0743	4	2,60 €	10,40 €
		AA0765	2	18,00 €	35,00 €
					45,40 €
Hugo	Montero Villa				
		AD5543	7	1,20 €	1,40 €
		AB0002	9	4,75 €	42,75 €
		AA0765	2	18,00 €	36,00 €
					80,15 €
Cristina	Vivas Duarte				
		AZ6676	2	23,00 €	45,00 €
					45,00 €
				80,29 €	190,28 €

lunes, 15 de enero de 2018 — Página 1 de 1

Fig. 9.29. Informe con el asistente.

Trabaja la integración con otras aplicaciones.

8. Abre la base de datos U9_Papelería Picasso.accdb y genera un formulario de la tabla *Proveedores.* A continuación, expórtalo a Excel y guarda el libro con el nombre *Formulario Proveedores.xlsx.*

TEST DE REPASO

1. **Las consultas...**
   - (a) Son los criterios que se aplican a una base de datos.
   - (b) Solo pueden crearse con la ayuda de un asistente.
   - (c) Pueden crearse a través de un asistente, al igual que los formularios e informes.

2. **Señala la afirmación correcta en relación a las consultas de selección:**
   - (a) Se utilizan para seleccionar registros y, posteriormente, eliminarlos.
   - (b) Admiten criterios muy variados.
   - (c) Las consultas de selección son las menos habituales.

3. **¿En qué consisten las consultas por parámetros?**
   - (a) En la eliminación de un registro de una tabla, tras la introducción de un parámetro.
   - (b) En la creación de una nueva tabla.
   - (c) En establecer criterios en el momento de ejecutar la consulta.

4. **En una consulta SQL, si no especificamos una ordenación al usar la cláusula ORDER BY, esta, por defecto, es:**
   - (a) Descendente.
   - (b) Ascendente.
   - (c) No existe ordenación, los registros se muestran según se insertaron en la base de datos.

5. **El *Generador de expresiones* es:**
   - (a) Muy utilizado en el diseño de consultas.
   - (b) Una herramienta valiosa para generar expresiones en campos calculados.
   - (c) Una herramienta muy útil en el diseño de una tabla, cuando hay que establecer propiedades de los campos.

6. **Señala la afirmación correcta de las siguientes referidas a las consultas de creación de tabla:**
   - (a) Generalmente, las consultas elegidas para crear una tabla son las de selección.
   - (b) Generalmente, las consultas elegidas para crear una tabla son las de actualización.
   - (c) Generalmente, las consultas elegidas para crear una tabla son las de parámetros.

7. **Las consultas de actualización son capaces de:**
   - (a) Modificar un único registro según el criterio introducido. La consulta debe ser previamente guardada.
   - (b) Refrescar todos los registros una vez hayan sido ejecutadas.
   - (c) Modificar registros de una tabla según los criterios introducidos.

8. **¿Dónde se ubica el asistente para consultas en Access?**
   - (a) En la ficha *Herramientas de base de datos,* dentro del *grupo Herramientas.*
   - (b) En el grupo *Consultas* de la ficha *Inicio.*
   - (c) En el grupo *Consultas* de la ficha *Crear.*

9. **Para realizar un informe basado en más de una tabla, se puede hacer uso de...**
   - (a) El modo *Vista Diseño.*
   - (b) El *Asistente para informes.*
   - (c) El *Autoinforme.*

10. **Los informes:**
    - (a) Se actualizan automáticamente cuando modificamos los datos en las tablas.
    - (b) No pueden agrupar los datos de las tablas en distintos niveles.
    - (c) Se actualizan cuando modificamos los datos en las tablas, pero debemos cerrar y abrir el informe o pulsar el botón *Actualizar todo* para ver los cambios.

11. **Una vez creado un formulario o informe, ¿es posible modificar su diseño?**
    - (a) Sí, a través de la *Vista Diseño.*
    - (b) Únicamente los informes pueden ser modificados.
    - (c) Únicamente los formularios pueden ser modificados.

12. **¿Cuál es la función principal de los formularios?**
    - (a) Filtrar registros de las tablas según los criterios aplicados.
    - (b) Introducir registros en tablas.
    - (c) Mostrar subformularios para introducir registros.

13. **Señala la afirmación correcta sobre el *Asistente para formularios:***
    - (a) Con el *Asistente*, se generan los subformularios de manera automática cuando manejamos campos de dos tablas relacionadas.
    - (b) Con el *Asistente para formularios,* solo podemos añadir campos de una sola tabla.
    - (c) Con el *Asistente*, se pueden añadir campos de varias tablas, pero no de consultas.

14. **Señala la afirmación correcta en relación con la integración entre Access y otras aplicaciones:**
    - (a) La integración es muy útil para combinar informes con formularios.
    - (b) La integración es muy útil para combinar cartas y demás documentos de correspondencia.
    - (c) Únicamente es posible combinar datos de una base de datos Access desde una hoja Excel.

PRÁCTICA FINAL

Crea una base de datos y realiza operaciones sobre ella

Te acabas de incorporar a una empresa que se dedica a la venta de libros. La empresa ha crecido y necesitan diseñar una base de datos para recopilar información variada. Con los conocimientos aprendidos sobre la creación de bases de datos y relaciones, debes ser capaz de crear una base de datos lo más óptima posible, con unas relaciones correctas para facilitar y optimizar las consultas y el diseño de formularios e informes.

Debes realizar las siguientes tareas:

- La librería se llama *Iguana Verde*, así que llamarás a la base de datos *Gestión Iguana Verde.accdb.*
- Ten en cuenta que debes crear las siguientes tablas, con sus campos, y las relaciones correspondientes:

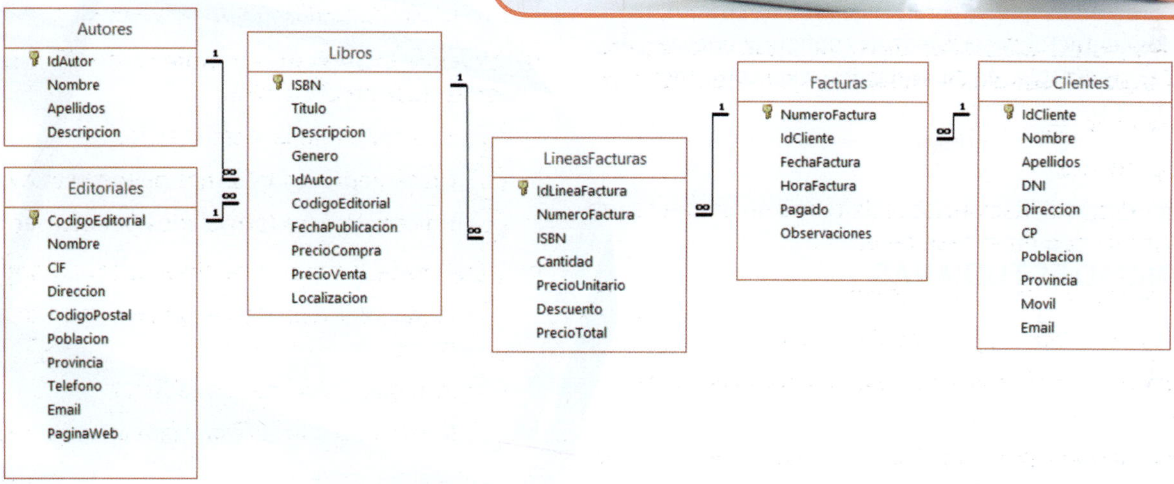

- Utiliza el generador de expresiones para los campos calculados.
- Introduce registros coherentes en las tablas en el orden correcto.
- Prepara y guarda las siguientes consultas:
  - *a)* Consulta por parámetro. Dicha consulta nos pide el nombre de un autor. Al ejecutar la consulta e introducir el nombre del autor, nos muestra el título de todos sus libros.
  - *b)* Consulta por parámetro. Dicha consulta nos pide el nombre de una editorial. Al ejecutar la consulta e introducir el nombre de la editorial, nos muestra el título de todos los libros de la editorial cuya fecha de publicación sea mayor que el 01/01/2018.
  - *c)* Muestra los clientes que posean facturas pendientes de pago.
- Crea un formulario con ayuda del asistente para la inserción de nuevos libros en la base de datos.
- Realiza un informe con ayuda del asistente que muestre los libros de un autor introducido por parámetro. Para ello, puedes reutilizar la consulta creada en el apartado *a)* y modificarla. Da formato al informe incluyendo el logo U9_LogoIguana.png para que quede de la siguiente forma:

Informe Libros de autor

Nombre Autor	Apellidos	ISBN	Nombre Libro	Fecha Publicación
Francisca	Montañez Muñoz			
		9788448191566	Tratamiento Informático De La Información. G.M	26/05/2014
		9788448175771	Ofimátca y Proceso de la Información G.S	30/03/2012

10
UNIDAD

Correo electrónico y agenda electrónica

Seguro que posees una o varias cuentas de correo electrónico. Esto no es nada extraño, ya que hoy día es uno de los modos de comunicación más utilizado.

Otras herramientas también muy utilizadas en el mundo laboral son las agendas de tareas y contactos, que han evolucionado y que ahora se conocen como agendas electrónicas.

Para tu futuro profesional, es importante aprender a manejar los programas que integran la gestión de correos, las tareas y los contactos, y ser capaz de configurar nuevas cuentas de correo tanto en aplicaciones web como de escritorio y para *smartphone*.

EN ESTA UNIDAD ESTUDIARÁS

1. El correo electrónico.
2. Microsoft Outlook: correo y agenda electrónica.
3. La configuración de Outlook con Gmail.
4. La sincronización con dispositivos móviles.

Y SERÁS CAPAZ DE

Gestionar el correo y la agenda electrónica manejando aplicaciones específicas.

1. Correo electrónico

El correo electrónico es uno de los servicios a los que puede acceder cualquier usuario que disponga de una conexión a Internet, ya sea a través de páginas web o a través de aplicaciones instaladas en su equipo o en su *smartphone*.

Para el desarrollo de este epígrafe vamos a centrarnos en conocer el correo electrónico vía web con Gmail y Outlook. También estudiaremos el uso del correo electrónico en los *smartphones*.

> **ABC VOCABULARIO**
>
> ***Phishing.*** Acto ilegal que consiste en suplantar la identidad de un remitente, con el objetivo de obtener datos de relevancia, como contraseñas, datos bancarios, etc.

1.1. Correo electrónico web con Gmail

Gmail es el servicio de correo electrónico de la compañía Google. Este servicio dispone de gran capacidad de almacenamiento, facilita la búsqueda de mensajes, utiliza una potente tecnología para bloquear virus, filtra el correo no deseado (*spam*) y avisa si se reciben mensajes con una identidad suplantada (*phishing*). Además, al tener una cuenta de la compañía Google, tenemos acceso a una lista de programas gratuitos: YouTube, Google Play, Google Drive, Calendar, Fotos, Contactos, etc.

ACTIVIDAD GUIADA 1

Crea una cuenta de correo Gmail e inicia sesión:

1. Abre un navegador web e introduce la dirección de Google: **https://www.google.com**
2. Haz clic en *Gmail.*
3. Si dispones de una cuenta Gmail o Google, accede a tu cuenta pulsando sobre el enlace *Iniciar sesión* y escribe tu dirección de correo electrónico o teléfono y tu contraseña.
4. Si no dispones de una cuenta, haz clic en el enlace *Crear una cuenta.*

   Rellena el formulario (Fig. 10.1) indicando la dirección de correo, la contraseña y los demás datos requeridos. Pulsa el botón *Siguiente paso* y acepta los términos.

   Pulsa el botón Ir a Gmail. Se cargará la configuración de la nueva cuenta.

Fig. 10.1. Formulario para crear una cuenta de Gmail.

Visualiza, responde e imprime mensajes de correo:

1. Haz clic en *Recibidos;* enlace situado en el panel izquierdo de la ventana.
2. Pulsa sobre el mensaje que deseas abrir. Se muestra su contenido.
3. Para responder al mensaje, pulsa el botón *Responder*, situado en la zona superior derecha de la ventana. Observa que, junto a este botón, se encuentra otro llamado *Más*, que muestra muchas más acciones.
4. Para imprimir el mensaje, pulsa *Imprimir todo*.

Redacta y envía mensajes de correo con archivos adjuntos:

1. Una vez hayas iniciado sesión en tu cuenta Gmail, haz clic en REDACTAR.
2. En el cuadro *Para*, escribe la dirección electrónica del destinatario.
3. Si deseas que algún destinatario reciba copia del mensaje, haz clic en *Añadir destinatarios Cc* (con copia) y escribe su dirección en el cuadro *Cc*. Si son más de uno, separa las direcciones con una coma o con un punto y coma. *Añadir destinatarios Cco* (con copia oculta) se utiliza cuando se va a enviar el mensaje a varios destinatarios sin que puedan verse entre sí.
4. En *Asunto,* haz una breve descripción del mensaje.
5. Redacta el mensaje y, si quieres dar formato al texto, utiliza la barra de herramientas que se hace visible al pulsar el botón *Opciones de formato*. Lo que escribas se guardará en *Borrador*, pues Gmail guarda automáticamente los mensajes cada poco tiempo.
6. Si deseas añadir un archivo, haz clic en *Adjuntar archivos*. A continuación, localiza el archivo y haz doble clic sobre él. Recuerda que no se pueden adjuntar archivos ejecutables (*.exe), ya que son bloqueados por motivos de seguridad.
7. Pulsa Enviar.

IMPORTANTE

Google desactiva una cuenta de correo si detecta el envío de correos electrónicos masivos. El número total de destinatarios que nos permite añadir en un correo electrónico es 500. Así, se pueden enviar 10 correos a 50 personas o 1 correo dirigido a 500 personas. Lo que cuenta es el número de destinatarios.

ACTIVIDAD GUIADA 2

Guarda, abre y elimina borradores:

Mientras se redacta un mensaje, Gmail lo puede guardar como borrador de forma automática; sin embargo, también se puede hacer manualmente.

1. Haz clic en REDACTAR y edita el mensaje.
2. Pulsa el botón *Guardar y cerrar* ☒, situado en el extremo superior derecho, para llevarlo a *Borradores.*
3. Visualiza todos los mensajes guardados pulsando en *Borradores,* en el panel izquierdo de la ventana.
4. Marca la casilla ☑, situada a la izquierda del último borrador guardado, y haz clic en *Descartar borradores.*

Accede a la configuración de tu cuenta y cierra sesión:

1. Presiona el botón *Configuración* ⚙ y elige *Configuración,* nuevamente. Se muestran una serie de pestañas que ofrecen multitud de opciones para personalizar la cuenta de correo.
2. Al dejar de usar tu cuenta de correo, es muy importante cerrar la sesión, ya que, según la configuración del navegador web, esta puede mantenerse abierta. Para ello, haz clic sobre el botón que posee la inicial con tu nombre, situado en la zona superior derecha de la ventana, y pulsa *Cerrar sesión.*

CLAVES Y CONSEJOS

Una cuenta de correo Microsoft puede tener las siguientes terminaciones:

@outlook.com

@outlook.es

@hotmail.com

@hotmail.es

@live.com

1.2. Correo electrónico web con Outlook

Microsoft también pone a disposición de los usuarios la creación de cuentas de correo de forma gratuita a través del servicio Outlook (antes conocido como Hotmail).

Aparte de usar Outlook desde un navegador web, es posible instalar la aplicación que contiene la *suite* Microsoft Office llamada Microsoft Outlook. Esta aplicación la explicaremos en el siguiente epígrafe de esta unidad.

CASO PRÁCTICO 1

Crear una cuenta de correo Outlook e iniciar sesión.

1. Abrimos un navegador web e introducimos la dirección de Outlook: **https://outlook.live.com**
2. Si disponemos de una cuenta Outlook o Microsoft, accedemos a ella introduciendo la dirección de correo electrónico o teléfono y la contraseña y presionando Iniciar sesión.
3. Si no disponemos de una cuenta, presionamos el enlace *Cree una.* Introducimos el nombre de la cuenta, eligiendo las terminaciones posibles (outlook.es, outlook.com, hotmail.com, hotmail.es o live.com) y la contraseña. Agregamos los detalles obligatorios a la cuenta, como nombre, apellidos y teléfono.
4. Elegimos algunas configuraciones opcionales, como hora, tema o firma, antes de acceder a la cuenta. Pulsamos *Adelante.*

Solución:

Se muestra la página de nuestra cuenta de correo de Outlook (Fig. 10.2), donde se observa un menú en la zona superior, un panel lateral izquierdo en el que se muestran las carpetas y una zona central en la que aparece el listado de correos.

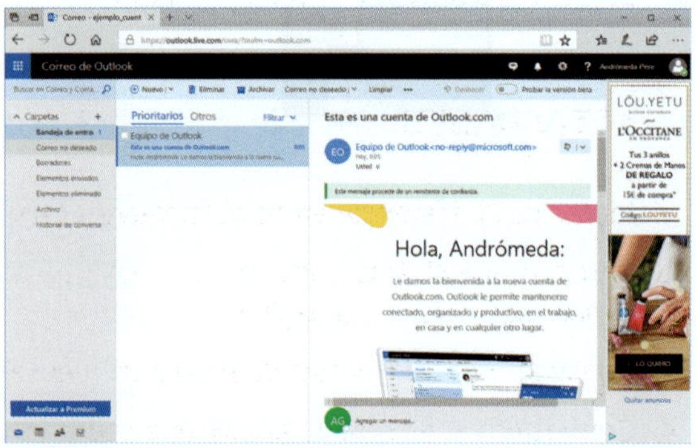

Fig. 10.2. Outlook web.

CLAVES Y CONSEJOS

Con una cuenta Microsoft, al iniciar sesión en Outlook podemos acceder a aplicaciones gratuitas y almacenar ficheros en la nube a través del botón ⊞, situado en la zona superior izquierda, y eligiendo OneDrive.

Además, también pone a nuestra disposición un calendario 📅 y una agenda 👥 para guardar contactos.

ACTIVIDAD GUIADA 3

Accede a la configuración de Outlook:

1. Presiona el botón *Configuración* y elige *Opciones*.
2. Se muestran los apartados *General, Correo, Calendario* y *Contactos,* que ofrecen multitud de opciones para personalizar la cuenta de correo.
3. Pulsa el enlace Opciones para volver a la página principal de correo de Outlook.

CASO PRÁCTICO 2

Crear una nueva carpeta.

1. En la página principal de correo de Outlook, nos situamos en el panel izquierdo, sobre *Carpetas,* y pulsamos sobre el símbolo + *(Crear carpeta nueva).* Observa la Figura 10.3.
2. Asignamos el nombre «BANCOS» y pulsamos ***Enter.***

Solución:

Se muestra la nueva carpeta bajo las demás (Fig. 10.4).

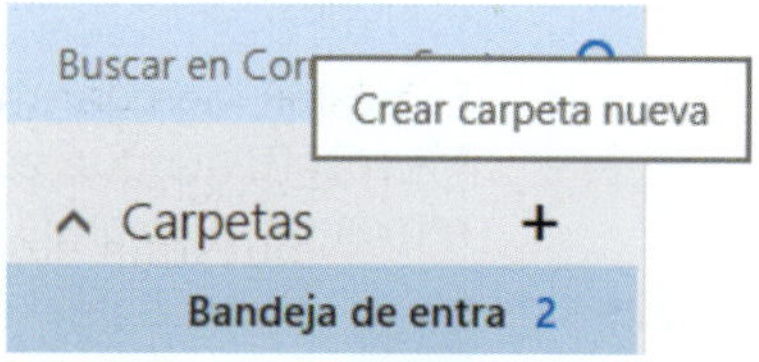

Fig. 10.3. Crear carpeta nueva.

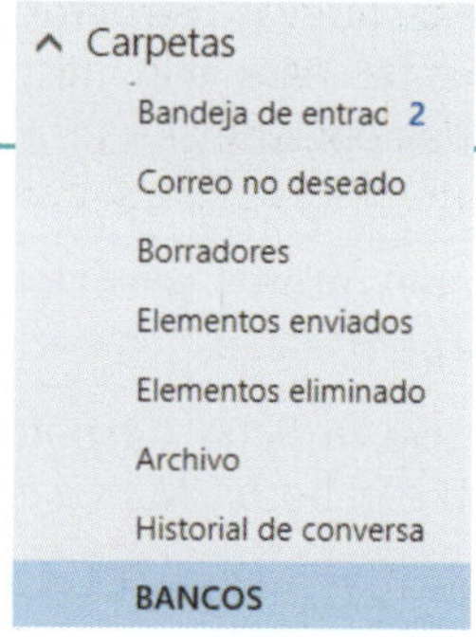

Fig. 10.4. Carpeta BANCOS.

1.3. Correo electrónico en aplicaciones *smartphone*

Cada vez son más las personas que necesitan gestionar correos casi a diario, ya sea en el ámbito personal o en el laboral. Por ello, los *smartphones* actuales cuentan con aplicaciones instaladas por defecto para gestionar correos electrónicos.

ACTIVIDAD GUIADA 4

Configura una cuenta Gmail en un *smartphone:*

Como requisito para esta actividad, es imprescindible contar con una cuenta Gmail y un *smartphone* con acceso a Internet.

1. Abre la aplicación Gmail; si no dispones de ella, descárgala desde tu gestor de descargas (Play Store, Apple Store, Windows Store, etc.).
2. Una vez abierta la aplicación, lee los mensajes de bienvenida y haz clic sobre *Añadir una dirección de correo electrónico.*
3. De las cuentas disponibles, selecciona Google.
4. En este punto, escribe tu correo electrónico o tu teléfono. Pulsa *Siguiente*, introduce la contraseña y pulsa *Siguiente* nuevamente. Pulsa *Aceptar.*
5. Si aparece una casilla llamada *Crear copia de seguridad en Google Drive,* déjala activada. De este modo, podemos almacenar en la nube de Google cualquier archivo. Pulsa *Siguiente*.
6. Se muestra la cuenta añadida (Fig. 10.5). Pulsa sobre *Ir a Gmail.*
7. Haz clic sobre *Sincronizar ahora,* para actualizar todas tus carpetas con la última información.
8. Pulsa sobre el botón superior izquierdo para mostrar el menú de la aplicación y observa sus opciones.

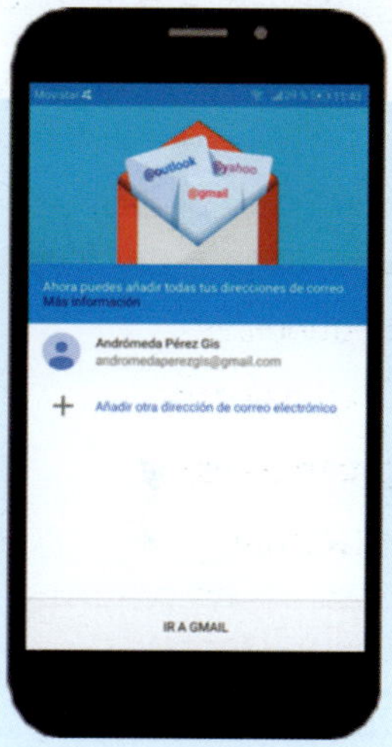

Fig. 10.5. Cuenta de Gmail añadida en un smartphone.

ACTIVIDADES

1. Identifica la diferencia entre destinatarios *Cc* y destinatarios *Cco.*
2. ¿Qué sucede si, tras unos minutos, no guardas un correo que estabas redactando en Gmail web y cierras la página?
3. Investiga distintas formas de mover un mensaje de una carpeta a otra en Outlook web.
4. Comprueba si es posible añadir una cuenta Microsoft Outlook a la aplicación Gmail de un *smartphone*.

2. Microsoft Outlook: correo y agenda electrónica

Microsoft Office 2016 incluye Microsoft Outlook, una aplicación de correo y agenda electrónica que puede gestionar correo, contactos, calendario y diversas tareas.

> Una **agenda electrónica** es una aplicación que permite programar y gestionar tareas y actividades de forma organizada.

TRUCO

En Microsoft Outlook, es posible crear nuevas carpetas en una cuenta. Para ello, dispones de varias opciones:

Haz clic con el botón secundario del ratón y selecciona *Nueva carpeta.*

Activa la ficha *Carpeta* y pulsa sobre el botón *Nueva carpeta.*

Pulsa las teclas **[Ctrl + Mayús + E].**

2.1. Configurar una cuenta en Outlook 2016

La primera vez que se ejecuta Outlook aparece su ventana inicial. Será necesario agregar una cuenta Microsoft ya existente para comenzar a enviar y recibir correos electrónicos, entre otras acciones.

Es posible agregar más de una cuenta de correo a Outlook, incluso cuentas que no sean de Microsoft, aunque estas últimas necesitarán una configuración especial. Este caso lo estudiaremos en el epígrafe 3 de esta unidad.

CASO PRÁCTICO 3

Configurar una cuenta de Outlook.

1. Ejecutamos el botón *Inicio > Outlook 2016.* Aparece su ventana principal.
2. Activamos la ficha *Archivo > Agregar cuenta.* Escribimos la dirección de la cuenta y pulsamos *Conectar.*
3. A continuación, escribimos la contraseña en el cuadro de diálogo *Seguridad de Windows* y activamos la casilla *Recordar credenciales.* Pulsamos *Aceptar.* Si se muestra el cuadro de diálogo con el nombre *Ubicación de entrega de correo,* pulsamos *Aceptar* sobre la advertencia que nos indica.
4. Desactivamos la casilla *Configurar Outlook Mobile en mi teléfono también* y presionamos *Aceptar.*

Solución:

Se muestra la ventana principal de Outlook con la cuenta agregada. Observa las distintas zonas de su interfaz gráfica (Fig. 10.6):

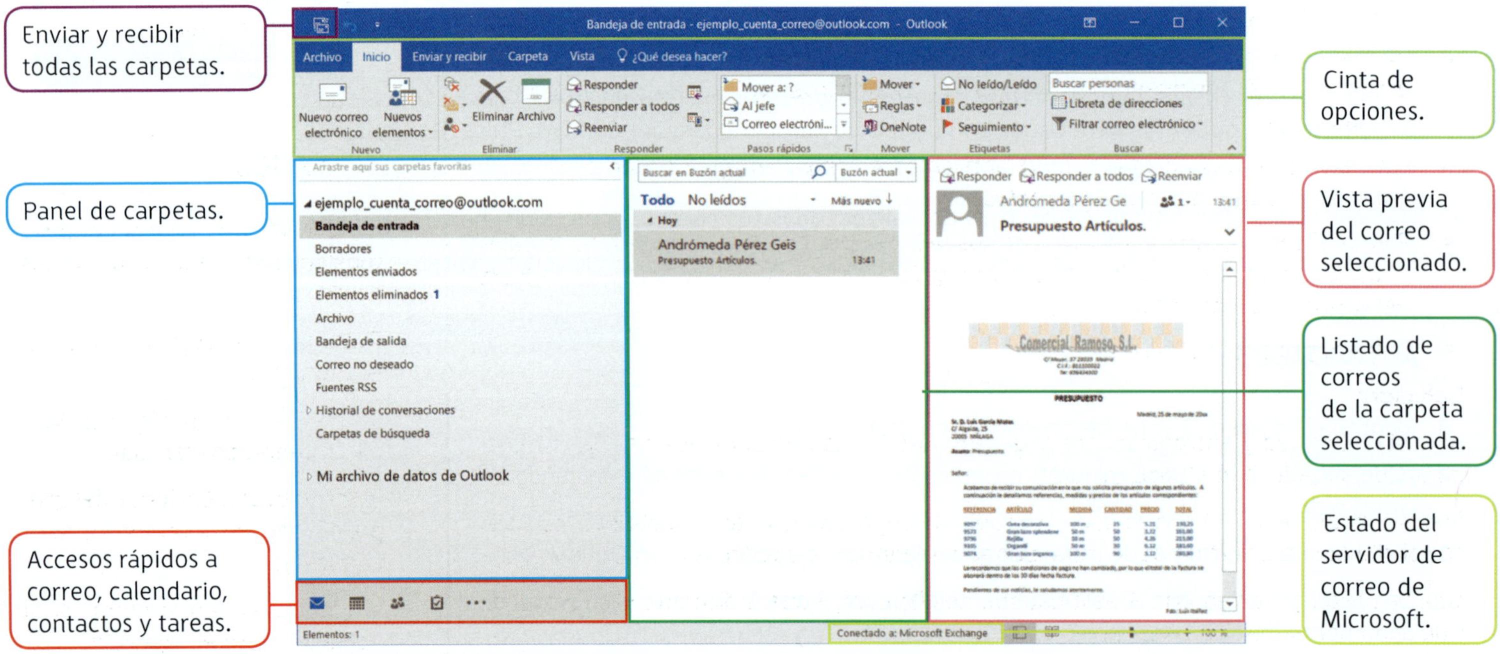

Fig. 10.6. Ventana principal de Outlook con cuenta configurada.

2.2. Seguridad en Microsoft Outlook

En Outlook, la seguridad se establece a través del *Centro de confianza,* donde podremos configurar la seguridad y la privacidad. Su configuración permite elegir opciones para la seguridad del correo electrónico, el tratamiento de datos adjuntos, las descargas automáticas, etc.

ACTIVIDAD GUIADA 5

Observa distintas opciones de seguridad en Microsoft Outlook:

1. En la ventana de Outlook, activa la ficha *Archivo* > *Opciones* > *Centro de confianza.*
2. Haz clic sobre *Configuración del Centro de confianza.* Aparece el cuadro de diálogo *Centro de confianza.*
3. Pulsa en *Seguridad del correo electrónico,* en el panel izquierdo (Fig. 10.7). Para mayor seguridad se puede activar la casilla *Cifrar contenido y datos adjuntos para mensajes salientes.* El cifrado codifica el texto de los mensajes y solo podrán leerlos los destinatarios que tengan la clave privada. Si activas la casilla de cifrado, es necesario poseer un identificador digital.
4. Al activar la casilla *Agregar firma digital a los mensajes salientes,* en cada mensaje se incluye un certificado y una clave pública.
5. Haz clic en *Descarga automática,* en el panel izquierdo. De forma predeterminada, Outlook está configurado para no descargar automáticamente imágenes cuando se muestra la vista previa de un mensaje.
6. Pulsa *Cancelar* dos veces para salir del *Centro de confianza.*

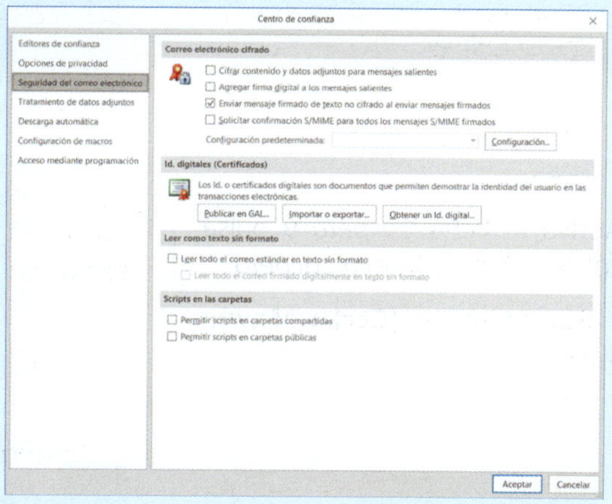

Fig. 10.7. Cuadro de diálogo del Centro de confianza.

2.3. Correo en Microsoft Outlook

Mientras escribimos un correo electrónico, podemos formatear el texto, revisarlo, adjuntar archivos, realizar un seguimiento para conocer si el correo ha llegado al destinatario, establecer su importancia, etc. También podemos crear nuestras propias plantillas y usarlas para redactar nuevos correos. Realiza los siguientes casos prácticos y actividades para practicar.

CASO PRÁCTICO 4

Enviar un mensaje de correo con importancia alta y llevar a cabo su seguimiento.

1. Con Outlook abierto, pulsamos el botón *Nuevo correo electrónico*, del grupo *Nuevo* de la ficha *Inicio.*
2. Añadimos como destinatario una dirección de correo de un compañero o nuestra propia dirección. Incluimos un texto y un asunto inventados, relacionados con el mundo empresarial.
3. Para establecer la importancia alta, activamos la ficha *Mensaje* y pulsamos el botón *Importancia alta,* del grupo *Etiquetas.*
4. Para realizar el seguimiento, activamos la ficha *Opciones* y marcamos las casillas *Solicitar una confirmación de entrega* y *Solicitar una confirmación de lectura,* del grupo *Seguimiento.*
5. Pulsamos el botón *Enviar*.

Solución:

Al enviar el correo y entregarse, nos llega otro que indica que el mensaje se ha entregado al destinatario, con el símbolo.

El destinatario recibe el correo con el símbolo de importancia alta: **!**. Al abrir el mensaje, se solicita la confirmación de lectura, donde pulsaremos la opción *Sí.*

Una vez leído el correo por el destinatario, nos llega otro que indica que el mensaje ha sido leído por el destinatario, con el símbolo **!**.

ABC VOCABULARIO

Identificador digital. Ayuda a validar la identidad del usuario y previene la manipulación de los correos electrónicos.

Firma digital. Recurso digital para probar la identidad y la forma en que el destinatario puede asegurarse de que el remitente no es un impostor.

TRUCO

Si necesitas eliminar un mensaje, lo puedes realizar de varias formas:

Pulsa la tecla ***Supr*** una vez seleccionado.

Selecciona la opción *Eliminar* de su menú contextual.

Pulsa el botón *Eliminar* del grupo del mismo nombre de la ficha *Inicio.*

Pulsa el icono emergente ✕ al situarte sobre el mensaje.

CLAVES Y CONSEJOS

Si deseas eliminar plantillas que no vas a usar, dirígete al directorio *C:\Users\UsuarioWindows\AppData\Roaming\Microsoft\Templates*, selecciona la plantilla y pulsa la tecla ***Supr.***

ACTIVIDAD GUIADA 6

Crea tu propia plantilla:

1. Con Outlook abierto, pulsa el botón *Nuevo correo electrónico*, del grupo *Nuevo* de la ficha *Inicio*.
2. Sitúa el puntero en la zona de edición del mensaje.
3. Activa la ficha *Opciones*, despliega las opciones del botón *Color de página* y elige un color verde claro.
4. Activa la ficha *Formato de texto* y añade el texto «Buenos días» al comienzo y «Un cordial saludo» al final. Elige la fuente Arial de tamaño 12 a través del grupo *Fuente*.
5. Dirígete a *Archivo > Guardar como*. En el cuadro de diálogo que aparece, elige el tipo *Plantilla de Outlook (*.oft)*, asigna el nombre «MiPlantilla.oft» y pulsa *Guardar*.

Utiliza tu plantilla:

1. Con la ficha *Inicio* activa, pulsa el botón *Nuevos elementos*, del grupo *Nuevo* de la ficha *Inicio*. De sus opciones, elige *Más elementos > Elegir formulario*. Se abre el cuadro de diálogo *Elegir formulario*.
2. En la lista desplegable *Buscar en*, selecciona *Plantillas del usuario en el sistema de archivos*. Haz doble clic sobre *MiPlantilla*. Se crea un nuevo mensaje basado en la plantilla.

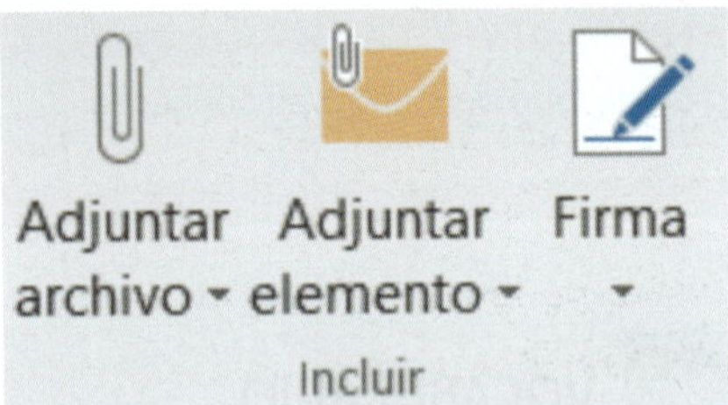

Fig. 10.8. Grupo Incluir *de la ficha* Inicio.

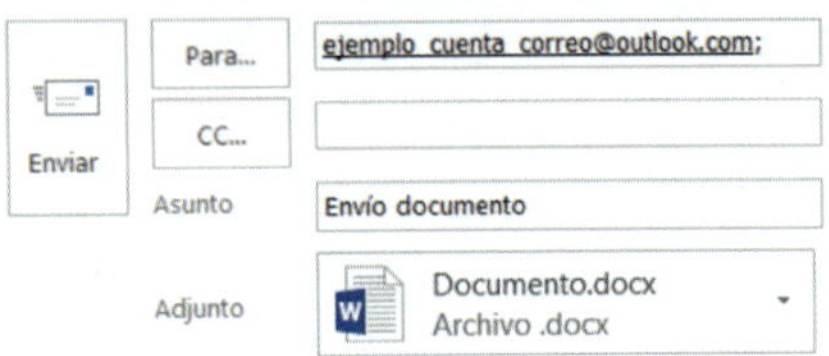

Fig. 10.9. Archivo adjunto.

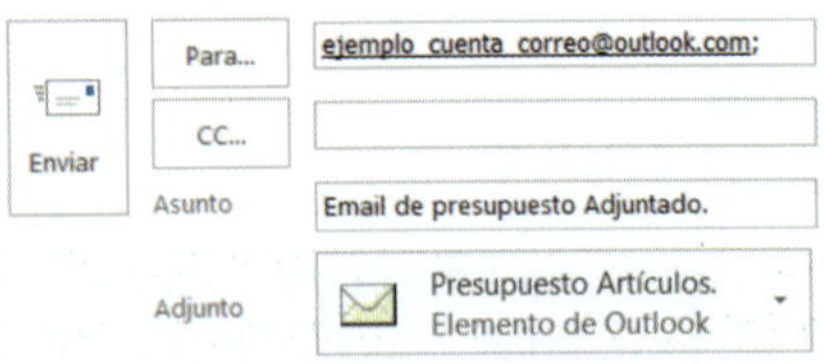

Fig. 10.10. Elemento adjunto.

CASO PRÁCTICO 5

Adjuntar archivos o elementos a los mensaje de correo.

***a)* Adjuntar un archivo.**

1. Activamos la ficha *Inicio* y pulsamos *Nuevo correo electrónico*.
2. Hacemos clic en el botón *Adjuntar archivo* del grupo *Incluir* (Fig. 10.8) y, de las opciones desplegables, elegimos *Examinar Este Equipo*. Aparece el cuadro de diálogo *Insertar archivo*.
3. Buscamos el archivo, por ejemplo un documento de Word, y hacemos doble clic sobre él.

***b)* Adjuntar un correo electrónico.**

1. Activamos la ficha *Inicio* y pulsamos *Nuevo correo electrónico*.
2. Hacemos clic en el botón *Adjuntar elemento* del grupo *Incluir* (Fig. 10.8) y, de las opciones desplegables, elegimos *Elemento de Outlook*. Aparece el cuadro de diálogo *Insertar elemento*.
3. Navegamos por las carpetas y, en la zona inferior de elementos, seleccionamos un correo ya existente y hacemos clic en *Aceptar*.

Solución:

a) Aparece el documento adjunto (Fig. 10.9). Recuerda que Outlook bloquea los archivos que tengan unas extensiones determinadas. Estas pueden ser: *.app, *.bat, *.com, *.exe, *.jar, etc.

b) El mensaje queda adjuntado al correo (Fig. 10.10).

Para eliminar archivos o elementos y no adjuntarlos, seleccionamos la flecha de los elementos adjuntos y seleccionamos *Quitar datos adjuntos*.

ACTIVIDADES

5. Busca información sobre las Fuentes RSS e indica su función.

6. Activa la ficha *Archivo* y vacía la carpeta de elementos eliminados a través del botón *Herramientas*. ¿Sabrías indicar otra forma para realizar esta misma acción?

7. Indica las diferencias que existen entre las opciones *Responder, Responder a todos* y *Reenviar*.

8. Traduce un correo electrónico de tu bandeja de entrada al inglés e indica en tu cuaderno los pasos que has ejecutado.

CASO PRÁCTICO 6

Crear una firma para los mensajes de correo.

Una firma constará de los elementos que deseemos (nombre, dirección, teléfono, etc.) y aparecerá automáticamente en nuestros mensajes. Para crearla, seguimos estos pasos:

1. Activamos la ficha *Archivo* > *Opciones*. Se abre el cuadro de diálogo *Opciones de Outlook*.
2. Hacemos clic sobre la sección *Correo* y pulsamos el botón *Firmas*. Se abre el cuadro de diálogo *Firmas y plantilla*.
3. Creamos el ejemplo de la Figura 10.11 siguiendo las indicaciones:

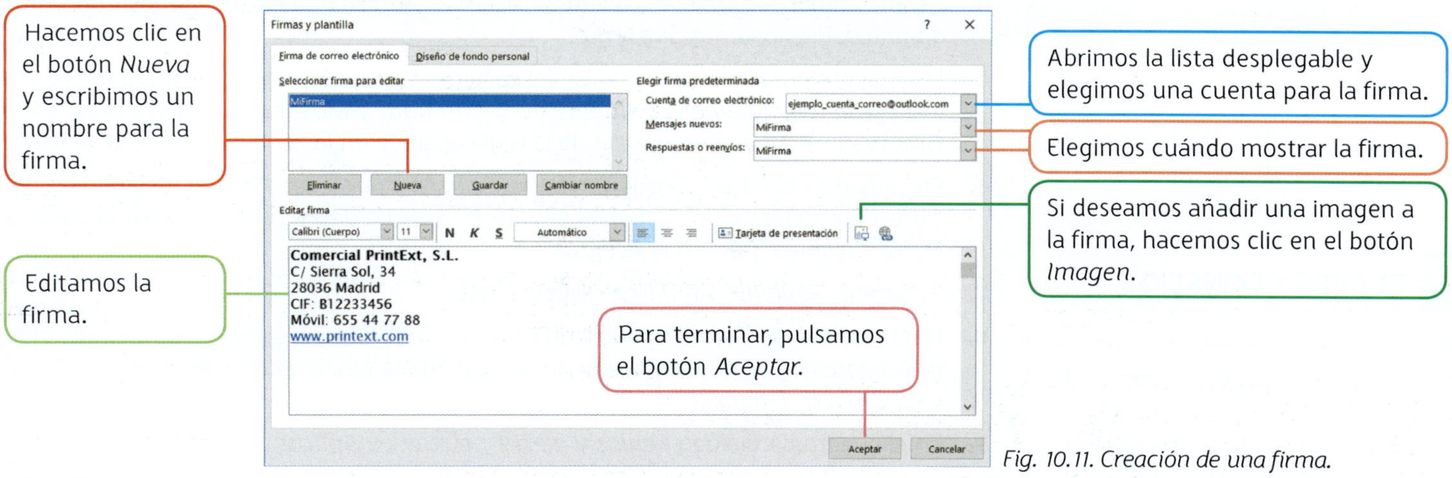

Fig. 10.11. Creación de una firma.

Solución:

Al crear o responder un correo, observamos cómo se muestra la firma creada. Es importante recordar que, a través del cuadro de diálogo *Firmas y plantilla*, podemos editar, cambiar el nombre y eliminar firmas ya existentes.

2.4. Organización y control de los correos

Cuando recibimos correos, estos se almacenan directamente en la *Bandeja de entrada*. Por defecto, están organizados por fecha, de forma predeterminada. Si deseas establecer otra vista, existen criterios de agrupación predefinidos en la ficha *Vista*.

Si deseas recibir correos directamente en una carpeta de tu elección, puedes aplicar reglas.

Una **regla** es una acción que Microsoft Outlook realiza sobre los mensajes entrantes de forma automática, siempre que se cumplan las condiciones que se han especificado en la regla.

ACTIVIDAD GUIADA 7

Organiza la bandeja de entrada por grupos:

1. Con la bandeja de entrada seleccionada, activa la ficha *Vista*.
2. Despliega las opciones de la lista del grupo *Organización* pulsando el botón *Más* . Aparecen numerosas agrupaciones (Fig. 10.12).

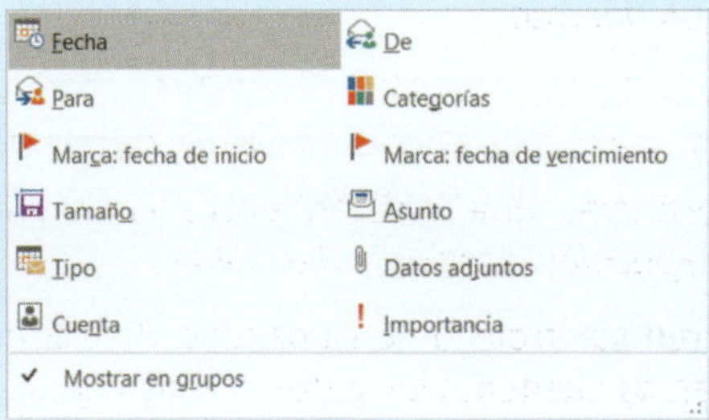

Fig. 10.12. Listado Organización.

3. Haz clic en *Datos adjuntos*. Los mensajes se organizan en dos grupos: *Con datos adjuntos* y *No hay datos adjuntos* y, dentro de ellos, por la fecha de recepción.
4. Repite el proceso y elige *De*. En este caso, los mensajes se muestran organizados según los nombres de la línea *De*, es decir, por nombres de remitentes.
5. Si eliges *Tamaño*, los mensajes se agruparán en varias categorías, de mayor a menor tamaño.
6. Para terminar, vuelve a la organización predeterminada *Fecha*. Otra forma de volver a la vista por defecto es pulsando el botón *Restablecer vista* , del grupo *Vista actual*.

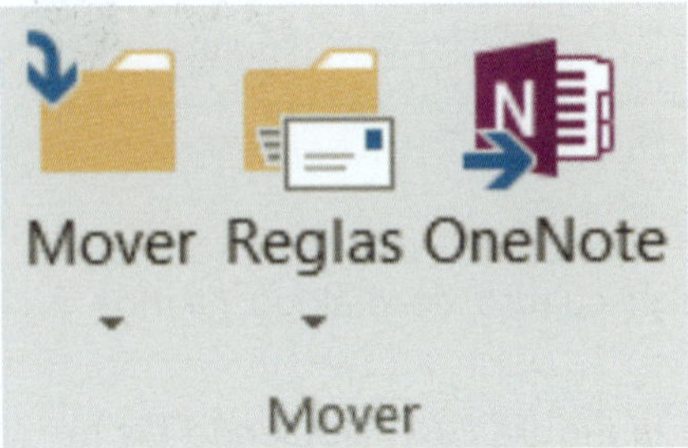

Fig. 10.13. Grupo Mover *de la ficha* Inicio.

CASO PRÁCTICO 7

Utilizar reglas para administrar correos con datos adjuntos y realizar seguimientos.

1. Previamente, creamos una carpeta en la *Bandeja de entrada* llamada *Datos adjuntos.*
2. Activamos la ficha *Inicio*, pulsamos el botón *Reglas*, del grupo *Mover* (Fig. 10.13), y seleccionamos *Administrar reglas y alertas.* Aparece el cuadro de diálogo *Reglas y alertas.*
3. Presionamos el botón *Nueva regla* y aparece el asistente. Pulsamos *Siguiente.*
4. Desmarcamos la primera casilla que aparece seleccionada y marcamos *Con datos adjuntos.* Presionamos *Siguiente.*
5. El siguiente paso es indicar qué se desea hacer con el mensaje. Activamos las casillas *Marcar el mensaje para seguimiento a esta hora* y *Mover a la carpeta específica.* Observamos que la descripción de la regla aparece en la zona inferior de la ventana.
6. Presionamos el enlace *Seguimiento a esta hora* y pulsamos *Aceptar,* dejando las opciones por defecto. Presionamos el enlace *Especificada* y seleccionamos la carpeta *Datos adjuntos.* Pulsamos *Aceptar.*
7. Pulsamos *Siguiente* sin indicar excepciones.
8. Hacemos clic en *Siguiente* y escribimos un nombre para la regla, por ejemplo «ReglaAdjuntos». Comprobamos que está marcada la casilla *Activar esta regla* y pulsamos el botón *Finalizar.*
9. En el cuadro de diálogo *Reglas y alertas,* pulsamos *Aplicar* y *Aceptar.*

Solución:

Al recibir un correo con archivos adjuntos, este aparece en la carpeta *Datos adjuntos* con el símbolo 🚩. Al pulsar sobre dicho símbolo se marcará el seguimiento como completado (Fig. 10.14).

Fig. 10.14. Seguimiento completado.

CLAVES Y CONSEJOS

No hay que confundir los términos *Limpiar carpeta* y *Vaciar carpeta.* Al vaciar una carpeta, borramos todos los mensajes que contiene, mientras que la opción de limpiar borra los mensajes redundantes.

ACTIVIDAD GUIADA 8

Controla el correo no deseado en Outlook:

1. Activa la ficha *Inicio* y pulsa sobre el botón *Correo no deseado,* del grupo *Eliminar.*
2. Selecciona *Opciones de correo electrónico no deseado.* Aparece su cuadro de diálogo. Pulsa sobre la ficha *Opciones* y lee atentamente todos los niveles de protección que ofrece Microsoft Outlook.
3. Elige un nivel de protección *Bajo* y marca las casillas *Deshabilitar los vínculos y otras funciones en los mensajes malintencionados* y *Avisar si hay nombres de dominio sospechosos en las direcciones de correo electrónico* (Fig. 10.15).

Busca la lista de remitentes no deseados:

1. Muestra el cuadro de diálogo *Opciones de correo electrónico no deseado,* como se indica en el apartado anterior.
2. Activa la ficha *Remitentes bloqueados.* En la lista que aparece, puedes agregar nuevos remitentes o quitar alguno de los existentes.

Vacía la carpeta *Correo electrónico no deseado:*

1. Haz clic con el botón secundario del ratón sobre la carpeta *Correo no deseado,* situada en el panel de carpetas.
2. Elige la opción *Vaciar carpeta.*

Recupera correos eliminados:

1. Selecciona la carpeta *Correo no deseado,* situada en el panel de carpetas.
2. Pulsa el botón *Recuperar elementos eliminados* del grupo *Limpiar* de la ficha *Carpeta.*
3. Selecciona los elementos a recuperar y presiona *Aceptar.*

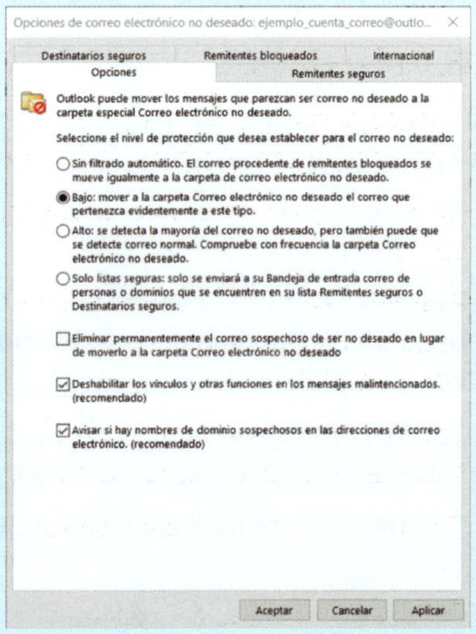

Fig. 10.15. Opciones de correo electrónico no deseado.

2.5. Contactos

Un contacto contiene toda la información (nombre, domicilio, cargo, teléfono, dirección de correo, etc.) que se puede guardar de una persona determinada. Al crear un contacto en Outlook, también se crea su tarjeta de presentación.

> Una **tarjeta de presentación** en Outlook es la forma de ver los datos de un contacto; tiene un aspecto muy similar a una tarjeta de visita.

CASO PRÁCTICO 8

Crear contactos en Outlook.

1. Presionamos el botón *Contactos*, situado en la zona inferior izquierda, para activar la cinta de opciones correspondiente.
2. Pulsamos el botón *Nuevo Contacto,* del grupo *Nuevo.* Aparece la ventana *Contacto.*
3. Rellenamos el formulario con los datos de un contacto. Observamos que a medida que vamos escribiendo los datos del contacto se va creando su tarjeta de presentación (Fig. 10.16).
4. Pulsamos el botón *Guardar y cerrar* del grupo *Acciones* de la ficha *Contacto.*

Fig. 10.16. Tarjeta de presentación.

Solución:

Se ha creado un contacto en nuestra lista de Outlook. Al introducir más contactos, la lista se ordena alfabéticamente.

ACTIVIDAD GUIADA 9

Visualiza en un mapa la dirección de un contacto:

1. Presiona el botón *Contactos*, situado en la zona inferior izquierda.
2. Con la ficha *Inicio* activa, selecciona la vista *Tarjeta de presentación* del grupo *Vista actual.*
3. Haz doble clic sobre la tarjeta de presentación de uno de los contactos existentes.
4. En el grupo *Comunicar,* despliega las opciones del botón *Más* y elige *Mapa.*
5. Se abre el navegador web predeterminado con la página de mapas del buscador Bing, donde aparece localizado el domicilio del contacto seleccionado.

CLAVES Y CONSEJOS

En Outlook, es posible crear grupos de contactos. Es una solución para organizar contactos que pertenezcan a una empresa, organización, etc.

Para crear un grupo de contactos, activa la ficha *Archivo > Nuevos elementos > Más elementos > Grupo de contactos.*

2.6. Calendario

Para trabajar con calendarios debes presionar el botón *Calendario*. Dispones de varios tipos de entradas desde el botón *Nuevos elementos* (Fig. 10.17):

- **Cita.** Actividad en la que solo participa el usuario; por tanto, no implica invitar a otras personas ni reservar recursos.
- **Reunión.** Participan varias personas; una de ellas es la que convoca la reunión e invita a las demás a asistir. Se debe establecer una hora y se puede elegir un recurso (sala de reuniones, por ejemplo).
- **Tarea.** Por lo general, solo participa el usuario y no necesita hora programada, excepto si se trata de una solicitud de tarea; en este caso, participa también quien la recibe.
- **Evento.** Dura todo el día o varios días. No se muestra en el calendario como tiempo ocupado.

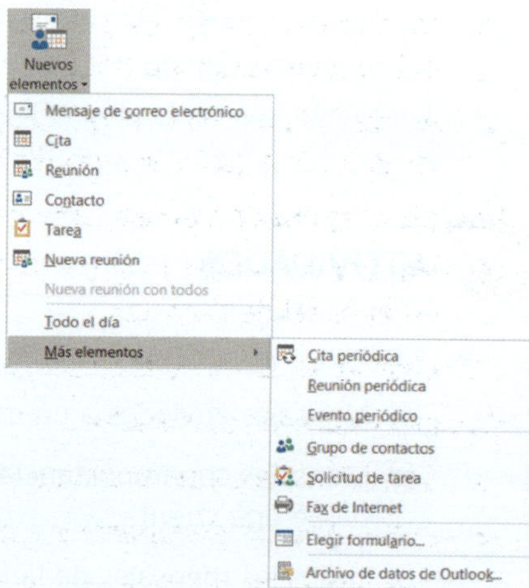

Fig. 10.17. Elementos de Calendario.

ACTIVIDAD GUIADA 10

Muestra en el calendario los días festivos de España:

1. Presiona el botón *Calendario*, situado en la zona inferior izquierda.
2. Activa la casilla *Días festivos de España* del panel izquierdo. Observa que se marcan los días festivos de España. Puedes navegar por los meses a través de los botones *Atrás* ◀ y *Adelante* ▶.

CASO PRÁCTICO 9

Configurar el calendario.

1. Pulsamos el botón *Calendario* .
2. En primer lugar, vamos a eliminar los días laborables que aparecen por defecto. Para ello, seleccionamos el calendario de nuestra cuenta de correo, que se encuentra en el panel izquierdo. A continuación, activamos la ficha *Vista*. Desplegamos las opciones del botón *Cambiar vista* del grupo *Vista actual* y seleccionamos *Lista*. Seleccionamos todas las entradas que se muestran y, ayudándonos de la tecla **Bloq Mayús**, mostramos las opciones del menú contextual y elegimos *Eliminar*.
3. Volvemos a la vista *Calendario*, con nuestro calendario seleccionado, y presionamos el botón iniciador del grupo *Organización*. Aparece su cuadro de diálogo.
4. Marcamos las casillas de verificación correspondientes a los días laborables: *lunes, martes, miércoles, jueves* y *viernes*.
5. Abrimos la lista desplegable *Primer día de la semana* y elegimos *lunes*.
6. Abrimos la lista desplegable *Primera semana del año* y eligimos *Comienza el 1 de enero*.
7. En las listas desplegables correspondientes a las horas de inicio y fin de la jornada laboral, establecemos las correspondientes a nuestra empresa o seleccionamos 9.00 como *Hora de inicio* y 18.00 como *Hora de finalización*.
8. Para añadir las festividades predefinidas, en la zona *Opciones del calendario* hacemos clic en el botón *Agregar días no laborables*, activamos la casilla de verificación *España* y pulsamos *Aceptar*. Después aparecerá el mensaje *Los días no laborables o festividades se han agregado correctamente al calendario*. Pulsamos de nuevo en *Aceptar*.
9. En *Zonas horarias*, comprobamos que, en la zona seleccionada, aparece nuestra ciudad o la más próxima. Pulsamos el botón *Aceptar* en todos los cuadros de diálogo abiertos.

Solución:

El resultado que debemos obtener se muestra en el calendario configurado con las opciones establecidas (Fig. 10.18).

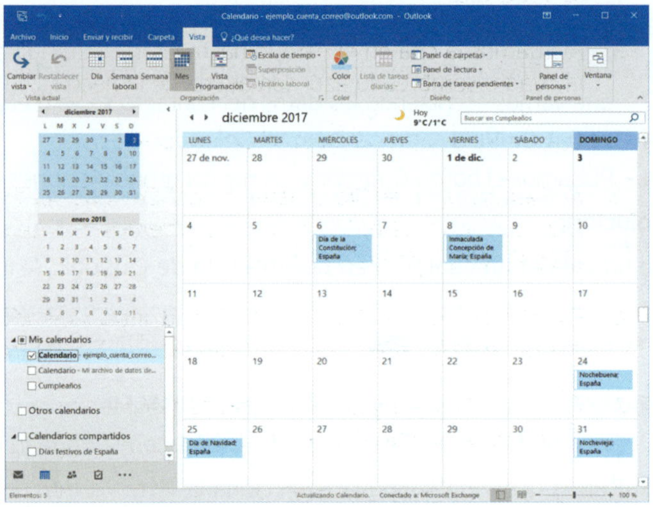

Fig. 10.18. Calendario configurado.

ACTIVIDAD GUIADA 11

Usa las vistas de un calendario:

1. Con el modo *Calendario* activo en Outlook y la ficha *Inicio* activa, sitúate sobre el grupo *Organizar* (Fig. 10.19).

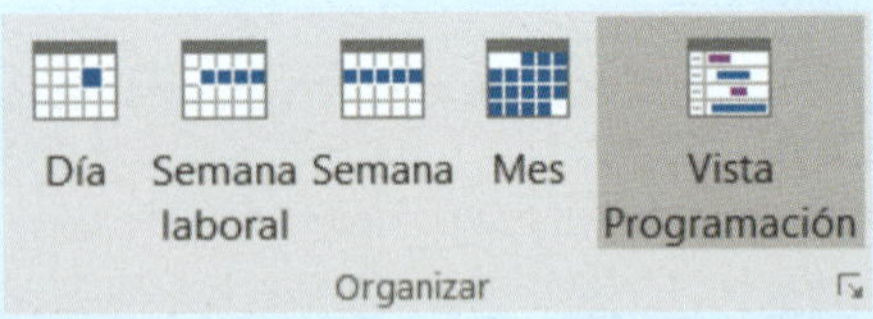

Fig. 10.19. Grupo Organizar.

2. Haz clic en la opción *Día*. Las horas que no corresponden a la jornada laboral están sombreadas.
3. Pulsa el botón *Semana*. Observa que se muestran los cinco días laborables establecidos. En este caso, las horas y días que no pertenezcan a la jornada laboral aparecerán sombreados.
4. Selecciona *Mes*. En esta ocasión se muestran todos los días del mes en curso. También constan los días no laborables.
5. Al pulsar sobre *Vista Programación*, se muestran las horas de un día. Selecciona varios calendarios a la vez para facilitar la programación de una reunión.

ACTIVIDADES

9. Visualiza los mensajes de correo que cumplan estos criterios:
   a) Mensajes enviados a un destinatario concreto.
   b) Mensajes con importancia alta en la bandeja de entrada de una cuenta.
   c) Todos los mensajes de la bandeja de entrada sin leer.
10. Crea un grupo de contactos e introduce compañeros de tu trabajo/estudios. A continuación, utiliza ese grupo para redactar un mensaje que guardarás en borradores.
11. Desde la ficha *Inicio* y el grupo *Administrar calendarios* es posible crear un calendario en blanco. Indica los pasos a seguir para crear un calendario nuevo.

CASO PRÁCTICO 10

Crear entradas en el *Calendario*.

a)* Crear y eliminar una cita en el *Calendario:

1. Con el modo *Calendario* activo en Outlook, activamos la vista *Día*. Aparece la fecha actual y sitio para escribir.
2. Anotamos los detalles de la cita para las 16.00 horas, situando el puntero en la hora y escribiendo el texto «Cita con jefe de ventas». Cada hora se divide en dos tramos: uno para la primera media hora y otro para la segunda.
3. Alargamos la cita en el tiempo hasta las 17.30, ampliando el cuadro sombreado azul con ayuda de la flecha ↕.

b)* Crear y mostrar una tarea en el *Calendario:

1. Activamos la ficha *Día* o *Semana* del *Calendario*. Hacemos clic sobre el botón *Nuevos elementos* > *Tarea*. Se abre el cuadro de diálogo *Tarea*.
2. Escribimos los detalles de la actividad introduciendo en *Asunto* el texto «Recopilar documentación IRPF 2019».
3. Como *Fecha de inicio,* introducimos «11/11/2019» y, como *Fecha de vencimiento,* «25/11/2019».
4. Pulsamos *Guardar y cerrar.*
5. Para mostrar la tarea en el calendario, activamos el modo *Tareas*.

***c)* Avanzar y terminar la tarea:**

1. Una vez localizada la tarea en la *Lista de tareas pendientes,* hacemos doble clic sobre ella.
2. La completamos al 100 % aumentando su porcentaje y pulsamos el botón *Guardar y cerrar.*

***d)* Programar una reunión:**

1. Con el modo *Calendario* activo en Outlook, hacemos clic sobre *Nueva reunión,* del grupo *Nuevo*. Se abre el cuadro de diálogo *Reunión* con su *Cinta de opciones.*
2. Pulsamos sobre el botón *Para* y elegimos los contactos de la reunión. Pulsamos *Aceptar.*
3. En *Asunto*, escribimos la descripción de la reunión, por ejemplo: «Nuevo proyecto».
4. En el cuadro *Ubicación*, describimos el lugar de la reunión o elegimos una sala existente. En este caso, introducimos: «Sala planta baja».
5. Seleccionamos las horas de inicio y final de la reunión.
6. Pulsamos *Enviar.*

Solución:

a) La cita se muestra en el calendario abarcando el tiempo indicado (Fig. 10.20). Si deseamos eliminar la cita, una vez seleccionada, hacemos clic con el botón secundario del ratón sobre el cuadro y elegimos *Eliminar* del menú contextual.

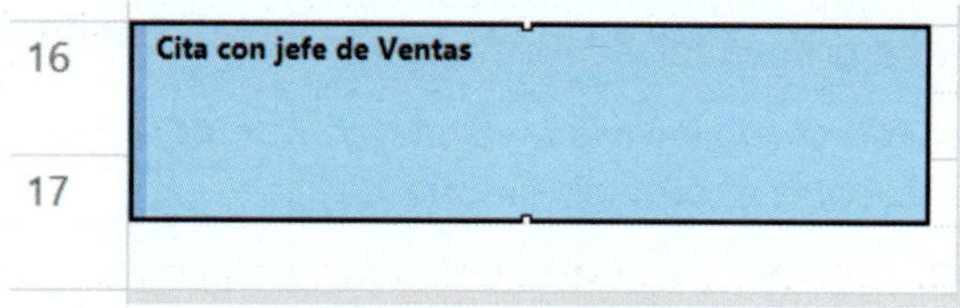

Fig. 10.20. Calendario configurado.

b) Una vez creada la tarea, se muestra en la *Lista de tareas pendientes* (Fig. 10.21).

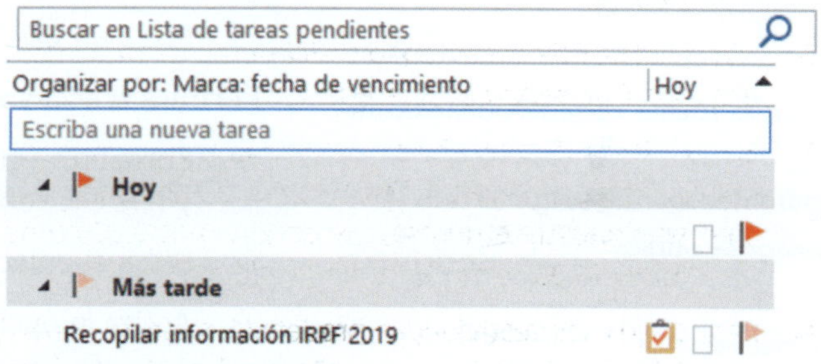

Fig. 10.21. Tareas pendientes.

c) La tarea desaparece del listado de tareas pendientes. Esta se muestra en la lista de tareas correspondiente a nuestra cuenta de correo como vencida (Fig. 10.22).

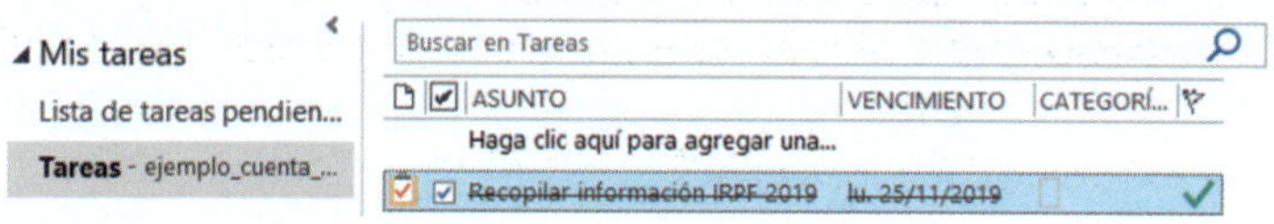

Fig. 10.22. Tarea vencida.

d) Como resultado, se envía un correo electrónico a los destinatarios seleccionados. Cada destinatario deberá responder a la reunión (Fig. 10.23).

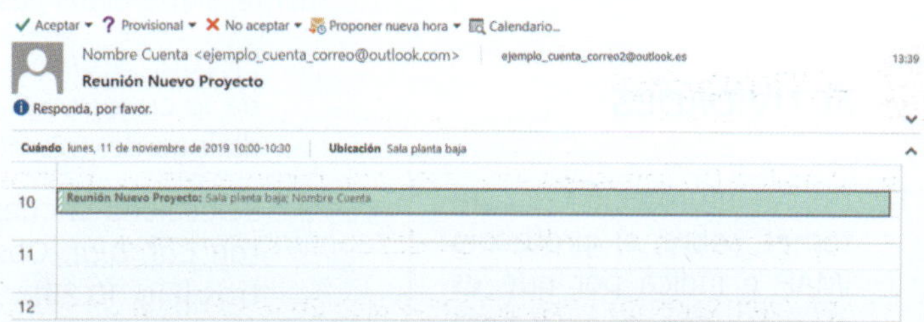

Fig. 10.23. Correo electrónico recibido con la convocatoria de la reunión.

ABC VOCABULARIO

IMAP. *Internet Message Access Protocol* o protocolo de acceso a mensajes de Internet. Protocolo que administra los correos en el servidor.

POP. *Post Office Protocol o protocolo* de oficina postal. Protocolo que almacena los correos en un ordenador de forma local.

SMTP. *Simple Mail Transfer Protocol* o protocolo simple de transferencia de correo. Protocolo de intercambio de mensajes entre un ordenador y otros dispositivos.

3. Configuración de Outlook con Gmail

Anteriormente, en otras versiones de Outlook, era necesario configurar manualmente una cuenta de Gmail para poder agregarla. Ahora, el proceso se ha simplificado y la configuración es bastante transparente para el usuario.

Para configurar una cuenta Gmail y poder utilizarla en la aplicación Outlook 2016 habrá que realizar una serie de pasos:

- Habilitar el protocolo IMAP desde la cuenta Gmail.
- Permitir a tu configuración de Google el acceso a otras aplicaciones.
- Configurar una cuenta Google en Outlook.

ACTIVIDAD GUIADA 12

Habilita IMAP en Gmail:

1. Entra en tu cuenta de Gmail desde un navegador web.
2. Haz clic en el botón *Configuración*, situado en la parte superior derecha de la ventana. Selecciona nuevamente *Configuración*.
3. Pulsa sobre la pestaña *Reenvío y correo POP/IMAP*.
4. Haz clic en *Habilitar IMAP*.
5. Pulsa en *Guardar cambios*.

Permite el acceso de otras aplicaciones a tu cuenta:

1. Entra en tu cuenta de Google en la dirección: **https://www.google.com**, inicia sesión y haz clic sobre *Aplicaciones de Google* > *Mi cuenta*.
2. Pulsa el enlace *Aplicaciones con acceso a la cuenta*.
3. Activa la opción *Permitir el acceso de aplicaciones menos seguras*.
4. Como resultado, se ha enviado un correo electrónico a tu cuenta avisándote del cambio en la configuración.

Configura tu cuenta Google en Outlook:

1. Abre Microsoft Outlook y activa la ficha *Archivo*.
2. Haz clic en el botón *Agregar cuenta*.
3. A continuación, escribe tu dirección de correo Gmail y pulsa *Conectar*.
4. Introduce la contraseña y presiona *Conectar*.
5. En unos segundos se debe mostrar el mensaje «La configuración de la cuenta está completa». Pulsa *Aceptar*.
6. La nueva cuenta de Gmail aparece en el panel de carpetas (Fig. 10.24).

Accede a la configuración:

Si deseas ver los parámetros de configuración que se han asignado automáticamente, sigue estos pasos:

1. Ejecuta *Archivo* > *Configuración de la cuenta*. Se abre el cuadro de diálogo del mismo nombre.
2. Selecciona la cuenta y pulsa el botón *Cambiar*. Observa los parámetros (Fig. 10.25).
3. Pulsa *Cancelar* para cerrar la ventana.

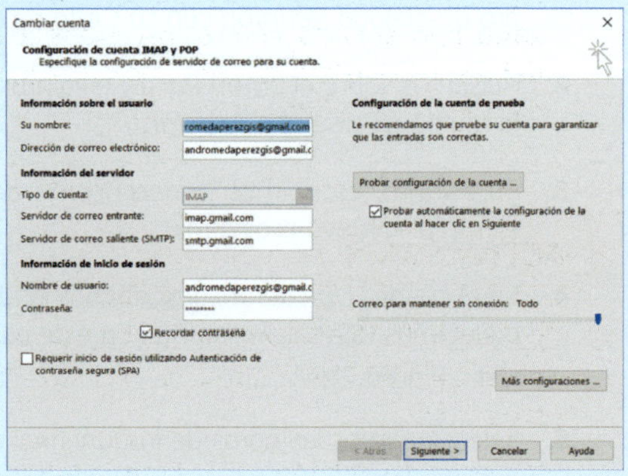

Fig. 10.25. Parámetros de configuración.

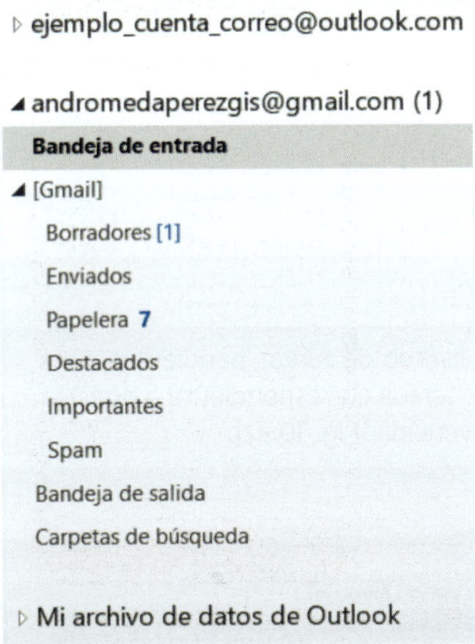

Fig. 10.24. Cuenta Gmail configurada en Outlook.

ACTIVIDADES

12. Busca información en Internet sobre el protocolo IMAP e indica por qué es el más idóneo a la hora de configurar una cuenta Gmail en Outlook.

4. Sincronización con dispositivos móviles

> La **sincronización** consiste en actualizar los contactos y el calendario de un programa informático en un teléfono móvil *smartphone*.

La opción más rápida para acceder a nuestra cuenta de correo, los contactos o el calendario en nuestro dispositivo móvil consiste en instalar la aplicación y utilizar las funciones propias de contactos y calendario. Pueden ser ejemplos Outlook de Microsoft o los programas Gmail, Calendar y Contactos de Google.

Otra forma para sincronizar contactos puede ser mediante los archivos *.vcf o *.cvs, que se utilizan para almacenar contactos de forma ordenada.

Para sincronizar los contactos y el calendario de Gmail con los contactos y el calendario de un dispositivo Android, realiza el siguiente caso práctico.

CASO PRÁCTICO 11

Sincronizar los contactos y el calendario de una cuenta Google en un *smartphone* Android.

***a)* Introducir entradas y contactos en el calendario de Google.**

1. Accedemos a la web Google **https://accounts.google.com** e iniciamos sesión. Presionamos el botón *Aplicaciones de Google* y *Calendar* (Fig. 10.26). Añadimos algunos eventos al calendario. Nos situamos sobre el día y la hora elegidos, introducimos un nombre y pulsamos *Guardar*.
2. Para añadir contactos, ejecutamos *Aplicaciones de Google > Más > Contactos*. Añadimos algún contacto presionando el botón *Añadir nuevo contacto*, situado en la zona inferior derecha. Introducimos los datos y pulsamos *Guardar*.

***b)* Sincronizar contactos y calendario con Android.**

1. Añadimos la cuenta Outlook en el dispositivo. Para ello, ejecutamos *Ajustes > Usuarios y cuentas > Añadir cuenta > Google*. Introducimos el nombre y la contraseña de la cuenta e iniciamos sesión. Pulsamos *Siguiente* dos veces.
2. Volvemos a *Ajustes > Cuentas > Google*. Observamos que las casillas *Sincronizar Calendario* y *Sincronizar Contactos* están activadas (Fig. 10.27).
3. Pulsamos el botón *Sincronizar ahora*.

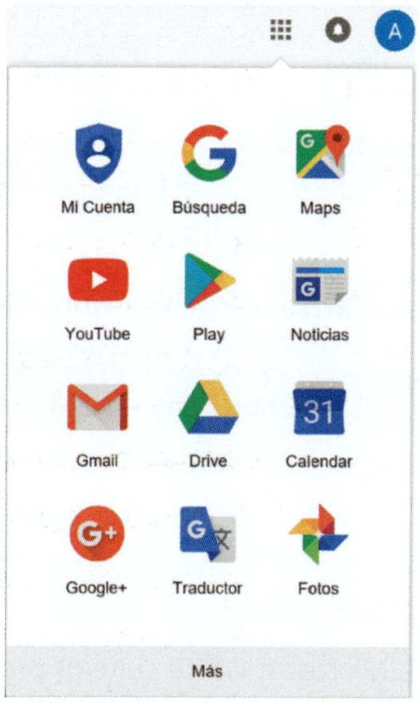

Fig. 10.26. Aplicaciones de Google.

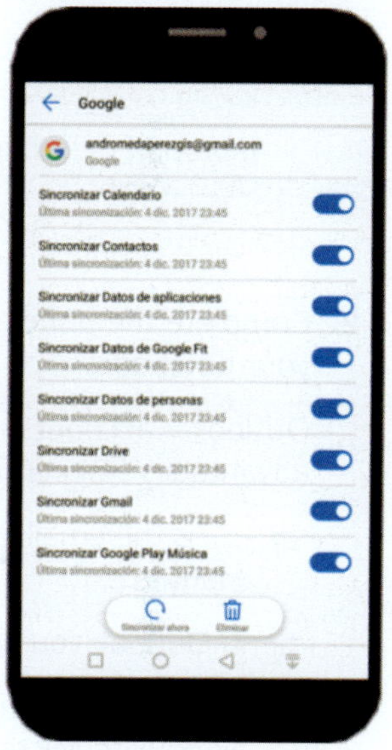

Fig. 10.27. Sincronización de elementos.

Solución:

a) Para comprobar que las operaciones que hemos realizado han surtido efecto, debemos ir a los *Contactos* del dispositivo móvil y observar que los contactos Google se han añadido.

b) También debemos comprobar que en el calendario Android aparecen las entradas sincronizadas.

ACTIVIDADES

13. Exporta e importa a través de un fichero *.vcf, utilizando un dispositivo Android y una cuenta Gmail. Sigue estos pasos:

a) Desde tu teléfono móvil *smartphone*, dirígete a tus contactos. Selecciona la opción *Más* y elige *Importar/Exportar > Compartir contactos*. Marca un contacto de la lista y pulsa *Compartir*. Elige *Gmail* e introduce el destinatario. Pulsa *Enviar*.

b) Abre el mensaje en Gmail. Sitúate sobre el archivo adjunto y pulsa la opción *Añadir a los contactos*.

KEYWORDS

1. Review the essential vocabulary terms of this unit in English. Did you already know all of them? Did you learn new vocabulary?

English	Spanish	English	Spanish	English	Spanish
aplication	aplicación	list	lista	to clean	limpiar
appointment	cita	meeting	cita/reunión	to delete	eliminar
attached file	archivo adjunto	message	mensaje	to export	exportar
calendar	calendario	month	mes	to import	importar
contact	contacto	new	nuevo	to mark	marcar
draft	borrador	safety	seguridad	to receive	recibir
electronic calendar	agenda electrónica	sender	remitente	to send	enviar
electronic mail	correo electrónico	signature	firma	to synchronize	sincronizar
filter	filtro	spam	correo no deseado	virus	virus
inbox	bandeja de entrada	task	tarea	week	semana

2. Complete the phrases with these words and write them in your notebook:

   Outlook – accounts – Gmail – carbon copy – rules – tasks – advantages – signature

   a) ...... is the email facilitated by Google. It is free and offers many ....

   b) In Outlook you can create several ....

   c) ...... is included in the Microsoft Office suite of programs along with Microsoft Word, Excel, and PowerPoint.

   d) Using Microsoft Outlook for computer it is possible to create appointments, meetings and ....

   e) An email ...... appears at the end of the message.

   f) In Outlook for computer it is possible to create ...... through the Rules button of the home tab.

   g) In an email, a ...... is a copy of a message sent to an address other than the main address.

3. Order these phrases and write them in your notebook:

   a) In / is / Outlook / add / to / possible / new calendars

   b) can / is / In / you /find / Trust Center / security and privacy / settings / Microsoft Office / for programs

   c) most / Currently / engine / email / programs / have / search / a

4. Observe the Message dialog box and link the icon with the name of the button.

   a)  1) Check Names.

   b)  2) Address Book.

   c) 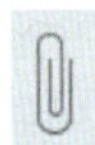 3) Attach Item.

   d)  4) Follow Up.

   e)  5) Attach File.

5. True or false? Write them in your notebook:

   a) @livemail is a Microsoft account termination.

   b) In Microsoft Outlook it is not possible to configure other types of accounts.

   c) * .vcf and * .cvs files are used to store contacts in an orderly manner.

   d) In Microsoft Outlook it is possible to create calendar groups.

SÍNTESIS Correo electrónico y agenda electrónica

- **Correo electrónico**
  - Correo electrónico web con Gmail
    - Creación de cuenta Gmail
    - Creación y envío de mensajes con archivos adjuntos
    - Gestión de borradores
    - Acceso a la configuración de la cuenta
  - Correo electrónico web con Outlook
    - Creación de cuenta Outlook
    - Acceso a la configuración de la cuenta
    - Creación de carpeta
  - Correo electrónico en aplicaciones *smartphone*

    - Configuración de Gmail
- **Microsoft Outlook: correo y agenda electrónica**
  - Configuración de cuenta en Outlook
  - Seguridad en Microsoft Outlook
    - Centro de confianza
  - Operaciones de correo electrónico
    - Envío de mensajes
    - Creación de planilla
    - Adjuntar archivos y elementos
    - Creación de firmas
  - Organización y control de correos
  - Contactos

  - Calendario

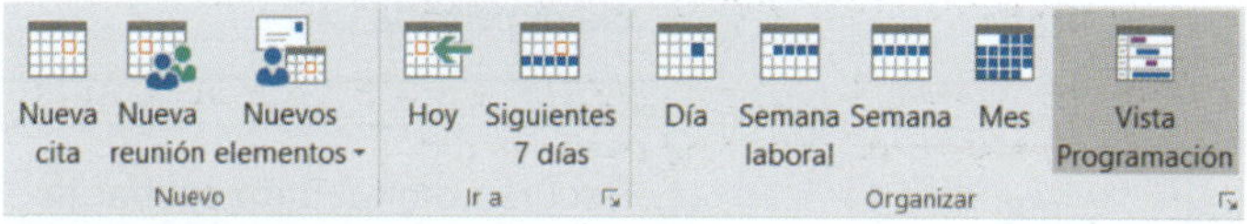

- **Configuración de Outlook con cuenta Gmail**

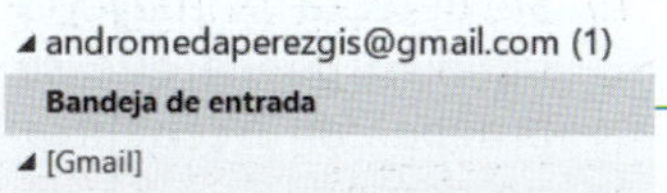

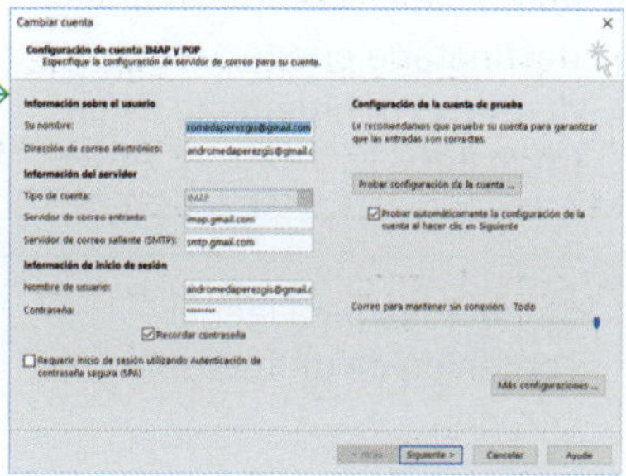

- **Sincronización con dispositivos móviles**
  - Contactos
  - Calendario

COMPRUEBA TU APRENDIZAJE

Responde estas preguntas sobre las cuentas de correo.

1. Responde las siguientes preguntas sobre la creación de cuentas de usuario y su uso en distintos dispositivos:

   a) ¿A qué compañía pertenece Gmail?

   b) Al redactar un correo en Gmail, ¿el mensaje se guarda automáticamente en *Borradores* si nosotros no lo hacemos?

   c) ¿Qué terminaciones es posible que tenga una cuenta de correo Microsoft?

   d) ¿Es posible configurar más de una cuenta en la aplicación Gmail para *smartphone*?

Utiliza el correo electrónico con Gmail.

2. Cuando se redacta un mensaje de correo, al escribir la dirección del destinatario puedes hacerlo en el cuadro *Para*, en *Cc* o en *Cco*. Completa las siguientes frases con la opción correcta:

   a) Escribes una sola dirección electrónica para el destinatario: ......

   b) Deseas que algún destinatario reciba copia del mensaje: ......

   c) Necesitas enviar el mensaje a varios destinatarios de forma personal, es decir, no quieres que se vean entre sí: ......

Configura la seguridad con Microsoft Outlook.

3. En tu cuaderno, empareja los siguientes elementos con su característica:

   - Firma digital
   - Cifrado
   - Clave privada
   - Centro de confianza

   - Permite configurar la seguridad y la privacidad en Outlook.
   - Codifica el texto de los mensajes y solo podrán leerlos los destinatarios que tengan la clave privada.
   - Recurso digital para probar la identidad y la forma en que el destinatario puede asegurarse de que el remitente no es un impostor.
   - Se necesita para leer el contenido de un mensaje cifrado.

Lleva a cabo el seguimiento del correo.

4. A la hora de enviar un mensaje, es posible comprobar si el correo ha sido entregado o leído. Indica cómo realizarías estas operaciones.

Establece la importancia del correo.

5. Cuando un correo es considerado urgente, podemos marcarlo con importancia alta. Indica cómo hacerlo.

Incluye archivos, elementos y firmas.

6. Explica los botones del grupo *Incluir* (Fig. 10.28) de la ventana *Mensaje*:

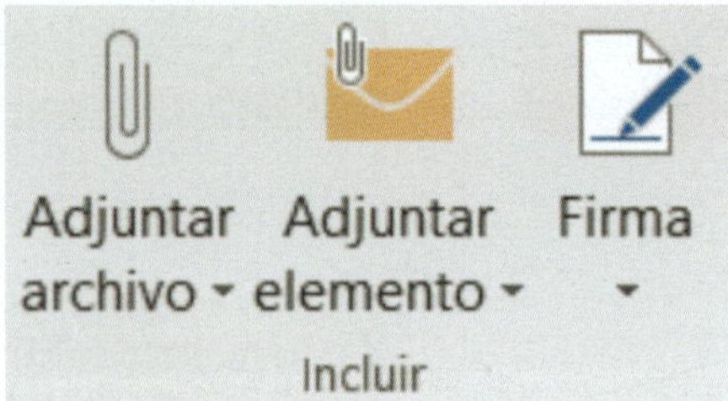

Fig. 10.28. Grupo Incluir.

7. Indica cuáles de las siguientes extensiones de ficheros bloquea Outlook en un mensaje de correo electrónico:

   a) *.bat. *b)* *.txt.

   c) *.xlsx. *d)* *.exe.

   e) *.png. *f)* *.js.

Controla el correo no deseado.

8. ¿Qué nivel de protección frente al correo electrónico no deseado establecerías en los siguientes supuestos?

   a) Solo se enviará a su *Bandeja de entrada* correo de personas o dominios que se encuentren en su lista *Remitentes seguros* o *Destinatarios seguros.*

   b) El correo procedente de remitentes bloqueados se mueve igualmente a la carpeta de correo electrónico no deseado.

   c) Mover a la carpeta *Correo electrónico no deseado* el correo que pertenezca evidentemente a este tipo.

   d) Se detecta la mayoría del correo no deseado, pero también puede que se detecte correo normal. Comprueba con frecuencia la carpeta *Correo electrónico no deseado.*

Gestiona los elementos de los contactos.

9. Completa estas frases con las palabras que correspondan de las siguientes: tarjeta de presentación, grupo, comunicar, contacto, dirección, mensaje recibido.

a) Un ...... contiene toda la información (nombre, domicilio, cargo, teléfono, dirección de correo, etc.) que se puede guardar de una persona determinada.

b) A medida que vas escribiendo los datos del contacto, se va creando su ...... electrónica.

c) A través de la ......, se localiza en un mapa la dirección de los contactos creados.

d) A través del grupo ......, es posible acceder a la opción *Mapa* para localizar el domicilio de los contactos creados.

e) En Microsoft Outlook, se pueden crear contactos de varias formas: escribiendo directamente sus datos o a partir de un ...... de correo electrónico.

f) En Microsoft Outlook, se pueden agrupar contactos a través del botón *Nuevo* ...... de contactos.

Gestiona elementos de un calendario.

10. Identifica las siguientes actividades con el elemento que le corresponda: tarea, reunión, cita, evento.

a) Participan varias personas; una de ellas es la que convoca la reunión e invita a las demás a asistir. Se debe establecer una hora y se puede elegir un recurso (sala de reuniones, por ejemplo): ....

b) Por lo general, solo participa el usuario y no necesita hora programada, excepto si se trata de una solicitud de tarea; en este caso, participa también quien la recibe: ....

c) Actividad en la que solo participa el usuario; por tanto, no implica invitar a otras personas ni reservar recursos: ....

d) Dura todo el día o varios días. No se muestra en el calendario como tiempo ocupado: ....

Diferencia las vistas de un calendario.

11. Completa estas frases con las palabras que correspondan de las siguientes: sábados, calendario, sombreadas, domingos, horizontal.

a) En Microsoft Outlook, se puede configurar el ...... para establecer los días de la semana laboral.

b) En la vista *Día* del calendario, las horas ...... no corresponden a la jornada laboral.

c) En la vista *Semana* del calendario, los ...... y ...... aparecen sombreados porque no pertenecen a la semana laboral.

d) Al pulsar sobre el botón *Vista programación,* se muestra el calendario en un diseño ....

Configura Outlook.

12. Contesta las preguntas siguientes:

a) Para realizar la configuración, ¿es mejor POP o IMAP? Razona tu respuesta.

b) Indica brevemente los pasos a seguir para configurar una cuenta Gmail en la aplicación Outlook del escritorio de Windows.

Protocolos de transferencia de correos.

13. En tu cuaderno, une con flechas el protocolo con su definición:

Protocolo simple de transferencia de correo. Protocolo de intercambio de mensajes entre un ordenador y otros dispositivos.

POP

SMTP

Protocolo de acceso a mensajes de Internet. Protocolo que administra los correos en el servidor.

IMAP

Protocolo de oficina postal. Protocolo que almacena los correos en un ordenador de forma local.

Realiza la sincronización con dispositivos móviles.

14. Describe el uso de los archivos con extensión *.vcf o *.cvs.

15. Con la lista de contactos de Outlook activa, sitúate sobre un contacto y compártelo reenviándolo como contacto de Outlook para generar un fichero *.vcf.

TEST DE REPASO

1. Señala la afirmación correcta sobre el correo de Gmail:

ⓐ Gmail es el gestor de correo que facilita Microsoft.

ⓑ Gmail filtra el correo no deseado (*spam*).

ⓒ Gmail no avisa si se reciben mensajes *phishing*.

2. Señala qué afirmación es la correcta:

ⓐ Los mensajes *phishing* son los que tienen identidad suplantada.

ⓑ Los mensajes *phishing* se refieren al correo no deseado.

ⓒ El asunto de un mensaje se encuentra en la zona inferior de este.

3. La seguridad en Microsoft Outlook podemos configurarla a través de:

ⓐ El *Centro de control* de Windows.

ⓑ Microsoft Windows Update.

ⓒ El *Centro de confianza.*

4. Al agregar una firma digital a los mensajes salientes:

ⓐ En cada mensaje se incluye un certificado y una clave pública.

ⓑ En cada mensaje se incluye un identificador digital.

ⓒ En cada mensaje se incluye un certificado.

5. El correo no deseado:

ⓐ Se debe configurar con un nivel de protección alto. En este caso, conviene eliminarlo permanentemente en lugar de moverlo a la carpeta *Correo electrónico no deseado.*

ⓑ Siempre se debe eliminar permanentemente en lugar de moverlo a la carpeta *Correo electrónico no deseado.*

ⓒ Es aconsejable moverlo a la carpeta *Correo electrónico no deseado* y comprobar esta carpeta periódicamente.

6. Una agenda electrónica:

ⓐ Es una aplicación que permite gestionar tareas y actividades de forma organizada.

ⓑ Nunca incorpora correo electrónico.

ⓒ Es una aplicación para redactar documentos.

7. Al crear contactos en Outlook:

ⓐ Se crea su tarjeta de presentación.

ⓑ Estos se crean únicamente mediante ficheros *.cvs.

ⓒ Se guardan automáticamente si no guardas la información cada cierto tiempo.

8. Señala la afirmación correcta sobre las reglas de Microsoft Outlook:

ⓐ Se pueden establecer acciones automáticas sobre los mensajes de la bandeja de salida.

ⓑ Se pueden establecer acciones automáticas sobre los mensajes de la bandeja de entrada.

ⓒ Las reglas no se pueden importar ni exportar.

9. Para establecer una cita en el calendario:

ⓐ No se puede indicar que el tiempo de duración sea de media hora.

ⓑ Es aconsejable hacerlo en la vista *Día* o *Vista Programación.*

ⓒ No se puede indicar que el tiempo de duración sea de más de una hora.

10. Respecto a las entradas en un calendario:

ⓐ Las citas se pueden avanzar con porcentajes y terminarlas.

ⓑ Las tareas se pueden avanzar con porcentajes y terminarlas.

ⓒ Las reuniones se pueden avanzar con porcentajes y terminarlas.

11. Señala la afirmación correcta respecto a las vistas de un calendario:

ⓐ Las horas sombreadas en la vista *Día* no forman parte de la jornada laboral establecida.

ⓑ Los días sombreados en la vista *Semana* forman parte de la semana laboral establecida.

ⓒ Si se establece una semana laboral de cinco días, no se puede mostrar la semana completa en la vista *Semana.*

12. Si configuras Outlook para utilizar una cuenta de correo de Gmail, previamente debes:

ⓐ Habilitar POP en Outlook.

ⓑ Habilitar IMAP en Gmail y permitir a la configuración de Google el acceso a otras aplicaciones.

ⓒ Habilitar IMAP en Outlook.

13. Señala la afirmación correcta:

ⓐ Los archivos *.cvs o *.vcf se utilizan para almacenar el calendario con las citas.

ⓑ Los archivos *.cvs o *.vcf se utilizan para realizar copiar de seguridad del contenido de un *smartphone*.

ⓒ Los archivos *.cvs o *.vcf se utilizan para almacenar contactos de forma ordenada.

Realiza las siguientes tareas para poner en práctica los conocimientos aprendidos a lo largo de esta unidad

Acabas de empezar a trabajar en una empresa llamada EcoHouse, S. L., dedicada al alquiler de apartamentos y casas dotadas de elementos que contribuyen al ahorro de energía y al respeto por el medioambiente. La sede de la empresa se encuentra en Gran Vía de Hortaleza, 25, 28033 Madrid.

El local cuenta con dos despachos: uno para el Departamento Comercial, donde están los comerciales de la empresa, y otro para el Departamento Administrativo, donde está el personal administrativo.

El trabajo que te han asignado como auxiliar administrativo es ser la persona encargada de gestionar la correspondencia, tanto de entrada como de salida, del correo ordinario y electrónico. Además, también debes gestionar la agenda de ambos departamentos.

Nada más incorporarte, debes realizar las siguientes tareas:

- Crea dos cuentas Microsoft, una para el Departamento Comercial y otra para el Departamento Administrativo. Anota el nombre y las contraseñas correspondientes. Además, debes facilitar esta información al personal de la empresa.
- Configura las cuentas Microsoft en la aplicación de correo Outlook 2016.
- Crea una firma de aspecto profesional para cada departamento: Departamento Comercial (Fig. 10.29) y Departamento Administrativo (Fig. 10.30). Estas deben incluir la dirección, el departamento y el logo de la empresa (U10_LogoEcoHouse.png) para que se muestre al enviar nuevos correos o al responderlos. Deben tener el aspecto siguiente:

Fig. 10.29. Firma del Departamento Comercial.

Fig. 10.30. Firma del Departamento Administrativo.

- Para la cuenta del Departamento Administrativo, lleva a cabo estas operaciones:
  - Crea una carpeta en la *Bandeja de entrada* llamada «COMPRAS».
  - Establece una regla e indica que se desvíen automáticamente los mensajes entrantes procedentes de eBay y Amazon a la carpeta *COMPRAS*.
  - Accede a las opciones de correo electrónico no deseado y establece un nivel *Bajo*.
- Para la cuenta del Departamento Comercial, lleva a cabo estas operaciones:
  - Crea en la *Bandeja de entrada* una carpeta llamada «ADMINISTRACIÓN».
  - Establece una regla e indica que se desvíen automáticamente los mensajes entrantes procedentes de la cuenta de administración de la empresa a la carpeta *ADMINISTRACIÓN*.
  - Accede a las opciones de correo electrónico no deseado y establece un nivel *Bajo*.
- El Departamento Comercial dispone de un móvil *smartphone* con acceso a Internet. Descarga la aplicación de Outlook y configura la cuenta comercial. Observa que la aplicación tiene acceso al correo, a los contactos y a la agenda.

11

UNIDAD

Gestión de archivos audiovisuales

Al iniciar sesión en tu ordenador, al acceder a tu teléfono móvil, al leer un libro o visualizar una factura, seguro que has visto alguna imagen o fotografía. ¿Sabes que estas imágenes han sido diseñadas o retocadas por un programa informático? Lo mismo ocurre con los vídeos, que anteriormente han sido tratados por un programa específico.

Aprende a crear archivos de imagen, realizar retoques fotográficos y editar vídeos a través de los programas Gimp y Wondershare Filmora.

EN ESTA UNIDAD ESTUDIARÁS

1. Los archivos de imagen.
2. Los archivos de vídeo.
3. La exportación de archivos de imagen y vídeo.
4. Los bancos de recursos audiovisuales.

Y SERÁS CAPAZ DE

Integrar imágenes digitales y secuencias de vídeo utilizando aplicaciones tipo y periféricos en documentos de la empresa.

1. Archivos de imagen

A la hora de preparar documentos de texto, informes, hojas de cálculo, presentaciones u otros trabajos dentro de la empresa, puede ser necesario el uso de imágenes. Quizá no resulten adecuadas las imágenes en línea procedentes de Internet y se prefiera utilizar otras que guarden una relación más estrecha con las diversas cuestiones que vayan a tratarse. En esas ocasiones, es indispensable contar con los dispositivos necesarios para obtener archivos de imagen o disponer de un *software* para crear nuestras propias imágenes. Los dispositivos más usuales son: cámara de fotos digital, cámara de vídeo digital, webcam, escáner, lápiz digital, teléfono móvil, etc.

Fig. 11.1. Cable USB y micro USB.

ACTIVIDAD GUIADA 1

Obtén un archivo de imagen de una cámara de fotos digital:

1. Conecta la cámara de fotos al ordenador con el cable adecuado, cuyos extremos en la mayoría de los casos son de tipo USB y micro USB, como los de la Figura 11.1.
2. Enciende la cámara. Por lo general, el sistema la detecta y la considera un nuevo dispositivo de almacenamiento en el directorio *Este Equipo.*
3. Abre el *Explorador de archivos* de Windows 10, situado en la *Barra de tareas,* y selecciona la carpeta *Este Equipo* del panel de navegación.
4. Haz doble clic sobre el icono de la cámara y navega por las carpetas de archivos hasta encontrar la foto deseada. Copia la foto y pégala en la carpeta *Imágenes* de Windows utilizando las combinaciones de teclas **[Ctrl + C]** y **[Ctrl + V].**

Observa las propiedades de un archivo de imagen:

1. Muestra el menú contextual de la fotografía pegada.
2. Selecciona la opción *Propiedades*. Se abre su cuadro de diálogo.
3. Activa la ficha *Detalles* y observa los píxeles, el tipo de elemento, sus dimensiones, etc.

1.1. Conceptos básicos

Básicamente, se puede decir que existen dos grupos de imágenes: las imágenes vectoriales y las de mapas de bits. Las imágenes **vectoriales** se crean a partir de líneas y curvas (vectores matemáticos) y, si se amplía o reduce la imagen, la calidad original no se ve afectada. Las imágenes de **mapas de bits** están formadas por píxeles; cada uno puede tomar un color distinto y, como generalmente se trabaja con 24 bits por cada punto, se puede disponer de una gama de millones de colores. Las imágenes de mapas de bits, al ampliarlas, pierden calidad (pixelación).

> El **formato** de una imagen no es más que la estructura de datos en la que se guarda una imagen. Existen muchos, si bien los más utilizados son JPEG, GIF, TIFF, BMP y PNG. Para conocer sus particularidades, observa el cuadro al margen.

Las imágenes pueden tener mayor o menor resolución, de esto dependerá su calidad.

> La **resolución** es la cantidad de píxeles que tiene una imagen; cuantos más píxeles haya, mayor será la resolución y, por lo tanto, se requerirá un espacio de almacenamiento en disco mucho mayor (de ahí que se diga que una imagen pesa más o menos).

La resolución se calcula multiplicando los píxeles de las columnas (ancho) por los píxeles que tienen las filas (alto). Ambos valores deben ser siempre enteros.

En la actualidad, las cámaras fotográficas poseen una resolución muy alta. Por ejemplo, si tenemos una cámara de 20 MP (megapíxeles), obtendremos fotografías de 5.000 × 4.000 píxeles, aproximadamente. Si multiplicamos estos dos valores, obtenemos 20.000.000 de píxeles.

ABC VOCABULARIO

Formatos de imagen:

JPG/JPEG (*Joint Photographic Experts Group,* grupo de expertos en fotografía). Formato de compresión muy utilizado. Es el habitual en las cámaras fotográficas. El proceso, no obstante, acarrea una pérdida de calidad de la imagen, aunque no se aprecia a simple vista.

GIF (*Graphics Interchange Format,* formato de intercambio de gráficos). Mantiene íntegra la calidad de origen. Se usa mucho para animaciones.

BMP (*Bit Mapped Picture,* imagen de mapa de bits). Formato creado por Microsoft en el que las imágenes ocupan un gran tamaño sin sufrir pérdidas de calidad.

TIFF (*Tagged Image File Format,* formato de archivo de imágenes con etiquetas). Archivos de gráficos de mapas de bits muy grandes. Se utiliza en artes gráficas.

PNG (*Portable Network Graphics,* gráficos de red portátiles). Mantiene íntegra la calidad original y soporta transparencias.

Fig. 11.2. Logotipo de Gimp.

1.2. Aplicaciones de tratamiento de imágenes

Existen muchos programas de edición y retoque fotográfico. Algunos de los más conocidos son Adobe Photoshop, PaintShop Pro o Gimp *(GNU Image Manipulation Program)*. Este último es de licencia libre y gratuito (Fig. 11.2) y con él realizaremos los casos prácticos y las actividades de esta unidad, en su versión 2.8. Si no dispones de él, descárgalo desde su página oficial (**www.gimp.org.es**) e instálalo.

1.3. Entorno de trabajo de Gimp

Una vez hemos instalado el programa, vamos a visualizar su espacio de trabajo.

CASO PRÁCTICO 1

Ejecutar Gimp y abrir una imagen.

Para activar la regla, seguimos las siguientes indicaciones:

1. Descargamos el archivo U11_Toriis.jpg en la carpeta *Imágenes*.
2. Escribimos «Gimp» en el cuadro de búsqueda de Windows y pulsamos *Enter*.
3. Activamos *Archivo* > *Abrir*. Se abre el cuadro de diálogo *Abrir imagen*.
4. En la zona izquierda, pulsamos en la carpeta *Pictures*.
5. Seleccionamos el archivo y presionamos *Abrir*.

Solución:

Como resultado, se abre la imagen dentro del espacio de trabajo de Gimp, donde se observan sus distintas zonas (Fig. 11.3).

CLAVES Y CONSEJOS

Todos los botones que contiene el panel de herramientas de Gimp también están accesibles a través del menú *Herramientas* de la *Barra de menús*.

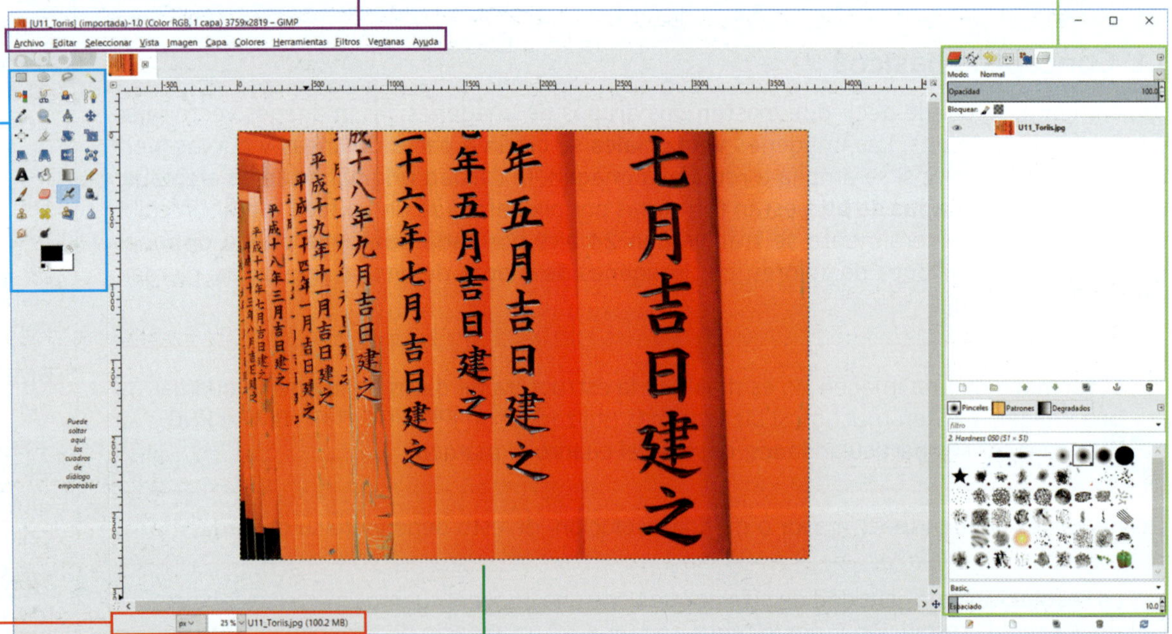

Fig. 11.3. Entorno de trabajo de Gimp.

A. Zoom

En Gimp, es posible aumentar o disminuir el tamaño de la imagen a través del menú *Vista* > *Ampliación*. Otra opción posible es mantener pulsada la tecla *Ctrl* y mover la rueda del ratón en ambos sentidos.

ACTIVIDAD GUIADA 2

Cierra y añade pestañas:

1. Sitúate sobre el área de ventanas y activa la pestaña *Capas*.
2. Despliega las opciones del botón *Configurar esta pestaña* y elige *Cerrar pestaña.* Observa que la pestaña ya no aparece.
3. Pulsa nuevamente el botón *Configurar esta pestaña* y elige *Añadir pestaña > Capas.* La pestaña *Capas* se muestra nuevamente.

B. Selección de imágenes

Además, podemos hacer uso de numerosas herramientas (Fig. 11.4) para realizar distintos tipos de selecciones.

ACTIVIDAD GUIADA 3

Realiza distintas selecciones en una imagen:

1. Guarda la imagen U11_Templo.jpg en la carpeta *Imágenes.*
2. Sitúate sobre la imagen, muestra su menú contextual y selecciona *Abrir con > GNU Image Manipulation Program.*
3. Una vez abierta, pulsa en la herramienta *Selección difusa*. Haz clic sobe el cielo de la imagen. Se seleccionan las zonas que tengan el mismo color, que, en este caso, es todo el cielo.
4. Ejecuta en el menú *Seleccionar > Nada.* La imagen aparece sin selección.
5. Elige la *Herramienta de selección de rectángulos*, haz clic en una zona de la imagen y, sin soltar el botón izquierdo, traza un rectángulo sobre la zona de trabajo. Repite el proceso con la herramienta *Marco elíptico.* Deselecciona la zona.
6. Selecciona *Herramienta de selección libre*. Haz clic sobre una zona de la imagen y repite la operación hasta formar un polígono y terminar en el mismo punto de partida. Una zona de la imagen queda seleccionada con la forma del polígono trazada.
7. Elige ahora la herramienta *Tijeras de selección*. Sitúate sobre el borde del tejado del templo y ve haciendo clic repetidamente, bordeándolo. Observa que la selección se adapta automáticamente al perfil del tejado.
8. Ejecuta en el menú *Seleccionar > Nada.* Cierra el programa sin guardar los cambios.

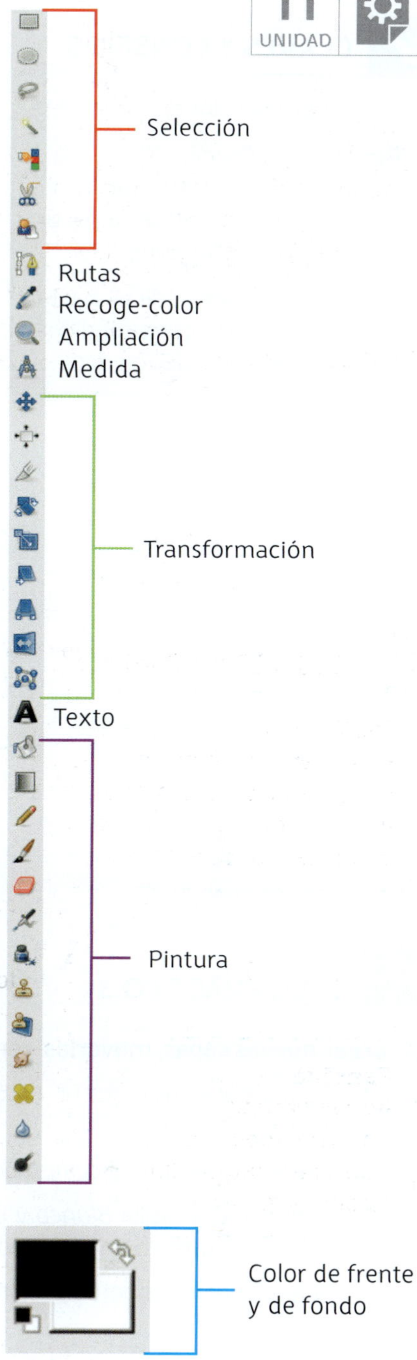

Fig. 11.4. Herramientas de Gimp.

C. Importación y exportación de imágenes

En Gimp, existe la posibilidad de introducir imágenes procedentes de otros programas o dispositivos. A la hora de exportar una imagen, ofrece multitud de formatos.

CASO PRÁCTICO 2

Vamos a crear un nuevo archivo importándolo desde un escáner. A continuación, guardaremos la imagen importada a un documento JPEG.

***a)* Importar una imagen desde un escáner.**

1. Levantamos la tapa y colocamos una imagen sobre el lector, con la parte a escanear hacia abajo. Cierra la tapa.
2. Abrimos el menú *Archivo > Crear > Escáner/Cámara.* Aparecerá el cuadro de diálogo *Seleccionar origen,* en el que se muestran los dispositivos externos a elegir. Seleccionamos el modelo del escáner y pulsamos *Seleccionar.*
3. A continuación, en la ventana que se abre (Fig. 11.5), elegimos *Imagen a color* y pulsamos *Digitalizar.*

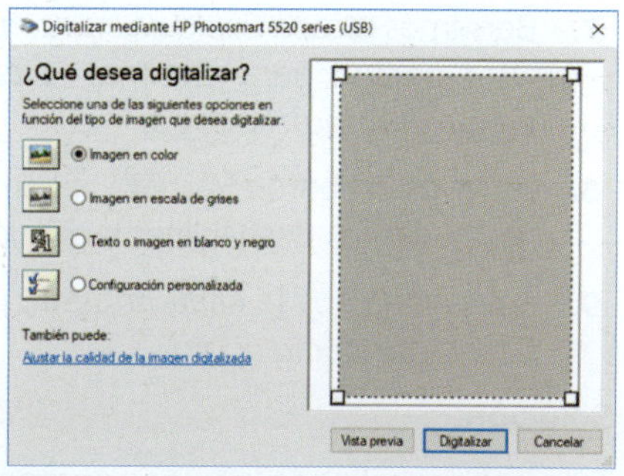

Fig. 11.5. Cuadro de diálogo Digitalizar.

CLAVES Y CONSEJOS

Los modos de color en Gimp son:

RGB (*Red, Green, Blue;* rojo, verde, azul). Se refiere a la representación de colores a partir de los colores primarios.

Escala de grises. Utiliza hasta 256 tonos de gris, comprendidos entre 0 (negro) y 255 (blanco).

CASO PRÁCTICO 2 *(continúa)*

***b)* Exportar una imagen a formato JPG.**

1. Una vez que tenemos el archivo abierto en Gimp, seleccionamos el menú *Archivo > Exportar.* Se abre el cuadro de diálogo *Exportar la imagen.*
2. Asignamos el nombre *LogoImagen.jpg,* elegimos la ubicación *Pictures* y seleccionamos el tipo *Imagen JPEG (*.jpg, *.jpeg, *.jpe).*
3. Presionamos el botón *Exportar.* Se abre el cuadro de diálogo *Exportar imagen como JPEG,* donde aumentaremos la calidad a 100 y pulsaremos el botón *Exportar.*
4. Nos dirigimos a la carpeta *Imágenes* de Windows y observamos las propiedades de la imagen.

Solución:

a) Como resultado, se muestra un nuevo documento en Gimp con la imagen escaneada.

b) La imagen se ha guardado en la carpeta *Imágenes* de Windows con extensión *.jpeg.

D. Capas

Cuando abrimos un archivo de imagen en Gimp con extensión JPEG, GIF, TIFF, BMP, PNG, etc., se muestra una única capa, ya que este tipo de archivos no soportan las múltiples capas. Para almacenar un archivo con todas las capas que posee, debes hacerlo con la extensión del programa Gimp (*.xcf).

Una **capa** es una zona independiente de una imagen que se puede modificar sin afectar al resto. Con ellas se pueden realizar muchas operaciones: renombrarlas, ocultarlas, superponer unas a otras, etc. Las capas también pueden editarse para cambiar el estilo. La visión de todas las capas de nuestro archivo constituye la imagen final.

CASO PRÁCTICO 3

Crear nuevas capas, moverlas, renombrarlas, duplicarlas, eliminarlas y combinarlas.

1. Abrimos el archivo U11_McGrawHill.png con Gimp, que es de tipo PNG con transparencias.
2. Creamos una nueva capa, activando la pestaña *Capas* y pulsando el botón *Crear una capa nueva* . Se abre el cuadro de diálogo *Capa nueva.*
3. Activamos la casilla *Blanco* y pulsamos *Aceptar.* La nueva capa de color blanco se ha creado y se encuentra en un nivel superior a la capa anterior.
4. Seleccionamos el botón *Bajar esta capa* . La capa de color blanco ha pasado detrás de la capa original.
5. Cambiamos el nombre a las capas. Para ello, hacemos doble clic sobre el nombre de la capa y editamos su nombre. Renombramos la capa U11_McGrawHill.png como «Imagen» y la otra capa como «Fondo» (Fig. 11.6).
6. Seleccionamos la capa *Imagen* y pulsamos el botón *Crear un duplicado de la capa* . Se crea una capa igual a *Imagen* llamada *Copia de Imagen.*
7. Borramos la capa *Copia de Imagen.* Una vez seleccionada, pulsamos el botón *Borrar esta capa* . Otra opción para eliminar la capa es mostrar las opciones contextuales de la capa y elegir *Eliminar la capa.*
8. A través del botón *Ver* , podemos visualizar u ocultar la capa. A través del botón *Bloquear* , podemos deshabilitar la edición de la capa.
9. Seleccionamos la capa *Imagen,* mostramos las opciones de su menú contextual y elegimos *Combinar hacia abajo.*

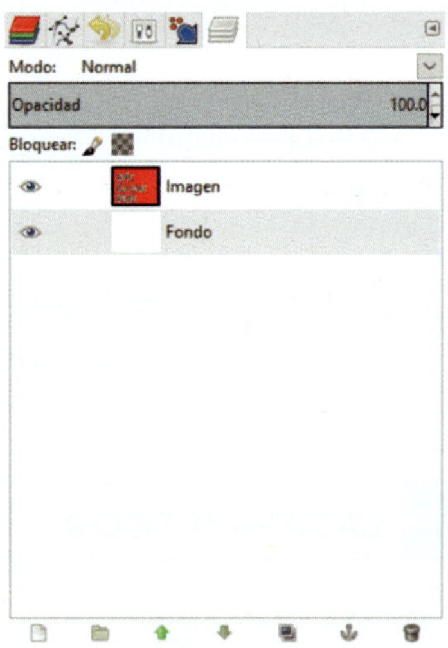

Fig. 11.6. Capas renombradas.

Solución:

Tras haber realizado algunas operaciones básicas con capas, finalmente obtenemos una única capa (Fig. 11.7).

Fig. 11.7. Capas combinadas.

E. Máscaras de capa

Las **máscaras** se utilizan para crear zonas transparentes en una capa.

CASO PRÁCTICO 4

Aplicar máscara a partir de una selección de texto.

1. Abrimos las imágenes U11_Toriis.jpg y U11_Bosque.jpg. Observamos que los archivos abiertos se muestran en pestañas (Fig. 11.8).

Fig. 11.8. Pestañas de archivos abiertos.

2. Seleccionamos la imagen U11_Bosque activando *Seleccionar > Todo* y, a continuación, copiamos pulsando la combinación de teclas **[Ctrl + C]**.
3. Activamos la pestaña de la imagen U11_Toriis y activamos el menú *Editar > Pegar como > Capa nueva.* El archivo ahora contiene dos capas.
4. Seleccionamos la herramienta de texto e introducimos «JAPÓN», con un tamaño de 950 px y fuente Sans en negrita. Sitúa el texto en la zona inferior de la imagen con ayuda de la *Herramienta mover* .
5. Mostramos el menú contextual de la capa *JAPÓN* (la capa de texto) y seleccionamos *Alfa a selección.* Activamos el menú *Seleccionar > Invertir.* Ocultamos la capa *JAPÓN* pulsado el botón .
6. Añadimos una máscara de capa, mostrando el menú contextual de la capa *Portapapeles* (la capa *U11_Bosque*) y seleccionando *Añadir máscara de capa.* Activamos la opción *Selección* y presionamos el botón *Añadir* del cuadro de diálogo que se muestra.
7. Movemos la capa de Toriis.jpg para cuadrar las letras japonesas.
8. Guardamos el archivo con el nombre «MáscaraTexto.xcf».

Solución:

Como resultado, se muestra una imagen como la de la Figura 11.9.

Fig. 11.9. Imagen con texto y máscara.

F. Retoque fotográfico

El **retoque fotógrafico** permite modificar imágenes con las herramientas que facilitan los programas de diseño.

ACTIVIDAD GUIADA 4

Retoca una imagen con Gimp:

1. Abre la imagen U11_Templo.jpg y realiza las siguientes operaciones para obtener un resultado similar al de la Figura 11.10.

Fig. 11.10. Resultado de la imagen retocada.

2. A continuación, selecciona el cielo con la herramienta *Selección difusa* . Corta y pega la selección en una nueva capa.
3. Activa la nueva capa llamada *Portapapeles,* selecciona la herramienta de mezcla haciendo doble clic sobre el botón . Observa que se activa la pestaña *Opciones de herramienta* en la zona derecha de ventanas. Pulsa el botón de degradado y selecciona un color amarillo y anaranjado.
4. A continuación, traza una línea diagonal sobre el cielo.
5. Borra la selección ejecutando *Seleccionar > Nada.* Activa la capa *U11_Templo.jpg* y abre el menú *Colores > Tono y saturación.* Se abre el cuadro de diálogo del mismo nombre. Aumenta la saturación a 100 y la luminosidad a 10. Pulsa *Aceptar.*
6. Crea una nueva capa de transparencia y muévela en primera posición. Seguidamente, haz doble clic sobre la herramienta pincel y elige el pincel con forma de hojas . Aumenta su tamaño y pinta sobre la zona inferior del lienzo.
7. Selecciona un pincel redondo difuminado y un color amarillo. Pinta el sol.
8. Guarda la imagen con el nombre *Templo retocado.xcf.*

G. Rutas

En Gimp, se puede conseguir trazar líneas rectas o curvas a través de la *Herramienta de rutas*. Realiza el siguiente caso práctico para aprender a utilizarla.

CASO PRÁCTICO 5

Crear una ruta curvada y acoplar texto alrededor de ella.

a) **Crear una ruta curvada.**

1. Creamos un nuevo documento de Gimp en blanco, con una resolución de 800 × 600 px.
2. Seleccionamos la herramiena de rutas. Hacemos clic dos veces sobre el documento, de izquierda a derecha. Se crea una línea con dos nodos.
3. Nos situamos sobre la línea, entre los nodos, y arrastramos hacia abajo en la zona izquierda del trazado.
4. Nos situamos sobre la línea, en la zona derecha, y arrastramos hacia arriba. Podemos ajustar las curvas a través de los controles de los nodos.

b) **Acoplar texto a una ruta.**

1. Insertamos un texto que incluya la frase *Texto acoplado a ruta curvada,* con un tamaño de 30.
2. Mostramos el menú contexual de la capa de texto y elegimos *Texto siguiendo una ruta.*
3. Eliminamos la capa de texto, ya que no la necesitaremos.
4. Activamos la pestaña *Rutas* de la zona de ventanas y observamos las rutas existentes. Ocultamos la ruta del trazado (Sin nombre) y mostramos la ruta del texto (Ruta). Sobre esta última ruta, mostramos su menú contextual y elegimos *Ruta a selección.*
5. Seleccionamos la herramienta de relleno y un color de frente verde. Hacemos clic dentro de una letra del texto. Ocultamos la ruta del texto (Ruta).

Solución:

a) Se muestra una ruta curvada como la de la Figura 11.11.

b) Hemos aprendido a crear una ruta y a acoplar texto en ella (Fig. 11.12).

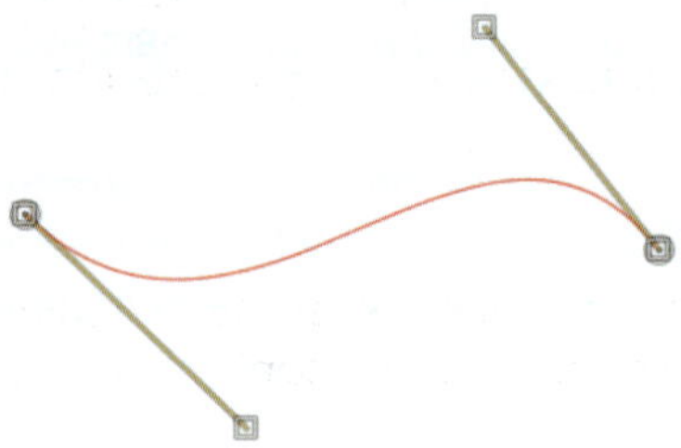

Fig. 11.11. Ruta curvada en Gimp.

Fig. 11.12. Texto curvado.

H. Aplicación de filtros

> Un **filtro** es un efecto que se aplica a una imagen o capa para modificar su aspecto.

Gimp dispone de varios modelos en el menú *Filtros* que podemos aplicar con un solo clic.

ACTIVIDAD GUIADA 5

Aplica un filtro a una imagen:

1. Abre la imagen U11_Flor.jpg y ejecuta el menú *Filtros.*
2. De la lista desplegable, selecciona *Artísticos > Cubismo.* Se abre su cuadro de diálogo (Fig. 11.13) y la vista previa del filtro. Aumenta el tamaño de la ventana si lo deseas.
3. Aplica un tamaño de enlosado de 20 y pulsa *Aceptar.*
4. Como resultado, se observa el efecto aplicado en la imagen.
5. Para eliminar el filtro aplicado, ejecuta *Editar > Deshacer Cubismo* o utiliza la combinación de teclas **[Ctrl + Z].**

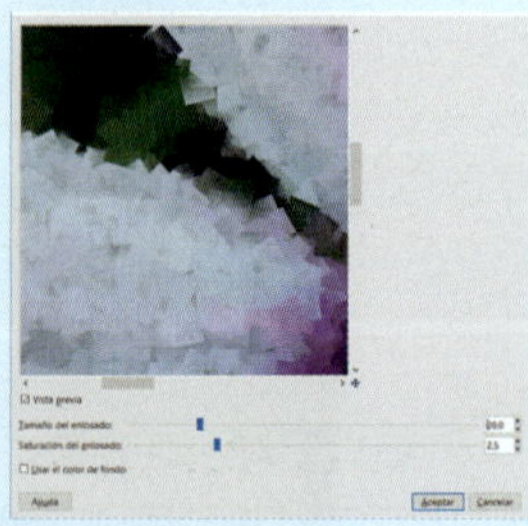

Fig. 11.13. Cuadro de diálogo del filtro seleccionado.

ACTIVIDADES

1. Visualiza la pestaña *Canales.*
2. Indica cómo se modifica el tamaño de una capa.
3. Al crear un nuevo archivo en Gimp, ¿en qué modo de colores está configurado?

I. Tamaño de imagen

Cambiar el tamaño de una imagen puede ser una operación común antes de publicar o utilizar una imagen. Si deseas modificar el tamaño de una imagen y esta no se compone de capas, hay que redimensionarla a través del comando *Redimensionar imagen.* En caso contrario, debes ajustar el tamaño capa a capa a través del comando *Escalar capa.*

No debes confundir el tamaño de la capa o la imagen con el tamaño del lienzo, ya que el lienzo es el espacio total que ocupa el archivo de imagen.

ACTIVIDAD GUIADA 6

Cambia el tamaño de una imagen guardando proporciones:

1. Abre la imagen U11_Bosque.jpg en Gimp.
2. Pulsa en *Imagen* > *Escalar imagen.* Aparece la ventana *Escalar la imagen* (Fig. 11.14).
3. Comprueba que el icono con forma de cadena , para restringir proporciones, está activado y la cadena aparece unida; así se mantendrán las proporciones originales de la imagen.
4. Aplica una anchura de 1.900 px y observa que la altura cambia automáticamente a 1.425 px.
5. Pulsa el botón *Escala.* La imagen cambia de tamaño manteniendo las proporciones.
6. Guarda el archivo exportándolo con el nombre «BosqueModificado.jpg».

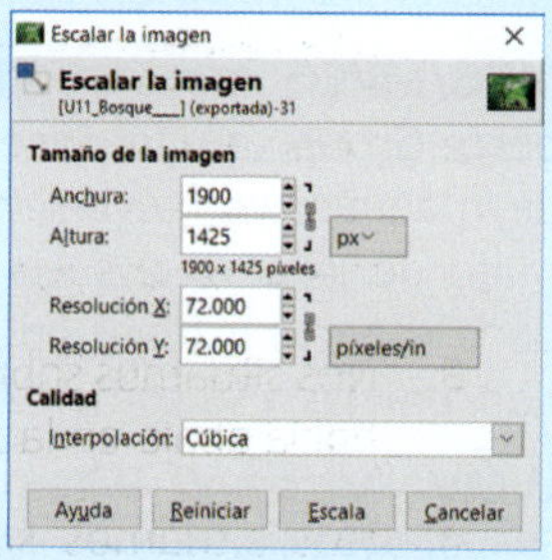

Fig. 11.14. Cuadro de diálogo Escalar imagen.

J. Impresión de imágenes

Antes de imprimir una imagen hay que prepararla ajustando su resolución y el modo de color. Además, si fuera necesario, se ajustarían las sombras, las iluminaciones, el color, etc.

ACTIVIDAD GUIADA 7

Prepara una imagen para su impresión:

1. Abre la imagen U11_Bosque.jpg en Gimp.
2. Pulsa en *Archivo* > *Imprimir.* Aparece la ventana *Imprimir.*
3. Activa la pestaña *Ajustes de la imagen.* Observa que aparece una vista previa de la imagen (Fig. 11.15).

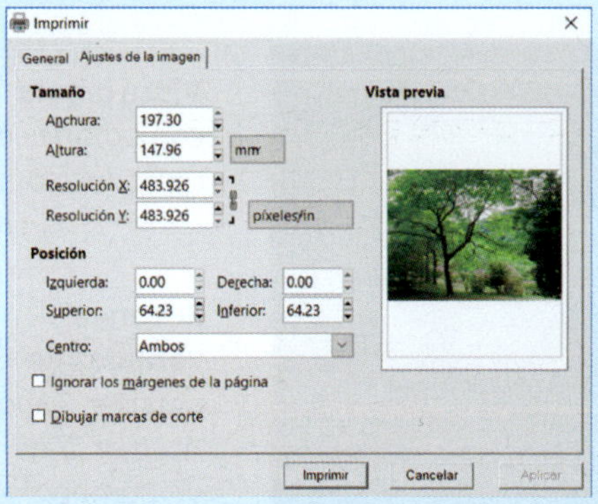

Fig. 11.15. Cuadro de diálogo Imprimir.

4. Desde esta pestaña, podemos modificar el tamaño de la imagen, la resolución y añadir márgenes. Modifica el tamaño con un ancho de 150 mm y un alto de 112,49 mm.
5. La resolución asignada por defecto es suficiente. Para las imágenes que no van a ser impresas, una resolución de 72 o 96 píxeles por pulgada es suficiente. Para las que van a ser impresas, es necesario establecer como mínimo un valor de 300.
6. Asigna 0 para la posición izquierda y superior, para no añadir ningún margen.
7. Activa la ficha *General* y selecciona tu impresora.
8. Pulsa el botón *Preferencias* y elige una calidad de impresión óptima. Pulsa *Imprimir.*
9. Si no deseas imprimir el documento y exportarlo a PDF, ejecuta el punto 8 y, en vez de elegir tu impresora, elige *Microsoft Print to PDF* y pulsa *Imprimir.*

ACTIVIDADES

4. Al crear nuevos archivos en Gimp, es posible elegir plantillas. ¿Cuáles están disponibles?

5. A partir del menú *Capa,* describe el uso de las siguientes opciones:

a) Grupo de capas nuevo.
b) Combinar hacia abajo.
c) Transparencia a alfa.
d) Nuevo a partir de lo visible.

6. Abre el archivo U11_McGrawHill.png y aplica el filtro *Animación* > *Globo giratorio.*

7. ¿Es lo mismo disminuir el tamaño de una imagen que el de una capa?

TRUCO

Para eliminar la última acción ejecutada, utiliza la combinación de teclas **[Ctrl + Z].**

Para guardar el archivo, utiliza la combinación de teclas **[Ctrl + S].**

CLAVES Y CONSEJOS

Formatos de vídeo:

MP4. Formato que incluye vídeo y audio, utilizado por los últimos modelos de *smartphones*.

AVI (*Audio Video Interleave, intercalado* de audio y vídeo). Formato lanzado por Microsoft en 1992.

MPG/MPEG (*Moving Picture Experts Group,* grupo de expertos de imágenes en movimiento). Formato de vídeo que suele ocupar poco espacio y tener buena calidad, gracias a su compresión.

WMV (*Microsoft Windows Media Video,* vídeo para Microsoft Windows Media). Formato desarrollado por Microsoft para su reproductor Windows Media Player.

2. Archivos de vídeo

El **formato de vídeo** es la estructura de datos en la que se guarda una filmación.

Existen muchos tipos, si bien los más comunes son AVI, MPEG, WMV o MOV. Para reproducirlos, son necesarios los códecs.

Los **códecs** son unos pequeños programas que comprimen y descomprimen archivos de audio y vídeo y que ahorran tiempo y espacio, aunque se producen ciertas pérdidas de información.

2.1. Aplicaciones de tratamiento de vídeos

Existen muchos programas para la edición de vídeo, como Pinnacle Studio, Adobe Premiere Pro, Sony Vegas Movie Studio, WeVideo, Wondershare Filmora, etc. Para el desarrollo de los siguientes casos prácticos se ha elegido Wondershare Filmora (versión 8.5.1) que, aunque es de pago, tiene un precio no muy elevado y con el es posible crear composiciones de vídeo de aspecto muy profesional.

2.2. Entorno de trabajo de Wondershare Filmora

Una vez que hemos instalado el programa, vamos a visualizar su espacio de trabajo.

CASO PRÁCTICO 6

Ejecutar Wondershare Filmora y examinar su entorno.

1. Escribimos «Wondeshare Filmora» en el cuadro de búsqueda de Windows y pulsamos ***Enter.*** Se muestra la ventana principal, en la que debemos elegir el tipo de vídeo de nuestro proyecto.
2. Seleccionamos *16:9 (Pantalla Panorámica).*
3. Pulsamos *Modo funciones completas.* Aparece la ventana principal del programa, en la que podremos importar archivos multimedia, reproducirlos, crear un nuevo proyecto y abrir un proyecto existente, entre otras posibilidades.

Solución:

Observamos las distintas zonas en las que se divide la ventana principal (Fig. 11.16):

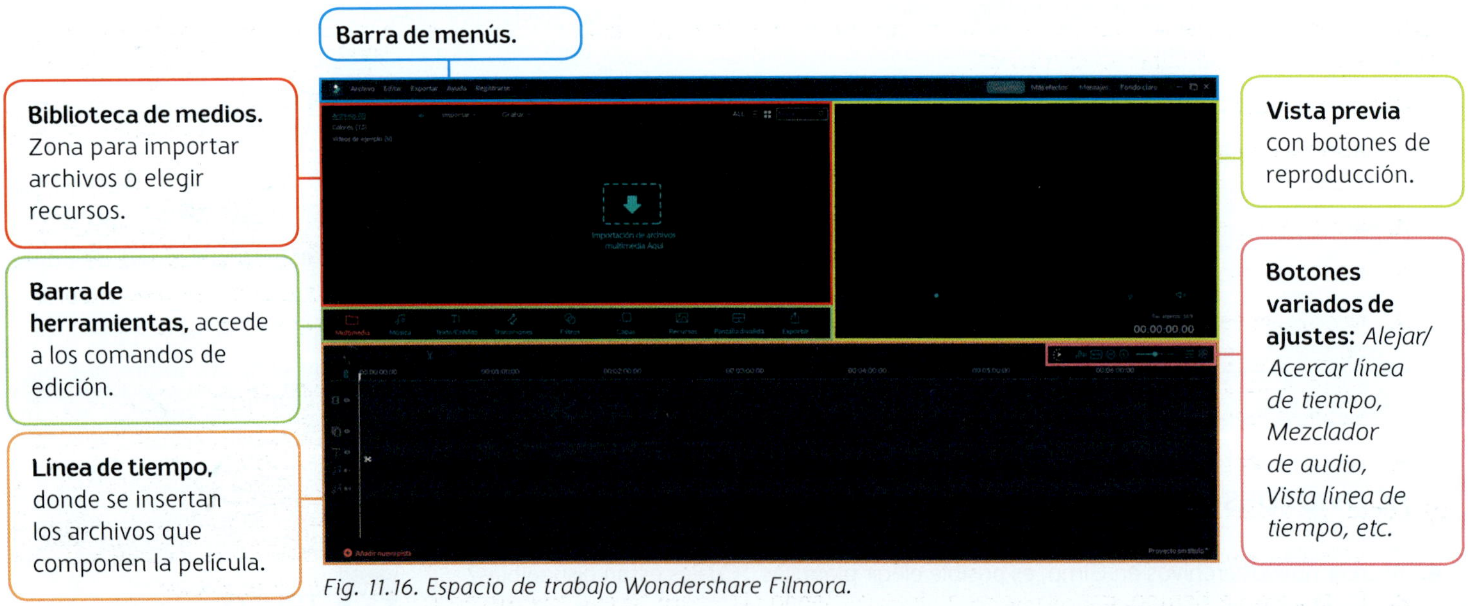

Fig. 11.16. Espacio de trabajo Wondershare Filmora.

ACTIVIDADES

8. ¿Qué formato ofrece Wondershare Filmora al crear nuevos proyectos?
9. Al iniciar Filmora, se encuentra la opción *Cortador de precisión.* ¿Cuál crees que es su uso?

2.3. Agregar vídeos en Wondershare Filmora

El primer paso para comenzar a trabajar con el programa es agregar un vídeo para empezar a editarlo. Aparte de importar contenido almacenado en nuestro ordenador, es posible importar contenido desde una cámara o teléfono. Incluso es posible descargar fotos desde Facebook, Instagram o Flickr.

TRUCO

Para eliminar un vídeo de un proyecto Filmora, selecciónalo en la línea de tiempo y pulsa la tecla ***Supr.*** Esta operación también es válida para otros elementos que se encuentran en la línea de tiempo.

ACTIVIDAD GUIADA 8

Importa un vídeo para un nuevo proyecto y guárdalo:

1. Abre Wondershare Filmora, elige *16:9 (Pantalla Panorámica)* y pulsa *Modo funciones completas.*
2. Haz clic sobre la zona de importación de archivos, donde aparece el texto *Importación de archivos multimedia Aquí.* Localiza el archivo U11_Ginza.mp4, descargado previamente, y pulsa *Abrir.* El archivo se muestra en la zona de importación de archivos.
3. Sitúate sobre el vídeo y pulsa sobre su botón circular +, para añadirlo al proyecto. Observa que el vídeo aparece en la línea de tiempo situado en la primera pista.
4. Reproduce el vídeo desde la zona de reproducción pulsando el botón *Play.*
5. Para guardar el proyecto, abre las opciones del menú *Archivo* y selecciona *Guardar el proyecto como.* Selecciona la carpeta *Vídeos* de Windows y ponle el nombre «MiPrimerProyecto.wve». Pulsa *Guardar.*

2.4. Línea de tiempo

En la línea de tiempo se visualizan los vídeos, la música, las fotografías, los efectos y las transiciones incluidas en nuestro proyecto.

La *Línea de tiempo* consta de varias pistas y, sobre ellas, se insertan y editan distintos elementos multimedia.

CASO PRÁCTICO 7

Vamos a aprender a dividir y cortar un vídeo de forma sencilla. Ten en cuenta que son operaciones distintas y no debes confundirlas.

***a)* Dividir un vídeo.**

1. Abrimos Wondershare Filmora, elegimos *16:9 (Pantalla Panorámica)* y pulsamos *Modo funciones completas.*
2. Importamos el vídeo U11_Shibuya.mp4 y lo arrastramos a la línea de tiempo.
3. Una vez importado el vídeo en la línea de tiempo, lo seleccionamos.
4. Nos situamos en la zona de vista previa e introducimos un minuto en el cuadro de tiempo 00:01:00.00. Esta operación también podemos realizarla manualmente, situándonos sobre la línea de ejecución que se encuentra al comienzo de las pistas (Fig. 11.17) y moviéndola hasta el minuto 1 con ayuda de las flechas.
5. Una vez situada la línea de ejecución en el minuto 1, pulsamos el símbolo tijeras.

***b)* Cortar un vídeo.**

1. Seleccionamos el segundo vídeo de los resultantes del punto anterior.
2. En la línea de tiempo, nos situamos al final, haciendo clic sobre su extremo derecho y arrastrando hasta el minuto 1 y 20 segundos 00:01:20.00.

Solución:

a) Como resultado, el vídeo se ha dividido en dos (Fig. 11.18).

b) El segundo vídeo ahora tiene una duración de 20 segundos. En total, la composición completa ocupa 1 minuto y 20 segundos (Fig. 11.19).

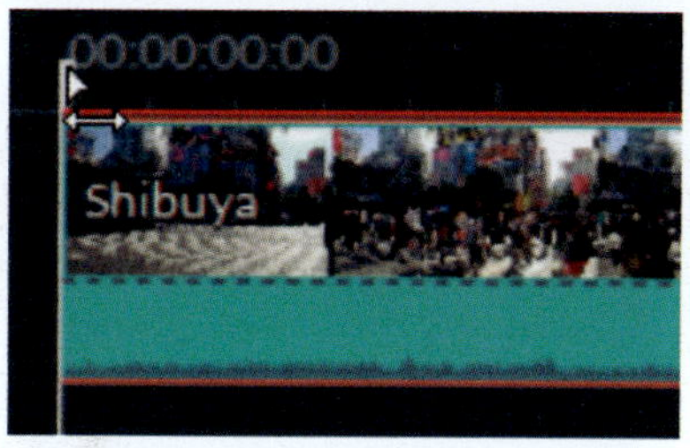

Fig. 11.17. Cursor para mover la posición de la línea de ejecución.

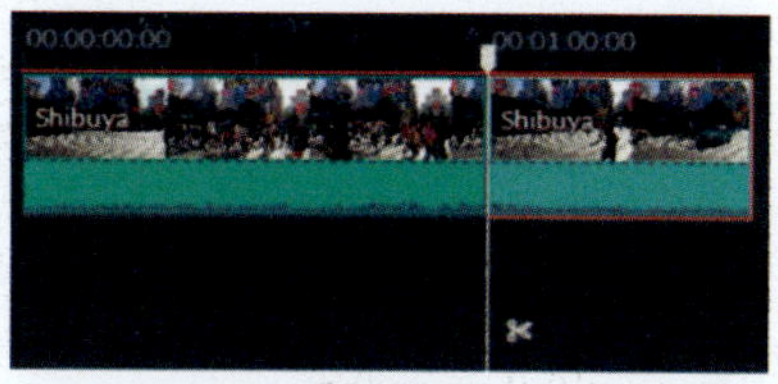

Fig. 11.18. Vídeo dividido.

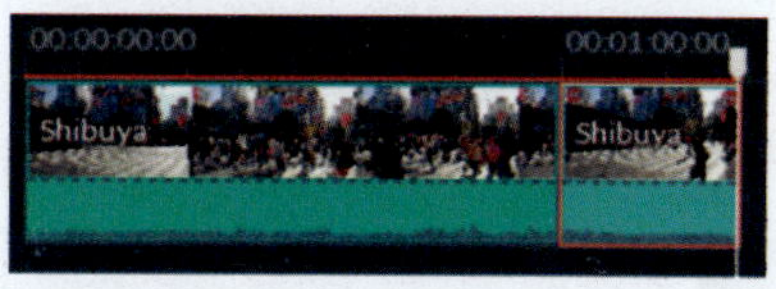

Fig. 11.19. Vídeo cortado.

2.5. Transiciones, filtros y capas

Una **transición** es un efecto que tiene lugar entre un archivo de vídeo y otro.

Un **filtro** es un efecto interno aplicado a un fragmento de vídeo o a un vídeo completo. Un ejemplo pueden ser los cambios en los colores del vídeo.

Una **capa** es un efecto similar al filtro, pero el efecto es externo al vídeo. Un ejemplo pueden ser los destellos de luz o las burbujas.

ACTIVIDAD GUIADA 9

Agrega filtros:

1. Crea un nuevo proyecto de tipo 16:9. Importa los vídeos U11_Ginza.mp4 y U11_Shibuya.mp4.
2. Añade al proyecto sobre la primera pista de la línea de tiempo los dos vídeos, situando en primer lugar el vídeo U11_Ginza.
3. Selecciona el vídeo U11_Ginza y pulsa el botón *Filtros*. Se muestra el listado de filtros. Elige el filtro *Jigsaw_B* y pulsa su botón. Observa que en la pista de filtros se crea un nuevo elemento (Fig. 11.20). Extiende en el tiempo el efecto, para que abarque la misma duración que el vídeo U11_Ginza.
4. Repite el proceso para añadir el efecto *Radio Explike FX* al vídeo U11_Shibuya.

Fig. 11.20. Efecto aplicado a zona de vídeo.

Inserta una transición:

1. Selecciona el vídeo U11_Ginza.
2. Haz clic sobre el botón *Transiciones*. Se muestra el listado de transiciones.
3. Elige la transición *Cube*. Observa que entre los dos vídeos se ha insertado una pequeña separación con una zona de color blanco (Fig. 11.21).
4. Al reproducir el proyecto, se observa el efecto al pasar de un vídeo a otro.

Fig. 11.21. Transición entre vídeos.

2.6. Inserción de títulos, audio y división de pantalla

En los montajes de vídeo cabe la posibilidad de incluir texto, modificar el audio por defecto, incluir nuestra propia música, dividir la pantalla y mostrar varios vídeos a la vez, etc.

CASO PRÁCTICO 8

Insertar un título en un vídeo.

1. Creamos un nuevo proyecto de tipo 16:9.
2. Importamos el vídeo U11_Shibuya.mp4 y lo añadimos a la línea de tiempo.
3. Pulsamos el botón *Texto/Crédito*. Pulsamos el botón, situado en la zona superior izquierda, para visualizar los recursos por categorías. Observamos las distintas categorías existentes.
4. Seleccionamos *Apertura* y añadimos *Opener 21*. El recurso comienza a descargarse. Una vez descargado, se muestra en la pista de texto el elemento añadido representado por este símbolo.
5. Hacemos doble clic sobre el elemento de texto. Se abre el cuadro de diálogo *Edición avanzada de texto*. Seleccionamos el texto *Your Titles* y lo sustituimos por «Japón». Pulsamos *Aceptar*.
6. Extendemos la duración del texto hasta el segundo 10 a través del símbolo.

Solución:

Al reproducir el vídeo, se observa un título al comienzo que se extiende hasta el segundo 10 (Fig. 11.22).

Fig. 11.22. Vídeo con título.

CLAVES Y CONSEJOS

Es posible mostrar todos los recursos que ofrece Filmora clasificados en un listado. Para ello, pulsa el botón en forma de flecha situado en la zona superior izquierda.

ACTIVIDAD GUIADA 10

Importa un vídeo de tu teléfono móvil y añade audio ajustando el tiempo:

1. Graba un pequeño vídeo con orientación vertical con tu teléfono móvil.
2. Conecta tu teléfono móvil y asegúrate que es reconocido por tu ordenador y se muestra en el directorio *Este Equipo* de Windows 10.
3. Abre Filmora y crea un nuevo proyecto de tipo 9:16 (Vertical).
4. Haz clic sobre la opción *Importar* y elige *Importar desde una cámara o teléfono.*
5. Elige tu teléfono de la lista *Importar desde.* Se comienzan a escanear los archivos almacenados en el dispositivo.
6. Elige *Vídeo* de la lista desplegable situada en la zona inferior izquierda. Desmarca la casilla *Seleccionar todo.* Activa y elige el vídeo de la lista y pulsa *Aceptar.* Se añade el vídeo a los archivos importados.
7. Agrega el vídeo a la línea de tiempo.
8. Pulsa el botón *Música* y añade el audio que te guste a la línea de tiempo ajustando la duración del audio a la del vídeo.
9. Guarda el proyecto en la carpeta *Vídeos* de Windows con el nombre «VídeoAudio.wve».

TRUCO

Si deseas silenciar el audio original de un vídeo, una vez que lo hayas añadido a la línea de tiempo, presiona el botón *Mezclador de audio* y baja el volumen a la sección Vídeo hasta -60 dB (decibelios).

CASO PRÁCTICO 9

Crear una composición con la pantalla dividida.

Silenciar audio original y añadir música.

1. Creamos un nuevo proyecto de tipo 16:9.
2. Añadimos los vídeos U11_Ginza.mp4 y U11_Shibuya.mp4 a la zona de archivos importados.
3. Presionamos el botón *Pantalla dividida* y arrastramos a la línea de tiempo el diseño *2 Screen D* a la primera pista de vídeo.
4. Arrastramos el vídeo U11_Ginza a la zona central *1 Zona de descenso* (Fig. 11.23).
5. Arrastramos el vídeo U11_Shibuya a la zona central *2 Zona de descenso.*
6. Aumentamos la duración del vídeo hasta 13 segundos, ayudándonos de los botones de ajuste de la línea de tiempo.
7. Aplicamos un color rojo al borde de separación. Pulsamos *Aceptar.*
8. Añadimos el audio *Always Dreaming – Within Reach* mediante el botón *Música* y ajustamos la duración del audio.
9. Eliminamos el sonido original de los vídeos. Pulsamos el botón *Mezclador de audio*. Se abre el cuadro de diálogo del mismo nombre. En la sección *Vídeo,* bajamos el volumen completo y presionamos *Aceptar.*

Solución:

En la línea de tiempo se observan dos pistas: la pista de vídeo con un elemento de pantalla dividida y la pista de audio (Fig. 11.24). Al reproducir el vídeo, se observa la pantalla dividida con una línea roja en diagonal (Fig. 11.25). Se ha eliminado el sonido original y ahora se escucha la nueva música.

Fig. 11.23. Zona para arrastrar vídeos divididos.

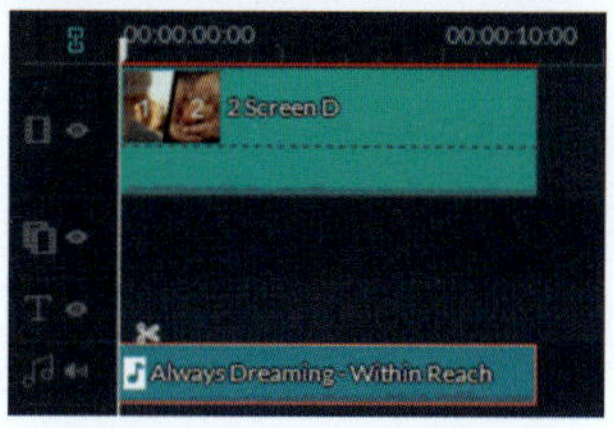

Fig. 11.24. Pistas en línea de tiempo.

Fig. 11.25. Pantalla dividida.

ACTIVIDADES

10. Averigua cuántos archivos de vídeo como máximo podemos añadir a un nuevo proyecto con la opción *Dividir pantalla.*

11. ¿Qué diferencia existe entre una capa y un filtro aplicado sobre un vídeo?

12. Investiga si es posible grabar tu pantalla de ordenador a través de Filmora.

13. ¿Cuál es el uso del comando *Recursos*? ¿Puede agregarse más de un recurso a una película?

CLAVES Y CONSEJOS

Formatos de exportación de Gimp:

FLI, FLC, MNG, H, XHTML, C, DATA, PS, ICO, BMP, GIF, SGI, RGB, RGBA, BW, JPG, JPEG JPE, PNM, PGM, PNG, PNM, PPM, PIX, ATTE, MAS, ALPHA, IM1, IM8, IM24, IM32, TIF, TIFF, TGA, XBM, ICON, BITMAP, XPM, PCX, PCC, PSD, EPS, CM, DICOM, CEL, ORA, PAT, GBR, GIH, PDF, FIT, FITS, HTML, HTM, XWD, XCF. BZ2, XFBZ2, XCF.GZ, XCFG.

Formatos de exportación de Wondershare Filmora:

MWV, MP4, AVI, MOV, F4V, MKV, TS, 3GP, MPEF-2, WEBM, GIF, MP3.

3. Exportación de archivos de imagen y vídeo

Gimp y Wondershare Filmora proporcionan opciones de exportación muy eficaces y compatibles con la mayoría de los dispositivos actuales. En los siguientes casos se explican varias opciones.

CASO PRÁCTICO 10

Exportar una imagen modificada a formato BMP.

1. Ejecutamos Gimp y abrimos la imagen U11_Toriis.jpg.
2. Activamos el menú *Colores* > *Colorear*. Se abre el cuadro de diálogo del mismo nombre.
3. Aplicamos un tono de 100 y una saturación de 50. Presionamos *Aceptar*.
4. Activa el menú *Archivo* > *Exportar como*. Se abre el cuadro de diálogo *Exportar la imagen*.
5. Seleccionamos la carpeta *Pictures*.
6. Como tipo de archivo, elegimos *Imagen BMP de Windows* (*.bmp) de entre todas las opciones disponibles.
7. Ponemos el nombre «ToriisVerdes.bmp».
8. Pulsamos sobre *Exportar* dos veces consecutivas.

Solución:

El archivo se almacena en la carpeta *Imágenes* con el nombre ToriisVerdes.bmp.

ACTIVIDAD GUIADA 11

Exporta un vídeo de forma completa a formato AVI:

1. Abre el programa Wondershare Filmora.
2. Selecciona el tipo *16:9 (Pantalla Panorámica)* y el *Modo funciones completas*. Observa que el programa se inicia con todas sus opciones disponibles.
3. Importa el vídeo U11_Shibuya.mp4 y arrástralo a la línea de tiempo.
4. Ejecuta el menú *Exportar* > *Creando vídeo*. Se abre el cuadro de diálogo *Salida*.
5. Elige *AVI*. Puedes observar los ajustes del vídeo presionando el botón *Configuración*.
6. Como ubicación, inclúyelo en la carpeta *Vídeos* de Windows.
7. Presiona *Exportar*. Se abre una ventana con el progreso de la exportación. Observa las opciones de la lista desplegable *Al finalizar*. Tras finalizar el proceso, el vídeo aparece en la carpeta *Vídeos* de Windows.

Exporta un vídeo de forma rápida y sencilla a formato MKV:

1. Abre el programa Wondershare Filmora.
2. Selecciona el tipo *16:9 (Pantalla Panorámica)* y el *Modo fácil*. Observa que el programa se inicia con muchas menos opciones de forma simplificada (Fig. 11.26).

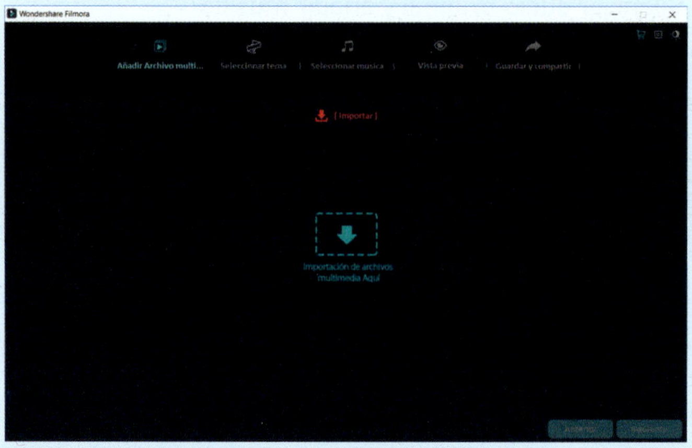

Fig. 11.26. Wondershare Filmora en Modo fácil.

3. Importa el vídeo U11_Shibuya.mp4.
4. Presiona la opción *Guardar y compartir*.
5. Elige el formato MKV.
6. Como ubicación, inclúyelo en la carpeta *Vídeos* de Windows.
7. Presiona *Exportar*. Se abre una ventana con el progreso de la exportación. Tras finalizar el proceso, el vídeo aparece en la carpeta *Vídeos* de Windows.

ACTIVIDADES

14. Indica dos formas de exportar un fichero PDF a través de Gimp.

15. Indica cómo se exporta una película a formato DVD en Wondershare Filmora y cuál es el resultado.

4. Bancos de recursos audiovisuales

Cuando hablamos de un banco de recursos audiovisuales nos referimos a un conjunto de archivos de audio, de imágenes o de vídeos cuyo objetivo es compartir y promover su uso entre usuarios. Básicamente, son bases de datos y, como tales, deben estar organizadas de forma que faciliten el acceso a los archivos. Algunos ofrecen recursos gratuitos y otros de pago, bajo unas licencias determinadas. Como ejemplos, podemos citar los siguientes:

- **INTEF.** Es el **Banco de Imágenes y Sonidos del Ministerio de Educación**, gestionado por el Instituto de Tecnologías Educativas. Su objetivo es poner a disposición de la comunidad educativa recursos audiovisuales que faciliten y estimulen el desarrollo de contenidos educativos. Está constituido por fotografías, vídeos, sonidos, ilustraciones y animaciones. Su utilización es universal, gratuita y abierta, siempre que se trate de un uso educativo no comercial. Cuando se utilicen los archivos del banco en materiales didácticos o formativos, los usuarios deben hacer obligada referencia a la fuente y al autor de la obra. **http://recursostic.educacion.es/bancoimagenes/web/.**
- **Wikimedia Commons.** Es una web creada por la Fundación Wikimedia. Contiene una base de datos con más de 40 millones de archivos libres. Entre los recursos encontramos imágenes, sonidos y vídeos. Wikimedia Commons solo acepta contenido bajo licencias **Creative Commons. https://commons.wikimedia.org.**

ABC **VOCABULARIO**

Licencias Creative Commons. Las adquieren ciertos contenidos audiovisuales y se utilizan para otorgar una combinación de permisos legales a estos **(https://creativecommons.org/licenses).**

Licencias de dominio público. Los archivos con esta licencia pueden ser usados para uso personal o comercial y se pueden modificar y distribuir sin pedir permiso al autor.

4.1. Gestión de bancos de recursos en las pymes

Una empresa puede necesitar su propio banco de recursos audiovisuales; para ello, debe crearlo, mantenerlo y facilitar su uso por parte de los usuarios a través de una red de área local, una intranet, etc. Generalmente, el administrador de la red será el encargado del mantenimiento del banco de recursos: añadir, organizar y borrar contenido. También debe conocer la legislación vigente sobre el contenido que se va a usar y difundirla entre los demás usuarios con permisos de utilización.

El banco debe estar organizado de forma coherente para facilitar su uso; generalmente, se clasifica por el tipo de recurso (audio, vídeo, imagen, etc.) y, a su vez, por categorías. También es de gran utilidad disponer de un buscador.

Hoy en día es muy utilizado el almacenamiento en la nube, ya que ofrece gran capacidad de almacenamiento a precios competitivos, siendo gratuito en muchos casos.

Logo	Descripción
©	**Copyright.** Todos los derechos reservados.
(cc)	**Creative Commons.** Algunos derechos reservados.
(dominio público)	**Dominio público.** Ningún derecho reservado.

4.2. Protección de archivos audiovisuales. Legislación

El avance tecnológico y la gran difusión de los archivos audiovisuales han forzado a multitud de países a regular el uso y la distribución de este tipo de archivos para salvaguardar los derechos de las personas. España cuenta con los siguientes antecedentes legislativos:

La **Constitución Española** de 1978 en su **artículo 18.4** dispone: «La ley limitará el uso de la informática para garantizar el honor y la intimidad personal y familiar de los ciudadanos y el pleno ejercicio de sus derechos».

En 1999 se publica la Ley Orgánica de Protección de Datos (LORTAD), cuyo ámbito de aplicación es todo tipo de ficheros de carácter personal, ya estén automatizados o no.

El Real Decreto 1720/2007, de 21 de diciembre, desarrolla tanto los principios de la ley como las medidas de seguridad a aplicar a los sistemas de información.

El órgano que controla el cumplimiento de la normativa respecto a la protección de datos en territorio español es la **Agencia Española de Protección de Datos (AEPD).**

Respecto a la normativa reguladora de los **derechos de autor**, existe la Ley de Propiedad Intelectual, Ley 12/2017, de 3 de julio.

Antecedentes legislativos:

- Constitución Española.
- Ley Orgánica de Protección de Datos.
- Ley 12/2017, reguladora de los derechos de autor.

ACTIVIDADES

16. Busca dos bancos *online* de imágenes de uso gratuito y averigua qué tipos de licencia tienen sus recursos.

17. Explica brevemente en qué consisten las licencias Creative Commons.

KEYWORDS

1. Review the essential vocabulary terms of this unit in English. Did you already know all of them? Did you learn new vocabulary?

English	Spanish	English	Spanish	English	Spanish
animation	animación	mask	máscara	to hide	ocultar
audio	audio	outside	exterior	to import	importar
bevel	bisel	palette	paleta	to play	reproducir
brightness	brillo	photograph	fotografía	put on top	superponer
brush	pincel	project	proyecto	to turn on/ to come on	encender
camera	cámara de fotos	relief	relieve	to zip	comprimir
degraded	degradado	resolution	resolución	tone	tono
digital	digital	saturation	saturación	track	pista
effect	efecto	scanner	escáner	transition	transición
extension	ampliación	sequence	secuencia	transparent/clear	transparente
filter	filtro	shade	sombra	video	vídeo
graphic	gráfico	style	estilo	video camera	cámara de vídeo
height	altura	title	título	width	anchura
inside	interior	to connect	conectar	wire	cable
layer	capa	to export	exportar	zone	zona

2. Link with arrows and write them in your notebook:

a) A filter is...	1) ... can import pictures from a scanner, a digital camera or other devices.
b) A transition is...	2) ... an effect that is applied to an image or video in Gimp or Wondershare Filmora.
c) In Gimp you...	3) ... can export and compress your projects into different video formats.
d) In Wondershare Filmora you...	4) ... an effect that takes place between a video and another.
e) Gimp has ...	5) ... is measured in pixels.
f) The resolution of an image...	6) ...is possible to add music.
g) In a Wondershare Filmora project...	7) ... several selection tools.

3. Find these words in this word square and write them in your notebook:

layer – project – color – title – camera – mask – palette – resolution

m	j	h	y	b	w	w	r	a	w	l	p
t	m	s	t	r	e	c	a	m	e	r	a
y	i	r	m	l	c	i	y	u	p	e	h
u	u	e	a	u	e	n	c	e	e	s	e
u	h	p	s	l	f	g	y	j	n	o	e
t	a	n	k	m	a	t	t	o	n	l	p
i	t	h	l	c	c	y	u	j	w	u	a
d	i	d	p	r	o	j	e	c	t	t	l
o	t	d	e	t	l	n	o	r	v	i	e
m	l	k	q	k	o	u	e	f	e	o	t
f	e	r	o	t	r	v	b	e	r	n	t
t	d	r	c	p	a	l	e	t	t	e	e

SÍNTESIS Gestión de archivos audiovisuales

Elementos de la ventana de Gimp

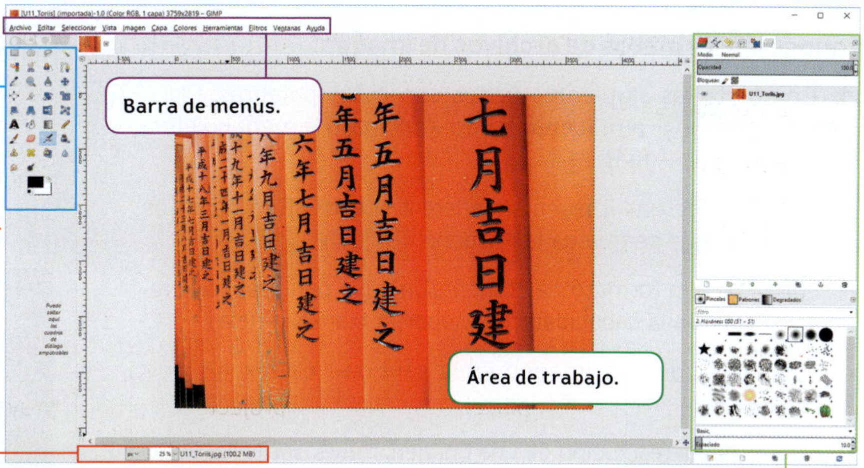

Operaciones con Gimp

- Selección de imágenes
- Importación y exportación de imágenes
- Creación de capas y máscaras de capa
- Retoque fotográfico
- Creación de rutas y aplicación de filtros
- Redimensión e impresión

Elementos de la ventana de Wondershare Filmora

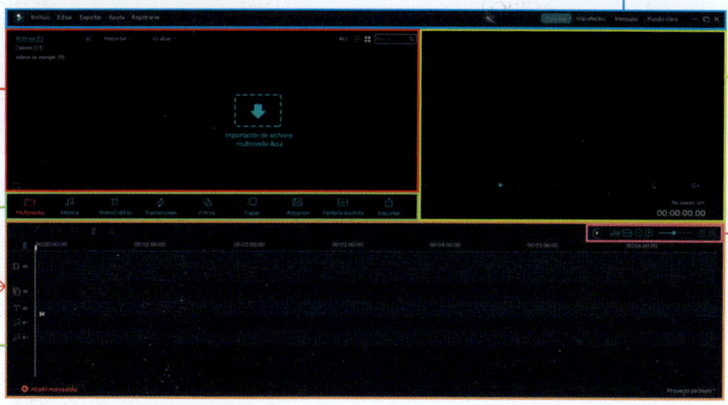

Operaciones con Wondershare Filmora

- Creación de proyectos
- División y corte de vídeo
- Inserción de transiciones, filtros, capas, títulos, audio, etc

Exportación de archivos

- Exportar imágenes desde Gimp
- Exportar vídeos desde Wondershare Filmora

Bancos de recursos audiovisuales

- Bancos de imágenes, sonidos, vídeos, etc
- Gestión de bancos de recursos en las pymes
- Legislación sobre utilización de archivos audiovisuales
  - Constitución Española.
  - Ley Orgánica de Protección de Datos.
  - Ley de Derechos de Autor.

Conoce los formatos de archivos de imagen.

1. Completa las siguientes frases con estas palabras: PNG – resolución – almacenamiento – formato – megapíxeles – columnas – filas.

   a) El ...... de una imagen se refiere a la estructura de datos en la que se guarda la imagen.

   b) ...... es un formato de compresión cuya principal característica es la capacidad para soportar transparencias.

   c) La ...... de una imagen es la cantidad de píxeles que posee.

   d) A mayor resolución de una imagen, mayor será el espacio de ...... requerido.

   e) La resolución de las cámaras fotográficas digitales es muy alta y se mide en ....

   f) La resolución se calcula multiplicando los píxeles de las ...... por los píxeles de las ....

Identifica programas de edición de archivos de imagen.

2. De las siguientes aplicaciones, señala cuáles son de tratamiento de imágenes y cuáles de tratamiento de vídeo:

   a) Adobe Photoshop.

   b) PaintShop Pro.

   c) Sony Vegas Movie Video.

   d) Adobe Premiere Pro.

   e) Gimp.

   f) Pinacle Studio.

Trabaja con Gimp.

3. Paletas. Muestra las siguientes pestañas en el área de ventanas de Gimp:

   - Histograma.
   - Historial de deshacer.
   - Opciones de herramienta.
   - Pinceles.

   A continuación, desprende la pestaña *Pinceles* y muévela a la zona izquierda del espacio de trabajo. Finalmente, cierra la pestaña.

4. Panel de herramientas. Indica a qué tipo pertenece cada una de estas herramientas:

a) Curvas.	1. Selección.
b) Tijeras inteligentes.	2. Pintura.
c) Tinta.	3. Transformación.
d) Voltear.	4. Color.

5. Herramientas de selección. Abre el archivo U11_Flor.jpg y selecciona los pétalos de la flor con la herramienta de selección *Tijeras inteligentes*. Copia y pega la selección como una nueva capa. Oculta la capa *U11_Flor.jpg.* Centra la nueva capa en el lienzo y exporta el archivo como «Flor-SinFondo.png». El resultado debe quedar como el siguiente (Fig. 11.27):

Fig. 11.27. Flor modificada con fondo transparente.

6. Modos de color y propiedades de archivo de imagen.

   a) Crea un archivo nuevo con las características que se detallan a continuación:

   - Plantilla: A4 (300ppi).
   - Orientación horizontal.
   - Resolución: 400 píxeles en X e Y.
   - Color escala de grises y color de fondo blanco.
   - Nombre: «ImagenEscalaGrises.xcf».

   b) Observa el tamaño que ocupa el nuevo archivo y el tipo de archivo.

7. Capas, texto y rutas. Crea un nuevo archivo en Gimp de 800 × 600 px de tamaño, con fondo de color blanco, y lleva a cabo los siguientes pasos:

   a) Crea una nueva capa transparente y añade una forma redonda con proporción de aspecto fijo y con relleno degradado *Abstract 2.*

   b) Crea una ruta a partir de la selección de la forma redonda.

   c) Crea otra capa e inserta la frase «Texto acoplado a círculo» con color negro y un tamaño acorde. Acopla el texto a la ruta.

   d) Guarda el archivo con el nombre «Capas.xcf» (Fig 11.28).

Fig. 11.28. Capas, rutas y texto.

COMPRUEBA TU APRENDIZAJE

8. Capas y filtros. Abre el archivo U11_Filtros.xcf y realiza las siguientes operaciones:

a) Selecciona la capa *Texto*, cambia la fuente a Arial Bold con tamaño 130 px y color blanco.

b) Sobre la capa *Texto*, aplica un filtro decorativo de tipo bisel de grosor 30.

c) Aplica otro filtro de luces y sombras de tipo perspectiva. Aplica estas propiedades:

- Ángulo: 100.
- Distancia relativa del horizonte: 20.
- Longitud relativa de la sombra: 2.5.
- Radio de desenfoque: 3.
- Color: Blanco.
- Opacidad: 20.
- Interpolación: Lineal.

d) Guarda el archivo con el nombre «Filtros Aplicados.jpg».

9. Retoque fotográfico. Abre en Gimp la imagen U11_Pintura perro.jpg y realiza sobre ella las siguientes operaciones:

a) Selecciona el perro con la herramienta adecuada del *Panel de herramientas* y crea una nueva capa que contenga otro perro.

b) Disminuye el tamaño del perro de la nueva capa y modifica la capa borrando parte de ella para hacer como si el perro estuviese asomado a la caseta.

c) Crea una nueva capa y pinta hojas con el pincel correspondiente sobre el suelo en varios tamaños, según la distancia.

d) Guarda el archivo en tu carpeta de trabajo con el nombre «Perro retocado.jpg».

Conoce los formatos de archivos de vídeo.

10. Completa las siguientes frases con estas palabras:

avi – mpg – vídeo – mp4 – formato – wmv – códecs

a) El ...... de vídeo es la estructura de datos en la que se guarda una filmación.

b) Los ...... son unos pequeños programas que comprimen y descomprimen archivos de audio y vídeo y que ahorran tiempo y espacio.

c) Las extensiones ......, ... y ...... corresponden a archivos de ....

d) ...... es un formato que incluye vídeo y audio, utilizado por los últimos modelos de *smartphones*.

Trabaja con archivos de vídeo en Wondershare Filmora.

11. Entorno de trabajo de Wondershare Filmora. Relaciona cada una de las operaciones siguientes con la zona del espacio de trabajo Filmora en la que se realiza.

a) Localizar una capa.

b) Insertar un vídeo en la pista de vídeo.

c) Importar un audio.

d) Reproducir un proyecto.

e) Insertar un filtro.

f) Exportar un vídeo.

g) Localizar un filtro de vídeo.

12. Filtros, capas, transiciones, audio y exportación. Crea un nuevo proyecto en Wondershare Filmora en *Modo funciones completas de tipo 16:9 (Pantalla Panorámica)* y realiza las siguientes operaciones:

a) Importa el vídeo U11_Tren.mp4.

b) Divide el vídeo en dos clips.

c) Añade transiciones al comienzo, entre vídeos y al final.

d) Añade un filtro al primer vídeo y ajusta su duración.

e) Añade una capa al segundo vídeo y ajusta su duración.

f) Añade un título al comienzo del vídeo con el texto «Japón en tren».

g) Agrega un audio distinto a cada vídeo y ajusta su duración.

h) Silencia el audio original de los vídeos.

i) Reproduce el vídeo para ver cómo queda.

j) Guarda el proyecto en tu carpeta de trabajo con el nombre «TrenEfectos.wve».

k) A partir del proyecto guardado, realiza un vídeo llamado «TrenEfectos.mpg».

l) Reproduce el vídeo con el programa *Películas y TV* de Windows 10. Si fuese necesario instalar un códec, pulsa el botón *Obtenerlo* (Fig. 11.29) y sigue las indicaciones.

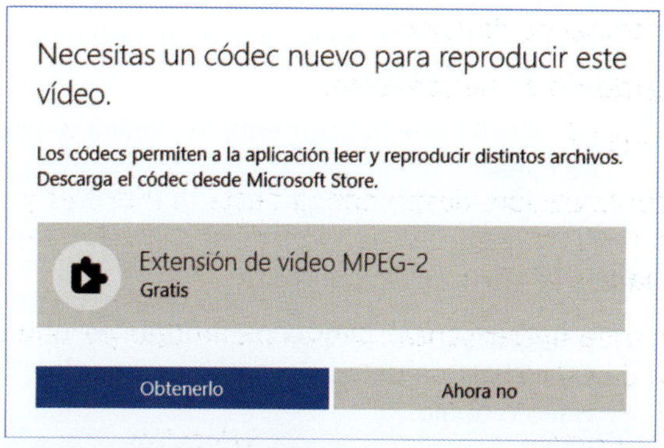

Fig. 11.29. Obtener códec.

Protege los archivos audiovisuales según la legislación.

13. Nombra los antecedentes legislativos con los que cuenta España para la protección de archivos audiovisuales.

TEST DE REPASO

1. **Señala la opción correcta:**
   - ⓐ La resolución de una imagen es la cantidad de píxeles que posee.
   - ⓑ A mayor cantidad de píxeles de una imagen, mayor resolución y menor peso tendrá.
   - ⓒ La resolución de las cámaras fotográficas digitales en la actualidad es muy alta y se mide en megabits.

2. **En Gimp, al seleccionar la herramienta pincel:**
   - ⓐ No puede modificarse de tamaño.
   - ⓑ Puede personalizarse a través de la pestaña *Opciones de herramienta.*
   - ⓒ No es posible crear nuevos pinceles.

3. **Escoge la opción correcta respecto a la herramienta recoge-color de Gimp:**
   - ⓐ Se utiliza para seleccionar zonas de un mismo color.
   - ⓑ Se utiliza para seleccionar contornos de una imagen.
   - ⓒ Se utiliza para seleccionar un color concreto de una imagen y mostrarlo como color de frente en la barra de herramientas.

4. **Señala la afirmación correcta de las siguientes, relacionadas con las capas:**
   - ⓐ Al abrir un archivo de imagen PNG en Gimp, se muestran las capas que lo componen.
   - ⓑ En Gimp, no es posible redimensionar una capa.
   - ⓒ Los archivos con extensión XCF soportan capas.

5. **Un filtro en Gimp puede definirse como:**
   - ⓐ Una nueva capa que contiene zonas transparentes.
   - ⓑ Un efecto que se aplica a una imagen o capa para modificar su aspecto.
   - ⓒ Un efecto que únicamente se aplica a una máscara de capa.

6. **Indica la afirmación correcta:**
   - ⓐ Los códecs son pequeños programas que definen la estructura de datos en la que se guarda el archivo de vídeo o audio.
   - ⓑ Los códecs son pequeños programas que comprimen o descomprimen archivos de audio o vídeo ahorrando tiempo y espacio.
   - ⓒ Los códecs conllevan pérdidas de información que son transparentes al usuario.

7. **Elige la respuesta correcta sobre las transiciones en Wondershare Filmora:**
   - ⓐ Se pueden insertar al principio o al final de un audio o vídeo.
   - ⓑ No se pueden insertar en la *Línea de tiempo.*
   - ⓒ Se pueden insertar al principio o al final de un vídeo.

8. **Las capas en Wondershare Filmora se utilizan para:**
   - ⓐ Crear efectos externos a un vídeo.
   - ⓑ Realizar una transición entre vídeos.
   - ⓒ Crear efectos internos a un vídeo.

9. **Señala la opción correcta en relación a los títulos y créditos en Wondershare Filmora:**
   - ⓐ Pueden insertarse títulos y créditos.
   - ⓑ Los títulos suelen ir al final del proyecto y no pueden llevar efectos.
   - ⓒ Al crear un título, aparece como un elemento más en las pistas de vídeo.

10. **El procedimiento para insertar un archivo de audio en un proyecto:**
    - ⓐ Es similar al de insertar una transición.
    - ⓑ Es imposible de realizar con Wondershare Filmora.
    - ⓒ Es posible importar el archivo multimedia a la biblioteca o elegir un audio predefinido para añadirlo posteriormente a la línea de tiempo.

11. **Marca la opción correcta:**
    - ⓐ Los archivos de audio se insertan al comienzo de una pista vacía de vídeo, en la *Línea de tiempo,* si se desea que el sonido se reproduzca al mismo tiempo que se visualiza el vídeo. Estos se adaptan automáticamente.
    - ⓑ Los archivos de audio se pueden adaptar a la duración del archivo de vídeo.
    - ⓒ Los archivos de audio no se pueden ajustar en el tiempo.

12. **A través de la opción *Exportar* de Wondershare Filmora, es posible:**
    - ⓐ Subir tu vídeo a Instagram y otras redes sociales.
    - ⓑ Subir tu vídeo a YouTube, Facebook y Vimeo, entre otras opciones.
    - ⓒ Compartirlo en DropBox seleccionando *Exportar > Subir a Dropbox.*

PRÁCTICA FINAL

Realiza las siguientes tareas para poner en práctica los conocimientos aprendidos a lo largo de esta unidad

Trabajas en un concesionario de coches en el Departamento Administrativo y buscan una forma original y llamativa de promocionar algunos coches de ocasión.

El concesionario dispone de un escaparate que cuenta con un monitor de pantalla plana donde se muestra publicidad variada de la empresa a través de un dispositivo de almacenamiento externo o *pendrive*.

Crea un vídeo para reproducirlo en el monitor, teniendo en cuenta las siguientes pautas:

- Haz o consigue fotografías de los coches de ocasión a través de una cámara digital que ofrezca una buena resolución.
- Consigue vídeos cortos que muestren el interior y el exterior del coche. Los vídeos deben grabarse o haber sido grabados con un dispositivo de alta resolución, al igual que las fotografías. Un *smarthphone* puede cumplir estos requisitos.
- Crea una carpeta llamada «Coches Ocasión» en la carpeta *Documentos* de Windows.
- Crea una carpeta llamada «Coches Ocasión Originales» dentro de la carpeta *Documentos* de Windows, donde vas a guardar las fotografías y vídeos importados desde los dispositivos.
- Crea otra carpeta llamada «Coches Ocasión Retocados» dentro de la carpeta *Documentos* de Windows, donde vas a guardar las fotografías y vídeos retocados.
- Para el tratamiento de las fotografías, utiliza Gimp. Retoca las imágenes dando brillo, contraste y saturación, a través del menú *Colores*. Guarda las fotografías en la carpeta *Coches Ocasión Retocados*.
- Para la composición del vídeo, utiliza Wondershare Filmora. Debe ser un proyecto de tipo 16:9 (pantalla panorámica) y contar con los siguientes elementos:
  - Fotografías previamente editadas con Gimp.
  - Vídeos de alta resolución.
  - Textos que indiquen las características del coche: marca, modelo, color, año, kilómetros, precio, descuento, etc.
  - Transiciones entre vídeos.
  - Algunos filtros o capas, si lo ves oportuno.
  - Música actual, a poder ser con licencia Creative Commons o de dominio público.
- Ajusta los textos, las transiciones, los filtros, las capas y la música de manera correcta, para crear una composición atractiva y profesional.
- Una vez que hayas reproducido el vídeo y realizado las modificaciones oportunas, guarda el proyecto con el nombre «Vídeo promocional coches.wve» dentro de la carpeta *Coches Ocasión,* creada anteriormente.
- Exporta el proyecto a un formato compatible con el dispositivo externo. Por ejemplo, los formatos MP4 o AVI deberían ser válidos. Guárdalo con el nombre «Vídeo promocional coches.mp4» dentro de la carpeta *Coches Ocasión,* creada anteriormente.
- Una vez exportado el vídeo, súbelo a Facebook, a la página de la empresa. Utiliza la opción del menú *Exportar > Subiendo a Facebook*. Sigue las indicaciones de la ventana *Salida* y publícalo.

12 UNIDAD

Presentaciones multimedia

En el mundo empresarial, es cada vez más frecuente realizar presentaciones de productos o servicios porque para los representantes de las organizaciones es muy importante la comunicación visual. Y la herramienta más utilizada para comunicar estas ideas es la presentación multimedia, que puede contener multitud de elementos, incluidos gráficos, fotografías, audios o vídeos.

Por todo ello es esencial aprender a comunicar ideas y a crear tus propias presentaciones de aspecto profesional, utilizando plantillas y compartiéndolas con otros usuarios.

EN ESTA UNIDAD ESTUDIARÁS

1. Los aspectos generales de PowerPoint 2016.
2. Las operaciones básicas en una presentación.
3. La presentación y la compartición.
4. Las plantillas y la impresión.

Y SERÁS CAPAZ DE

Elaborar presentaciones multimedia utilizando aplicaciones específicas.

1. Aspectos generales de PowerPoint 2016

En algunas ocasiones, es preciso comunicar una idea, ofrecer un producto, presentar un informe, etc. Por muy distintas que sean estas acciones, todas poseen el mismo objetivo: transmitir un mensaje de manera clara y persuasiva, que capte la atención del público.

Hay muchos modos de conseguirlo. Las herramientas de presentación pueden ser de gran ayuda, pues combinan formas, textos, colores, efectos y sonidos. Todos estos recursos permiten realzar las palabras, hacer hincapié en determinados mensajes y mejorar la calidad de la información que se ofrece.

Entre los programas más usados para estos cometidos destacan PowerPoint, Google Slides y LibreOffice Impress. En esta unidad nos centraremos en PowertPoint 2016 de Microsoft.

! IMPORTANTE

La extensión de una presentación PowerPoint es ***.pptx**.

TRUCO

En PowerPoint, es posible añadir secciones para organizar las diapositivas de una presentación. Muestra el menú contextual del panel izquierdo y elige *Agregar sección*.

CASO PRÁCTICO 1

Ejecutar PowerPoint en Windows 10 y crear una presentación en blanco.

1. Hacemos clic en el menú *Inicio*, desplazándonos hasta la letra «P», y elegimos PowerPoint 2016. Se abre el programa con su pantalla inicial, en la que se muestran las presentaciones abiertas recientemente o las plantillas disponibles para crear otras nuevas.
2. Seleccionamos *Presentación en blanco.*

Solución:

Como resultado, se abre PowerPoint con una diapositiva en blanco (Fig. 12.1).

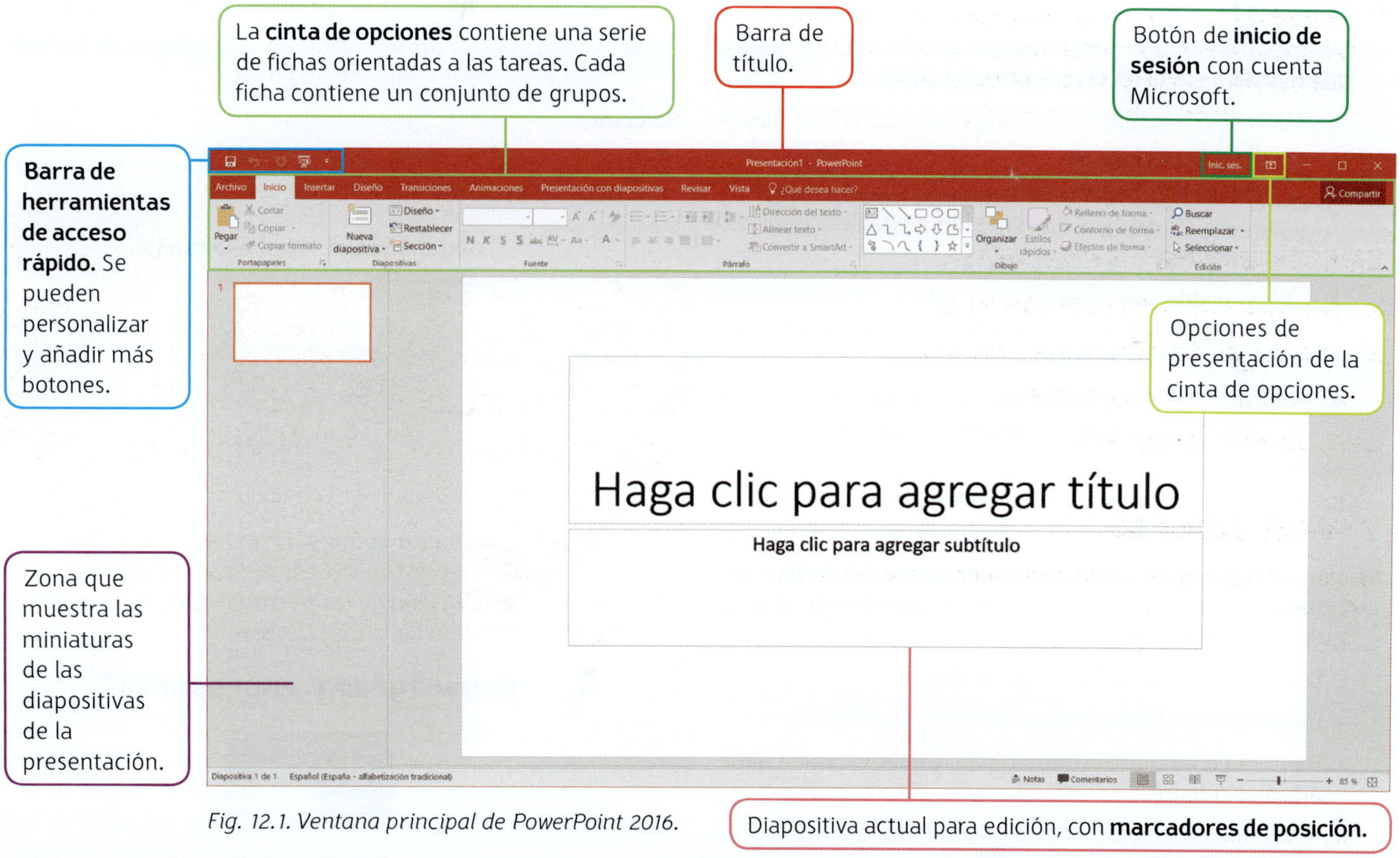

Fig. 12.1. Ventana principal de PowerPoint 2016.

ACTIVIDADES

1. Anota en tu cuaderno los pasos a seguir para guardar una presentación PowerPoint y cerrar la aplicación.

ABC VOCABULARIO

Diagrama. Objeto de dibujo, denominado SmartArt en aplicaciones Microsoft Office, que incluye listas gráficas, diagramas de procesos, etc.

Gráfico. Objeto que generalmente representa datos numéricos, en el que la información se presenta a través de líneas, superficies, barras, etc.

Organigrama. Representación gráfica de la estructura de una empresa, en la que suelen aparecer los departamentos o puestos que la componen y las personas encargadas o que los dirigen.

2. Operaciones básicas en una presentación

Dentro de Microsoft PowerPoint pueden realizarse multitud de operaciones para la construcción de una presentación. A través de este epígrafe estudiaremos algunas de ellas.

2.1. Insertar elementos en diapositivas

PowerPoint permite la inserción de multitud de elementos a través de su ficha *Insertar* (Fig. 12.2). En caso de incluir elementos multimedia (ubicados en nuestro equipo o en dispositivos externos), como vídeos, fotografías o audios dentro de una presentación PowerPoint, no será necesario añadir los ficheros en un directorio aparte, ya que estos se incluyen como una copia dentro de la propia presentación y podremos visualizarla en cualquier equipo.

Inserta elementos variados en los siguientes casos prácticos y actividades.

Fig. 12.2. Ficha Insertar.

CASO PRÁCTICO 2

Añadir diapositiva e insertar organigrama a través de gráficos SmartArt.

a) **Vamos a crear una presentación añadiendo una nueva diapositiva basada en el tema *Título y objeto.***

1. Abrimos Microsoft PowerPoint y seleccionamos *Diapositiva en blanco.*
2. Activamos la ficha *Insertar* y pulsamos sobre *Nueva diapositiva*. De sus opciones desplegables, elegimos *Título y objetos.*
3. Seleccionamos la diapositiva 1 de la zona izquierda, donde se muestran las miniaturas de las diapositivas, y pulsamos la tecla ***Supr.***
4. Añadimos el título «Organigrama empresarial» en el marcador superior, donde aparece *Haga clic para agregar título.*
5. Formateamos el texto con fuente Lucida Console, negrita, tamaño 44 y centrada, a través del grupo *Fuente.*

b) **Vamos a crear un organigrama empresarial de tipo *Organigrama con nombres y puestos* atendiendo a la siguiente información:**

- Dirección: Juan González, Dolores Arroyo.
- Departamento Financiero: Laura Pérez, Raúl Rovira.
- Departamento Administrativo: Sofía Gutierrez, José Cobos, Adelaida Aguirre.

1. Nos situamos sobre el marcador inferior en el icono *Insertar un gráfico SmartArt* y hacemos clic sobre él. Se abre el cuadro de diálogo *Elegir un gráfico SmartArt.*
2. Elegimos *Jerarquía > Organigrama con nombres y puestos.* Presionamos *Aceptar.*
3. Modificamos las formas para representar los datos del enunciado.
4. Aplicamos el estilo *Recuadro* activando la ficha *Diseño* de las *Herramientas de SmartArt* y seleccionándolo.
5. Guardamos la presentación en el directorio de trabajo con el nombre «Organigrama.pptx».

Solución:

a) Se muestra una única diapositiva con el título «Organigrama empresarial» (Fig. 12.3).

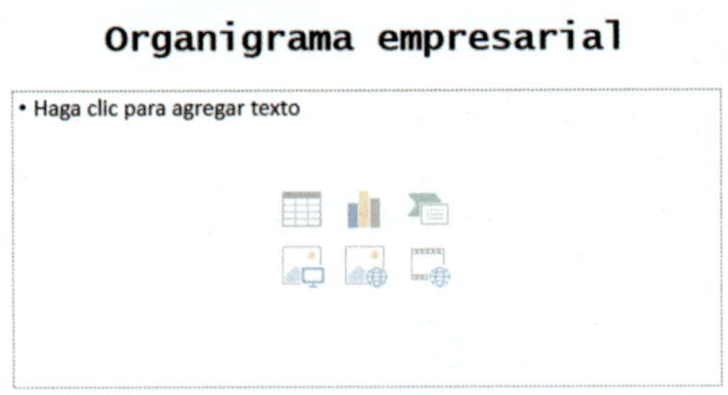

Fig. 12.3. Diapositiva con título.

b) El resultado debe ser como el de la Figura 12.4. Si deseamos modificar el diseño del estilo, lo seleccionamos, activamos la ficha *Diseño* de las *Herramientas de SmartArt* y elegimos otro tipo del grupo *Diseños.*

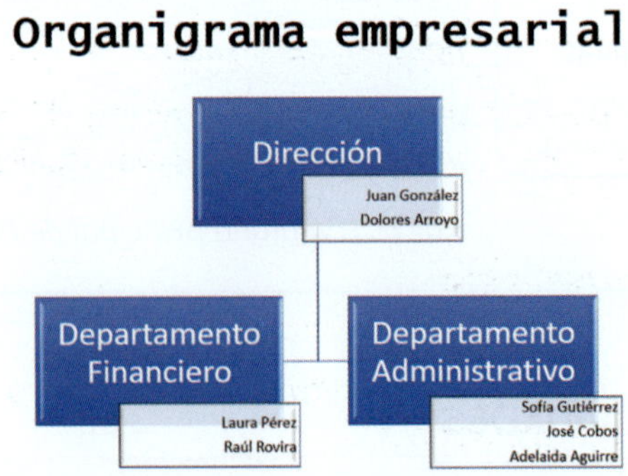

Fig. 12.4. Diapositiva con título y organigrama con estilo.

ACTIVIDAD GUIADA 1

Inserta un vídeo guardado en tu equipo en una diapositiva:

Para que los vídeos puedan reproducirse en nuestro equipo es fundamental tener instalado un códec adecuado. En caso de necesitarlo, Windows nos avisará para su instalación.

1. Descarga el vídeo U12_Ginza.mp4 y guárdalo en la carpeta *Vídeos* de Windows.
2. Crea una nueva presentación llamada *«Japón.pptx»*.
3. Crea una diapositiva en blanco mediante el botón *Nueva diapositiva.*
4. Activa la ficha *Insertar* y elige *Vídeo* > *Vídeo en Mi PC.* Se abre el cuadro de diálogo *Insertar vídeo,* en el que debes buscar el vídeo navegando por las carpetas y pulsar *Insertar.*
5. El vídeo se añade a la diapositiva a tamaño completo. Observa que es posible redimensionarlo como si se tratase de una imagen. También es posible su reproducción a través de la barra de reproducción que se muestra bajo el vídeo.
6. Guarda los cambios en la presentación.

IMPORTANTE

Formatos de vídeo y audio compatibles con PowerPoint 2016.

Vídeo: ASF, AVI, MP4, M4V, MOV, MPG, MPEG, SWF, WMV.

Audio: AIFF, AU, MID, MIDI, MP3, M4A, MP4, WAV, WMA.

CLAVES Y CONSEJOS

Al igual que en otras aplicaciones de Microsoft Office, en PowerPoint es posible crear macros a través de la ficha *Programador,* que, por defecto, no se muestra y hay que activarla a través de las opciones de PowerPoint.

CASO PRÁCTICO 3

Añadir un álbum de fotografías en una presentación.

1. Abrimos Microsoft PowerPoint y creamos una nueva nueva presentación en blanco.
2. Activamos la ficha *Insertar* y pulsamos el botón *Álbum de fotografías.* Se abre el cuadro de diálogo con el mismo nombre, en el que pulsamos el botón *Archivo o disco.* Del cuadro de diálogo emergente, elegimos imágenes de la carpeta *Imágenes* o de otro directorio de nuestro ordenador que contenga fotografías. Pulsamos *Insertar.*
3. Si deseamos rotar la imagen o modificar parámetros, como el contraste o el brillo, utilizamos los botones situados bajo el recuadro *Vista previa* .
4. Pulsamos *Crear.*

Solución:

Se crea una nueva presentación, en la que se ha añadido cada imagen a una diapositiva independiente y una diapositiva con el título en la primera posición (Fig. 12.5). Para editarlo, nos dirigimos a la ficha *Insertar* y ejecutamos *Álbum de fotografías* > *Editar álbum de fotografías.*

Fig. 12.5. Resultado de Álbum de fotografías.

ACTIVIDAD GUIADA 2

Inserta un vídeo desde YouTube:

1. Abre Microsoft PowerPoint y crea una nueva presentación en blanco.
2. Activa la ficha *Insertar* y elige *Vídeo* > *Vídeo en línea.* Se abre el cuadro de diálogo *Insertar vídeo,* en el que debes buscar el vídeo en el cuadro correspondiente de búsqueda.
3. Introduce «trucos google» y pulsa la tecla ***Enter.*** Se muestran los resultados relacionados.
4. Selecciona un vídeo en los resultados (Fig. 12.6) y presiona el botón *Insertar.*
5. Haz doble clic sobre el vídeo. Se activa el botón de reproducción en la zona central del vídeo. Pulsa sobre el botón *Play* para visualizar el vídeo.

Fig. 12.6. Resultado de la búsqueda.

ACTIVIDADES

2. Crea una presentación PowerPoint en blanco y realiza las siguientes operaciones:

   a) En la diapositiva 1, inserta la ecuación predefinida *Series de Fourier.*

   b) Añade una nueva diapositiva e inserta un gráfico circular con datos de muestra.

   c) Edita el gráfico y cambia su diseño usando los botones *Agregar elemento de gráfico* y *Diseño rápido* .

2.2. Visualizar presentaciones

Los distintos modos de ver las presentaciones en PowerPoint se hallan en la ficha *Vista* (Fig. 12.7). Al activarla, se hace visible el grupo *Vistas de presentación,* con diversas opciones. También se pueden utilizar los botones de acceso directo que hay en la zona inferior derecha de PowerPoint.

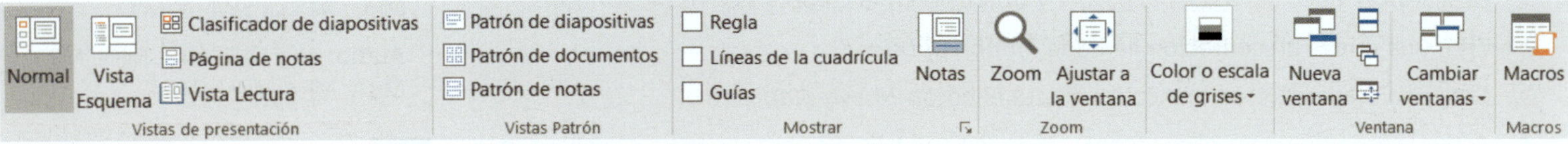

Fig. 12.7. Ficha Vista.

Otras vistas importantes son las del grupo *Vistas Patrón:*

- **Patrón de diapositivas.** Ofrece la posibilidad de efectuar cambios globales que se reflejan en todas las diapositivas. Por lo general, se utiliza para cambiar el tipo de letra o las viñetas, insertar logotipos, o bien modificar la ubicación, el tamaño y el formato de los marcadores de posición. Posee su propia *Cinta de opciones.*
- **Patrón de documentos.** Permite realizar cambios globales en los marcadores de posición de los encabezados y pies de página.
- **Patrón de notas.** Permite realizar cambios globales en las páginas de notas, además de agregar imágenes.

ACTIVIDAD GUIADA 3

Abre el archivo U12_Presentación Office.pptx, activa la ficha *Vistas* y visualiza la presentación utilizando las siguientes vistas.

Vista Esquema:

1. Presiona el botón *Vista Esquema*.
2. Observa que el espacio de trabajo se divide en dos zonas. Esta vista permite la edición de las diapositivas y navegar y editar las miniaturas.

Vista Clasificador de diapositivas:

1. Pulsa el botón *Vista Clasificador de diapositivas*.
2. Se presentan todas las diapositivas a la vez en tamaño miniatura; de esta forma, resulta fácil agregar, eliminar o mover diapositivas.

Vista Página de notas:

1. Haz clic sobre el botón *Vista Página de notas*.
2. Se muestra la diapositiva en uso y, debajo de ella, un amplio espacio para escribir los comentarios correspondientes (véase Fig. 12.8).

Fig. 12.8. Vista Página de notas.

Vista Lectura:

1. Presiona el botón *Vista Lectura*.
2. Muestra la presentación a pantalla completa con algunos controles.

Vista Normal:

1. Presiona el botón *Vista Normal*.
2. Observa que el espacio de trabajo se divide en dos zonas. Esta vista es la predeterminada al abrir la presentación y permite la edición de las diapositivas y navegar por las miniaturas.

CLAVES Y CONSEJOS

El botón *Presentación de diapositivas* ofrece el resultado final del trabajo. Se trata de una vista de la presentación a pantalla completa exactamente igual a como la verá el público, con todas las animaciones y efectos de transición incluidos. Otra opción es pulsar el botón *Presentación desde el principio*, situado en la *Barra de estado.*

ACTIVIDADES

3. Crea una presentación llamada «Ejemplo patrón.pptx» y lleva a cabo estos pasos:

a) Activa la vista *Patrón de diapositivas* y realiza modificaciones en las diapositivas:

- Diapositiva de título: contiene un título y un subtítulo, una imagen situada en la zona superior izquierda y un color de fondo amarillo claro.
- Título y objetos: contiene un título, una línea gruesa de color amarillo creada con la forma rectángulo que subraya el título, un gráfico y el número de diapositiva en el pie de página.

b) En la vista *Normal,* añade una *Diapositiva de título* y dos de *Título y objeto.* Observa el resultado.

2.3. Añadir efectos

Al pasar de una diapositiva a otra, se pueden introducir ciertos efectos de transición y aplicar efectos de animación a los distintos elementos que la componen.

CASO PRÁCTICO 4

Establecer efectos de transición y configurar intervalos.

a) **Vamos a abrir la presentación U12_Presentación Office.pptx y a establecer el efecto.**

1. Abrimos la presentación y seleccionamos las dos primeras diapositivas con ayuda de la tecla ***Ctrl.*** Activamos la ficha *Transiciones,* desplegamos los efectos existentes del grupo *Transición a esta diapositiva* pulsando sobre *Más* y elegimos *Viento.*
2. Aplicamos una duración de 2,5 segundos y un sonido *Brisa.*
3. Seleccionamos el resto de las diapositivas y elegimos la transición *Cuadros bicolores.*
4. Establecemos el sonido de transición *Empuje* y una duración de 2,5 segundos.
5. Pulsamos en *Presentación con diapositivas* y reproducimos el resultado.

b) **El intervalo es el tiempo que transcurre entre la aparición de una diapositiva y su desaparición y se puede configurar. Vamos a configurarlo siguiendo estas indicaciones:**

1. Con el archivo U12_Presentación Office.pptx abierto, seleccionamos las dos primeras diapositivas y, en la zona *Avanzar a la diapositiva,* del grupo *Intervalos,* dejamos marcada la casilla *Al hacer clic con el mouse,* si no lo está.
2. Seleccionamos el resto de diapositivas y, en la zona *Avanzar a la diapositiva,* desmarcamos la casilla *Al hacer clic con el mouse* y establecemos 3 segundos.
3. Visualizamos el resultado a través del botón *Vista previa*.
4. Para eliminar el efecto de transición, seleccionamos la diapositiva o diapositivas y elegimos el estilo *Ninguna.*

Solución:

a) Al reproducir la presentación, se muestran distintos efectos de transición y diversos sonidos entre diapositivas.

b) Al pasar una diapositiva, es necesario hacer clic con el ratón para las dos primeras. Para el resto de diapositivas, no será necesario hacer clic con el ratón y se mostrará la siguiente diapositiva a los 3 segundos de forma automática.

TRUCO

Para ver cómo quedan los efectos de transición de una diapositiva, pulsa el botón *Vista previa* de la ficha *Transiciones.*

Si deseas aplicar los mismos efectos de transición, pulsa el botón *Aplicar a todo*, situado en el grupo *Intervalos* de la ficha *Transiciones.*

ACTIVIDAD GUIADA 4

Aplica efectos de animación a los elementos de una presentación:

1. Abre el archivo U12_Presentación Office.pptx y selecciona el título de la primera página.
2. Activa la ficha *Animaciones,* haz clic en el botón *Más*, del grupo *Animación,* y elige *Rebote* en la sección *Entrada.* La animación se reproduce.
3. Presiona el botón *Panel de animación,* del grupo *Animación avanzada,* para mostrar todas las animaciones que contiene la diapositiva. Observa el panel y despliega las opciones de configuración que ofrece la animación (Fig. 12.9).
4. Selecciona el logo de Office, pulsa el botón *Agregar animación*, del grupo *Animación avanzada,* y elige *Impulso* en la sección *Énfasis.* El efecto se añade al panel de animación.
5. Para ver el resultado de la diapositiva, selecciona *Vista previa*.

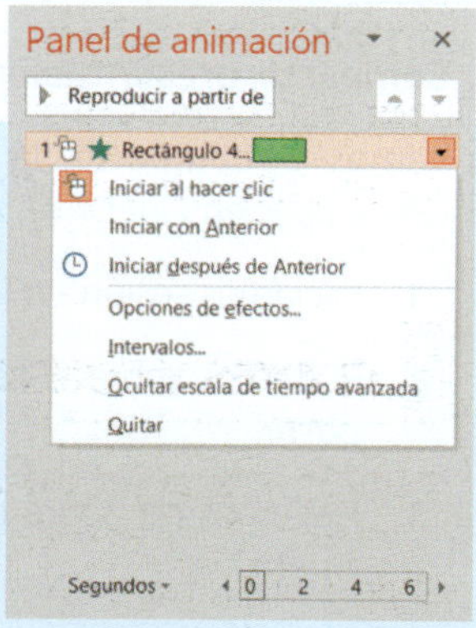

Fig. 12.9. Panel de animación.

ACTIVIDADES

4. ¿Es posible añadir efectos de animación sobre un gráfico?

5. ¿Cómo se elimina un efecto de animación de un elemento?

3. Presentación y compartición

A la hora de visualizar una presentación, disponemos de la pestaña *Presentación con diapositivas,* que ofrece opciones para reproducir la presentación.

Como en el resto de programas de Office 2016, también es posible compartir una presentación con otros usuarios en la nube OneDrive.

3.1. Pestaña *Presentación con diapositivas*

A continuación se muestran los grupos de esta pestaña (Fig. 12.10). Al posicionarse sobre cada botón, se visualiza su utilidad.

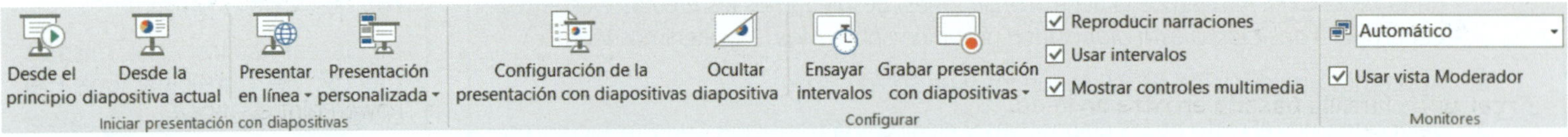

Fig. 12.10. Ficha Presentación con diapositivas.

ACTIVIDAD GUIADA 5

Enseña tu presentación en línea a otros usuarios:

1. Abre el archivo U12_Presentación Office.pptx y activa la ficha *Presentación con diapositivas.*
2. Pulsa sobre el botón *Presentar en línea.* Observa la ventana *Presentar en línea* que se abre y pulsa *Conectar.*
3. Inicia sesión con tu cuenta Microsoft. Tras iniciar sesión, se muestra la ventana (Fig. 12.11) con un enlace. Pulsa sobre *Enviar por correo electrónico.*
4. Se abre la ventana de tu programa de correo electrónico predeterminado con el enlace en el cuerpo del correo. Añade al menos un destinatario y pulsa *Enviar.*
5. En la ventana *Presentar en línea* pulsamos *Iniciar Presentación.* En consecuencia, el destinatario visualizará la reproducción de la presentación.
6. Finaliza la reproducción con la tecla ***Esc.***
7. Para dejar de presentar en línea, pulsa el botón *Finalizar presentación en línea*.

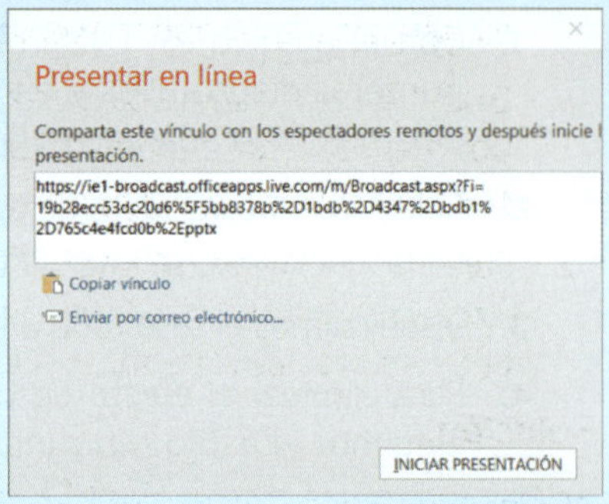

Fig. 12.11. Ventana Presentar en línea.

3.2. Compartir una presentación en OneDrive

Con OneDrive, es posible que varios usuarios tengan acceso a una presentación.

CASO PRÁCTICO 5

Compartir presentación en OneDrive.

Vamos a compartir la presentación U12_Presentación Office.pptx en OneDrive, dando permiso de edición a un usuario.

1. Iniciamos sesión en PowerPoint y abrimos el archivo.
2. Pulsamos sobre el botón *Compartir.* Se abre el panel *Compartir.*
3. Hacemos clic sobre el botón *Guardar en la nube* y elegimos *OneDrive.*
4. Volvemos al panel *Compartir,* donde escribimos el correo electrónico en el cuadro *Invitar a personas.*
5. Seleccionamos la opción *Puede editar,* para darle permisos de edición. A continuación, pulsamos sobre *Compartir.*

Solución:

La presentación queda compartida con el usuario indicado y este recibe un correo electrónico con un enlace al archivo. Observamos el panel *Compartir* (Fig. 12.12).

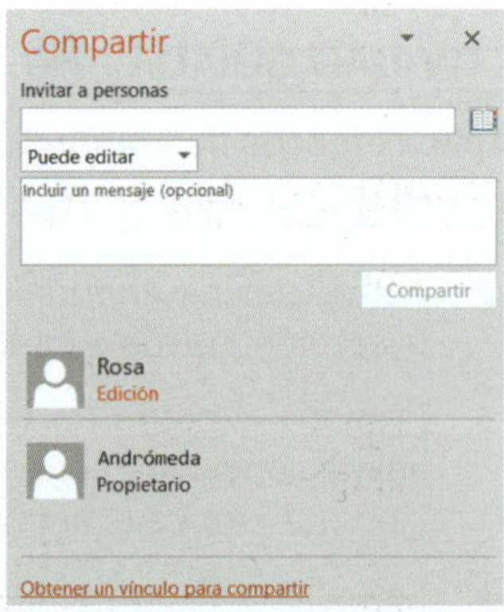

Fig. 12.12. Panel Compartir.

ACTIVIDADES

6. Describe en tu cuaderno qué utilidades pueden tener para tu trabajo los botones del grupo *Configurar* de la pestaña *Presentación con diapositivas.*

4. Plantillas e impresión

Las plantillas de diseño aportan coherencia estética y estilo a las diapositivas de una presentación. Resultan muy útiles para crear presentaciones de forma rápida con un aspecto profesional.

En este epígrafe, también vamos a aprender algunas opciones interesantes de impresión.

4.1. Plantillas de presentaciones

PowerPoint ofrece la posibilidad de utilizar multitud de plantillas gratuitas en línea. También es posible crear nuestras propias plantillas personalizadas, a partir de una presentación propia o basándonos en otra plantilla.

CASO PRÁCTICO 6

Crear una plantilla basada en otra en línea.

1. Ejecutamos PowerPoint. Observamos que se muestran diversas plantillas en la zona derecha de la ventana.
2. Escribimos en el cuadro de búsqueda «empresa» y pulsamos ***Enter.*** De las plantillas que se muestran, elegimos *Presentación de dirección empresarial* y pulsamos *Crear.*
3. Realizamos cambios en la presentación. Sustituimos la imagen principal y el título y eliminamos las diapositivas de la 8 a la 13.
4. Guardamos la diapositiva con el nombre «Plantilla empresa.potx» en el directorio por defecto de plantillas Office (C:\Users\UsuarioWindows\Documents\Plantillas personalizadas de Office).
5. Para crear una presentación a partir de nuestra plantilla personalizada, activamos *Archivo > Nuevo.* A continuación, pulsamos sobre el enlace *PERSONAL,* situado bajo el cuadro de búsqueda.

Solución:

Se ha creado una nueva plantilla que podemos utilizar para realizar otras presentaciones.

TRUCO

Si deseas cambiar el estilo a todas las diapositivas de una presentación de forma rápida, aplica un estilo desde la ficha *Diseño.*

IMPORTANTE

La extensión de una plantilla PowerPoint es ***.potx.**

VOCABULARIO

Plantilla de diseño. Archivo que contiene todos los elementos relativos al diseño de una presentación, como estilos, marcadores de posición, combinaciones de colores, patrones, etc.

CLAVES Y CONSEJOS

A partir de las opciones *Archivo > Exportar* y *Archivo > Guardar como,* es posible guardar una presentación en un formato distinto al predeterminado.

4.2. Impresión de presentaciones

A la hora de imprimir una presentación en PowerPoint podemos configurar previamente las páginas eligiendo la diapositiva o diapositivas a imprimir, organizando el número de diapositivas a imprimir por cada página, seleccionando el diseño de impresión, etc.

La impresión en *Vista esquema* es ideal para obtener la presentación de forma esquematizada, y la impresión *Página de notas* puede ser útil para imprimir el texto añadido en la vista *Página de notas.*

ACTIVIDAD GUIADA 6

Imprime una presentación en *Vista esquema:*

1. Abre la presentación U12_Presentación Office.pptx y ejecuta *Archivo > Imprimir.*
2. Elige la impresora y, en la zona *Configuración,* pulsa sobre la lista *Diapositivas de página completa.* De las opciones que se muestran, haz clic sobre *Esquema* (Fig. 12.13).
3. Observa que se muestra un único documento con el contenido de la presentación, sin imágenes. Pulsa el botón *Imprimir.*

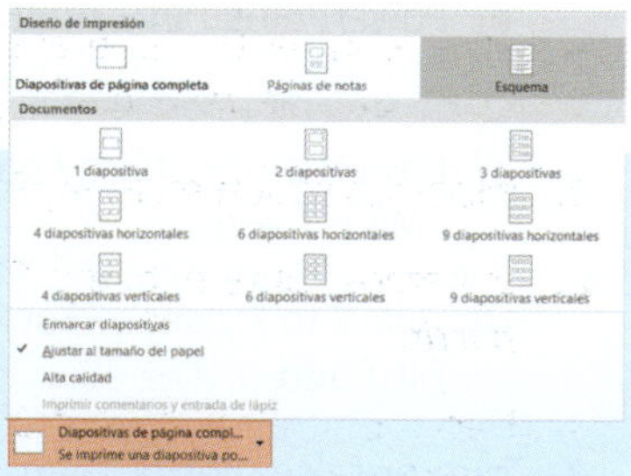

Fig. 12.13. Opciones de diapositivas por páginas.

ACTIVIDADES

7. A la hora de imprimir una presentación, ¿cómo se establece el encabezado y el pie de página? ¿Desde qué ficha de PowerPoint es posible añadir el encabezado y el pie de página?
8. Abre la presentación U12_Presentación Office.pptx e indica los pasos para imprimir cuatro diapositivas en orientación horizontal por página.

KEYWORDS

1. Review the essential vocabulary terms of this unit in English. Did you already know all of them? Did you learn new vocabulary?

English	Spanish	English	Spanish	English	Spanish
action	acción	interval	intervalo	section	sección
animation	animación	master	patrón	slide	diapositiva
backward	hacia atrás	miniature	miniatura	slide show	presentación con diapositivas
component	componente	movie	película	slide sorter	clasificador de diapositivas
effect	efecto	multimedia	multimedia	sound	sonido
element	elemento	notes page	página de notas	start	comienzo
end	final	organigram	organigrama	template	plantilla
forward	hacia adelante	photo album	álbum de fotos	to export	exportar
gallery	galería	presentation	presentación	to share	compartir
graphic	gráfico	presentation tools	herramientas de presentación	to sort	ordenar
handout master	patrón de documentos	printer	impresora	transition	transición
home	inicio	screenshot	captura de pantalla	video	vídeo

2. Order these phrases and write them in your notebook:

   a) presentation / A / template / PowerPoint / *.potx / has / extension

   b) PowerPoint / In / multitude / elements / presentation / to / insert / is / it /possible / a / of

   c) PowerPoint / share / can / OneDrive / in / presentations / With / you

   d) slide / to / videos / YouTube / On / a / possible / is / from / it / add

3. True or false? Write them in your notebook:

   a) When adding an album of photographs, all the images are added on a slide.

   b) The default view when you open a PowerPoint presentation is Outline View.

   c) The default view when you open a PowerPoint presentation is Normal View.

4. Relate the Microsoft PowerPoint buttons with your name in your notebook:

a)  1) Handout Master.

b)  2) Notes.

c)  3) Normal.

d)  4) Slide Master.

e)  5) Reading View.

f)  6) Notes Master.

g)  7) Outline View.

h)  8) Notes Page.

i)  9) Slide Sorter.

SÍNTESIS Presentaciones multimedia

Operaciones básicas con PowerPoint

- Entorno de trabajo de PowerPoint
  - Inserción de elementos en diapositivas
  - Visualizar presentaciones
  - Añadir efectos
    - Transiciones
    - Animaciones

Barra de herramientas de acceso rápido.

Cinta de opciones.

Barra de título.

Botones de inicio de sesión y opciones de presentación.

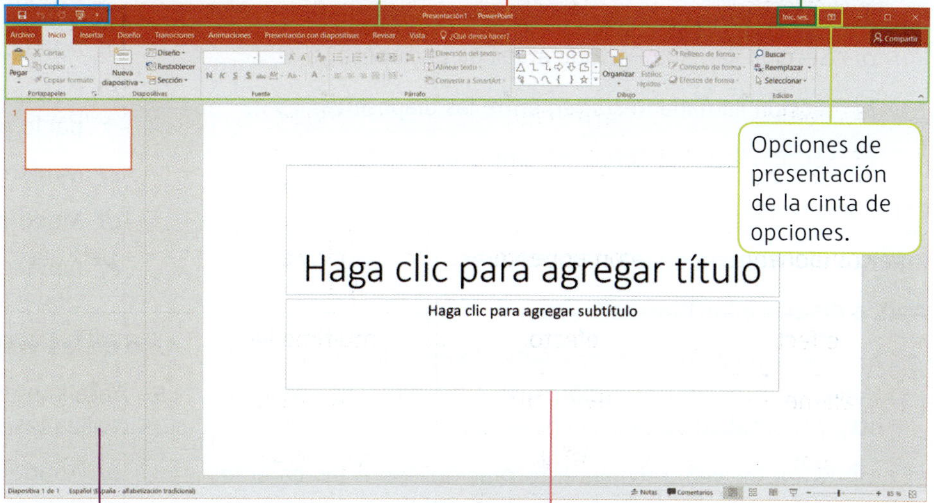

Opciones de presentación de la cinta de opciones.

Zona que muestra las miniaturas de las diapositivas de la presentación.

Diapositiva actual para edición, con marcadores de posición.

Presentación

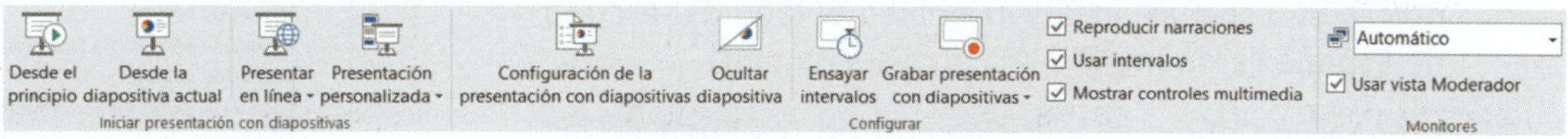

Compartir en OneDrive

OneDrive

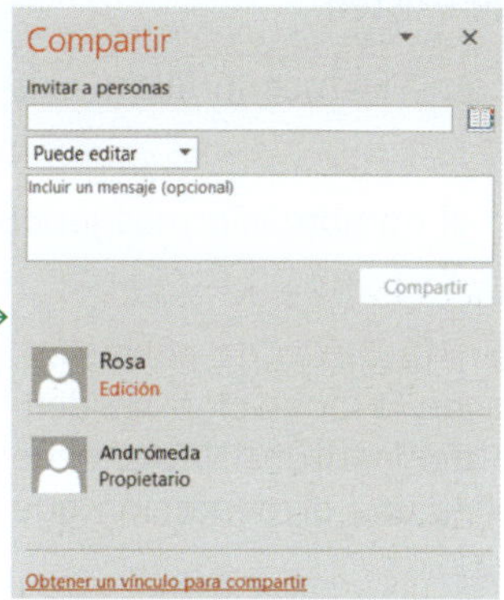

Plantillas

- En línea
- Personales

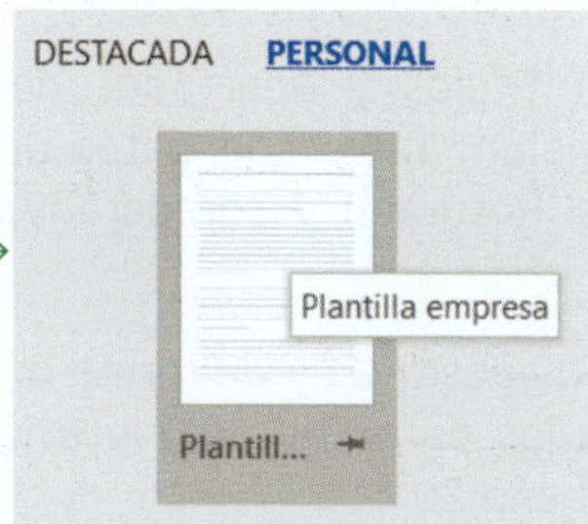

Impresión

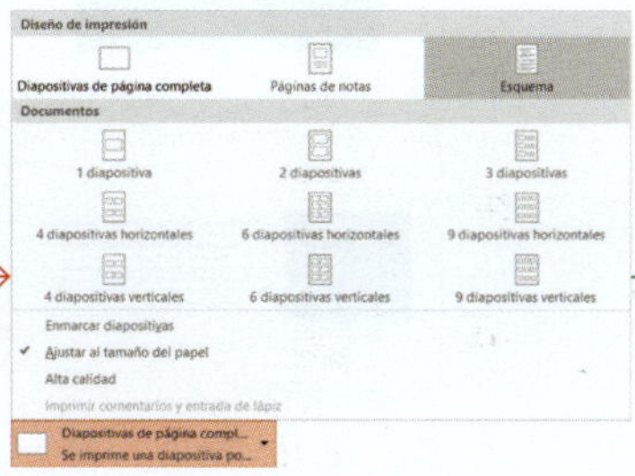

COMPRUEBA TU APRENDIZAJE

Conoce la pantalla principal de PowerPoint.

1. Abre la presentación U12_Presentación Office.pptx y añade secciones.

a) Sección llamada *Portada* antes de la diapositiva 1.

b) Sección llamada *Resumen* entre las diapositivas 1 y 2.

c) Sección llamada *Contenido* entre las diapositivas 2 y 3.

Crea una presentación.

Inserta elementos en las diapositivas.

Aplica diseño a las diapositivas.

2. Accede a la página web de CIRCE (Centro de Información y Red de Creación de Empresas), cuya dirección web es: **http://portal.circe.es.** Ejecuta las siguientes operaciones:

a) Ya en la web, recopila información sobre las características de las distintas formas jurídicas a través del enlace *Área del emprendedor.*

b) Crea una nueva presentación con una portada principal que incluya el título «Características de formas jurídicas en España». Incluye también el logo del escudo de España llamado U12_LogoEspaña.png.

c) Agrega una nueva diapositiva con un resumen de las distintas formas jurídcas que existen.

d) Añade tantas diapositivas como formas jurídicas existan, con sus características.

e) Guarda la presentación con el nombre «Formas jurídicas.pptx».

3. Abre el documento de Word U12_Cifras de población.docx, que recopila información de la población residente en España de la página web del Instituto Nacional de Estadística (**www.ine.es**), y realiza una presentación que contenga:

a) Portada con un título.

b) Diapositivas que muestren títulos y apartados del documento: Cifras de población, Tabla con datos de 2017, Principales resultados, Resumen y comparativa con respecto al año 2016.

c) Añade las tablas en nuevas diapositivas y de forma ordenada, correspondientes a los datos de 2017 y a la comparativa con respecto al año 2016.

d) Añade un gráfico circular basándote en los datos del año 2017 y en el que se muestre la información de hombres, mujeres y extranjeros.

e) Activando la ficha *Diseño*, aplica un tema predefinido.

f) Guarda la presentación con el nombre «Cifras población.pptx».

Maneja las vistas de PowerPoint.

4. Identifica cada característica con el modo de vista al que corresponde:

a) Aparecen todas las diapositivas en miniatura.

b) Debajo de la diapositiva actual aparece un amplio espacio para escribir notas.

c) Muestra el resultado final igual que lo verá el público.

d) Modo de vista predeterminado.

e) Almacena información sobre los estilos de la presentación y permite cambios globales en todas las diapositivas.

Uso de las vistas *Patrón*.

5. Abre la presentación U12_Oferta formativa 2017.pptx y realiza los siguientes ejercicios:

a) Añade una segunda diapositva con un resumen de los puntos a tratar, como la siguiente:

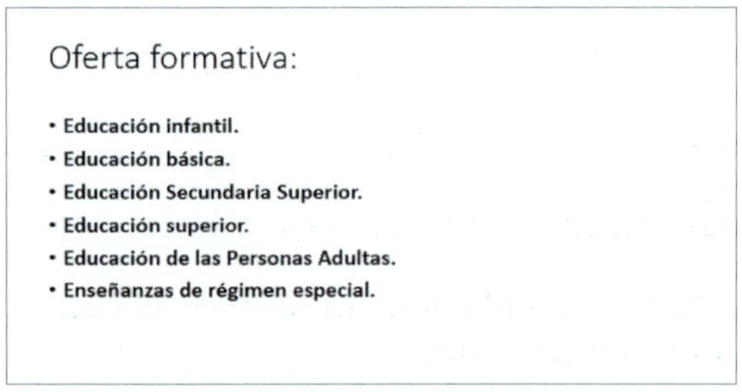

Fig. 12.14. Resumen de los puntos.

b) Aplica el tema predefinido *Atlas.*

c) Utilizando la vista *Patrón* de diapositivas:

- Cambia el color de los recuadros a un color verde con degradado a las diapositivas de tipo *Diapositiva de título* y *Título y objetos.* Ten en cuenta que los recuadros naranjas son objetos agrupados y que, para realizar el cambio de color, deberás seleccionar únicamente las formas.

- Cambia el color de fuente que aparece dentro de los recuadros verdes a un color rojo.

d) Guarda los cambios de la presentación. Las diapositivas deben quedar como las siguientes:

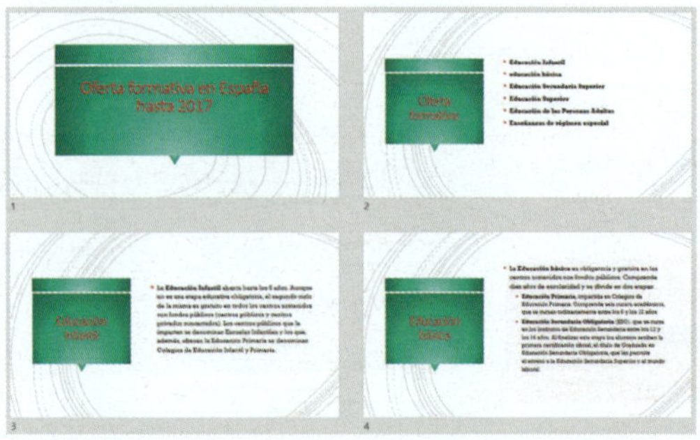

Fig. 12.15. Resultado tras utilizar el patrón.

COMPRUEBA TU APRENDIZAJE

Aplica un tema a una presentación.
Inserta formas y texto.
Establece efectos de animación y transición.
Guarda la presentación y compártela en la nube.
Exporta la presentación a formato PDF.
Guarda la presentación como plantilla.
Imprime la presentación.

6. La empresa Eco-Oliva, S. L., necesita disponer de una presentación publicitaria para promocionar el lanzamiento de su nuevo producto: el aceite de oliva ecológico. Diseña las diapositivas de las Figuras 12.16 a 12.20 siguiendo estas pautas:

a) Aplica el tema *Galería*.

b) Utiliza el archivo U12_Eco Oliva.docx para el texto.

c) Añade el logo llamado U12_Aceite.png. Utiliza la vista *Patrón de diapositivas* para que aparezca en el mismo lugar en todas las diapositivas.

d) Inserta las formas que sean necesarias.

e) Aplica animaciones a los elementos de las diapositivas.

f) Añade transiciones entre diapositivas.

g) Guarda la presentación como «*Presentación Eco Oliva.pptx*» en OneDrive.

h) Comparte la presentación en OneDrive con dos usuarios con permiso de lectura.

i) Exporta la presentación a formato PDF.

j) Guarda la presentación como plantilla de PowerPoint con el nombre «*Plantilla Eco Oliva.potx*» en el directorio por defecto para las plantillas de Microsoft Office.

k) Prepara el documento para impresión en orientación horizontal, mostrando seis diapositivas horizontales e impresión en modo *Borrador*.

Fig. 12.16. Diapositiva 1.

Fig. 12.17. Diapositiva 2.

Fig. 12.18. Diapositiva 3.

Fig. 12.19. Diapositiva 4.

Fig. 12.20. Diapositiva 5.

TEST DE REPASO

1. **A la hora de insertar una nueva diapositiva en una presentación, ¿qué opción es la correcta?**
   - (a) Mostrar el menú contextual de la zona de miniaturas de diapositivas y elegir *Nueva sección.*
   - (b) Mostrar el menú contextual de la zona de miniaturas de diapositivas y elegir *Nueva diapositiva.*
   - (c) Activar la ficha *Presentación* y pulsar el botón *Nueva diapositiva.*

2. **Durante el proceso de diseño de diapositivas, se pueden insertar:**
   - (a) Archivos de sonido de los que incorpora Windows 10, pero no de otro tipo.
   - (b) Archivos de vídeo de YouTube, pero no de otro tipo.
   - (c) Archivos de sonido grabados o guardados en el equipo y archivos de vídeo de Internet, YouTube o guardados en el equipo.

3. **Cuando se insertan archivos de sonido o vídeo en una diapositiva:**
   - (a) Puedes elegir entre reproducirlos automáticamente o al hacer clic con el ratón en el momento que decidas.
   - (b) Debes reproducirlos automáticamente, una vez insertados en la diapositiva.
   - (c) Puedes reproducirlos en el momento que decidas haciendo clic con el ratón.

4. **Señala la afirmación correcta referida a las vistas en PowerPoint:**
   - (a) A la hora de reordenar las diapositivas, es muy práctico el *Clasificador de diapositivas.*
   - (b) Si se desea observar el resultado final de nuestro trabajo, utilizaremos la *Vista Esquema.*
   - (c) Para añadir notas particulares, podemos hacerlo tanto en *Vista Normal* como en *Página de notas.*

5. **Marca la afirmación correcta a la hora de realizar cambios globales sobre las diapositivas de una presentación:**
   - (a) Se utiliza el *Patrón de notas.*
   - (b) Se utiliza el *Clasificador de diapositivas.*
   - (c) Se utiliza el *Patrón de diapositivas.*

6. **Señala la afirmación correcta sobre animaciones y transiciones en diapositivas:**
   - (a) Al pasar de una diapositiva a otra, se pueden introducir ciertos efectos de animación.
   - (b) Los efectos de transición tienen lugar cuando se pasa de una diapositiva a la siguiente.
   - (c) Siempre se usa la vista *Presentación con diapositivas* para ver el resultado de los efectos de transición, ya que no existe la *Vista previa.*

7. **El botón *Presentar en línea* se utiliza para:**
   - (a) Guardar en OneDrive la presentación.
   - (b) Exponer la presentación en línea y enviar un enlace a los usuarios para que puedan visualizarla.
   - (c) Compartir en OneDrive la presentación con los usuarios que elijamos.

8. **Si hemos terminado de exponer una presentación en línea pulsando el botón *Finalizar presentación en línea*, ¿qué sucede?**
   - (a) Los usuarios que han recibido el enlace pueden reproducirla en cualquier momento.
   - (b) La presentación se elimina de OneDrive y los usuarios no pueden visualizarla.
   - (c) La presentación deja de quedar accesible para los usuarios que recibieron el enlace.

9. **Las plantillas de PowerPoint 2016 tienen la extensión:**
   - (a) *.ptx.
   - (b) *.pptx.
   - (c) *.potx.

10. **Indica la afirmación correcta respecto a las plantillas de PowerPoint:**
    - (a) Para el diseño de una presentación se puede elegir uno de los muchos *Temas en línea* o una plantilla personal.
    - (b) Para utilizar plantillas, previamente hay que importarlas a través del comando *Archivo > Importar.*
    - (c) Una presentación diseñada por el usuario no se puede guardar como plantilla.

11. **Al imprimir una presentación, es cierto que:**
    - (a) No puedes imprimir las páginas de notas ni la vista *Esquema.*
    - (b) Debes configurar la impresión si no deseas imprimir todas las páginas, puesto que la impresión por defecto es imprimir todas las diapositivas.
    - (c) No tienes que configurar la impresión si no deseas imprimir todas las páginas.

12. **Señala la afirmación correcta de las siguientes, referidas a la exportación de presentaciones:**
    - (a) No es posible generar archivos XPS.
    - (b) Otra forma de exportar una presentación PowerPoint es elegir la opción *Guardar como,* con la que es posible seleccionar otros formatos.
    - (c) No es posible empaquetar presentaciones para CD.

Aprende a realizar tus propias presentaciones

Trabajas en la empresa de ventas *online* llamada Computer-Line, S. A., y debes exponer ante los directivos un análisis económico del ejercicio que ha terminado.

Diseña, a partir de la plantilla en línea, una presentación PowerPoint que recoja todos los datos del análisis. Para ello, sigue estas indicaciones:

- Ejecuta PowerPoint y crea una nueva presentación basada en la plantilla *Presentación de símbolos de moneda (panorámica)*.
- Activa la ficha *Vista* y elige *Patrón de diapositivas,* del grupo *Vistas Patrón.* A continuación, en la diapositiva de título, introduce el logo U12_CL.png de la empresa en el centro (Fig. 12.21) y, en la diapositiva *Título y contenido,* introduce el logo en la zona inferior derecha.
- Vuelve a la vista normal y elimina las diapositivas de la 3 a la 11.
- Añade dos diapositivas más y modifica los títulos. Deben quedar de la siguiente forma (Fig. 12.21):
- Realiza los mismos pasos del punto anterior para añadir las tablas de las hojas *GASTOS* y *RESULTADOS* en las diapositivas 3 *(Gastos anuales)* y 4 *(Resultado)*.
- Añade en las diapositivas los gráficos correspondientes realizando también los mismos pasos que en el punto anterior, pero toma como origen el gráfico en lugar de un rango.
- Tras ejecutar los pasos anteriores, tu presentación quedará como se muestra en la Figura 12.22:

Fig. 12.21. Creación de diapositivas.

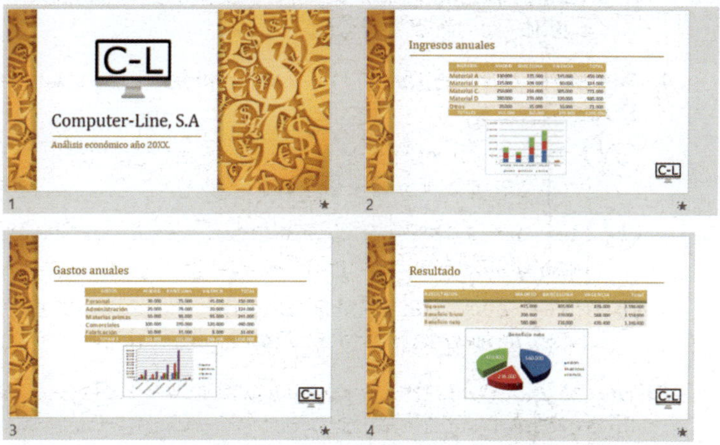

Fig. 12.22. Resultado de diapositivas.

- Abre el libro llamado U12_Informe ComputerLine.xlsx, activa la hoja *Ingresos* y selecciona la tabla (A1:E7) de la hoja *INGRESOS.* Copia la información y minimiza la hoja de cálculo. Ya en la presentación y con la diapositiva número 2 activa *(Ingresos anuales)*, abre las opciones del botón *Pegar* (en la ficha *Inicio*) y elige *Pegado especial.* Aparece el cuadro de diálogo *Pegado especial.* Activa la opción *Pegar vínculo* y, a continuación, pulsa el botón *Aceptar.* Aparece la tabla sobre la diapositiva. Con esta operación, es muy fácil la actualización de datos, pues cualquier cambio que se realice en el archivo de Excel se reflejará en esta diapositiva.
- Guarda la presentación en OneDrive con el nombre «Computer-Line.pptx».
- Comparte la presentación en OneDrive y otorga a unos destinatarios permisos de lectura y a otros permisos de edición.

@ WEB

Sitios web como Ted.com y SlideShare.net muestran presentaciones profesionales y de aficionados que te pueden servir de inspiración para realizar tus propias presentaciones.